スマトラ地震による
津波災害と復興

高橋　　誠
田中　重好
木股　文昭
　　編著

古今書院

Tsunami Disaster and Reconstruction in Aceh Following the 2004 Sumatra Earthquake

Edited by Makoto Takahashi,
Shigeyoshi Tanaka,
and Fumiaki Kimata

Kokon-Shoin Publisher, Tokyo, 2014

i

図 0.1　アチェ州の位置
海底地形の等高線は 1,000 m 間隔、NOAA の ETOPO1 により作成。

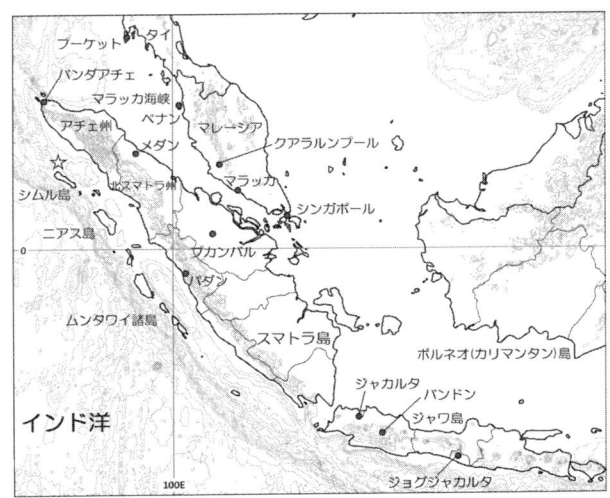

図 0.2　スマトラ島の概要とバンダアチェの位置
陸上・海底地形の等高線は 500 m 間隔、☆はスマトラ地震震央のおよその位置。
NOAA の ETOPO1 により作成。

ii

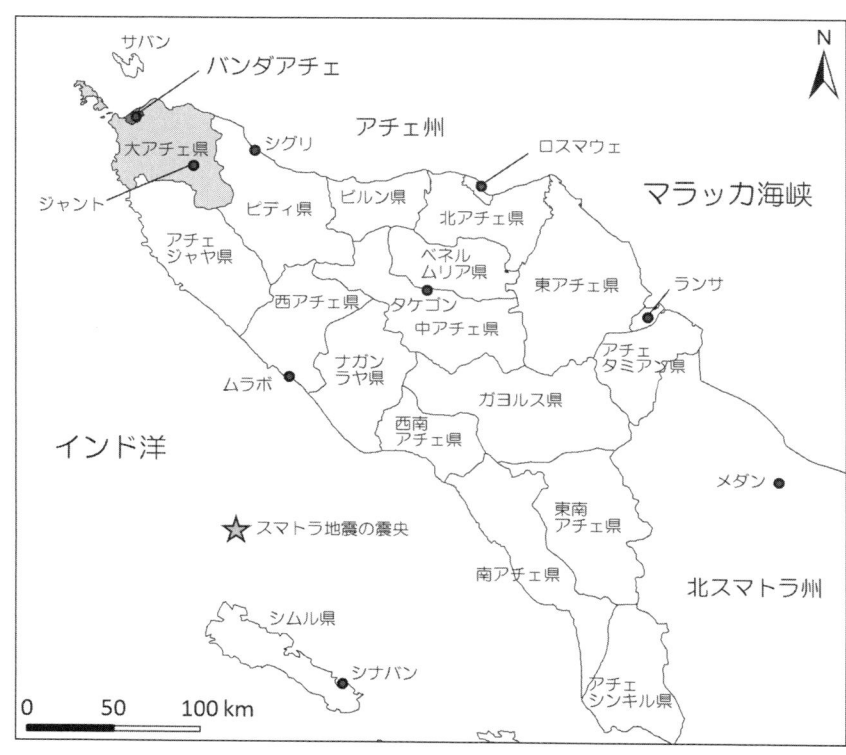

図 0.3　アチェ州の概要

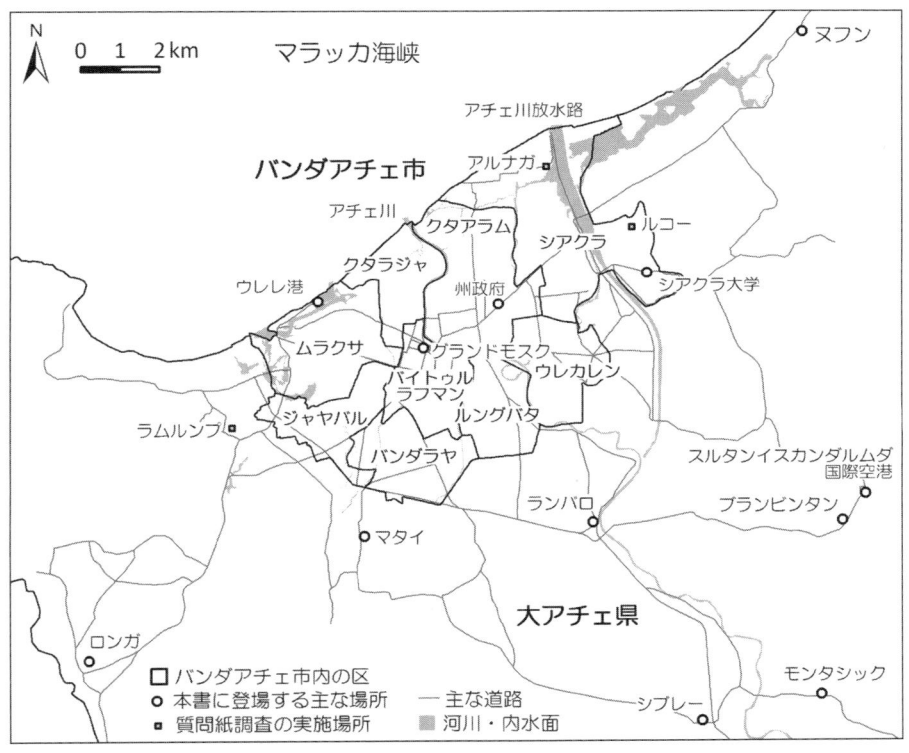

図 0.4　バンダアチェ市および周辺地域の概要

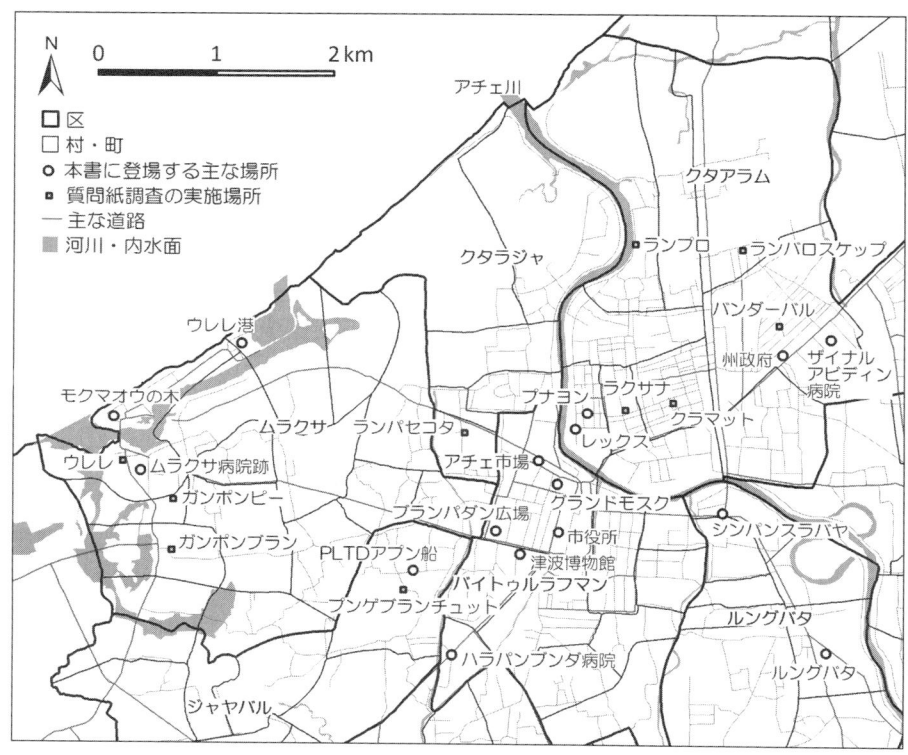

図 0.5　バンダアチェ市内中心部

まえがき

　2004年スマトラ地震から9年目を迎えた。未だに、超巨大地震は余効変動を続け、私たちはアチェに通い続けている。アチェでは、余震も含め、何度も地震に遭遇した。とうとう、身構える地震を体験することになった。

　2013年7月2日の昼下がり、ストレートがうまいガヨ・コーヒーの産地、スマトラ山中のタケゴンで、市街地通りを一人で歩いていた。そこに足下からガタガタときた。足を踏ん張れば、5秒も経たないうちにユラユラと襲ってきた。人々はバザールから飛び出した。震度5ほどの揺れは30秒ほどで収まったが、店ではマネキン人形がひっくり返っていた。

　ホテルの部屋は、ブロック造り2階建の屋上にある木造だった。天井のペンキがパラパラ落ちるほどの余震が夜に襲う。1階に降り、外に避難する時間もない。そんな余震も数回あり、一時は、周囲に2階建てのない道路に車で避難する。標高1,000mもあり、Tシャツでは寒い。観測用ビニールシートを羽織る。数時間を過ごし、余震も収まり、ホテル屋上の部屋に戻った。屋上だけに、圧死はないと開き直り寝る。

　翌日、近くの村で死者が出たことを知る。活発な活火山もあり、タケゴン周辺には火山観測所も設置されている。翌日に周辺を回り、翌々日に被災地へインドネシアの研究者と入り、今後の調査方針を議論した。しかし、火山活動との関連を議論できるデータもなかった。地元の自治体とコンタクトするインドネシアの研究者には、スマトラ断層もまだほとんどわかっていないこと、火山活動にも注意することを強調した。

　地震学者といえども、電気も寸断されるような地震の震源地では、まさに裸である。すべての神経を張り詰め、地震の規模、震源情報、今後の見込みを勝

手に判断し、まずは身を守り、そして、裸でも可能な調査を行い、必要ならば住民と動くことしかない。また、災害に襲われる住民にとっては、いつも裸で災害と向かい合うことになる。

　今回、彼らは、もちろん地震とわかったが、本震と余震の関係など理解してはいない。もっと大きな地震が襲ってくるとも考えたかもしれない。もっとも、その可能性はあった。

　8年前に私たちがスマトラ地震に取り組んだ原点を、裸で迎えたこの地震で思い出した。人々は常に裸で災害と向き合い、何がおきたかの理解から、自分たちを守る最上の方法を、その地とその時で選択するしかない。教えてくれる人はいないのだ。

　そして、研究者は、実験室での実験とは違い、現地の状況のもとで、調査の意義とその手段を見つけ出すしかない。残さないと消えてしまうデータもある。しかも、「これは私の専門外」というわけにもいかない。

　そんな私たちの思いと試行錯誤が、この本に込められている。当然ながらも、けっして、私たちだけの力でもないことを強調しておきたい。

木股文昭

目　次

まえがき

第Ⅰ章　アチェへ ─────────────── 1
- Ⅰ-1　課題と視点－何を問うてきたか　3
- Ⅰ-2　アチェの社会と文化　17

第Ⅱ章　直後－被害と緊急対応 ─────────── 29
- Ⅱ-1　地震と津波　33
- Ⅱ-2　アチェを襲った津波　55
- Ⅱ-3　被害の広がりと集中　63
- Ⅱ-4　津波来襲時の対応行動　71
- Ⅱ-5　津波後の対応行動　86

第Ⅲ章　1年後－復旧状況と復興に向けて ─────── 105
- Ⅲ-1　個人と家族の状況　109
- Ⅲ-2　復興に向けての課題　125
- Ⅲ-3　被災後の法的課題　136

第Ⅳ章　3〜5年後－復興は進んだのか ──────── 149
- Ⅳ-1　3年後時点での復旧・復興カレンダー　153
- Ⅳ-2　被災後3年間の状況と問題の変化　164
- Ⅳ-3　個人と家族の状況　174
- Ⅳ-4　コミュニティの死と再生　187
- Ⅳ-5　復興支援の状況　199

   IV-6　調整メカニズムの欠如　214
   IV-7　見捨てられる人たち－華人への支援　226
   IV-8　復興と都市構造の変化　246

第 V 章　現在－8 年あまりが経って ──────────── 261
   V-1　2004 年スマトラ地震後の破壊過程とスマトラ断層　265
   V-2　災害リスク管理の法制度　282
   V-3　超巨大地震・スマトラ地震と津波災害の特徴　297
   V-4　コミュニティ防災と災害文化　311

第 VI 章　インドネシアへのメッセージ ──────────── 323
   VI-1　津波災害体験談の収集と活用　327
   VI-2　途上国における地震津波防災と学術交流　339
   VI-3　インドネシアの防災力の向上のために　348

第 VII 章　スマトラ地震から東日本大震災へ ──────── 357
   VII-1　スマトラと東北の津波避難　359
   VII-2　インドネシアへ、そしてインドネシアから　363
   VII-3　過去・将来の巨大地震・津波災害を考える　366
   VII-4　自然災害への対峙－オオカミ少年と科学者との間　368
   VII-5　法学者の観点から－アチェ、中部ジャワ、西スマトラ、東北　371
   VII-6　「わがこと意識」を向上させるための災害事例の活用　374
   VII-7　グローバル化する災害をどう「共有財産」にするか　378

  あとがき　382
  参考文献　388
  英文要旨　395
  索　　引　398
  著者一覧　402

第 I 章

アチェへ

　2004年12月26日7時58分（現地時間）、インドネシアのスマトラ島西方沖、スンダ海溝を震源とする巨大地震が発生した。過去100年間では1960年のチリ地震に続き、1964年のアラスカ地震に匹敵する超巨大規模であり、マグニチュード9.1（アメリカ地質調査所）を記録した。人的被害の大部分は津波によるものであり、インド洋沿岸を中心に死者・行方不明者が22万人以上、被災者が200万人以上といわれている。これは、24万人あまりの死者を出した過去最悪の地震災害、1976年の中国唐山地震に匹敵するものであり、まさに未曾有と呼ぶにふさわしい巨大災害となった。

　その中でも、津波の死者は震源地の近くインドネシアのスマトラ島に集中した。国連によれば、この地域だけで17万人近くの死亡・行方不明が確認されており、他の被災国と比べると突出した人的被害を受けた。

　この巨大災害に関して、名古屋大学では、大学院環境学研究科を中心に調査団を結成し、発災から約1か月後の2005年2月5日に、最大被災地のひとつ、スマトラ島北端に位置するバンダアチェ（Banda Aceh）に入り、緊急現地調査を始めた。このときの調査団メンバーの気持ちについて、その団長であった安藤雅孝は次のように述べている。

　　過去100年の世界の計測地震観測や、過去数百年におよぶインド洋の地震の歴史には残っていないほどの超巨大な地震が起きたと言えるかもし

れない。インド洋の北東沿岸に、このような超巨大地震が発生し、あのような甚大な津波災害をもたらす、と予想できた研究者はいなかったであろう。しかし、今回の調査で、アチェ州西海岸に津波が打ち上げたと思われる珊瑚礁の巨石がいくつも見られた。これらは、今回の津波前からあったと言われているため、過去にこのような津波が起きた可能性もある。超低頻度自然現象の研究と防災、日本を含めた世界のあらゆる地域に投げかけられた問題である。津波早期警報の導入だけでは解決しえない課題でもある。……今回の調査は、一回限りのものではなく、今後何年も繰り返し、調査や観測が継続され、地震のメカニズムの理解、今後の予測、被災地の復旧や復興への一助となることを希望したい。

(名古屋大学大学院環境学研究科 2005：はじめに)

　果たして、爾来 8 年半、バンダアチェとその周辺地域における私たちの現地調査は十数次におよんだ（その経緯については、田中ほか 2012：213-218）。本書は、そこで観察を続けてきた被害や復興に関する記録である。

　なお、これらの成果の一部については、『超巨大地震がやってきた』（木股ほか 2006）、『大津波を生き抜く』（田中ほか 2012）として出版されたほか、名古屋大学大学院環境学研究科編（2005 〜 2011）として刊行された合計 7 冊の報告書にまとめられている（www.seis.nagoya-u.ac.jp/INFO/sumatra/）。本書の各章節は、基本的に、これらの報告書において発表された現地調査報告をもとにして書かれている。それらの文章は、読み返してみると、部分的に、事実の前後関係に齟齬があったり、事実の解釈に誤りがあったりするが、現地を訪れたときの私たちの驚きを表すものであり、明かな間違いを改めつつも、なるべく原文を残すようにした。

(高橋　誠)

Ⅰ-1　課題と視点　－何を問うてきたか

　スマトラ地震発生以来、日本も含め多くの国から研究者が被災地を訪れており、様々な調査が行われてきたが、ほとんどは学会ごとの縦割りによる学術調査であった。この震災は規模が巨大であるだけではなく、地震や津波の発生状況を偶然捉えた映像を見て感じるのは、まさに人々の生活の真只中に突然巨大な自然の力が襲いかかり、地形や構造物だけでなく、人間や社会全体を破滅させるほどのものであったということである。「ノアの箱舟」はけっして神話の世界だけのものではないと感じた人も多いのではないだろうか。このようなカタストロフィックな事象に対して、単に物理的・力学的なメカニズムや、結果としての家族やコミュニティの崩壊を個々に捉えることには限界がある。換言すれば、スマトラ地震のような災害こそ、私たちが目指している文理連携型の包括的な学術的接近の対象であるべきものである。

　文理連携型として出発した私たちの調査研究が、現地調査の過程で、この災害をどういった視点で捉え、どういった課題に取り組んできたのかを、最初に、特に人文社会的な側面に焦点を置きながら記しておきたい。

(1) 災害の社会的側面

　巨大な地震や津波という自然現象を研究する場合、自然科学の研究では、概して、どの地域やどの社会で発生しても同じ現象として取り扱うことができる。それに対して、自然現象を原因とするにしても、その災害の被害の現れ方は、地域や社会によって異なる。この点で、自然現象としてのハザード（hazard）と、社会的な被害を表す災害（disaster）とを区別しなければならない。同一の規模のハザードが発生しても、社会の状態が異なることによって被害の現れ方も

異なる。例えば、先進国では、社会システムが複雑化しているために、災害の社会的影響も何重かの波及過程を経て社会の隅々にまでおよんでゆく。その点で、「社会の発展とともに災害は進化する」といえよう。逆に、開発途上国では社会構造がより単純であるために、被害の波及性は低く、被害の現れ方は比較的単純である。しかし、人々の暮らしにとっては、被害の程度は先進国とは比べものにならないくらい深刻である。

災害の社会的連鎖

一般に、自然災害から人間や社会に与えられる外力によって死傷者が発生し、建物やインフラストラクチャーが破壊される。ハザードはヒトとモノに被害を与える。それ以外に、同じ外力（ハザード）は社会を構成する組織に被害を与える。それは、家族の崩壊や地域社会の解体、企業の倒産など、社会を衰退に追い込んだりする。こうして、自然災害による外力はモノ・ヒト・組織を崩壊させるが、そのことを通して社会システムや社会活動に深刻な影響を与え、被災者の生存や生活に困難性をもたらす。こうした被害の連鎖を図示すると、図 1.1.1 のようになる。

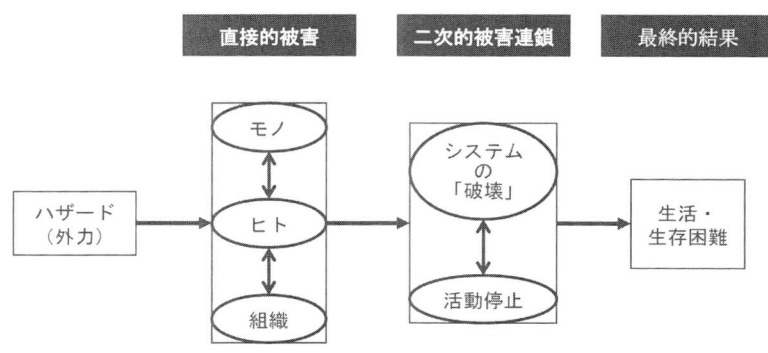

図 1.1.1　災害の被害の社会的連鎖

社会変動としての災害

社会という観点からみると、災害は、きわめて短い時間内に大きな社会変動を生み出す。その変化は、建物の大量破壊、死傷者の大量発生、家族や地域社

会の破壊である。そうしたことが、被災地域の人口構造、空間構造、経済構造、社会構造などを改編し、地域社会を構成する基礎的な部分へ深刻な影響を与える。地震の揺れや津波の浸水などが収まり、緊急段階を経過した後、急速に地域社会の回復が進むが、その過程は、通常の社会変動と比較するときわめて急激なものである。

このように、災害を人文社会的な側面に限定して考えると、自然科学による災害研究とは異なる点が多い。第一に、発災前の社会の状態（あるいは社会構造や社会システム）のあり方によって、ハザードという外力がもたらすモノ、ヒト、組織への影響やその結果が異なり、さらに、社会システムの作動の不具合の程度と通常の社会的活動への障害の程度が異なり、最終的には、被災者の生存・生活の困難さの程度や様相が異なる。第二に、社会によって、発災時あるいは緊急対応時における社会的対応が異なる。さらに第三に、回復過程が社会によって異なってくる。その社会ごとの差異こそが、人文社会科学からの災害研究を複雑なものにしている。

それゆえ、人文社会科学的な災害研究は、社会ごとの差異に注目することが必須である。しかし、発災（厳密にいえば発災前）から緊急対応期、復旧・復興期にかけて、あらゆる社会に共通して見られる過程や特質に着目してゆくことも同時に必要である。

災害の社会的対応

一般に、災害は、通常の社会システムを破壊し、それまで順調に動いてきたシステム内のオペレーションを停止させる。例えば災害時には、お金がたくさんあっても最低限の水や食料すら手に入らない事態が生じる。それは、通常の社会を支えていた市場システムが動いていないからである。そのため、緊急医療施設・避難キャンプ・緊急食料援助をはじめとする、通常のシステムに替わる緊急システムが立ちあがり、すべてではないが、被災者のニーズに応えてゆくことになる。

一般に、災害が大きくなればなるほど、通常システムの破壊の程度は大きくなる。そのため、通常システムの欠落部分を補填する上で、緊急システムが重

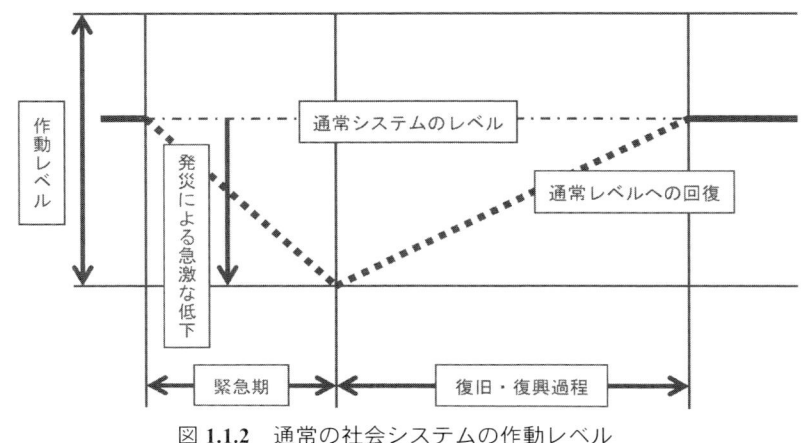

図 1.1.2　通常の社会システムの作動レベル

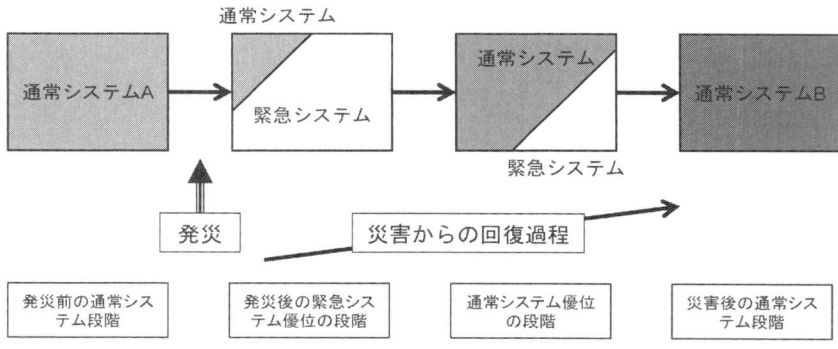

図 1.1.3　発災後の通常システムと緊急システムの交代過程

要な働きをすることになる。被災地が災害から復旧する過程で、通常システムが徐々に回復し、最終的には緊急システムが消滅し、通常システムが完全に回復してくる。しかし、復興後の通常システムは、発災前の通常システムと同じ性質を持つものではない。システムの原理は同一であっても、そのシステムの規模、システムを流れる資源量などが大きくなったり小さくなったりする。それを図に表すと、図 1.1.2 と図 1.1.3 のようになる。

この過程を社会変動の過程としてみるならば、被災地は、災害によって一瞬にして激しい断絶的な社会変動を経験する。その後、社会は混乱しながらも急速に回復するが、その社会過程も急激な社会変動として捉えられる。

災害対応はロジスッティックな過程

被災状況は、災害規模の大きさによって異なるとはいえ、その広がりが地域的に限定される現象である。それゆえ、ハザードと災害とを概念的に結ぶひとつの鍵は、この地域的限定性ということになる。

災害対応は、生命・生活を支援するために、被災地へ物資・サービス・情報・人的資源などを動員する過程である。その点で、戦争において、戦闘を行うために後方支援するロジスティックス（兵站 logistics）と同じである（図 1.1.4）。

被災者の救出、負傷者の医療支援、食料や衣料・寝具などの供給、テントやシェルターの供給などを、広い地域に散らばった被災者にタイムリーに行うことが求められる。こうした緊急期を経過した後、復旧期においても、崩壊した建造物の片づけ、新しい家屋の建築、ライフライン復旧、インフラ復旧のための資金・資材と技術・労働力の供給を、どの地域に、どれだけ、いつまでに行うかが検討されなければならない。

被災地の緊急システムが作動するためには、被災地以外の地域からの物資・サービスなどの供給が重要となる。

ロジスティックスの第一の課題は、非被災地側で、被災地への物資・サービ

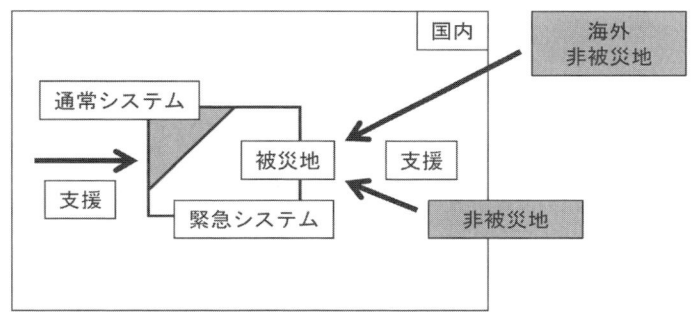

図 1.1.4　災害支援のためのロジスティックス・モデル

スなどをどう確保するかである。次いで、第二の課題は、その物資を、地域の中でそれをもっとも必要としている人々や場所へ、いかに迅速かつ公平に届けるのかという課題である。一般に、被災直後、食料や水、シェルターの確保など「生存にとって最低限必要なもの」を分配するときには、問題はおこらない。しかし、時間が経ち、食料など最低限必要な生活物資が行き渡るにつれて、分配の難しさに直面する。

　こうした外からの社会的資源の分配過程において、重要なエージェントは地方政府とコミュニティである。特に、コミュニティは、それ自体社会的な資源を持っていないが、被災者に身近な存在であるだけに、その資源の分配には大きな力を発揮する。

　一般的には、被災者の正確なニーズの把握に基づいた、支援物資の分配過程が重要である。発災直後には、生活にとって基本的な物資（食料や水など）などが比較的平等に分配される。そして、その分配においてコミュニティは重要な役割を果たす。しかし、発災から時間が経過するにつれて、被災者の要求も単に生活を最低限度支える水・食料といったものから、高度なもの、多様なものへと変化してゆく。そうした過程では、コミュニティが分配機構の中心になることは少なくなる。このことを図式的に整理すると、図 1.1.5 のようになる。

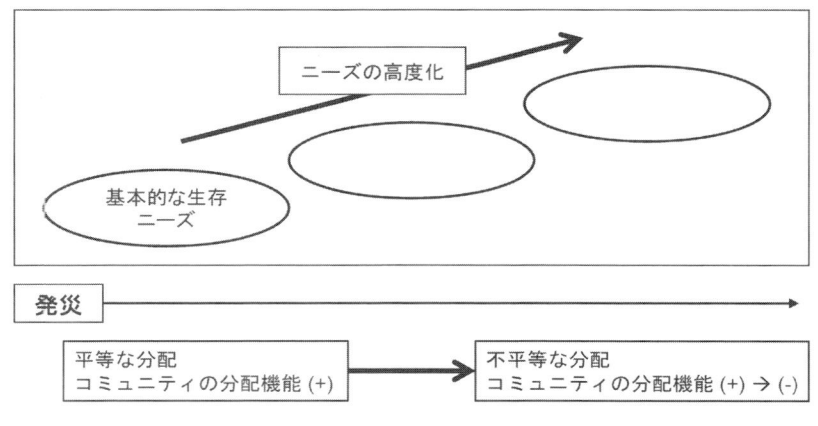

図 1.1.5　地域内での資源分配

緊急システムの中の多様なエージェントの役割と相互協力関係

　では、緊急システムをどのように概念化できるのであろうか。ここでは、緊急システムを災害時の様々なエージェントの相互連関から考えてゆく。このことは、緊急システムが諸エージェントの相互関係であるという意味ではなく、システムのひとつの描き方と考えているにすぎない。

　緊急システムにおいては、通常時とは異なる形で、多様なエージェントが活動し、通常とは異なる役割を果たしてゆくことになる。

　第一のエージェントは個人・家族・親族である。通常の社会システムでは、個人・家族・親族が自分たちの生活課題を解決するという「私的な生活自治」原則によって、社会が成り立っている。しかし、発災時には、個人・家族・親族による「生活自治能力」、つまり自助の力は減退する。そのため緊急時あるいは復旧・復興時には、個人・家族・親族を中心とした力だけでは問題解決できない。一般に、開発途上国では、生活水準が低いだけではなく、生活のストックも少ない。そのため、災害のようなカタストロフィへの耐性が脆弱である。しかし現実には、例えば、両親とも津波で死亡した場合には、子どもたちは親戚のもとで庇護してもらうしか道がない。その点では、個人・家族・親族の社会的な力は強いとはいえないが、多くの人々にとっては、それに頼るしか選択肢は残されていない。

　第二のエージェントはコミュニティである。一般に、農村地域あるいは開発途上国ほど、コミュニティは大きな役割を果たしている。それは、近代官僚システムが整備され、福祉政策が進められている先進国とは異なり、開発途上国では、行政サービス水準が低いために、コミュニティ・レベルの相互扶助が人々の暮らしにおいて重要な働きをしているからである。実際、バンダアチェでは、コミュニティ単位で避難キャンプを構成し、生活の要求を支援団体に伝達し、緊急援助物資を一人ひとりに分配するための組織として、コミュニティは重要な働きをしていた。

　第三のエージェントは政府である。たしかに、先進国と比較すると行政サービス水準は低く、政府の役割も小さい。それにもかかわらず、政府は重要である。少なくとも、被害を受けていない国内の他の地域から被災地域へ物資を動

員する回路として、重要な働きをすると考えられる。

　第四のエージェントは、国内のNGO（非政府組織）である。

　第五のエージェントは、国外の国際NGOである。スマトラ地震においては、被災者の生活復興の中でもっとも重要な働きをしたのが国際NGOである。こうした国際的な海外緊急援助と復興援助が、スマトラ地震においては重要であった。この国際NGOが、インドネシア国内のNGOと協力しながら果たした役割を検証することは、今後の災害緊急支援や復興援助のあり方を構想するためにも必要である。

　第六のエージェントには、外国政府、あるいは準政府・国際機関などの役割も見逃せない。国際援助としても、政府部門が担当する援助と非政府部門のそれとの役割分担を検討することが必要となる。

　以上のエージェントがそれぞれ復興に対して果たした役割を検討することは重要であるが、それ以上に、それらの相互関係あるいは相互連携が良好でないと、全体の復興もうまくゆかない。つまり、緊急システムにおける、エージェント相互の調整メカニズムに着目することが必要となる。

(2) スマトラ地震津波災害の研究課題

　開発途上国の災害研究においては、発災後の社会的混乱の中で、災害に関連した情報を正確に収集・管理している機関が存在しないケースも少なくない。そのため、災害の社会的影響を研究するためには、かなりの「推測値」を用いることを余儀なくされる。このことは、実際のスマトラ地震調査からみてみると、発災後の被災データが正確に把握されているとはいいがたく、そのため、どの地域に、どのくらいの人々が、どういった種類の援助ニーズを持っているか、正確に把握できてはいなかった。そもそも、発災前のバンダアチェ市には正確な人口統計すら存在していない。この点が日本の状況との大きな違いである。同じインドネシアにおける2006年の中部ジャワ地震の際の被災状況把握と比べても、アチェではそれができていなかった。このことは、発災後の地方政府機能の低下、さらに、アチェが長い間内戦状態にあったという特殊な条件も関連していると思われる。しかし、一般的に先進国と比較すると、開発途上

国では行政機能が不完全であり、そのため、災害後の被災状況把握と、それに基づく被災者ニーズの把握に成功していない場合が多いと推測される。

　こうした条件をひとまず棚あげして、スマトラ地震の研究の課題を列挙すると、次のようになる。

発災時の状況

　スマトラ地震津波では、スマトラ島だけで16万以上の人々が死亡した。なぜ、こうした津波被害者が多く出てしまったのか、その原因の探求が必要である。それに関しては、なぜこのような巨大地震と大津波がそこで発生したのか、あるいは、津波がどのように来襲し、町をどのように破壊したのかという自然科学的理解とともに、現地の人々が地震や津波といった自然現象をどのように受け止め、どのように対応したかに関する人文社会科学的理解が必要である。これらのことが、今後の災害対策において何が必要なのか、そして、そのためにわれわれに何ができるのかを検討することにつながる。とりわけ、これらは、現地の災害文化をどのように育てているかといったボトムアップの取り組みを支援するために必要である。

発災直後の緊急対応

　スマトラ地震津波は、第二次世界大戦後における世界の災害史上、最大規模の死者を出した。しかし、死者数をはるかに上回る多くの人々が、この災害によって食べ物や衣服のみならず、住む場所、生活用具、生業のための用具や施設を奪われた。さらに、きわめて広い面積にわたる耕地に津波が入り込み、塩が浸み込み、瓦礫や津波堆積物が堆く積まれた荒地に変えてしまった。

　発災後まずは、傷の手当て、食べ物や衣服、さらにシェルターが必要であり、そのために避難キャンプが各地に設営された。この緊急対応において、何が不足したのか、何がもっとも人々の生命や生活を支えたのかを検証することが必要である。特に、スマトラ地震では、これまで例をみない数の国際NGOが支援のために現地に入った。こうした国際NGOが果たした役割を含め、国内や地元のNGO、中央・地方の政府機関、コミュニティや地元の諸団体（大学や

宗教団体など）相互の連携関係が、どういった状態にあり、どういった機能を果たしたのかを検討する必要がある。

資源動員と国際災害支援のあり方

　スマトラ地震津波災害では、とりわけ、被害が広範囲におよび、被害程度が甚大であったことから、援助のための資源（財やサービス）が大量に必要となった。その資源がどう調達され、どう分配された（あるいは、分配されなかった）のかを検討することが必要である。

　非被災地域からの資源の動員メカニズムと、被災地での資源分配メカニズムの問題である。資源動員の面では、金額としては災害支援史上最大の援助が行われたこと、動員源としても全世界にわたったこと、資金の多くの部分が非政府部門からであったことに特徴がある。資源分配メカニズムにおいては、地方政府組織が果たした役割が低いこと、それに比してコミュニティが重要な役割を果たしたこと、それ以上に、現地に入った国際NGOや国際機関が重要な役割を果たしたことがわかっている。

　被災地内においても、援助資源の過剰と不足の問題がある。被災状況が外部に伝わらず、数日間支援が全く届かなかった地域が存在したり、現地の人々が食べきれないほどの食品や、必要以上の衣料が送られた地域がみられた。

　しかし、援助が決定的に重要だったことは、はっきりしている。一般に、災害規模が大きくなるほど、非被災地からの援助の必要性は高まる。それだけではなく、今回の被災地域はもともと貧困地域であり、様々な意味で物質的・社会的ストックが不足していた。そのため国内外から援助が、被災者の生命・生活維持のために決定的に重要であった。それだけに、被災者の視点からみて、どのような援助がもっとも重要だったのかを検証する必要がある。

復旧・復興の遅さ

　それらのことは、復旧・復興過程においても同様である。

　スマトラ地震の復旧・復興過程において特徴的なのは、その「スピードが遅い」ことである。現在までのところ、先進国との比較データしかないために、開発

途上国の災害復興に要する期間に関する知見は蓄積されていない。

しかし、この「復旧・復興スピードの遅さ」が何に由来するのか、その原因を検討し明かにすることが必要である。そして、今後の災害復興において、その原因を除去するための手段を講ずることが必要となってくる。

発災前と復興後の社会の変化

スマトラ地震発生時、アチェ州は実質的にいわゆるアチェ紛争という内戦状態にあった。強力な軍事力の支配下にあった地域があるいっぽうで、反政府運動が続いていた地域もあり、全体として、地方政府の自治的な力は抑えられていた。しかも、石油や天然ガスなどの豊富な地域資源から得られた利益は、国営企業を通じてすべて中央に吸い取られていたこともあり、地域の開発は遅れていた。そのため、人々の生活水準は低く、生活のストックも限られていた。こうした社会を大災害が襲った。

しかし、その後、大量の支援物資が寄せられ、和平協定が締結され、自治権が拡大し、そして復興の歩みが続いている。こうした中で、復興後のアチェという社会は、発災前の社会とは大きく異なると予想される。いかなる点で大きく異なるのか、災害をきっかけとして、アチェ社会がどう発展を遂げてゆくのかをみてゆく必要がある。

これらのことは、もちろん、次の大災害に向けた備えにも関わる。スマトラ断層などの観測体制や防災科学の研究体制の整備も含め、スマトラ地震の経験をきっかけとしてアチェの社会が災害に強くなったのかどうかという問題とともに、そういった地元の取り組みに対して国際社会からどのような支援が必要なのかを検討する必要がある。

(3) 本書における問い

もちろん、以上の研究課題に対するすべての答えを、実際、われわれの調査研究から引き出せたわけではない。

上記の課題に答えるために現実的にとりうる方法は、被災者に、様々な物資がいつ、どの程度提供されたのかを直接尋ね、それが被災者のニーズを満たし

たのかどうかを調査することである。それを「被災者アプローチ」と呼んでおこう。もうひとつのやり方は、被災者からは「見えない」ものとして、被災者を取り巻く、支援に関係した各種エージェントの動きと相互関係を明らかにすることである。今回のように、外国からの支援が決定的に重要であったことを考えると、例えば、国際NGOの果たした役割、それら相互の協力関係、それらと地方政府との連携関係などを検討することは重要である。それらのことは、開発途上国への災害支援のあり方を構想するための基礎となるだろう。

その上で、支援エージェントと被災者との間に、どういった物資・サービスがどういった方法で提供されたのか、とりわけ、それらがどういうメカニズムを通して被災者に届き、最終的にいかなる効果を発揮したのかを検討することが必要となる。

以上を踏まえ、本書では、人文社会科学と自然科学との連携という観点から、インドネシアのバンダアチェにおけるスマトラ地震津波の被害・緊急対応・復興を追跡することによって、いくつかの問いに答えようと試みる。

2004年スマトラ地震は、2011年東北地方太平洋沖地震と同じように、千年に1回ともいわれるほどの超巨大地震が東南アジア沿岸部という世界でもっとも人口稠密な地域のひとつでおこったことに最大の特徴がある。まず、なぜその場所で巨大地震がおこったのかという地震・津波ハザードの発生メカニズムに関わる根本的な問いが、地震学的な観点から問われなければならない。

それと同時に、10〜30mの高さにもおよぶ大津波の挙動、とりわけ、それが陸上に遡上する際の微地形や建造環境との関係は、これまでほとんどわかっていなかった。本書では、津波の残した様々な痕跡を丹念に追うことで、これに関する全般的なイメージを復元する。

人間や社会の側に目を転じれば、なぜかくも大量の人々が津波で亡くなったのかということが問われなければならない。当時のインドネシアでは、災害対策に関わる国家基本法が未整備であり、またアチェは軍事紛争の最中であった。直接的には、様々な防災体制の不備に加え、おそらく地元の社会における津波災害文化の欠如が避難行動の遅れを招いたことがもっとも重要な原因である。本書では、こうした災害文化の欠如の背後にある様々な社会経済的・政治文化

的問題を指摘する。

　たしかに津波は多くの犠牲者を出したが、いっぽうで、生存者の行動はよくわかっていなかった。これは、自然災害の発生時における緊急対応の問題を考える上で鍵となり、とりわけスマトラ地震の持つ超巨大性という特性との接点においてクリティカルである。本書では、曖昧な状況定義と「運に左右された生命」というふたつのキーワードに注目して、地震発生時から津波襲来、そしてその後の数日間に至る生存者の行動を地理学と社会学の観点から読み解くことで、この問いに答えようと試みる。

　地域の死亡率が90％にも達するほどの甚大な自然災害では、家族やコミュニティといった社会集団は、部分的欠損ではなく、集団そのものの崩壊がもたらされ、そのことが社会の再生にネガティブな影響を残す。しかし、一旦は死滅したかのようにみえる家族やコミュニティは、その後の復興プロセスの中で再生が図られることになる。そうした再生の社会的・地理的条件は何か。本書では、海岸地域に位置する甚大被災地の村における継続的な定点観察から、その答えを導く。

　こうした社会の再生は、もちろん社会に内在する条件のみならず、外部からの支援によってむしろ促された側面が強い。スマトラ地震は、文字どおりグローバルな災害の特徴を強く持つものであり、国際社会からかつてないほどの支援が寄せられた。そういう状況下で、地域レベルにおける支援団体間の調整メカニズムの欠如もまた、この地震からの復興を特徴づけることがらである。東日本大震災でも、ある程度この傾向は認められる。つまり、調整メカニズムの欠如とは、インドネシアの政治風土に起因すると考えられるであろうが、実は大規模自然災害からの復興において共通に見られる特徴である。本書では、国際支援のあり方を問い直す中で、この問題を総合的観点から論じる。

　低頻度・大災害の典型である超巨大地震と大津波が人口稠密地域で発生した例は、近代地震学が成立して以降、少なくとも過去100年間では、2004年スマトラ地震と2011年東北地方太平洋沖地震のふたつしかない。それゆえ、これまでそうした超巨大自然災害の際に何がおこり、その後の復興において何が問題になるかといった問いは、少なくとも経験的な証左に立脚した観点からみ

れば、全くわかっていなかった。想像するためのデータが欠如していたと言ってよい。本書は、こうした、現在の日本における災害対策上の最大の欠点を埋めるためにも必要だと考え、バンダアチェでおこった出来事を克明に記録したものである。

(田中重好)

I-2 アチェの社会と文化

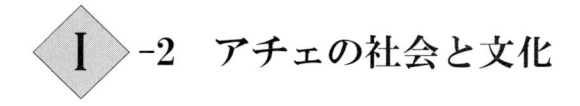

　本書の主なフィールドは、インドネシアのスマトラ島北端部に位置するアチェ州[1]の州都バンダアチェ市と、その周辺に位置する大アチェ（Aceh Besar）県である（図 0.1 および図 0.2 参照）。アチェ州政府統計によれば、アチェ州の人口は約 450 万人（2010 年）、面積は約 57 千 km² である。北はアンダマン海からマラッカ海峡に面し、バンダアチェとスマトラ島最大の都市メダン（Medan）とを結ぶ幹線道路が北部海岸沿いに走っている。ほぼ中央部を北西から南東にスマトラ断層が縦貫し、3,000 m に達する山岳地帯を形成している。アチェ州の西部と南部はインド洋に面している。

　行政区としては、州政府の下に 17 の県と 4 の特別市が置かれている。人口が比較的多い地域は、州都バンダアチェとその周辺から北部のマラッカ海峡沿岸に分布し、そこを縦断する幹線道路沿いにロスマウェ（Lhoksumawe）やランサ（Langsa）といった比較的大きな都市が立地する（図 0.3 参照）。

　主な産業は農業であるが、生産規模は全体としては小規模で、生産物は主に地元市場で消費される[2]。主要な商品は、ロスマウェ付近で産出される石油・天然ガスと関連製品であり、アチェ州政府統計によれば、それらは移出交易額 13 億 6 千万米ドル（2010 年）の約 98％を占めている。エスニック集団としてはアチェ人が約 50％を占め、ジャワ人の約 16％、ガヨ（Gayo）人の約 11％が続く（Ananta and Lee 2007：24）。宗教的には、後述するように、敬虔なイスラム教徒が多いことで知られる。

(1) バンダアチェの概要

　バンダアチェはかつてクタラジャ（Kutaraja：王都）と呼ばれ、スマトラ島

北西端、マラッカ海峡の西の入口に位置する。アチェ川河口から約4 km上流の両岸に市街地が発達し、市街地中央部の左岸には、有名なバイトゥルラフマン大モスク（Masjid Raya Baiturrahaman：グランドモスク）が立地する（図0.4および図0.5参照）。グランドモスクに隣接するアチェ市場（Pasar Atjeh）とアチェ川対岸のプナヨン（Peunayong）の周辺に中心業務地区が発達し、市街地は、そこから延びる幹線道路に沿って北東から南西に楕円状に広がっている。アチェ市政府統計によれば、2010年の登録人口は約218千人（人口密度は3,642人／km^2）であり、津波直前2004年の人口は約265千人、直後2005年の人口は約178千人であった。

バンダアチェの位置する平野は、アチェ川に沿って発達する沖積平野と、アンダマン海に面する海岸平野とからなる。平野の西縁と東縁を分岐したスマトラ断層が走り、その間が陥没地形となり、沖積平野として発達させている（図1.2.1）。バンダアチェの市街地は、アチェ川最下流部のデルタ末端に位置し、その北側には干潟起源の低湿地が広がっている。海岸付近に小規模な浜堤や砂丘列があるほかは全体として低平であり、ほとんどが標高5 m未満の平坦地となっている。

行政区としては、スハルト政権崩壊以降の地方自治制度改革を経て、ウレカレン（Ulee Kareng）、ルングバタ（Lueng Bata）、バンダラヤ（Banda Raya）など大アチェ県の郡を区として編入し、61.4 km^{2}を擁する特別市となった。現在は、市政府の下に9区、各区の下に90ガンポン（gampong）を抱える[3]。

アチェ州内の地方行政組織をごく簡単に説明しておけば、州（provinsi）の下に県（kabupaten）と特別市（kota）が設置され、県の下に一般の市（kota）と郡（kecamatan）が、特別市の下に区（kecamatan）がそれぞれ置かれている。バンダアチェ市は特別市のひとつで、区の下に市街地では町（kelurahan）が、周辺部では村（desa）が置かれている。町と村はいずれも、市政府の下部組織として半官半民の組織として行政補助機能を受け持っているが、村長（kepala desa）は住民の選挙によって選ばれ、基本的にボランティア職であるのに対し、町長（lurah）は市政府の役人が任命によって就任する公務員である。ただし、これらの制度はスハルト政権時代にジャワの制度をモデルに整備されたもので、2001年の地方自治制度の改変によって、現在のアチェでは、村や町に代わっ

I-2 アチェの社会と文化　19

図 1.2.1　バンダアチェ平野鳥瞰図
SRTM-DEM データにより海津正倫が作成（南東方向から）。

て伝統的な地域社会の名称であるガンポンに変更され、住民の選挙によってグチ（geuchik）が選ばれる。さらに、村には組（dusun）が、町には班（lingkungan：直訳すると「環境」）といった、いくつかの小地域集団があり、これらはいずれも隣組（lorong：直訳すると「路地」）に細区分される場合がある。

なお、バンダアチェの空の玄関は、大アチェ県ブランビンタン（Blang

Bintang）村に位置するスルタン・イスカンダル・ムダ（Sultan Iskandar Muda）国際空港で、メダンやジャカルタへの定期便を持つほか、スマトラ地震後はマレーシアのクアラルンプールやペナンへの国際線が開設された[4]。いっぽう、港湾としては、アチェ川河口左岸に位置するウレレ（Ulee Lheue）港がクタラジャの外港として、マラッカ貿易で栄えたといわれている。しかし、アチェ川による土砂堆積のために条件が悪く、現在は、沖合 20 km ほどに位置するウェー（Weh）島サバン（Sabang）市との定期フェリー便のほかは、重要な機能を持っていない[5]。

（高橋　誠）

(2) アチェという文化・社会

　アチェ州の歴史と社会については、日本人にはほとんど馴染みがない。まして第二次世界大戦中に、バンダアチェ近くの海岸に日本軍が上陸し、この地域を占領したことを知っている人も少ないだろう（例えば、堤 2010）。そのために、スマトラ地震津波の被害や復興を論ずる前に、この地域の歴史と社会について簡単に説明しておきたい。

　スマトラ島北部地域は、インド洋を取り巻く世界と東南アジア・東アジアの世界との結節点に位置しているため、東西世界の中継港となり、またスマトラの産品の積出港となる「港市」が古くから栄えたという（弘末 2008：14）。

　インド洋沿岸の地域は、古くからひとつの「海域世界」をなしていた。家島彦一によれば、「海域は単に陸域と陸域をつなぎ、その間を人が移動・往来したり、東西の文物が運ばれる『海の道』としての役割だけにとどまらず、海域そのものが複数の交流ネットワークによって相互に関係づけられた、ひとつの全体を構成する自立的な『世界』であって、そのネットワークの接点となるのが港市である」（家島 2006：74）。しかも、この海域世界は陸域世界とは、構成原理を異にしていた。陸域世界は常に激しく政治的・軍事的な覇権が争われてきた世界であるのに対して、海域世界は、「『よそ者』の参入を拒んだり、武力によって排除する独占・支配の海ではなく、価値のある新奇な商品を携え、対等な取引と贈与の関係を望む者であれば誰でも受け入れる『交易と契約の

支配する海』［の世界］であった」（家島 2006：105、［　］内は引用者が挿入、以下同じ）。

　インド洋海域世界のマラッカ海峡の交通拠点のひとつが、スマトラ島北部の地域であった。アチェという地名の語源をめぐって明確な記録が残っていないが、いくつかの伝説が存在する[6]。それらの伝説を検討した後、バンダアチェのイスラム大学の元学長でアチェ人であるサビ教授は次のように述べている。

　　これらの伝説の諸説は歴史的に立証できないものの、それらからわかるもっと重要なことは、アチェ人は意識的に自らの領土の中に「外国人」の存在を認め、自分たちの血統の中に受け入れてきたことである。すべての伝説や風評からみると、アチェ人は非常に早い時期から自らの領土内で国際的なコミュニティとの接触に自覚的であり、外の世界を自分たちの世界に組み入れてきたことがわかる。そして何よりも、アチェ人はグローバルな国家の一部であり、グローバルに積みあげられてきた世界に対して開かれているのである。　　　　　　（Saby 2005：24）

　古くから成立していたインド洋海域世界のルートを辿って、スマトラ島にはまずヒンドゥー教が、そしてその後、イスラム教が伝わった。「東南アジアの海域世界では、13～17世紀の時期に多くの港市支配者がイスラームを受容した。それにより、東西世界のムスリム商人が多数来航し、新たな文物や技術を伝え、また東南アジア産の香辛料や森林生産物が、周辺世界に広くもたらされた」（弘末 2008：21）。この時代、イスラム教は各地で、現代の私たちの感覚からすれば普遍的な商習慣や先進的な文明と一緒に受容された。

　東南アジアにおいて最初のイスラム国家になったのは、現在のロスマウェ近郊に中心があったサムドラ・パサイ（Samudera-Pasai）王国であったといわれている。その後、そこを支配下に治めたのがアチェ王国である。アチェ王国は、現在のバンダアチェを中心に港市都市として16世紀前半に台頭、17世紀に全盛期を迎えた。全盛期には、「インド洋を介してオスマン帝国と交流を持ち、中東のイスラーム学者を多数受け入れ、また東南アジアのムスリムをメッカ巡

礼に送り出す『メッカの玄関口』となった」（弘末 2008：21）。

17 世紀に入ると、こうして古くから成立していたインド洋世界に、オランダ、フランス、ポルトガルなどの西欧諸国が進出してくる。イギリスは 1612 年に現在のインド北西部のスーラトに東インド会社の商館を設置し、その後 1687 年には、その本拠地をボンベイ（ムンバイ）に移転した。いっぽう、オランダは、1619 年にジャワ島バタビア（Batavia：現在のジャカルタ）に、オランダ東インド会社（1602 年設立）の支店を開設し、この地方での支配地域の拡大を目指していく。1824 年には、イギリスとオランダの間でロンドン条約（英蘭協定）が締結され、マラッカ海峡を挟んで両国で権益を分割することが合意され、スマトラ島はオランダへ帰属することになった。

こうした動きに対して、インドネシア各地でオランダ支配への抵抗運動が続けられたが、最後まで抵抗したのがアチェ王国であった。オランダ支配に対抗したアチェ戦争は 1873 年から 1912 年まで続いた。その戦争は一種の宗教戦争であったという。この間の歴史的推移は次のようなものであった。

> マラッカ海峡航路の安全を確保したいイギリスは、アチェを小国オランダに委ねるのを得策と考えた。1873 年オランダはアチェ戦争に突入した。当初オランダは軽く考えていたが、アチェ人の激しい抵抗の前に立ち往生させられた。莫大な戦費のために植民地財政は 78 年から赤字に転落し、80 年代には首都クタラジャ（現在のバンダアチェ）を守るだけとなり、オランダ側の士気喪失、苦難の時代であった。90 年代後半になってオランダはようやく自信を回復して攻勢に転じ、1912 年ついにウラマ（イスラム知識人、指導者）の抵抗が終息した。アチェ人にとってこの戦争の前半はスルタン支配体制護持の戦いだったが、後半はウラマがジハード（聖戦）を訴える中での宗教・社会改革運動としての性格を持つものとなった。
> 　　　　　　　　　　　　　　　　　　　　　　　　（深見 1995：24-25）

この戦争が終結して初めて、オランダのインドネシア全体の支配体制が完成したのである。この戦争終結時点から起算すれば、現在のインドネシアの全土

をオランダが支配していた期間は、わずか 30 数年間にすぎないことになる。

　その後、第二次世界大戦下での日本軍のインドネシア進攻によって、オランダ支配は一時的に中断した。さらに大戦後にはインドネシア独立戦争（1945〜1950 年）がおこり、インドネシア側の勝利によってオランダ支配は実質的に終りを告げた。「インドの島嶼」という意味のインドネシアは、この言葉からわかるように人工的な国家であり、その意味で「想像の共同体」（アンダーソン 1997）である。そのため、1 万以上の島嶼、300 を超す民族集団、200 以上の言語からなるといわれるインドネシアは、「多様性の中の統一」を掲げながらも、常に統一の弛緩・分離の可能性をはらんでいる。その意味では、「スカルノが宣言して誕生した『インドネシア』は、独立を達成した瞬間から国家の統一を維持することが最大の目的となった」（水木 2006：246）のであり、スハルト独裁の時代が終わり、現在でも、「国家をいかに再規定するかという生みの苦しみ」（水木 2006：247）を抱え続けているのである。

(3) アチェ紛争

　独立戦争において重要な働きをしたアチェは、インドネシア独立後、ジャカルタ政府から大幅な自治権を約束されたが、その約束は忠実に実行されなかった。そのため、インドネシア国家建設後にも、アチェのインドネシアから分離独立を目指すダルル・イスラム運動が 1960 年代まで続いた。アチェの自治に関わる問題は、アチェ州のロスマウェの石油や天然ガス資源の利益を中央政府とアチェ州とでどう分配するかという問題と密接に関連していた。この収益を中央政府が独占し続けたことも、分離独立運動が続いていく一因であった。

　こうした状況下で、1976 年 12 月、アチェ国王のスルタンの家系につながる（と自称する）ハッサン・ディ・ティロ（Hasan di Tiro：1921 〜 2010 年）の指導で結成された自由アチェ運動（Gerakan Aceh Merdeka：GAM）が、アチェの独立を宣言し、独立を目指して武装蜂起を行った。特に GAM が本格的な宣伝活動や武装闘争を開始したのは 1980 年代後半からである。こうしたアチェの独立の動きに対して、インドネシア政府は、1989 年にアチェを軍事作戦地域（DOM）に指定し、独立支持者の摘発、拷問、殺害、公開処刑、家の焼き払い、

財産没収などの措置に出た。この間の事情は、佐伯奈津子（2005）やTapol（2001）に詳しい。その後、アチェはインドネシア国軍が管理する地域となったが、その状況は次のようなものであったという。

> 国軍はゲリラ掃討作戦が終了した地域にも、治安回復などの名目で駐留し続けた。行政の公共プロジェクトに関与し、幹線道路におかれた検問所を通過する住民からなけなしの金を徴収した。国軍の公式の軍事予算は実際の活動費の四分の一程度しか満たさない。紛争地は「権益」を生み出す領域となり、国軍が独自に運営資金を現地調達できる格好の場となった。調達した金は「協力者からの寄付金」とされ、兵士の手当などに充てられた。
> （水本 2006：135）

アムネスティ・インターナショナルによれば、アチェでの軍事作戦開始から1998年までの10年間で、一般住民の犠牲者は少なくとも2,000人以上と報告されている（水本 2006：135）。長らく続いた国軍とGAMとの軍事紛争は、一般のアチェ人の間にも、いつ身近で銃撃戦が勃発するかという不安感を植えつけた。さらに、隣近所や職場の同僚が政府派かGAM派かわからないままに生活する中で人々の相互の信頼感は低下し、相互の不信感が蓄積していた。

インドネシア政府とGAMとの対立を和解させようと、何度か国際的な仲裁が試みられた。2000年5月には、政府とGAMは、スイスのNGOアンリ・デュナン・センター（HDC）の仲介によりジュネーブで「アチェ人道的停戦に関する合意」協定に調印した（実効は翌6月より）。しかし、インドネシア国軍はこの協定を順守せず、軍事作戦を完全には停止しなかった。さらに、アチェでの治安の乱れを受けて、2001年4月には「アチェ問題解決のための包括的措置に関する大統領令第四号」が発布され、その後、アチェに国軍、警察の増派が実施された。

2002年12月には、インドネシア政府とGAMは、日本などでの和平準備会合を経て、ジュネーブで「敵対行為停止のための合意」という停戦協定に調印した。しかし、その調停も長続きせず、2003年5月には停戦合意が崩れ、政

府はアチェ州に軍事戒厳令を引き、GAM掃討作戦を展開した。2003年11月には、メガワティ政権によって軍事戒厳令が6か月間延長され、2004年5月には軍事戒厳令が非常事態（民事戒厳令）に格下げされた。しかし、その後もアチェ州内各地で軍事衝突が頻発し、夜間外出禁止の状況が続いた。こうした中で、2004年12月、アチェの社会はスマトラ地震津波を迎えることになる。

30年以上にわたって続いてきたアチェ紛争の結果、アチェ社会は特異な社会的性格を持つことになる。

第一に、紛争が長らく続いたことによって、「アチェは長い間、国際社会から孤立し、さらに、インドネシア国内の他の地域からも孤立してきた」（World Bank et al. 2005：30）。こうした特徴は、海域世界に向かって開かれてきたアチェの伝統と奇妙な形で混じり合う。たしかに、アチェ紛争が厳しい段階を迎えた時期は、外国からのNGOは、政府から国外退去を命じられ、アチェでの活動ができなかった。その中で、唯一アチェに残り活動を続けられたのはSave the Childrenだけであったといわれている。そのいっぽうで、GAMが活動を継続できたのはマレーシアやヨーロッパとのつながりを継続的に持ち続けたことであり、アチェ社会が完全に孤立していたわけではなかった。

第二に、「アチェの根本問題は、人々が警察も法制度も信頼していないことだ。裁きを求めても無駄だから、期待してはいけないことを数十年かけてアチェ人は学んだ。司法制度は腐敗し、兵士も警察も組織的に刑罰から逃れた」（メリカリオ 2007：262）といわれるような、公的な秩序や治安が不安定な状態は、一挙に解消されることはなかった。インドネシア全体に政治行政的腐敗が蔓延しているといわれているが、その中でもアチェでは、軍も含めた腐敗が社会の隅々までを侵食していた。「警察や司法機関は長らく、特権を利用した不法利得や職権乱用による取得が非難されてきた。また、軍隊も往々にしてこうした関心の原因とされてきたが、とくにアチェではそうであった」（World Bank et al. 2005：24）。

第三に、アチェの人々は公的な制度に不信感を持っていただけではなく、住民どうしにおいてすら、終わることない不安感と相互不信感の中で生活せざるをえなかった。アチェ社会は、もともと、「信頼に基づく活動（faith-related activities）やコミュニティに立脚した組織にまでおよぶ（多様性を持った）、様々な集団の豊かな伝統を持っている」（World Bank et al. 2005：27）。しかし、紛争は二重の意味で人々の関係を切り裂いていった。ひとつには、紛争によって人々はもともとのコミュニティから引き裂かれ、移動を余儀なくされた。「2003年6月までに、アチェにおいて武力紛争のために国内移動を余儀なくされた人数は 48,262 人」（World Bank et al. 2005：29）と推定されている。このことはコミュニティの安定的基盤を掘り崩し、さらに、コミュニティ内の定住者間にも「政府派か、GAM 派か」という疑心暗鬼の気持ちを抱かせることになった。

　地震発生の直後 2005 年 1 月、フィンランドのヘルシンキでアチェ紛争解決への和平交渉が始まった。幾度となく決裂していた和平交渉が、津波から約 8 か月後の 2005 年 8 月 15 日にようやく合意に達し、約 30 年間続いた紛争は終結に向かいつつあった。和平に至る交渉の過程はメリカリオ（2007）に詳しいが、明らかに長年困難であった和平が実現したのは、スマトラ地震がきっかけであった。GAM メンバーとして抵抗運動に参加し、和平調印式を刑務所のテレビで見ていたテンク・ウスマンは「自分たちの気持ちを静めようがなかった。でも一番大事なことは、もちろん、津波で破壊されたアチェの再建が始めることだった」（メリカリオ 2007：187）と感じていたという。

　津波はアチェに、莫大な被害と悲しみを与えたが、同時に、外国からの大量の援助と和平をもたらした。同じく分離独立の紛争地域で、津波で大きな被害を出したスリランカのケースと比べてみると、この和平の過程は決して「自然に」成し遂げられたものではなかったことが痛感されよう。スリランカでは、一時的に紛争の和解が成立したが、その後和平協定が破棄され、最終的に武力による「解決」しかなかったのである。さらにアチェでは、和平協定が合意された後に、自治権が確立し、地方選挙も行われるようになった。GAM は、インドネシアでは例外的に地方政党として正式に認められ、そのメンバーが選挙後に誕生した新地方政府の中枢に納まった。

　とはいえ、「小さな町や村々では敵対感情や不信感が何十年にもわたって積み重なっている。指導者がヘルシンキで署名したからといって、［生活する場の町や村の］空気がすぐに澄み渡るわけではない」（メリカリオ 2007：196）

こともたしかなのである。実際、GAM メンバーの中には、政治的リーダーとして要職に就いている人も多いが、いっぽうで、学校にも通わず小さいころから戦闘に従事し、一度も定職に就いた経験も持たないために、和平後も失業を余儀なくされている人も少なくない。

（田中重好）

注
1) インドネシア独立後の一時期、北スマトラ州に含まれていたが、1959 年に分離して 2001 年まではアチェ特別地域（Dearah Istimewa Aceh）となり、2002 年から 2009 年まではナングロ・アチェ・ダルサラーム州（Provinsi Nanggroe Aceh Darussalam）と呼ばれ、2009 年に現在のアチェ州（Provinsi Aceh）に改称された。津波災害がおこったのが 2004 年であり、調査期間の大部分はナングロ・アチェ・ダルサラーム州の時期に当たるが、本書ではアチェ州と呼ぶことにする。
2) 特産品としては中央部の高原地域で生産されるコーヒーがあり、スマトラ（ガヨ）コーヒーとして輸出されている。オープンなコーヒーショップ（warung kopi）と喫茶文化は全国的に知られている。
3) 津波発生時は 89 であった。最末端の行政単位は、現在は、伝統的な地域単位ガンポンに統一されているが、かつては町と村という 2 タイプがあった。なお、津波発生時は地方行政改革の過渡期であり、バンダアチェ市内には以前の制度が残っていた。
4) 現在、そして調査時においても、日本のどの都市からも直行便はなく、通常、メダンかジャカルタ、あるいはシンガポールやクアラルンプールで 1 泊してバンダアチェ入りすることになる。
5) その代わりに、バンダアチェ市から東に約 20 km ほどのところに位置する大アチェ県内クルンラヤ（Kreung Raya）港が貨物港として、現在のバンダアチェの外港機能を受け持っている。
6) アチェのアルファベット表記 ACEH の A はアラビア、C は中国、E はヨーロッパ、H はインドをそれぞれ表す頭文字であるという俗説がある。ただし、そのアルファベット表記は、現在のものに落ち着くまで、例えば Aceh、Atjeh、Achin などいくつかがあったといわれている。

第Ⅱ章

直 後
―被害と緊急対応―

　地震発生から 1 か月半後の 2005 年 2 月初旬に、初めてバンダアチェ市内に調査に入った。この時点の町の様子をまず報告する。

　この時点で見たものは、津波の威力であった。海岸近くを 10 m を超える津波が浸入し、建物をすべてなぎ倒し、後には、家屋の土台しか残っていなかった光景を目にしたとき、津波の威力を痛感した（図 2.0.1）。海岸近くに、周辺の樹木は、ほとんど根っ子からなぎ倒されているにもかかわらず、その中でわ

図 2.0.1　ウレレ港近くの住宅地跡
2005 年 2 月 8 日、田中重好撮影。

図 2.0.2 ウレレ港からグランドモスクまでの眺望
2005 年 2 月 8 日、Farid Mulana 撮影。

ずかに 1 本だけ立っている大木[1]が印象的であった。海岸から 1 〜 2 km にあった建物がほとんど全壊であったため、かつてバンダアチェの主要港湾であったウレレ港から、市内の繁華街に建つグランドモスクが見渡せた（図 2.0.2）。町全体を見たときに、地震動の被害は、津波被害に比べてはるかに小さかった。

　町の様子は、グランドモスク周辺の中心市街地にも 3 〜 4 m 規模の津波が浸入したため、すべての商店は破壊され、道路にもあちこちに水溜りができていた（図 2.0.3）。ようやく、道路を占拠していた瓦礫や破壊された自動車が撤去されたばかりであった。しかし、容易に動かすことのできない大型の漁船は、自動車交通の邪魔にならないようにはなっていたが、町のあちらこちらに散在していた。ときには、家屋の屋根の上に、あるいは、建物に突き刺さる形で、船舶が残されていた。道路は重機によって平らになり、船を除いて、瓦礫などが撤去されていたが、津波とともに運ばれてきた泥水の後に残った泥は、道路脇に積まれたままであった。ちょうど、大型ダンプが、その泥を市街地の隣接地域へ運んでおり、その地域の道路沿いには、泥と建築廃材、瓦礫が混ざった廃棄物が堆く積まれていた。

　そのため、町全体はほこりっぽく、特に、バイクに乗っている人は大半、マ

図 2.0.3　グランドモスク近くのアチェ市場
2005 年 2 月 7 日、田中重好撮影。

スクをしながら運転していた。

　国軍と GAM とはともに休戦を宣言していたが、両者の和解が成立していない時期だった。さらに、地震後の秩序の維持のために、幹線道路の交差点には装甲車や軍隊のトラックが駐車しており、小銃を持った国軍兵士が数多く見られた。

　また、津波で被害を受けた中央病院[2]がドイツ軍の医療部隊の病院として活用されており、赤十字をはじめ医療関係の活動も目立っていた。

　津波被害者は、ほとんど、避難テント生活か、あるいは、親戚を頼った避難生活を余儀なくされていた。一定の空き地が確保される場所（典型的にはモスクの広場）には、テント村があちこちにつくられていた。そのテント村では、ボランティアの活動が目立った。尋ねたどのテント村でも、幼児や小学生を集めた「臨時の幼稚園や小学校」が、学生などのボランティアによって再開されていたのも印象的であった。

　このテント村には、どこにも、尋ね人の張り紙があったし、地元紙でも、見開き全面に尋ね人の写真が掲げられていた。一瞬のうちに人々を襲った津波によって、家族や親族、友人や恋人が「行方不明」になったままであった。身元

確認も十分なされないままに、集団墓地に数多くの人が埋葬された。

　産業としても、町中心部の商店は閉鎖されたままであり、津波を被った耕地も放置されたままで、わずかに沖に出ていて助かった漁船が、崩れかけた港に停泊していた程度であった。

　日常生活は、津波来襲地域だけではなく、フラッドの（津波の破壊力が低減し、洪水の形で被害を受けた）形で被害を受けた地域でも戻っていなかった。しかし、津波の到達線の外側の地域では、中心市街地の商店街が壊滅されたために、かえって活況を呈していた。その点で、津波が入った地域とそうでない地域とのコントラストが強い印象を与えた。

（田中重好）

注
1）ウレレ海岸の激甚被災地でほぼ唯一残ったモクマオウ（木麻黄）の木。
2）ザイナル・アビディン（Umum Dr. Zainal Abidin）病院のこと。

II-1 地震と津波

(1) 2004年スマトラ地震の衝撃－巨大な地震と津波

　元禄12年12月8日（1700年1月26日）に日本列島の太平洋沿岸を突然津波が襲った。三陸沿岸では6mを超えるところもあった。津波の前にいかなる揺れもなく、まさに突然に津波が襲ってきた。それゆえ、人々は「親なし津波」と称した。その津波から約300年後が経過し、やっと津波の正体が明らかになった。

　カナダとアメリカの西海岸で発生した大地震（カスケディア地震）が、津波を引きおこし、その津波が太平洋を横断し日本列島を襲っていた（Satake et al. 1996）。研究者らの推定によれば、破壊したプレート境界は長さ1,100 kmに達し、地震の規模はMw（モーメント・マグニチュード）[1] 9の超巨大地震である。震源域の沿岸部に生活していたアメリカ・インディアンは文字を持たないことから、現地には津波襲来が伝承されていなかった。

　2004年スマトラ地震[2]でも発生した津波は、インド洋を横断し、アフリカ東海岸を襲った。ケニアやタンザニアでも津波による犠牲者が出てしまった。もし、今の時代にTVがなければ、アフリカの人々も江戸元禄時代の日本と同様に、何ゆえに大きな波が襲ってきて、人々が犠牲になったのか理解できなかっただろう。人々の命は救えなかったけれども、アフリカの人々にも、大波の正体がスマトラ沖で発生した津波であることが伝えられた。

　巨大地震津波は1万kmを超えるような、はるか離れた地域まで災害をもたらす。遠隔地では地震もなく、まさに突然に大津波が襲来し、人々をさらっていくのである。このような観点から、超巨大地震だった2004年スマトラ地震について考えてみたい。

プレート境界が 1,500 km－約 10 分間も破壊し続けた

　たしかに、2004 年スマトラ地震は、インドネシアの最北端であり最西端でもあるバンダアチェを 30 m もの巨大な津波が襲うなど、考えもおよばなかった事件を引きおこした。しかし、地震学の研究者として驚くべきことは、インド・オーストラリアプレートが沈み込むスンダ（Sunda）海溝で、1,500 km 以上にわたりプレート境界がまさに目の前で一気に破壊したことだった。

　日本の気象庁は、地震が発生すると「ただ今の地震は、震源地が宮城県の太平洋沖 100 km の深さ 50 km、地震の規模を示すマグニチュードが 5.5」という情報を流す。2004 年スマトラ地震も、この表現を借りれば「スマトラ島バンダアチェ南南東 250 km 沖合の深さ 30 km で地震規模マグニチュード 9.1 の巨大地震が発生しました」となる。

　しかし、巨大地震になると震源地よりも震源域という表現がふさわしくなる。スマトラ地震でいえば、震源地から 1,500 km も離れたインドのアンダマン（Andaman）諸島でもその直下でプレート境界が破壊し、揺れが発生した。地震や地殻変動の観測データから、この破壊は、震源地となったアチェ沖合のシムル（Simeulue）島から始まり、北側に 1,500 km 離れたアンダマン島まで約 10 分間で破壊が伝搬したと推定される[3]。巨大地震では震源地という点でなく、広がりのある震源域として地震を理解することが重要である。

　もちろん、破壊の開始点の情報も重要である。破壊の開始点がどこにあり、どの方向に破壊が伝搬したかは、伝搬する地震波動の振幅などを支配する。例えば、紀伊半島沖の南海トラフで巨大地震が発生し、破壊が北東側へ伝搬したとすると、伝搬方向に位置する静岡県の遠州地方では大きな揺れ（震度）になると考えられる。

　しかし、南海トラフの巨大地震で地震波動記録が残るのは前回の 1944 年東南海と 1946 年南海のふたつの地震だけである。しかも、世界大戦末期と終戦直後というきわめて観測が劣悪な状況下にあり、十分な記録が残っていない。そのため、どのように破壊が伝搬し、どこで特徴ある滑りが進行したのか、ほとんど明らかになっていない。

巨大地震の規模の過小評価

　地震の規模を示すマグニチュード（M）は、地震による破壊域が広くなるほど大きくなる。また、滑り量の大きさも地震規模を支配する。M8に満たない規模の地震は、揺れの大きさ（振幅）から推定しても、震源域の広がりと滑り量から推定しても、推定される規模に大きな違いはない。しかし、地震規模がM8を超える巨大地震の場合、地震波動の振幅からマグニチュードを計算すると地震の規模は過小評価される。

　気象庁は、2011年東北地方太平洋沖地震以前、すべての地震について、地震の規模は地震波動の振幅だけで決定してきた。1970年代後半に成立した大規模地震特別措置法（大震法）では、気象庁は、巨大な東海地震の発生が予知可能であるという前提のもとに防災対策を推進してきた。その際、正確な地震規模の推定は、その防災体制できわめて重要な一翼を担ってきたはずだ。しかも、2004年スマトラ地震では地震の規模を過小評価したという教訓が具体的に示されていた。にもかかわらず、東北地方太平洋沖地震発生まで、地震の規模を迅速かつ正確に決めることに対処を怠っていた。そのことが、東北地方太平洋沖地震が発生して初めて露呈した。

広がる余震域

　破壊域が広がれば、余震も長期間にわたり連鎖的に発生する。しかも、破壊した海溝の背弧に当たる陸側でも地震活動が誘発され活発になる。図2.1.1は、2004年スマトラ地震の本震から3か月間に周辺域で発生した地震の震源分布である。アメリカ地質調査所による、この地域の検知能力では、M4よりも大きな規模の地震に限られるものの、余震と考えられる地震は、明らかにスンダ海溝に沿い、北西方向に1,500 kmほどに広がる。

　地震が並ぶスンダ海溝から内陸側にも地震が一列をなしている。いわゆる背弧海盆と称される地域である。この地震の列は、海溝沿いの破壊域よりも短かく1,000 kmに満たないが、明確に確認できる。その反面、余震が非常に少ない破壊域も存在する。このように破壊域といいながらも、破壊状況は均一でなく、地震活動はそれほど単純ではない。

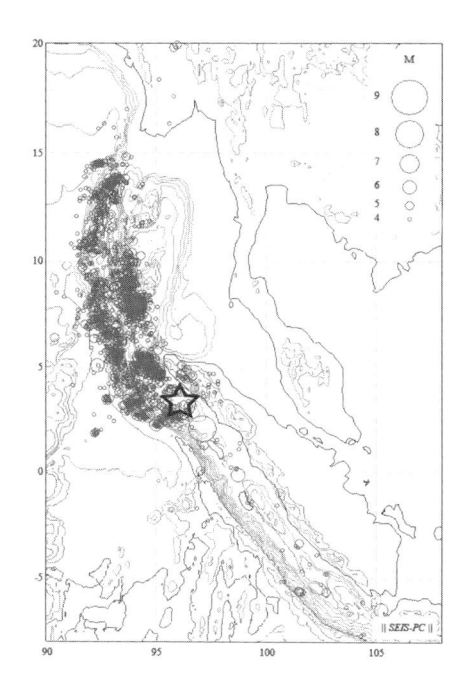

図 2.1.1　スマトラ地震の震源分布
2004年12月26日から2005年3月27日までの地震震源分布（アメリカ地震調査所）、本震の震源を☆で示す。

　このように、余震の震源分布は震源域の広がりを考察する上で重要な情報を提供する。しかし、情報は余震活動が活発とか低調という内容である。必ずしも大きな滑りが生じたところで余震活動が活発なわけでもない。余震活動から、超巨大地震の規模の一要素となる破壊域の広がりを推定できるが、滑り量は推定できない。滑り量の推定は、地震観測でのリアルタイム処理では困難であり、新たな地震観測技術の発展が必要だった。

(2) 地震学の発展と超巨大地震の発生

　1891年 M8.0 濃尾地震、美濃と尾張を襲った内陸の大地震は、後に特別天然記念物になる上下6m、水平8mのズレを示す根尾谷断層を地表に出現させた。まさに、人々の目の前で、地震現象が断層運動であることを見せ、この事実を世界に示した。もっとも、断層運動により地震波動が発生することを科学的に証明するには、さらに50年間が必要だった。

濃尾地震は、地面の揺れ、地震波動が地震計で記録された初めての巨大地震だった。地震波動を記録する地震計は、日本で有感地震に驚いた外国人研究者が中心になり、濃尾地震の10年ほど前に開発されていた。地震計の開発が濃尾地震の発生に間に合ったともいえる。

この開発されて間もない、小さな揺れを記録するための地震計に、とてつもない大きな揺れが襲ってしまった。岐阜県岐阜測候所に設置された地震計はP波を記録して壊れた。しかし、所長の井口龍太郎は機械室に飛び込み、記録から6時37分11秒という発震時を読み取っている（村松 2006）。まさに、震源域に地震計を設置していた成果と、それを支える職人気質があった。

また、国土の科学的な把握という事業に取り組んでいた明治政府は、ヨーロッパから測量技術を導入し、三角点や水準点を設置し、国土の測量を開始していた。ちょうど岐阜県の南部まで測量が進んだところで濃尾地震が発生した。即座に測量のやり直しが求められた。そして、改測した結果、濃尾地震に伴う地殻変動も検出された。これも測量学的に観測された世界で初めての地殻変動となった。

地震は地殻の破壊現象である。となると、地震に伴う揺れは、直下型地震のように下からドーンと突きあげるような揺れから、数秒周期のゆらゆらとした揺れ、さらには、2000年東海スロースリップイベントのように数年も滑りが続く、とてつもない長周期の揺れまで含まれる。そのうえ、揺れの振幅は1μmに満たないものから数mに達するものと6桁も異なる。地震の揺れをきちんと観測することはけっして簡単でない。

冷戦下の核探知が地震学を発展させた？

少し回り道だが、人々がどのように地震の全体像、地殻の破壊過程の解明に取り組んできたか振り返ってみよう。地震という破壊過程を理解するための、地震学の研究者や技術者の苦闘を知ってもらいたいと思う。

20世紀後半、社会は小さな揺れ、しかも遠くから伝わってくる揺れを何とか検知しようとしていた。皮肉にも、それは地下核実験の監視のためだった。核保有国に勝手に核実験をやらせないための監視体制が必要だった。1959年

のジュネーブにおける 10 か国軍縮会議で地下核実験の監視体制が提案された。それを受けて、世界に同一規格の地震計で WWSSN（World Wide Standard Seismograph Network：全世界標準地震計ネットワーク）が先進国の指導のもとに構築されていった。WWSSN の地震観測点は、1961 年に世界で 120 か所に達した。それにもかかわらず、核保有国は年平均 50 回前後の核実験を 1990 年まで繰り返した。

この WWSSN 観測網の構築を待つかのように、超巨大地震が 1960 年 M9.5 チリ地震、1964 年 M9.2 アラスカ地震と次々に発生した。そのため、1960 年以降に発生した超巨大地震では、地震の発生過程、破壊した震源域の広がりと滑り量が具体的に推定できるようになった。まさに世界の冷戦体制が超巨大地震の破壊過程の議論を可能にしたといっても過言でない。

だが、世界で 120 台ほどの地震計、しかも遠くに設置された地震計の記録だけでは、地震による地殻の破壊がどのように進んだか、破壊過程を詳細に検討することは困難だった。破壊過程を歪み変化として観測する歪み計も貴重なデータを提供すると期待されていた。しかし、遠くの地震まで観測できるような高感度な歪み計は、地中への設置が必要となるが、設置費用はかさむ。そうした経済的な理由から、世界中に歪み計を張り巡らすことはきわめて困難だった。

包括的核実験禁止条約が 1996 年に国連総会で採択され、WWSSN は包括核実験禁止条約機関（Preparatory Commission for the Comprehensive Nuclear-Test-Ban Treaty Organization：CTBTO）に置き換わった。現在、170 か所を超える地震観測点が世界に展開されている。

軍事技術 GPS も地震学に貢献？

そのような状況の下、新たな軍事技術が発展した。アメリカ軍が運用する軍事システム、GPS（Global Positioning System：汎地球測位システム）の登場である。原子時計搭載の人工衛星を利用し、地球上を含め地球周辺で、地球の回転軸に対する座標値を mm の精度で決定する技術である。米軍が運用するゆえ、2003 年 3 月にアメリカが参戦した第二次湾岸戦争では、軍事目的を遂行するために、GPS の観測精度が恣意的に劣化させられた。また、軍事技術の測地学への導

入を反対する測地学研究者も当時の日本国内に存在した。その後、ロシアやヨーロッパでも、最近では中国でも人工衛星を利用した同様なシステムが21世紀に実用化された。そのため、現在は、一般にGNSS（Global Navigation Satellite System：全地球航法衛星システム）と称される。

　2004年スマトラ地震では、震源から千から数千kmも離れた地域でも地殻変動がGPS観測により検出された。スマトラ島内で2～3m、インドシナ半島でも数10cm、アジア大陸でも数cmから数mmといった地殻変動が広い範囲におよんだ。

　さらに、解析手法を工夫し、1秒という短いサンプリング観測からcmレベルの地震波動が振り切れることもなく観測できる。私たちはインドで実施されていたGPS観測から、数cmに達する地震波動のひとつ表面波を検出した（Ohta et al. 2006）。

　この手法は、2011年東北地方太平洋沖地震を経験し、さらに発展する。10～20kmごとといった稠密なGPS観測網で、1秒というサンプリングデータから、まさに日本列島を伝搬する地殻変動が見事に再現されている（Ohta et al. 2012）。

　1960年代前半、巨大地震が集中して発生したとき、世界に設置された標準型地震計の観測網から、概略ながらも巨大地震の破壊過程がモデル化された。そして、21世紀に入り地震観測網にGPS観測網が加わり、まさに巨大地震の発生に伴う破壊過程が、ゆっくりした変動から人体に感じる波動といった広い周波数帯で観測されるようになった。破壊過程を異なる観測帯域のシステムが成立することにより、より詳細な地震の破壊過程のモデルが議論できるようになった。

地震規模の早期決定にもGPSが活躍

　現在では、開発された観測技術を防災に活かそうとする試みも始まっている。2004年スマトラ地震でも2011年東北地方太平洋沖地震でも、最初に発表された地震規模はともにM8クラス、けっしてM9の超巨大地震でなかった。当然といえば当然、地震の規模を地震波動の振幅、揺れの強さだけで推定し、破壊の広がりを示唆する波動の継続時間について考慮していなかったからである。

また、震源域の広がりと滑り量から、地震規模をより正確に決定するには破壊が終了するまで待たなくてはならない。スマトラ地震ならば破壊が終わるまでの約 10 分間は地震の規模が正確には求められない。しかし、一刻も早く破壊過程の全貌を捉えるような観測も試みられている。

　海溝のプレート境界での破壊が約 10 分間にわたり続いたことを観測データの一例で示そう。岐阜県瑞浪市にある東濃地震科学研究所（地震予知振興会）では、降雨などの地殻変動へのノイズを避けるために、地下 1,000 m の深部に歪み計を設置した。歪み計の設置は通常は 3 方向だが、観測記録をよりたしかにするために 4 方向とした。この歪み計では、震源から北西方向に破壊が 10 分以上にわたり伝搬したことを示す記録が取られた（図 2.1.2、Okubo et al. 2005）。まさに、世界の地震活動がモニターできるような技術を日本の瑞浪市で開発していた。

　破壊の継続時間が連続的に振り切れることなく観測できる高精度な歪み計観

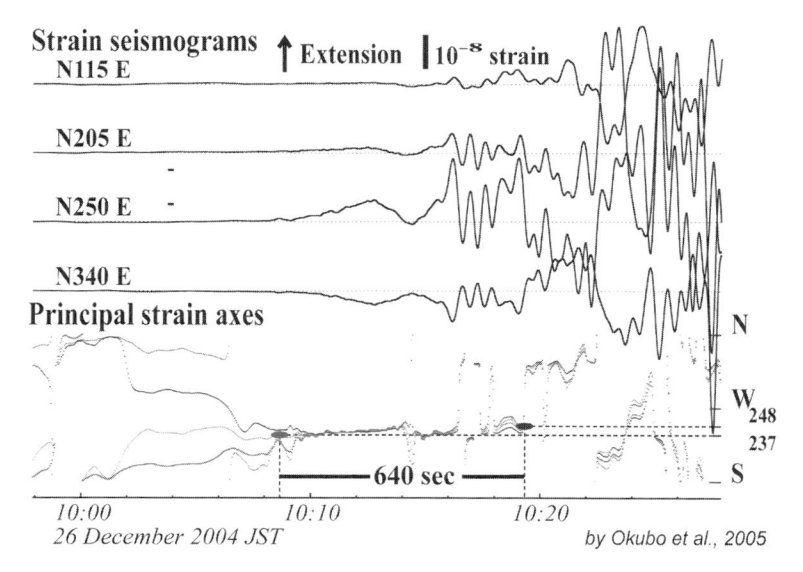

図 2.1.2　岐阜県瑞浪市で観測された 2004 年スマトラ地震の歪み波動
日本時間 10:10 あたりから約 10 分 40 秒間にわたり、各成分から求められる主歪み軸がすべて南西方向となり、スマトラ地震の破壊過程が波源になることを示す（Okubo et al. 2005）。

測は、世界の超巨大地震や巨大地震の地震規模をリアルタイムで決定できる一観測手法と期待できる。また、前述した 1 秒といったハイサンプリングによるリアルタイムの GPS 稠密観測からも破壊規模のリアルタイム推定も始まっている (Ohta et al. 2012)。

　これらの最新の観測技術が直接防災に貢献すると考えるほど自然も甘くない。しかし、防災分野でも利用できることはたしかであるが、気象庁は、3.11 の超巨大地震で地震規模の推定を即座に正確に決められなかった。このような問題点を抱えながらも、6 m の津波という津波情報を最初に発令し、津波情報に大きな誤差が含まれていることも説明しなかった。6 m の津波情報を出しながらも、10 m の津波が襲うことにより、間違った情報で少なからずの人々が犠牲になってしまった。根本的な問題は、超巨大地震の地震規模をいかに迅速に正確に決めるかである。歪み計などのデータは地震規模をリアルタイムで正確に追跡できることを示す。しかしながら、気象庁は未だに超巨大地震の地震規模の推定に歪み計のデータを取り入れていない。

　この意味で、自然というものは、ときどき超巨大地震を発生させ、私たちの地震という自然現象に対する認識を点検しているともいえる。私たちの認識の甘さに対して警告しているのである。私たちも、地震をすべて理解したなどとうぬぼれてはならないのである[4]。

　では、私たちは超巨大地震をいかに認識してきたのであろうか、具体的に振り返ってみることにする。

(3) これまでの超巨大地震と 2004 年スマトラ地震

　地震規模 M9 を超える超巨大地震は、近代の観測網が整備される以前の歴史に残るものだけでも、日本海溝で発生した 869 年貞観地震、南海トラフの 1707 年宝永地震、アメリカ西海岸沖の 1700 年カスケディア地震が列挙できる。インドネシア、フィリピンなどでも超巨大地震が発生していても不思議でない。しかし、まだ十分に調査が進んでおらず、明らかになっていない。1700 年カスケディア地震でも現地にきちんとした史料がなく、日本の太平洋沿岸に残された津波襲来の史料が津波や地震の規模を推定するに役立った。世界の超巨大

42

　地震の歴史を追うことは簡単ではない。
　超巨大地震となると、震源域で表されるような破壊域が 500 〜 1,000 km を超えて広がると考えられる。それだけに広範な場にわたり地震が発生するのは、プレートの沈み込み帯に限られる。いっぽう、当然ながらも地震の規模がそのまま被害の規模に直結するわけでない。内陸に発生する大地震は巨大地震にならなくても、中国の 1976 年 M7.5 唐山地震や 2008 年 M7.9 汶川大地震のようにきわめて多くの犠牲者を出す場合もある。これは、地震災害は地震という自然が引きおこしながらも、災害があくまでも社会の現象であることを意味する。
　そこで、地震計の記録が残るようになった最近百年あまりに発生した超巨大

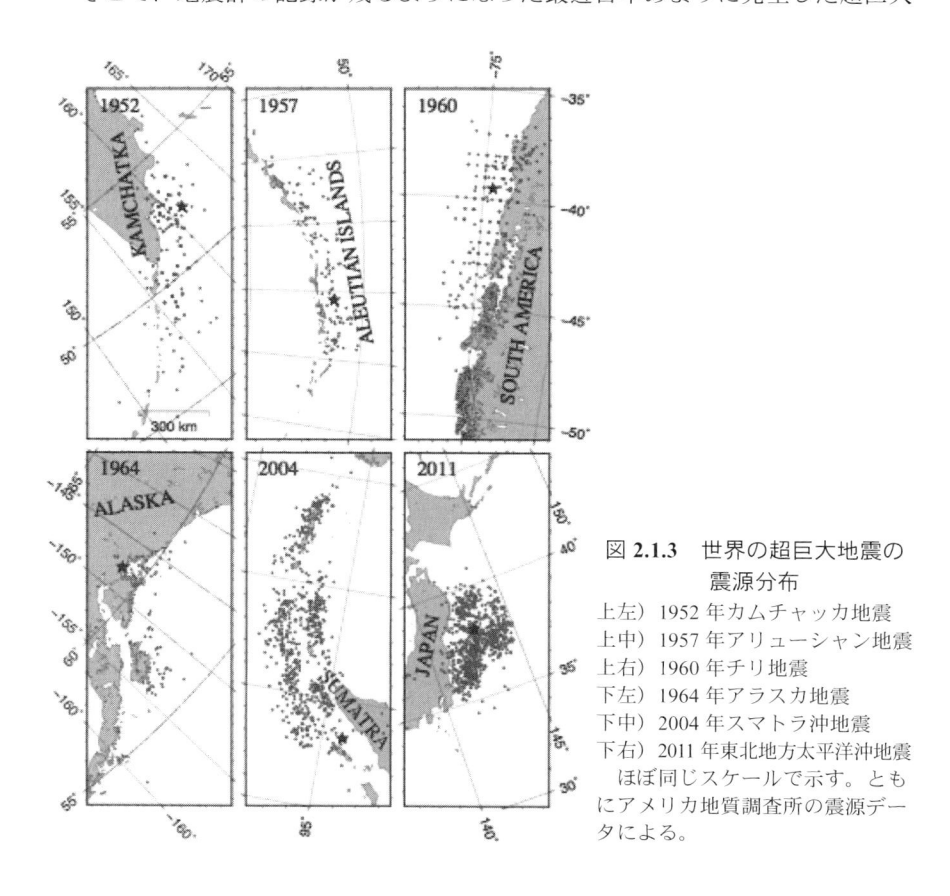

図 2.1.3　世界の超巨大地震の震源分布
上左）1952 年カムチャッカ地震
上中）1957 年アリューシャン地震
上右）1960 年チリ地震
下左）1964 年アラスカ地震
下中）2004 年スマトラ沖地震
下右）2011 年東北地方太平洋沖地震
　ほぼ同じスケールで示す。ともにアメリカ地質調査所の震源データによる。

地震について、その特徴を整理してみよう。

　20世紀から今日まで世界中で発生した超巨大地震は、1952年カムチャッカ地震、1957年アリューシャン地震、1960年チリ地震、1964年アラスカ地震、2004年スマトラ地震、そして2011年東北地方太平洋沖地震となる。超巨大地震は1950〜60年代と2004年以降に集中する。そして、震源域はどれも500 km以上の長さに達する（図2.1.3）。不思議にも、1964年から2004年スマトラ地震までの40年間、地球上ではM9となる超巨大地震が全く発生していない。

1952年カムチャッカ地震

　1952年11月4日、カムチャッカ半島沖を震源として、M 9.0の地震が発生した。津波も発生し、カムチャッカ半島や千島列島で最大波高18 m、北海道から本州の太平洋側でも波高3 mの津波が観測された。津波は3,000 km離れたハワイ諸島西端のミッドウェイ島まで到達した。

　震源域は600 km程度にわたり広がり、津波波形のインバージョンから、滑り量10 m以上となるアスペリティが2か所で報告されている。なお、この地域では1737年にも巨大地震が発生しており、地震発生の周期は約200年程度と考えられている（Johnson and Satake 1999）。この地震に先行して、1952年3月4日M8.1の地震が十勝沖で発生し、北海道から東北地方北部で津波などの被害があり、28人が死亡、5人が行方不明となった。

1957年アリューシャン地震

　1957年3月9日、アラスカ・アリューシャン列島西部のアンドレアノフ諸島沖を震源として、M9.1の地震が発生した。余震域はスマトラ地震と同程度の1,200 kmにもおよんだ。もっとも、主な地震の破壊域は500 kmほどの地域に集中し、最大滑り量は7 mだった。震源近くのウマナック島では、長期間、活動を休止していた火山、ヴィザヴィドフ山が、地震の2日後、3月11日に噴火した。

　周辺域では、この地震の前にも1946年4月1日、アリューシャン列島東部のウマナック島近辺を震源とするM8.1の地震が発生した。1946年の地震によ

り、ハワイで津波被害が集中したため、アメリカは地震津波警戒システムとして、1949 年に津波の監視業務を行う Pacific Tsunami Warning Center をハワイに開設した。「Tsunami」という語がセンターの名称に使われ、「Tsunami」はアメリカにおいても津波を意味する学術用語となり、国際的にも普及した。

その後、この震源域は 29 年後の 1986 年 5 月 7 日アンドレアノフ地震（M8.0）と、その 10 年後の 1996 年デラロフ地震（M7.9）によって再び破壊したと考えられている（Johnson et al. 1994）。この地域は、巨大地震や大地震の発生頻度がきわめて高いのだろうか。

1960 年チリ地震

1960 年 5 月 22 日、南米のチリ沖を震源域にして、M9.5 の超巨大地震が発生した。近代的な地震観測が始まった以降に発生した最大規模の地震である。断層は長さ約 900 km、滑り量は最大 40 m、平均 8 m、破壊継続時間は 6 分弱と推定される（Houston and Kanamori 1986）。発生した巨大な津波は太平洋を横断し、地震発生から 15 時間後にハワイを襲い、61 名の死者を出した。そして、23 時間後に日本の太平洋沿岸を最大波高 6 m の津波が襲い、132 人の死者・行方不明者の被害をもたらした。

本震の 15 分前に震源域となる北端で前震が発生し、ゆっくりとした前兆的な滑りも発生していたと報告されている。

この地域の歴史地震を調べると、1575 年、1737 年、1837 年にも巨大地震の発生が報告され（Lomnitz 2004）、その発生頻度は 100〜200 年と考えられる。そのいっぽう、津波堆積物の調査から、1960 年と同規模の M9 クラスの超巨大地震が約 300 年の繰り返し間隔を持つとも指摘される（Cisternas et al. 2005）。つまり、巨大地震と超巨大地震は異なる発生頻度で繰り返すと考えられる。チリ沖では海洋プレートの収束速度は約 8 cm/yr と考えられている。この収束速度の下で巨大と超巨大のふたつの地震がいかに発生を繰り返しているのだろうか。

発生頻度が 30 年の大地震と 1000 年の超巨大地震となる異なった地震発生過程が示唆される東北日本の太平洋沖と似ている。なお、西日本の南海トラフでも、巨大地震と超巨大地震では発生のメカニズムと頻度が異なる（瀬野 2012）

という指摘がある。

1964年アラスカ地震

1964年3月28日、アラスカのプリンス・ウィリアム湾付近を震源域としてM9.2の超巨大地震が発生した。断層の長さは約850 km、滑りは震央周辺で最大22 m、平均10 mと推定されている（Kanamori 1977）。余震の地震規模は小さく、M6を超える余震は発生しなかった。また、震源域の余震活動は空間的にも一様でないと指摘されている（Jordan et al. 1965）。震源域は東西ふたつのブロックに分かれていたと考えられる。

この地震はふたつの津波を引きおこした。ひとつは、プリンス・ウィリアム湾付近において地震断層運動から生じた地殻変動による地震津波、もうひとつは地震動により生じた地滑りによる津波である。アラスカ湾沿岸部で発生した地滑りは、広域で海面変動を引き起こし、津波として沿岸を襲った（Carayannis 1967）。アラスカの太平洋沿岸は大きな打撃を受けたが、人口密度が低く、死者は119名で収まった。

2004年スマトラ地震

詳しくは本文後半で議論するが、ここでは他の超巨大地震と比較する形で概略する。

1990年代から拡充された地震とGPSの国際的な観測網による連続観測と研究が進展していたことから、滑り分布などの超巨大地震の破壊過程が初めて明らかにされた。しかし、発展途上国を襲った地震であり、とりわけ震源域に近いところでの観測が地震時まで貧弱だったこともあり、解明できない課題も多く残った。

この地震の特徴は、震源域の中でもスマトラ・ニコバル・アンダマンの三つのブロック（セグメント）が大きく破壊し、破壊が北西方向へ10分弱にわたり伝搬したことである。そのうち、もっとも大きく滑ったのがスマトラ沖のブロック、滑り量は30 mを超える。破壊は、最初の1分ほどはゆっくりと伝搬し、その後に2.5 km/secまで加速し、1,500 kmに達する海溝沿いのプレート境界が

破壊したと推定される。

　また、地震の規模について再検討が必要になった。というのは、地震直後に推定された地震規模が過小評価されたからである。なぜなら、地震直後の地震の規模は、周期10〜50秒程度の周期を持つ実体波の観測で決定されたからである。そのため、初期に推定された破壊域は400 kmにすぎず、実際の破壊域の半分以下となり、地震の規模が過小評価推定された。この問題点を十分に理解しなかったことから、日本の気象庁は6年後に発生した2011年東北地方太平洋沖地震で地震規模と津波規模の過小評価という失態を示すことになった。

2011年東北地方太平洋沖地震

　世界の地震観測先進国日本で発生しただけに、その破壊過程は詳細に明らかになった。そのいっぽうで、先進国といえども認識の甘さと防災の弱さを露出させた超巨大地震である。

　地震学でいえば、地震やGPSによる地殻変動の稠密な観測網、それに数少ないながらも震源近くの海底に設置された地殻変動や津波のセンサーが、海溝型巨大地震の震源近くでの地殻活動を明らかにした。しかし、地震の震源域と推定されていたセグメントで、セグメント固有の規模と発生頻度で地震が繰り返すという「神話」が破綻し、地震の発生過程がより複雑なことを示した。

　さらに迅速な津波警報と高い防潮堤防、頻繁な避難訓練で人々を津波から救えると信じてきた日本の津波防災が完璧であるどころか、大切なことを忘れていたことも明らかにした。

　この地震では、地震波動や地殻変動、津波発生から推定される滑りが50 mを超え、これまでの超巨大地震の研究で全く考えられていなかったほど大きい。これまで、地震は蓄積した歪みの範囲で生じる破壊現象と考えられていた。ところが今回は断層面で蓄積された歪みを超えた滑り、「ダイナミック・オーバーシュート」と称する現象が発生したとの指摘もある（Ide et al. 2011）。滑り過ぎた地震だったという考えである。この現象を説明するには断層面の摩擦が非常に小さくなる必要があるなど、また新たな課題が提起されたことになった。

　このように、超巨大地震が地震現象の新たな観測網の展開の中で発生するこ

とにより、巨大地震の解明も確実に進展している。だが、世界で世紀に数回という発生頻度では、一気に解明には至らない。観測網のさらなる充実と、次なる超巨大地震の発生を待たねばならない。残念ながら、人々は、何度もの甚大な被害を受けねばならない。

(4) どこが大きく滑ったか－詳細な地震破壊モデルを求めて

次に、2004年スマトラ地震のみならず、2011年東北地方太平洋沖地震も含めて、超巨大地震発生で明らかになった課題と、残された課題を整理してみる。

2004年スマトラ地震では、スンダ海溝から北東側に沈み込むインド・オーストラリアプレートとのプレート境界で1,500 kmもの広い範囲が一気に滑り、M9.2の超巨大地震となった。しかし、プレート境界が1,500 kmに渡り、均一に滑ったわけでない。

どこが大きく滑り、どこが周りよりも滑らなかったかを明らかにすることは、地震学的及び社会的というふたつの側面で重要な意義を持つ。

プレート境界のテクトニクスという地震学の課題では、とりわけいかなる深さで大きく滑ったのかが重要な情報になる。というのは、海洋プレートが沈み込みを始める海溝付近では、海洋プレートに堆積した比較的柔らかい地層が陸側プレートに付着して形成されるため、大きな歪みを蓄積できないと考えられている。また、50 kmよりも深い境界では、温度が高くなることから、プレートが柔らかくなり、大きな歪みを蓄積することもなく、比較的スムーズに海側のプレートが沈み込んでいると考えられている。プレート境界の浅部と深部では大きな歪みが蓄積していないとなれば、そこでは地震時にも大きく滑り、破壊することがないと考えられる。

いっぽう、プレート境界の深さ5～50 kmではプレート間が強く固着し、大きな歪みが蓄積し、地震時に大きな滑りが生じると考えられる。しかし、前述した2011年東北日本太平洋沖地震のプレート境界浅部での大きな滑りが指摘されるように、超巨大地震での実証例は多くなく、地震学では今まで常識として扱われてきた考え方を見直す必要がある。

また、どの深さが大きく滑るかは、当然ながらその内陸部での揺れの強さを

支配することから、防災上でも重要な情報である。国が進める南海トラフの巨大地震での震度や津波による被害想定も、予想震源域の再検討などから進められるが、あくまでも平均的な滑り分布の範疇での再検討にすぎない。

さらに、沈み込むプレート境界の陸側には、プレート境界から分岐した活断層が顕著な断層地形から推定されている。たしかに、プレート境界が破壊する

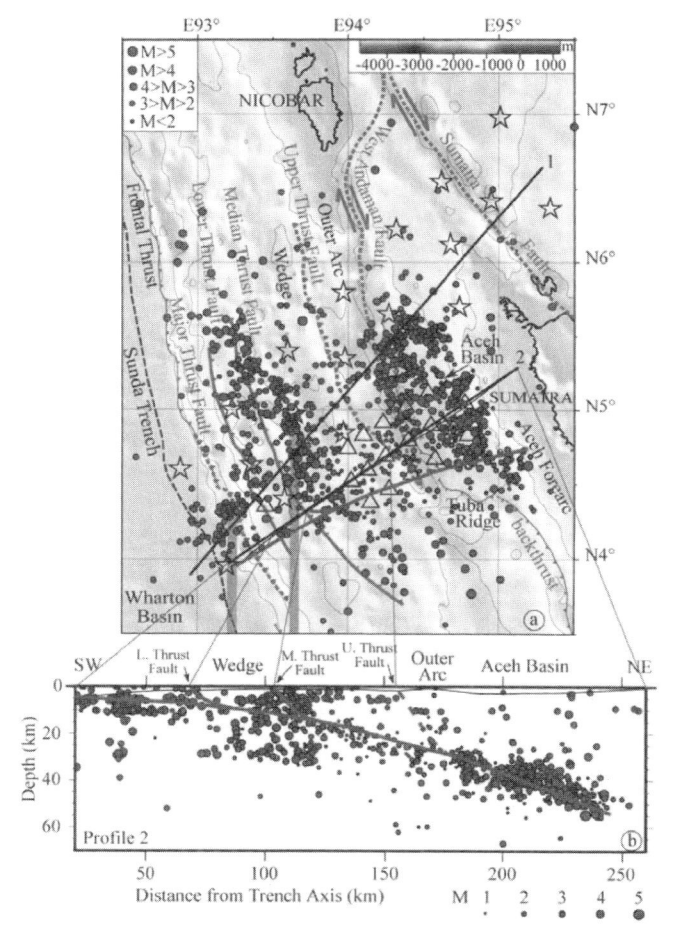

図 **2.1.4** スンダ海溝アチェ沖の海底地形と余震の震源分布
Sibuet et al.（2007）による。

が、詳細な議論となると、破壊域がプレート境界なのか、そこから分岐した活断層なのかは明らかになっていない。このことは、プレート境界に蓄積した歪みがどこまで解放されたのかを知るためにも、明らかにすべきことがらのひとつであり、今後の大地震の可能性を検討する上でも社会的に重要である。

海底で断層を探る

　スマトラ沖のスンダ海溝では、地震後に日本や欧米の研究者が海底地形調査を精力的に展開した。また、海底地震観測により余震の震源分布も決定された。この結果、当地域では、分岐断層が3本、上部、中部、下部に存在することが明らかになった（図2.1.4）。しかし、どの分岐断層が動いたかは海底地形の調査でも明らかにならなかった。

　もし、海溝近くでの地殻変動が明らかになれば、その変動から、深部のどこで大きく滑ったかを議論できる。しかし、スマトラではスンダ海溝が海岸から200 kmも離れること、そして、スマトラにおいては地殻変動を詳細に検出できるような観測網が地震前に皆無に近く、詳細な議論は今後の課題として残る。

地震前の測量が乏しい中で地殻変動を求める

　私たちも、地震の1か月後からアチェ州に入り、GPSによる地殻変動の観測に取り組んだ（図2.1.5）。地殻変動は、地震前に観測された基準点で、地震

図 **2.1.5**　アチェのインド洋沿岸での **GPS** 観測風景
測量後に金属標識が盗難されるという事件を経験した。
2005年3月、木股文昭撮影。

後の結果と座標値を比較して検出できる。ところが、アチェ周辺では GPS 観測が地震前にほとんどなされておらず、地震時の変動を検出するのは簡単でなかった。

1988 年にスマトラ島での地殻変動を明らかにするためにアメリカが行った GPS 観測に、5 人の日本人が参加した。しかし、メダンからパダン（Padang）までの地域であり、より北部のアチェには入らなかった。アチェの独立をめぐる内紛でアチェ州への外国人立ち入りが困難だった。

今回の地震で私たちは、インドネシアからの留学生を中心に、アチェで過去に行われた精度の高くない地籍測量[5]の GPS 観測から地殻変動を検出することになった。地籍測量はせいぜい 10 cm の精度であり、普段私たちが実施する地殻変動の観測を目的とする数 mm の精度を持つ GPS 観測と比較にならないほど悪い。しかし、推定される地震に伴う地殻変動が 2〜3 m と大きく、10cm 程度の精度でも有意な結果が得られたと考えた。

20 m を超える大きな滑りが巨大津波を引きおこした

私たちが地震後に GPS 観測を行う前に、地震波動から破壊域が 1,200 km に達しながらも、その滑りの分布が決して一様でないと既に報告されていた。大きな滑り分布はスマトラのアチェ沖とアンダマン島、ニコバル（Nicobar）周辺の 3 か所、そのうち、アチェ沖がもっとも大きく滑り、20 m を超えるという推定だった。津波の波高調査も、アチェ沿岸での高い津波波高から、地震波動による解析と同じようにアチェ沖での同様な大きな滑りを推定していた。

私たちが検出した地震に伴う地殻変動も、たしかに、バンダアチェのインド洋沿岸では 3 m を超え、スンダ海溝と直交する南西方向への水平変動が検出された（図 2.1.6）。この南西方向への水平変動は、アチェ州中部のムラボ（Meuraboh）では 2 m に減少する。やはり、地震波動から推定されたと同様にアチェ沖で大きな滑りが生じたと考えられる。

これらの水平変動をプレート境界やその分岐断層での滑りから説明できるモデルをいろいろ検討してみた。モデルとして、プレート境界そのものが滑るモデルと上・中・下部の分岐断層が滑るモデルを考えた。GPS 観測に基づく地

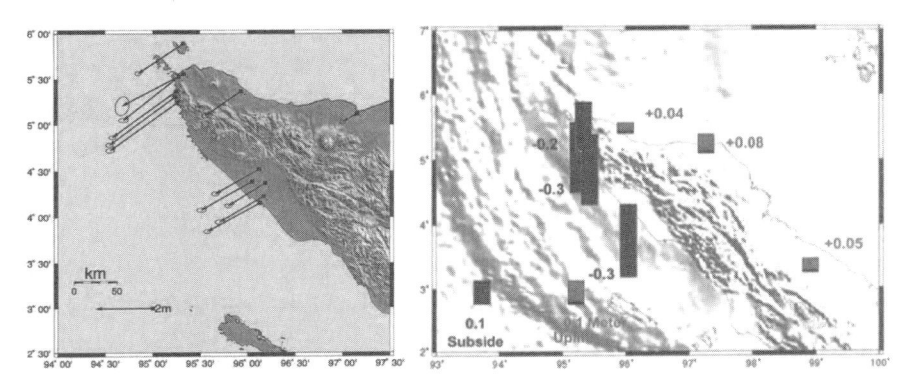

図 **2.1.6** GPS 観測から検出された **2004** 年スマトラ地震時の水平（左）・上下変動（右）
地震前の測量は BPN と BPPT により、地震後の観測は 2005 年 3 月と 5 月、11 月に実施、Irwan et al.（2006）による。

殻変動をもっともよく説明するのは、下部の分岐断層で大きな滑り分布のモデルであったが、それでも、他モデルと比較して有意な違いは見られなかった。

さらに、インド洋沿岸の沖合に位置するニアス（Nias）島で、珊瑚礁の調査から得られた上下変動も加えて検討した（図 2.1.7）。GPS 観測による座標値の決定は水平成分がもっとも優れ、上下成分は数倍ほど精度が劣る。前回の測量が水平成分で 10 cm の精度であれば、上下成分は 50 cm の誤差となり、とても

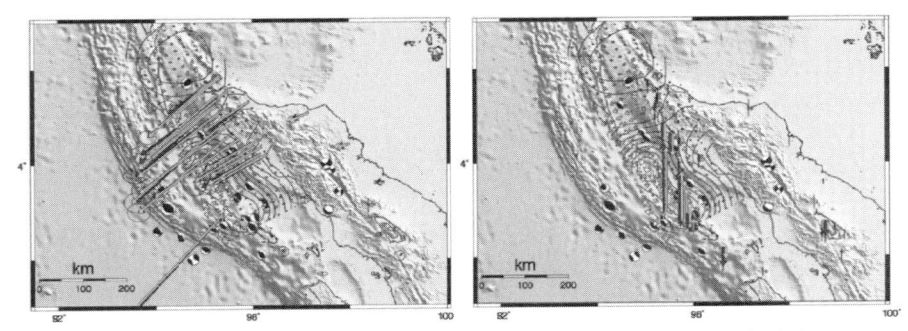

図 **2.1.7** アチェの GPS 観測と珊瑚礁から推定されたニアスにおける上下変動に基づくスマトラ地震アチェセグメントの滑り分布
Meilano Irwan の私信。

地殻変動を有意に議論できない誤差となる。その意味で珊瑚礁調査による上下変動を採用した。

　私たちの結論は、観測点が少なく、しかも偏在したことから、検出した地殻変動の空間的な分布が不十分で、震源域での主たる滑りがプレート境界なのか分岐断層なのか詳細に議論することができなかった。観測点から 200 km も離れたところで観測された地殻変動から、主な滑りが深さ 10 km に存在するのか、深さ 50 km なのかを議論するのは現実には非常に困難だった。

　上下成分の地殻変動は滑り分布の深さを議論する上では重要な情報をもたらす。しかし、スマトラでは海溝が離れていて、海溝での滑り分布を議論するに有意なデータとならない。その結果、主たる破壊域がプレート境界なのか、分岐断層なのかは明らかにできなかった。

　地殻変動に基づく滑り分布の検討においては、最近 20 年ほどの間に実用化された GPS 観測が大きな成果をもたらした。GPS の実用化前はせいぜい 30〜50 km の距離が離れた見通しのきく場所で、どの程度距離が変化したのかを測量する手法しかなかった。それに対し 1990 年代後半に登場した GPS 観測が地殻変動のまさに画期的な観測手法の役目を果たした。しかし、画期的な手法といえども、地殻変動の源となる断層やプレート境界、そして火山噴火のソースとなる圧力源、ともにその変動源の近傍での観測がきわめて重要である。

(5) 沈み込むプレートの年代や背弧海盆の存在が意味するもの

　2004 年スマトラ地震は、破壊域が 1960 年チリ地震の破壊域よりも広いにもかかわらず、破壊域の狭かったチリ地震の方が地震の規模は M9.5 と大きかったのはなぜだろうか。議論の余地を残すが、現在、地震が発生するテクトニクスの背景がかなり異なることによると考えられる。

　チリ地震の場合には、沈み込む海洋プレートは 1,500 万年程度と比較的若く、海洋プレートが海溝軸に対して垂直に沈み込んでいるのに対して、スマトラ地震の場合、沈み込むプレートは 6,000 万年よりも古く、しかも、斜めに沈み込んでいる。この違いは異なる地震すべり様式となり、マグニチュードと破壊領域の長さの違いを生み出していると考えられる。

スマトラ沖のスンダ海溝でも、140年ほど前にあたる1861年にアチェ沖でM8.5の地震が発生している。滑り分布はもちろん、震源域も詳細に求まっていない。一般的には140年ほどで巨大地震が再び発生するとは考えにくい。となれば、1861年の巨大地震は別系列の地震と考えられるだろうか。

近接した地域に異なる発生様式を持つ巨大地震が混在することと、地震発生に関する地域の固有性、すなわち「同じ地域では同様な地震が繰り返し発生すること」をいかに統一的に理解できるのであろうか。もちろん、このような問題を理解しようとする試みはすでに始まっており、マグニチュードによる地震の階層性、フラクタルなどの数学的手法を用いて説明する仮説を提唱する研究者もいるが、まだ仮説の域を出ていないのが現状であろう。

地震という自然現象のこのような複雑性を地震学者に突きつけたのが2004年スマトラ地震の歴史的使命だったかもしれない。それなのに、わが国では地震学者の多くは、国内の地震研究に追い立てられ、スマトラ地震の研究に取り組むだけの余裕がなかったのではなかろうか。この点について、最後に考察してみたい。

スマトラ沖巨大地震発生が他山の石にならず

2004年スマトラ地震から6年後、東日本の太平洋沖で超巨大地震が発生した。多くの地震学者は、このような超巨大地震が日本海溝で発生するとは考えていなかった。この超巨大地震は、自ら先進国と考えていた日本の地震津波防災体制を根本から揺さぶった。肝心なことを忘れた「防災先進国」が露呈することになった。ここでは、地震学の立場から、スマトラ地震をなぜ他山の石にできなかったかを考えてみる。

世界で世紀に数回というきわめて発生頻度の低い超巨大地震、しかし、発生頻度が低くても、その超巨大地震が脆弱性のある社会を襲えば、甚大な被害をもたらす。それだけに、超巨大地震が発生したならば、その現象を研究、少なくとも可能な限りのデータをきちんと残すことが、その時代の研究者の歴史的責務と考える。極端な話、モデル化はその後でも機を失うことはない。しかし、データはそのときしか観測できないし保存できない。だから、そのときに現地

で調査することが、巨大地震発生を経験した研究者の歴史的な義務である。

　現実に、私たち戦後に生まれた研究者は1944年東南海地震の基礎的なデータが戦争により、きちんと保存されていないことに悲しみに近いものを感じる。設置されていた地震計に記録紙さえあれば、地震波動データも多く残るはずである。しかし、その紙が戦争で不足したのである。当時の帝国大学教授今村明恒が設置した観測所で観測が続いていれば、少なくとも巨大地震の前兆滑りについて、現在よりも充実した形で議論が展開できたはずである。

　その意味からして、2004年スマトラ地震の1か月後から震源にもっとも近いスマトラ島のアチェで観測を開始した私たちは、限られた状況にありながらも、それなりのデータを残すことができたと考える。

　もっとも、当時の日本の地震学界では、国内での研究が山積みされ、なぜスマトラへ行く必要があるのか、という風潮があった。しかし、2004年スマトラ地震は日常的な地震ではなかった。世紀に数回という発生頻度しかない超巨大地震だった。それだけに、条件は限られながらも、きちんとしたデータを残すことに、日本の地震学界も貢献すべきだったと考える。地震学者自ら超巨大地震の意味が十分に理解できなかったのだと自責する。

（木股文昭・伊藤武男）

注
1) 断層の滑り量と滑った断層の面積から求めた地震マグニチュード。
2) 地震学では通常「スマトラーアンダマン地震」という呼称が用いられるが、ここでは、本書の他の部分と表現を統一した。
3) いっぽう、破壊は、南東側にはわずか100 kmほどしか伝わらなかったと考えられる。
4) 沖積平野で地震の長周期成分の揺れが卓越することも、1891年濃尾地震時に東京で煙突だけが倒壊するなどの現象にはすでに現れていた。
5) アチェ地区ではIndonesian Land Agency（BPN）が1996年12月から1997年1月に地籍図を作成するために二次基準点を設置し、一周波GPS観測を実施していた。これ以外にAgency for Assessment and Application of Technology（BPPT）がバンダアチェ市内で3点、ウェー島で1点のGPS観測を1997年に実施していた。

II-2　アチェを襲った津波

　陸上における津波の挙動は、地形や土地利用、建物の分布などによって大きく影響されるが、津波被災地においてどのような津波が海岸平野を襲い、どのように内陸に浸入したのかといったことを具体的に検討した研究は、少なくともスマトラ地震まではほとんど見られなかった。このような点を踏まえて、本節では、バンダアチェ市及びその隣接地域が立地するバンダアチェ平野において、その土地条件と津波の陸上での挙動との関係を検討した[1]。

　現地の地形把握にあたっては、地震直後からインターネット上で公開されたIKONOS、QuickBirdなどの高精度衛星画像、アメリカ合衆国航空宇宙局（NASA）によるSRTM-DEMデータなどを用い、津波の遡上範囲の把握や浸水状況に関しては、地震発生後3時間半後に撮影されたSPOT-2画像を判読した。また、津波の浸水高に関しては、建物等に残された津波痕や、津波による建物の破壊部分と非破壊部分との境界、樹木に付いた傷や津波運搬物の高さなどを現地調査において周囲と比較しながら認定し、測定した。さらに、津波の流動方向に関しては、電柱やフェンス支柱や破壊された建物の柱の倒れた方向、床に残された擦痕などから把握した。現地調査は、2005年8～9月、11～12月の時期に集中的に、そして2006年12月に補足的に行った。

　また、同じく、スマトラ地震によって引きおこされたインド洋大津波に洗われたタイ南部のアンダマン海沿岸、ナムケム（Nam Khem）平野やカオラック（Khao Lak）平野における調査との比較から、平野部における津波挙動の特徴を検討した[2]。その上で、津波流動と建物被害分布との関係について簡単に言及した。

(1) バンダアチェ平野の地形の特徴

　バンダアチェ平野は、スマトラ断層の活動によって形成された地溝帯に楔形の平面形をもって発達する沖積平野と、アンダマン海に面して形成された幅約20 kmに達する海岸平野からなる沖積低地である。平野の内陸側東部には更新統の堆積物からなると考えられる、わずかに高い台地状の土地が広がり、沖積地の平面形は、この台地の存在により逆L字型をなしている（図 2.2.1）。

　平野の内陸側西部には、より古い地形面と考えられるやや高い土地が分布し、中央部を蛇行しながら流れるアチェ川の下流部には、断片的に残存する旧河道沿いに自然堤防の発達する沖積低地が広がる。自然堤防の分布する氾濫原のさらに下流側に低平なデルタ性の低地が広がり、さらに、その末端部には広い潮汐平野が発達する。そのため、平野の内陸側では河川営力が卓越し、臨海部では潮汐の営力が卓越する環境が見られる。

　いっぽう、平野の東部では背後に低い台地が存在しているため、アチェ川の営力がおよびにくく、沿岸流や波浪の営力が卓越する地域が広がる。低地東部

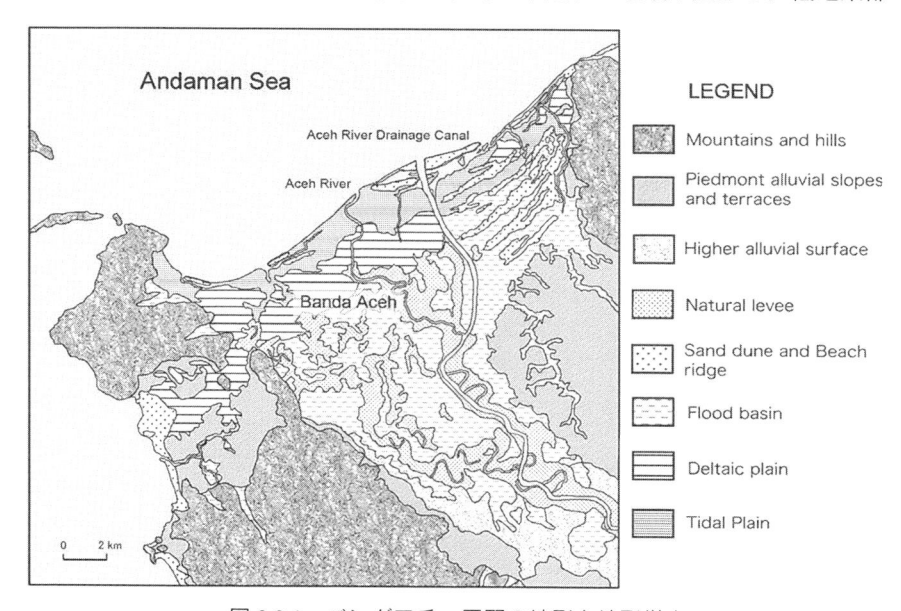

図 2.2.1　バンダアチェ平野の地形と地形営力

では、最も東側に台地を刻んで流れてきた小河川が見られるものの、アチェ川によって形成された顕著な微地形は認められず、代わって海岸線に平行に発達する浜堤列が顕著である。浜堤の幅は100～200m程度で、堤間低地との比高は1～2mにおよぶ。また、現在の海岸線付近には一部に比高5～10mに達する砂丘も認められる。これらの地域では、浜堤上に集落が立地し、海岸線に近い堤間低地の部分が養殖池や塩田として利用され、さらに内陸側の堤間低地の部分は水田として利用されていた。また海岸に近い微高地の部分では、新興の住宅地として集落が拡大したところもある。

　バンダアチェ市街地はデルタ性低地の末端部付近に位置し、グランドモスクをほぼ中心に北東－南西5km、北西－南東1.5kmほどの広がりを持つ。市街地の北側には広い潮汐平野が広がるが、市街地北西部の海岸線付近には小規模な浜堤が発達し、ウレレという名の集落が立地する。バンダアチェ市街地とウレレとの間には広大な潮汐平野が広がり、平野西部や中央部と同様にそれらの大部分は養殖池として利用されていた。いっぽう、潮汐平野背後のデルタ性低地の部分には水田が広がり、集落が点在していた。内陸側の氾濫原の部分では、自然堤防が主として集落や畑、後背湿地や旧河道の部分が水田として利用されていたが、近年、デルタ性低地の部分でも家屋が多く建ち始めていた。

　これら低地の詳細な標高は不明であるが、現地調査の結果からは、潮汐平野の部分ではほぼ1m前後、あるいはそれ以下の土地が広がっており、背後のデルタ性低地の部分も、海岸平野に近い部分では標高2～3m以下であると判断される。

(2) 津波の流動方向と高さ

　バンダアチェ平野における津波の進入は、ほぼ北西から南東へ向かう方向を示しており、平野東部では海岸線に沿って発達する砂丘や浜堤の切れ目の部分から内陸に向けて掌状に進入した流れも見られる。また平野南西部ではアンダマン海側から浸入した津波の流れと、西岸のインド洋に面するロンガ（Lho'nga）地区から到来した津波の流れとがぶつかる状態も見られた（図2.2.2）。

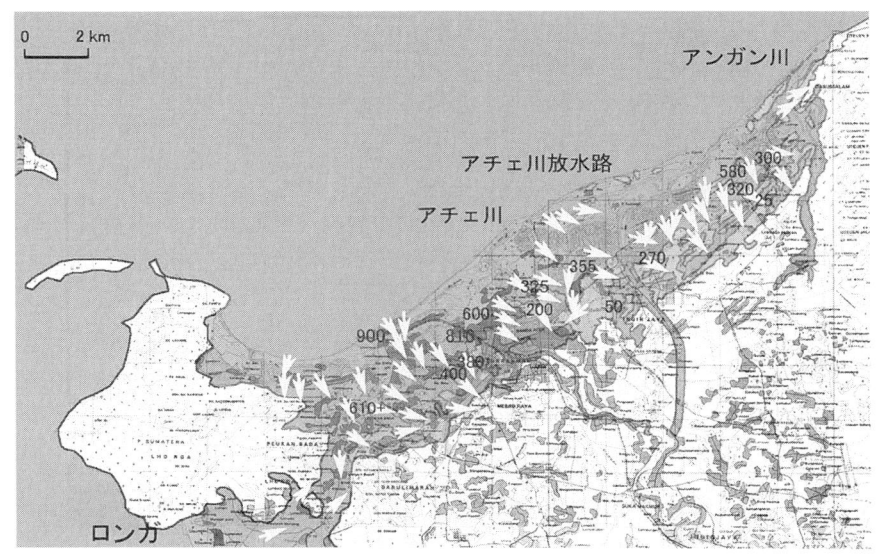

図 2.2.2　バンダアチェ平野における津波の高さと方向
淡灰色の部分は浅い浸水域を示す。数値（津波高）は地表面からの高さ。
基図は1978年インドネシア政府発行の5万分の1地形図。

　バンダアチェ平野における海岸付近の津波高は、ウレレのモスクにおいて測定した結果、地表から 8.5 〜 9 m におよんでいたが、平野の西部では海岸から 2 km 付近の地点においても地表から 7 〜 8 m の高さにまで達しているところがあり、さらに、海岸線からの距離がほぼ同じ場所を比較すると、アチェ川放水路とウレレ付近との間に位置する平野中央部とウレレ以西の平野西部の津波高は、アチェ川放水路以東の平野東部のそれに比べて、かなり高くなっていることも明らかである。また、内陸側への浸入距離も西部地域で約 4 km に達するのに対し、東部地域では 3 km 前後のところもあり、若干短くなっている。なおアチェ川、アチェ川放水路や東部のアンガン（Angan）川河道の部分では津波の遡上距離は長く 7 〜 8 km に達し、津波が河川に沿って浸入しやすいという特徴を顕著に表している。
　なお、バンダアチェ平野における引き波（戻り流れ）の痕跡はあまり明瞭で

はなく、引き波の流れを復元するには至らなかった。また、海岸部における小河川の河口部では、著しい浸食は認められなかった。これは、低地面の高度が低く、起伏が小さかったためと考えられる。

(3) 津波の浸入に関わる土地条件

　バンダアチェ平野における津波の流動はそれぞれ顕著な特徴を持っており、平野中央部・西部と平野東部とでは津波の到達距離や津波高に違いが見られる。

　例えば、海岸からの距離がほぼ等しい海岸線から約 2 km 付近の津波高をみるとバンダアチェ市街地の西側の地域において地表から 6 m 前後、場所によっては 8 m 前後の高さに津波の痕跡が認められた。それに対し、市街地の東部では多くの場所で地表から 3 ～ 4 m 程度の高さに津波痕があり、その高さにかなりの違いが認められる。また、それより内陸における津波の高さは平野東部では急激に減衰するのに対し、平野中央部及び西部ではさらに 1 km ほど内陸までは 3 ～ 4 m 程度の高さで津波が浸入している（図 2.2.3）。

　このような違いについては、海岸平野の地形との関係で次のように考えることができる。すなわち、バンダアチェ平野の中央部及び西部では、沖積平野がそのまま海に面し、沖積低地の末端が干潟に連続している。その結果、海側か

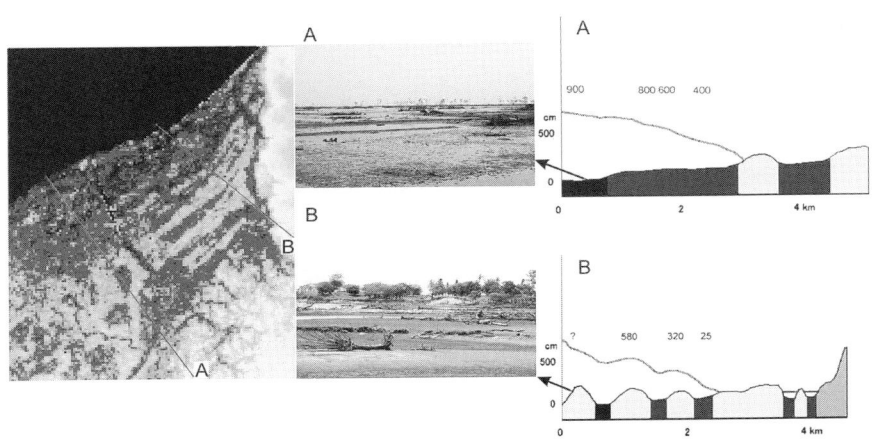

図 2.2.3　バンダアチェ海岸平野の中央部と東部における津波断面の模式図

ら順に、干潟、きわめて低平なデルタ性低地、氾濫原が配列され、海岸域の地盤高はかなり低い。このため、津波は臨海域において大きな抵抗を受けず、そのエネルギーを減衰させないまま内陸にまで達したと考えられる。

これに対して平野の東部では、干潟の面積が比較的広い部分では中央部・西部と同様に内陸部まで津波の被害がおよんだところもあるが、東西に延びる砂丘や砂堤列が顕著に発達する部分では、地表の起伏が津波の浸入を阻害し、平野中央部・西部に比べて津波の到達距離が短くなり、内陸に向かっての津波高さの減衰が顕著になったと考えられる。

(4) 地形と津波流動との関係

バンダアチェ平野の地形と津波流動との関係に見られる特徴は、タイの津波被災地域であるナムケム平野やカオラック平野と比較すると、およそ次のようにまとめられる。

第一に、バンダアチェ平野では、基本的に、平野全体に津波が浸入し、きわめて低平な潮汐平野やデルタ性低地を面的に浸食し、とりわけ前者では満潮時に水域と化すといった変化がおこった。引き波（戻り流れ）は顕著ではなく、押し波（遡上波）が中心であった。このことは、タイのナムケム平野やカオラック平野で見られた津波流動とは対照的である。それらの平野では、押し波が基本的には外洋から内陸に向けて流動するいっぽうで、低地部の地盤高がやや高いために津波の引き波が低所に集中した。その結果、引き波の集中する小河川の河口部において顕著な浸食が引きおこされ、津波後に楔状に開いた河道が形成された。

第二に、とはいえ、バンダアチェ平野の東部では砂丘・浜堤列が顕著に発達していて、それらの存在によって津波の進入が抑制された形跡があり、平野の中央部・西部に比べて津波の到達距離、津波高が相対的に小さな値となっていた。平野の中央部・西部では、沖積平野がそのまま海に面し、沖積低地の末端が干潟に連続している。このような地形条件のもとで、津波はより内陸にまで達し、海岸からの距離が同一であれば、津波高も東部に比べて相対的に高くなっている。また、微地形の違いは海岸付近では津波の浸入にほとんど影響しない

が、到達限界付近で津波の遡上を妨げるといった状態が見られた。

　最後に、こうした津波流動の特徴と建物被害状況との関連について触れておきたい。

　建物被害の状況は、大局的には、海側から内陸に向かって順に、①土地自体が消失する、②建物の土台あるいは床のみが残る、③建物の中で特に堅牢な部分の一部が残る、④堅牢な部屋などがかなり残る、⑤屋根や柱が残る、⑥屋根や柱などは残るが1階の壁がかなり破壊される、⑦1階の壁の一部が破壊される、⑧全体として浸水被害を受けつつ、脆弱な建物が壁などに被害を受けるというように、海岸からの距離にしたがって変化する傾向が見出される（図2.2.4）。

　このような違いが見られたことは、主としてコンクリートの柱とレンガブロックの壁からなる建物が反映しており、主として木質の建築材からなる建物が押し流されて次々と破壊された。東日本大震災の津波被害とはやや異なって

図 2.2.4　バンダアチェ平野における海岸から内陸に向けての被害の変化

いる。ただし、平野の土地条件との関係について詳しく検討してみると、それぞれ顕著な地域差が見られ、津波の到達や被害の状況がそのような地域差を反映しているほか、現実の復興の進み具合にもそのような地域差を反映した違いが認められる。いっぽう、臨海域ではマングローブの植林などが積極的に進められており、やや場当たり的な傾向は否定できないが、復興と今後に向けての防災という観点から望ましい。

　すでに述べたように、バンダアチェ平野の中央部や西部では、沖積平野がそのまま海に面していて、沖積低地の末端が干潟に連続している。そのため、津波が内陸にまで達し、津波高が相対的に高かった。このような地域では、干潮域からなる臨海部、きわめて低平な海岸域、微地形の違いによって地盤高が異なる内陸域といった土地条件の微細な違いを踏まえた復興計画や土地利用計画が望まれる。また、バンダアチェ平野の東部では、砂丘・浜堤列が帯状に配列し、浜堤間は埋積が進んでいないため、幅の広い水域が存在している。その結果、海岸線に平行する砂丘や浜堤によって津波の浸入が抑制され、津波の到達距離、津波高が相対的に小さな値であった。しかし、このような土地条件の違いを今後の復興や防災にどのように位置づけているのかははっきりしない。現状では、個別の事業が独自に進められていて、全体として十分に体系化されないまま、いろいろなことが進んでいるようである。この点がバンダアチェの復興にあたっての大きな課題であろう。

（海津正倫）

注
1) 海津・高橋（2007）も参照のこと。
2) Umitsu et al.（2007）も参照のこと。

II-3　被害の広がりと集中

　スマトラ地震は、最近 100 年間では 1960 年のチリ地震に続き、1964 年のアラスカ地震に匹敵する超巨大規模のものであり、少なくとも 20 世紀以降の世界における最悪の被害を記録した地震災害のひとつであった。人的被害の大部分は津波によるもので、図 2.3.1 にみるように、インドネシアはもちろん、インド、スリランカ、タイ、東アフリカ諸国に至るまで、インド洋沿岸の広範な地域に被害がおよび、10 か国以上で死者を記録した。被災者は地元住民のみならず国際リゾート地に滞在していた日本や欧米豪の人々までを含み、被害の広がりという点からみれば、世界中の国々が直接的・間接的な被災国になった。

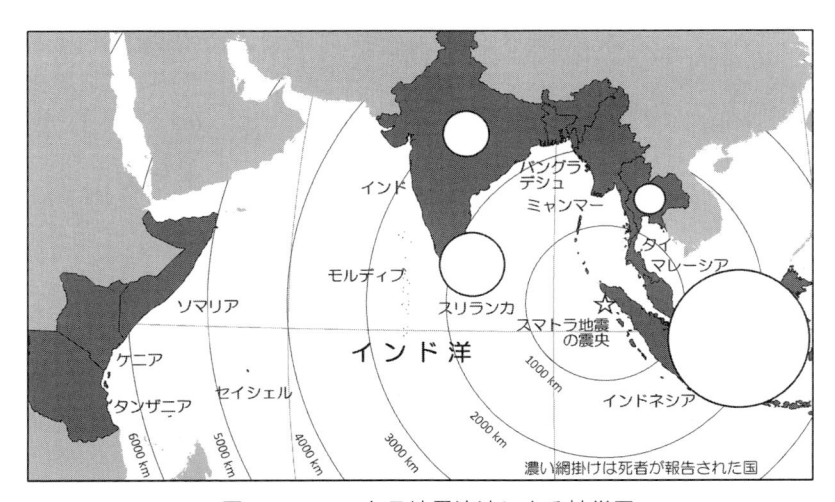

図 2.3.1　スマトラ地震津波による被災国
死者・行方不明者 1,000 人以上については、丸の大きさでその数を示した（『防災白書』平成 18 年度版による）。

表 2.3.1　スマトラ地震津波による死者・行方不明者数

国	死者・行方不明者数（人）
インドネシア	167,736
スリランカ	35,322
インド	18,045
タ　イ	8,212
ソマリア	289
モルディブ	108
マレーシア	75
ミャンマー	61
その他	18
合　計	229,866

『防災白書』平成 18 年度版による 2005 年 12 月現在の数値。

　これらの国々の死者・行方不明者数は、報告年次や報告書により異なっている[1]。日本の内閣府が国連津波復興特使事務局資料をもとに作成した 2005 年 12 月現在の数値によれば（表 2.3.1）、最大の被害はインドネシアに集中し、死者・行方不明者数は 167,736 人に達している。次いで、スリランカ 35,322 人、インド 18,045 人、タイ 8,212 人と続き、世界総計で 229,866 人と報告されている。その他の国として東アフリカ諸国に注目すると、ソマリア 289 人、タンザニア 13 人、セイシェル 2 名などとなっている。

　こうした多くの死者数は、死者約 24 万余人を数えた 1976 年の中国唐山地震に続く、第二次世界大戦後の世界で第 2 番目の被害規模である。さらに、被災地の広がりからみれば、特定地域に被害が集中する内陸直下型の地震とは比較にならないほど、被害は広範に広がっている。このように、スマトラ地震は世界規模の災害なのである。

（田中重好）

(1) アチェ州における被害

　死者の約半数は震源域に近いインドネシアのスマトラ島北部のアチェ州に集中し、アチェ・ニアス復旧復興庁（Badan Rehabilitasi dan Rekonstruksi：BRR）の最終報告書（BRR 2009）によれば、この地域だけで死者 127,720 人と行方不明者 93,285 人の計 221,005 人、壊れた住宅 121,381 棟の被害を記録した。

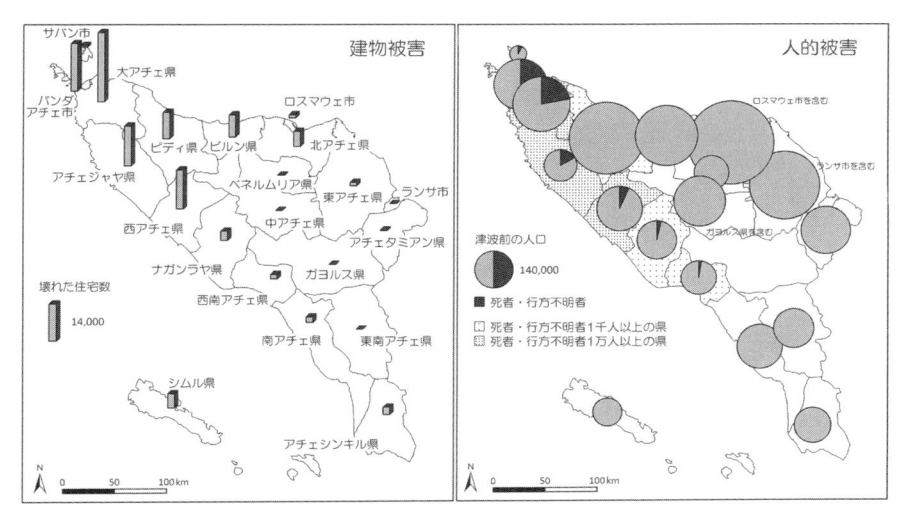

図 2.3.2 アチェ州における被害の分布
BRR（2009）により作成。

アチェ州内では、建物被害は程度の差こそあれ沿岸部全域におよんでおり、内陸部を除く、すべての地域が被災地になった（図 2.3.2）。人的被害も沿岸部のほぼ全域におよんでいるが、建物被害に比べ地域差が大きい。人的被害がもっとも大きかったところは、もともと人口稠密であった、スマトラ島北西端に位置する州都バンダアチェやその周辺の大アチェ県であり、ここだけでアチェ州全体のおよそ 8 割に相当する 17 万人あまりが犠牲になった。また震源に近いアチェジャヤや西アチェといった西部沿岸に位置する諸県で 1 万人以上、ナガンラヤや南西アチェといった西岸諸県のほか、サバンやピディといったアチェ州北部のアンダマン海沿岸地域でも千人以上の死者・行方不明者をそれぞれ記録した。いっぽうで、内陸部はもちろん、建物被害があったアチェ州南東部や北東部の沿岸地域でも、死者・行方不明者はゼロか、ほとんど記録されていない。

(2) バンダアチェにおける被害

最大被災地のバンダアチェに目を転じると、津波被害の一般的な特徴を見て

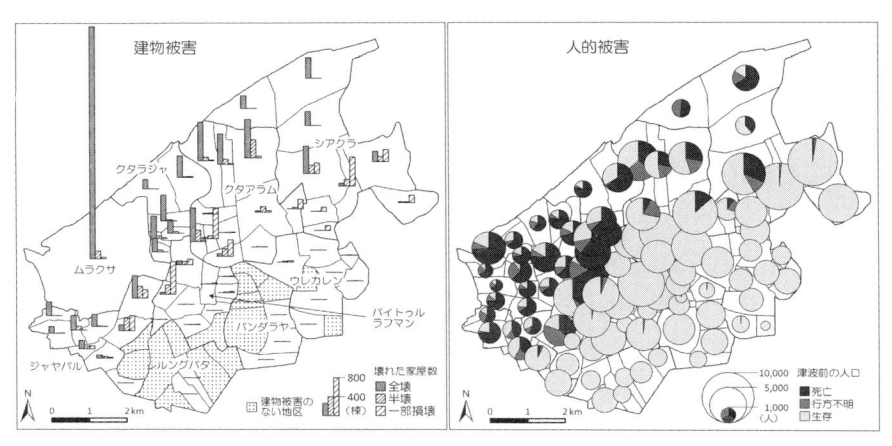

図 2.3.3　バンダアチェにおける被害の分布
バンダアチェ市政府資料により作成。

取ることができる。すなわち、津波被害は基本的には海岸からの距離に応じて減衰し、ある距離のところでほとんど見られなくなるが、それより海岸側は面的な破壊、内陸側はほとんど無傷というように、被災地と非被災地との境界が明瞭に現れる。ここでは、先にあげた BRR の最終報告書中の被害データとは異なるが、被災直後に市内各地区支所からバンダアチェ市政府に報告された、村及び町ごとの被害状況のデータをもとに、このことについて詳しく検討する（図 2.3.3）。

　建物被害の状況は、バンダアチェ市政府によれば、全壊家屋 14 千棟、半壊家屋 3 千棟、一部損壊家屋 4 千棟ほどをそれぞれ数えた。被害状況には顕著な地域差があり、前節でみたように、その地域分布は海岸からの距離に応じて配列される傾向にある。すなわち、海岸付近に位置するムラクサ（Meuraxa）、クタラジャ（Kuta Raja）、クタアラム（Kuta Alam）、シアクラ（Syiah Kuala）の各区では損壊家屋の大部分が全壊によって占められる。内陸に向かって半壊家屋数が順次増大し、浸水深 3 m 付近を境に今度は一部損壊家屋数が卓越するようになる。市街地より内陸部に位置するバンダラヤ、ルングバタ、ウレカレンの各区では、津波の遡上が見られた河川沿いを除くと、家屋被害の全く記録さ

れていない村ないし町が大半を占める。

　こうしてバンダアチェ市内の建物被害は、その程度から、おおむね4地域に分けて考えることができる。すなわち、①地区内のほぼ全家屋が全壊し、土地自体が一部で消失した地域が海岸付近にあり、内陸部に向かって、②全壊家屋も見られるが構造物の多くが残存した地域、③浸水被害は受けたが全半壊までには至らなかった地域が順次分布し、④津波が到達せず建物被害が全く見られない地域に至る。それらの被害程度は浸水深にほぼ比例し、それぞれの平均的な浸水深は、地域①ではおよそ3m以上、地域②では1～3m、地域③では1m未満とそれぞれ推定される。

　いっぽう、人的被害に関しては、バンダアチェ市全体で、津波被災前の登録人口264千人ほどのうち死者は55千人、行方不明者は17千人ほどであった。ここでは、バンダアチェ市政府の2005年4月12日現在における登録人口から、津波被災による死者・行方不明者・生存者数を推計した。なお、これらの数値はあくまでも登録居住地によるものであり、津波襲来の時刻にその場所にいたことを示すものではない。

　海岸付近に位置する村ないし町では、死者・行方不明者比率はおおむね80％以上であり、一部では90％以上に達する。次節以降で生存者の当日の行動について詳述するように、これらの海岸付近における生存者のほとんどは、仕事か用事などで他所にいたか、偶然が重なって幸運にも生き残ったかのいずれかであった。市内西部のムラクサやクタラジャの各地区に比べ、海岸から同じ距離にありながら東部に位置するクタアラムやシアクラの各地区では死者・行方不明者の比率が低いところもあり、このことは村ないし町の区割りが内陸部までも含む細長い形になっているために、おそらく、その中での死亡率の微細な地域差を反映したものと考えられる。

　人的被害の地域差は建物被害のそれと若干異なる傾向を持ち、一部の例外を除いて、浸水深3m付近の地域を境に、死者・行方不明者比率は急激に低下し、市街地の大部分を含む内陸地域ではほとんどゼロに近い。すなわち、先に同定した建物被害の地域区分を用いれば、死亡率は、地域①では70～80％以上に達するが、地域②では10～20％程度、地域④はいうまでもないが、地域③で

もほとんど記録されていない。浸水深 3 m 程度の地域はちょうど市街地の北西縁にあたり、ここから内陸に向けて建物密度が急増するために、海岸から襲来した津波はここで流速を著しく弱めたと考えられる。津波直後の衛星画像からは、それらの地域で大量の瓦礫の堆積が認められ、おそらく瓦礫を含んだ大量の水や、津波によって運ばれた漁船などによって建物が直接破壊され、それが若干高い死亡率に反映されたと思われる。いっぽう、市街地内で人的被害がそれほど大きくなかったのは、当日撮影されたビデオ映像や、後述する被災直後の体験談などからわかるように、多くの人々が異変に気づいた後でも避難することができたためと推測される[2]。

(3) 被害地域区分と住宅復興への示唆

　以上をまとめると、バンダアチェにおける建物被害と人的被害の地域差、それに、前節でみた平野の地形環境との間には明瞭な対応関係がみられ、それを模式的に被害地域区分として提示することができる（図 2.3.4）。

　津波による建物被害は、基本的に海岸からの距離と関係する。しかし細かくみれば、津波流動は、干潟・三角州あるいは砂丘・浜提列といった局所レベルでの地形条件や、市街地や養殖池・水田あるいはマングローブ林といった土地利用の状況によって大きく影響され、それによって被害状況にも地域的差異が生じている。物的被害は、基本的に、そうした地域的条件を反映した 4 地域区分によって捉えることができる。人的被害に関しては、被害がなかった地域④を別とすれば、ほぼ壊滅的な破壊がおこった甚大被害地域（地域①）とその他の地域（地域②と③）との差異がより重要であるように思われる。それらの地域が分けられるのは津波浸水深およそ 3 m 付近であり[3]、それは、バンダアチェの場合、建物密度が急増する市街地北西部外縁にほぼ符合している。

　これらのことは、今後の住宅復興にどのような意味を持つだろうか。地域①では、物理的・社会的にほぼ壊滅的な破壊がおこったために、土地区画の修復や土地所有権の確定、空間計画の再策定がまず必要であり、復興には相当量の時間を要する。地域②では、土地自体に関わる問題は少ないが、それでも家屋の新築には多くの問題が残っている。いっぽう、地域③では、軽微な修復作業

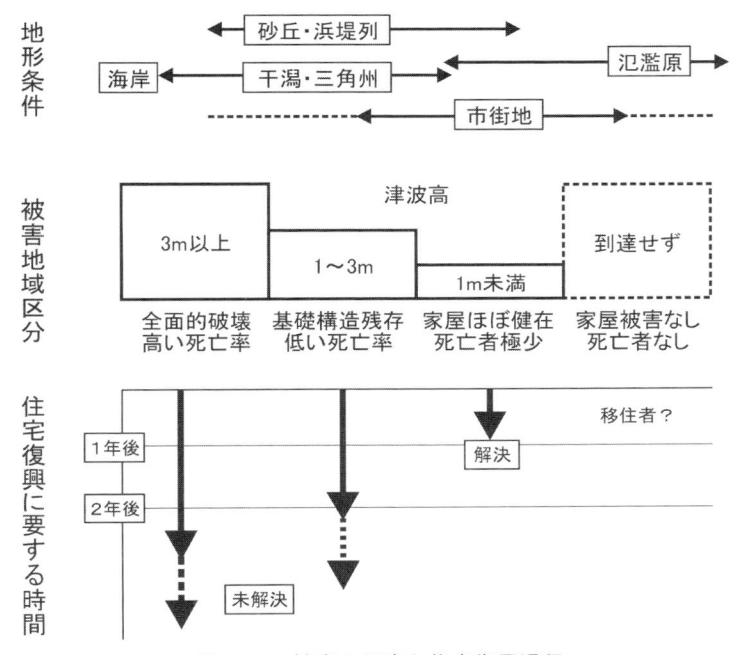

図 2.3.4　被害の程度と住宅復興過程

で家屋の再建が図られ、被災後1年を待たずして被災前の状態にほぼ戻っている。最後に地域④は、生き残った地域、あるいは正確にいえば非被災地として、市場や行政のメカニズムを通して、社会的・経済的資源を被災地の復興に振り向けることが期待される。

　それゆえ、復興に関しては、そうした再配分メカニズムがうまく機能するかどうかが鍵であり、津波被害の一般的な特徴と考え合わせると、被災地内あるいは被災地・非被災地間の地域格差が復興のプロセスの中で拡大するのか、あるいは適正に是正されるのかということは注視される必要がある。

(高橋　誠)

注

1) 例えば、インドの津波犠牲者について、国連ほかの資料（United Nations et al. 2006）では 12,405 人としているが、ここで依拠した『防災白書』では 18,045 人となっている。最大の被災地インドネシアの犠牲者数についても、BRR の資料（BRR 2005: 16）では 164,000 人とされているが、ここでの資料では 167,736 人となっている。また Favor（2011）は、165,869 人という数値を示している。なお、これらの数値は、後述する BRR の最終報告書のものとも異なっている。

2) こうした津波による建物被害と人的被害との対応関係は、2011 年の東日本大震災についても、仙台市以南の平野部ではある程度認められる。しかし、リアス式海岸が卓越する三陸地域では、一部に、両者の対応関係が明瞭ではなく、建物被害が甚大にもかかわらず、わずかな人的被害しか記録されていない地域が、特に、比較的大きな谷底平野の海岸部や小規模な湾頭に位置する集落などで見られる（高橋ほか 2012）。

3) 浸水震 3 m という数値は人的被害の程度にとってひとつの鍵であり、そのことは本節と同じ死亡率データを用いてシミュレーションを行った大家ほか（2006）によっても確かめられている。

II-4　津波来襲時の対応行動

　前節でみたように、アチェにおける津波犠牲者数はきわめて多い。量的に多いだけではなく、居住者の中に占める死亡者の割合がきわめて高いのも、今回の津波災害の大きな特徴である。本節では、発災直後の人々の行動の軌跡を追い、なぜ、津波犠牲者がこのように多いのか、さらに、津波が沈静化した後、人々はどのように行動したのかを明らかにすることで、今後のインドネシアにおける津波防災の課題と方策を検討する。

　発災直後から避難行動については、2005年2月の現地調査の時点にインタビュー調査を行い、その結果を報告した（名古屋大学環境学研究科 2005）。災害時の行動を全体的に再構成するのは困難であるが、できるだけ系統的にデータを収集するために被災者の半構造化インタビューを実施した。それを整理した上で、発災直後の避難行動と空間移動について考える。

　まず、半構造化インタビューの手順について簡単に説明する。

　バンダアチェとその周辺地域において、20名の被災者（表 2.4.1）に対して半構造化インタビューを行い、被災直前からインタビュー時点までの被災後3～4年間の経験に関する語り（narrative）を収集した[1]。具体的には、2008年8月にバンダアチェを訪れた際に、地元の国立シアクラ大学農学部社会経済学学科講師（当時）の Irfan Zikri 氏と Agus Nugroho 氏に調査員としての協力を要請し、パイロットサーベイとして何人かのインタビューに同行してもらった[2]。そして、フィールドでの議論を経て、最低限必要な情報について英語で半構造化インタビュー・フォーマットを作成した。インタビューでは、いつ、どこで、誰が、誰といっしょに、何を行い、そのときどう思ったかなどについて問いかけ、時間軸として地震発生から現住地帰還までの間の各ターニングポイントに、

表 2.4.1　インタビュー主回答者の一覧

ID	性別	年齢	職業	現住地
1	女	36	主婦	大アチェ県プカンバダ郡ラムルンプ村
2	女	20	高校生	バンダアチェ市クタアラム区ラクサナ町
3	女	32	助産師	バンダアチェ市ムラクサ区ガンポンブラン村
4	男	53	販売	バンダアチェ市ムラクサ区ガンポンピー村
5	女	30	主婦	バンダアチェ市ムラクサ区ガンポンブラン村
6	男	60	販売	バンダアチェ市クタアラム区ランプロ村
7	男	45	会社員	バンダアチェ市ジャヤバル区プンゲブランチュット町
8	男	41	販売	バンダアチェ市ムラクサ区ウレレ村
9	女	28	看護師	バンダアチェ市シアクラ区アルナガ村
10	男	70	退職者	バンダアチェ市クタアラム区クラマット町
11	女	50	販売	バンダアチェ市ジャヤバル区プンゲブランチュット町
12	女	60	販売	バンダアチェ市ムラクサ区ガンポンピー村
13	女	NA	主婦	バンダアチェ市クタラジャ区ランパセコタ町
14	女	33	主婦	バンダアチェ市ムラクサ区ガンポンピー村
15	女	23	大学生	バンダアチェ市クタラジャ区ランパセコタ町
16	男	45	NA	バンダアチェ市クタアラム区ランバロスケップ村
17	男	28	理容師	大アチェ県プカンバダ郡ラムイセク村
18	男	39	漁師	バンダアチェ市シアクラ区アルナガ村
19	男	32	販売	バンダアチェ市ジャヤバル区プンゲブランチュット町
20	男	51	運搬	バンダアチェ市クタアラム区ランプロ村

職業は被災時、その他についてはインタビュー時。

　空間軸として具体的な場所と場所間の移動にそれぞれ注意しつつ、比較的自由に話してもらった。また、「助かった」と実感したきっかけや、現時点でも津波について覚えていることのほか、感情的な表現にも留意した。調査対象地は、2007 年 12 月に私たちが行った質問紙調査（Takahashi et al. 2008）の実施地を中心に選定した。

　2008 年 11 月までの間に、現地調査員の両名がアチェ語とインドネシア語を併用してインタビューを実施し、この間に得られた 5 名の回答についてインドネシア語（一部アチェ語）のスクリプトを作成して、電子メールで名古屋に送付してもらった。送付されたスクリプトについて、名古屋大学のインドネシア人留学生、Muhammad Rezza Ferdiansyah 氏（当時、環境学研究科雲降水気候学研究室）と Inu Isnaeni Sidiq 氏（当時、文学研究科言語学研究室）の 2 名に日本語素訳を依頼した。2008 年 11 月末〜 12 月初めには、名古屋において、ア

チェ語の部分やアチェ地域特有の事象を含む訳出難解箇所などについて、現地調査員と翻訳者との間で打合せを行うとともに、併せて半構造化インタビューフォーマットの細部について修正を施した。2008 年 12 月中下旬に私たちがアチェに渡航した際に、修正フォーマットをもとにした何ケースかのインタビューを実施し、さらに追加のインタビューとスクリプト作成を現地調査員に依頼した。2009 年 8 月までの間に、追加の 15 名についてインタビューが行われた。追加ケースについては専ら Irfan Zikri 氏によって担われた。この間、調査員と翻訳者、私たちとの間で電子メールを利用しながら検討を重ねるとともに、2009 年 6 月末〜7 月初めに、アチェにおいて不明箇所の確認と関連場所の写真撮影を行った。また 2009 年 11 月末には、名古屋において、調査者と翻訳者との間で訳出不明箇所について最終打ち合わせを行った。こうして 2010 年 1 月に 20 名の津波体験集の日本語訳が完成した[3]。

このようにして作成した体験集の個々の記述について、ここではふたつの別々の方針で整理した。ひとつは、テクストそのものの文脈的な整理と分析であり、今ひとつは、言及された場所や空間的な移動に着目した整理と分析である。

インタビュー記録をもとに、本節では、地震直後から津波までの特に避難行動、次節ではその後 1 か月間ほどの被災者の行動の軌跡をそれぞれ追ってゆく。そして、次節の最後で発生直後における防災上の課題を整理する。なお〈　〉内の数値は、表 2.4.1 の回答者番号に対応し、［　］は筆者の注記である。

(高橋　誠)

(1) 発災直後の行動と津波からの避難行動
地震の衝撃と「空白の時間」

朝 7 時 58 分にアチェを襲ったスマトラ地震の揺れは大きく、ほとんどの人は「立っていられない」、「転んでしまった」という。揺れにより、人々は精神的にも大変動揺し、泣き出した人もみられた。こうした危機感を感じた人々は、揺れている最中、神に祈ったり、アザーン[4]を唱えていたりしていた。

この大地震を体験しながら、アチェの人々は、この大きな揺れは「キアマット[5]」だと思っていた人は多い。「地震の当時は、私は……最初は普通の地震

だと思っていましたが、揺れがだんだん強くなったのでみんな家を出て、そして神様に祈りながら、体を地面に貼りつけていました。そのときは、世界のキアマットだと思っていました」〈16〉という。

　この激しい地震の揺れが収まった後、津波がくることを思い浮かべた人は、インタビューをした人の中には誰もいなかった。地震後すぐに津波のことを考え、津波来襲前に避難行動をとった人は皆無であった。ここでは、大地震の後に津波がおこるかもしれないという「地震＝津波連想」が欠如している。

　地震後アチェの人々が直ちに思い浮かべたことは、「家族は大丈夫だったか」という家族の安否であった。家族のメンバーの安否が確認できた後、自分の家屋の様子が気になった。大地震の揺れが収まり、家族の無事が確認できたことで、人々は「静かに」安心していた。だが、津波のことを警戒する人もなく、まして、直ちに津波から避難しようと行動を開始した人は皆無であった。

　多くの人は、自宅にとどまることあるいは自宅に入ることは危険と考え、家の近くの道に出て、近所の人たちと、今経験したばかりの地震の怖さを話し合っていた。一般的に、危険な目に遭った後、周囲の人とそのことを振り返って話をすることは「安堵感の共有」であり、そのことによって緊張感がほぐれてくる。

　40代の男性の場合には、海岸部のウレレにいて、揺れが止んだ後、家族のことが心配となり、急いで家に戻った。「家に着いたら、家の中の状態はゴチャゴチャでしたが、建物自体は壊れていませんでした。家に着いたのは8時頃で、家の前には大勢の人が集まっていました。……ああよかった、家自体は大丈夫でした。前庭に座って、5分ぐらい経った頃、突然、村の人たちが『あがった……海水……海水があがった……』と叫んできました」〈7〉。このように、地震の大きな揺れが収まり、ようやく安心だと思っていたときに突然、「海水があがった」という叫び声を聞いた。こうした叫び声を聞き、周囲の人々が避難を始めたのを目にした。ここで注意すべきは、この時点で人々は「津波」という言葉を使っていない点である。何がおきているのか明確にはわからない、だが「大変なことがおきている」ことだけはたしかだった。

　こうした叫び声を聞き、あるいは避難する人の流れを見ても、人々は、直ちに津波のことを思ったのではなく、何か大変なことがおきつつあると感じたに

すぎなかった。人々は、「何か変だ」とは感じていたが、何がおきているのか、正確にはわかっていなかった。

その中には、「海水があがった」という周りの声すら信じない人もいた。「海の水があがった」としても、それは洪水ではないかと考えた人もあった。こうした周囲の声を聞いても、「津波についての心配はまだなかったです。洪水だと思っていました。なぜかというと、雨季のときだと、排水溝が詰まって水がよく溢れ出すからです。……しばらくすると、その子が路地の向こうから『海水があがったよ……海水があがったよ』と叫びながら走ってきて、逃げよう……逃げようといいました。私たちにも、人々が大勢走っているのが見えました。私は家族に、走らずに家の2階に行った方がいいと伝えました。そのときも、まだ頭の中では洪水だと思い込んでいました」〈10〉。それまでに経験した洪水であれば、2階に避難すれば十分であった。しかし2階からは、「真っ黒な水が流れているのが見えて、家のドアや窓などにぶつかって、すべての家具も沈んでしまいました。……水が引き始めてから、家の周りのあちらこちらが死体だらけだったのが見えました」〈10〉。人は「未知の事態」に遭遇したときには、自分が持っている経験の中から「一番近いもの」に照らして、その事態を解釈し、行動するしかないのである。

津波のことを心配していなかったばかりではなく、海岸にいた人たちは、海岸から海水が引いていくのを見て、魚を捕りに海の方へと歩いていった。ウレレの海岸にいた人は、地震が収まってから、「海水が引いたので、魚がいっぱい海底に取り残されていた。みんなはそれを見て、魚を拾いました」〈15〉と証言している。

以上の証言では、共通して、大きな津波が来襲する以前に「海水があがった」といった叫び声を聞いているが、その後に巨大な津波が来襲するかもしれないとは考えていない。

また、こうした証言から、本震と津波来襲まで十数分から数十分の時間的な間隔があったこと、さらに、津波の第一波（と思われる）の津波は「海水があがった」「洪水」と表される程度の高さであったことがわかる。

この本震と津波来襲までの間は、一種の「空白の時間」であった。人々は、「現

時点で何が危険なのか」、「かりに、海水が上がったという情報を得ている場合でも、その情報は一体本当なのか（信じられない）」、「今後、どう行動（避難）すべきか」ということに関して判断がつかない状態に置かれている。的確な判断ができないことは、自分を取り巻く状況に何がおきているのが明確に捉えられていないことに起因している。そのことは、「曖昧な状況定義」の時空間に陥っているといってもよい。

「曖昧な状況定義」とは「人々に曖昧にしか状況が定義されないこと、あるいは、状況がリアルに捉えられていないこと」である。災害などの緊急場面や日常的には遭遇することのない状況に直面したとき、人々は自分の置かれている状況を理解しにくい。そのため、その対応行動の判断を過ちやすいのである。一般に、非日常的な事態（それは同時に、そうした事態に遭遇する機会がきわめて少ない事態である）において、しばしば、人は自分を取り巻く環境に関する状況定義ができなくなる、あるいは、状況定義を曖昧にしか下せない。したがって、防災上の課題は、この「状況定義の曖昧さ」をどれだけ低減し、低減に要する時間をどれだけ短縮化できるかということになる。津波警報は、この曖昧さの低減、時間の短縮化に役立つ。

津波の来襲

津波の体験談の中で、人々がもっとも長く語ることは、津波を目視して自分がどう避難したか、そして、安全な地帯までようやく辿り着いたときに何を見て、何をしたかということであった。この短い時間こそが、人々がもっとも「長い時間」と感じ、もっとも鮮明に「記憶している時間」なのである。

津波からの避難を開始したのは、「海水があがった」という叫び声、あるいは、実際に津波の高い壁、押し寄せる水の流れを目視してからであった。アチェでは日本のように、公的な津波警報やマスコミからの情報は全くなかった。

間一髪のところで助かった人でも、最初、海から水があがったことを認めたときには、それほどの危機感を感じていなかったという。「実は、その前に私が家にいたときから、水がくるのは知っていました。しかし、高さはまだ25cmぐらいだったので、あまり気にしていませんでした。1回目にきた水は真っ

黒でした」〈7〉。20〜30 cm の高さの津波は、その後の大津波の第一波だという認識はなかったのである。

　初めに紹介するのは、10 m 近く、2 階建ての家屋がすっぽり隠れるような巨大な津波を経験した人たちの証言である。

　インタビューで「水を見たのはいつでしたか」という質問に対して、海岸近くのラムルンプ（Lamlumpu）にいた人は、「家族がここにいたときでした。自分の家の向こう側にある家にいって、声をかけたんですが、みんなもう走って逃げて誰もいませんでした。そして、自分の家の方向を見ると真っ黒な水が見えて、ヤシの木の高さぐらいまでありました。15 m ぐらいでしたかね。」〈1〉と述べている。こうした圧倒的な高さの津波（というよりも、水の壁と称した方が適切であろう）を見てから、避難を始めているのである。

　同じように、巨大な津波を見た人もあった。「前庭に座って、5 分ぐらい経ったころ、突然、村の人たちが『あがったよ……海水……海水があがった……』と叫んできました。ウーン……という音が聞こえ、妻が『とうさん、何の音だ、これ』と聞いて、『ヘリコプターかなあ……』と私は答えました。……すぐ後、誰かが『水があがった……水があがった……』と叫んでいたので、私は塀に登りました。後ろの方を振り向くと、水がもうヤシの木の高さぐらいまでありました」〈7〉。このように、津波を目視したときには、ヤシの木の高さもあろう津波は、すでにすぐ近くまで迫っていたのである。

　海から 300 m ほど離れた場所に住む 40 代の男性も、10 m 近くの津波を経験している。「突然『海水があがった……海水があがった』と叫ぶ声が聞こえて、私はパニックになって何がおこっているかもわからず、人々は港からこちらに向かって走ってきました。……逃げているときに、私が幼いころにおばあさんから聞いた昔話のことを思い出して、よく覚えていたのは、大きな地震があったら海水があがるという話でした。その話を聞いたのはもう何十年も前で、私が小さいときでした。走りながら、後ろを振り向くと海水の波がものすごく高くて、波が一固まりになっていました」〈8〉。

　以上は、2 階建ての建物が完全に水没してしまうような高さの津波に襲われた人々の体験談であり、こうした高さの津波に襲われて奇跡的に生存した数少

ない人の証言である。この高さよりも低い、しかし、1階建ての建物が完全に水没するくらいの高さの津波を経験した人を紹介しよう。

　地震の揺れが収まった後、「水が見え始めました。水の流れはあまりにも強かったので、大きなアサムの木を倒して、車や木の枝などを呑み込んで流してしまいました。寮に住んでいる男子学生たちが、寮の上にあがるようにみんなを引っ張りました。最初は何があったのかわかりませんでした……水が母の足首の高さまで迫ってきました。やっと、寮の3階に逃げることができました。外を見たら、水が家の屋根の高さまであがってしまっていました。助けを求めた人もいましたが、結局どうしようもなくて、助けることができませんでした。……遠くに、船が屋根の高さまであがって周りにある家にぶつかっているのが見えました。さらに、車も浮かんでいて、本当に信じられませんでした。私は何を考えたらいいかわからず、ただ座り込んで泣いているばかりでした」〈2〉。

　以上のケースは、津波に追われながらも、間一髪のところで安全な場所に辿り着けた人である。しかし、こうした危機的状況の中で生き長らえた人は少数派であり、同じ状況に直面して命を落とした人の方が多かったはずである。同じ状況に巻き込まれて亡くなり、「何も語ることができなくなった」多くの人々がおり、わずかに助かった人々の言葉だけが、われわれの前に残されているのである。

　次は、津波に巻き込まれながら助かった人の証言である。地震から「20分後に、水が流れてきて、私を呑み込みました（折れた歯と足のけがの痕をみせながら）。その後、私は、魚の容器につかまって水上に浮いて、他人の店の裏側に流され、さらにそこからずっとシンパンリマ（Simpang Lima）付近にある少し平らなところまで流されていました。シンパンリマに辿り着いてから、やっと立ちあがりました。そのとき身につけていたのは、パンツだけでした。また体全体が傷だらけでした」〈4〉と証言している。津波に巻き込まれるとは、水の中に巻き込まれるというよりも、漂流物の中で人間の体がもみくちゃにされるために、全身に無数の傷が残ることになる。

　次は女性のケースである。「家を出たら、人々が慌てて走っていました。そ

れを見て、私はすぐ子どもを連れて走って逃げました。交差点から海の方を見たら、水が高くなっていました。たぶん10 m ぐらいだと思います。そのとき、子どもは『お母さん、お父さんが見えないよ』といいました。そして、私は主人をさがすことにしました。しばらく歩いて、すぐに主人を見つけました。しかし、主人の方に向かう途中で、突然高波がきて、私と子どもを呑み込んでしまいました。……そのときは全身が痛くて動けませんでした。そのため、子どもを抱こうとしても、なかなか手が届きませんでした。その後は意識を失って、何もかもわからなくなってしまいました。誰に助けられたのか、そして、どうやって無事に生存できたのか、ぜんぜんわかりませんでした。」〈20〉。

このように津波に流されながらも幸いに生存し、その後、家族と再会を果たした人があるいっぽうで、家族と一緒に津波に巻き込まれ、流されている途中で大切な家族を見失ってしまい、自分だけが生き残ったケースも数多い。家族と離れ離れになりながら、津波に巻き込まれた。「一旦は道沿いにあったアロンの木をつかみましたが、水流が強かったため、また流されました。そして、私は流されてきた冷蔵庫を見て、それをつかみました。そのときは、死ぬのではないかと思いました。また一瞬、これがキアマットだと思ってしまいました。流されたとき、近所の人が何もつかまずに流されていたのが見えました。そのため、私はその人の手を引っ張って、冷蔵庫をつかむように指示しました。しばらく経って、私たちはクルンチュット橋まで流されてしまいました」〈18〉。

近くにたくさんの人々がいたが、津波に巻き込まれて消息が不明になり、自分だけは偶然に助かった。津波に巻き込まれながら、そこから逃げ惑う人々の生死を分けたものは何かと考えたとき、それは「偶然」としかいいようがないのではないか。巨大な津波がバンダアチェを襲ったとき、「一瞬にして偶然性に左右された命」が多数存在した。そして、その偶然に左右されて、多くの命が失われた。たしかに、津波に巻き込まれたときに、木材などの浮遊物につかまって助かった人も少なくないが、つかまるのにちょうどいい木材が自分の近くに流れてくるか、それとも、流れてきた自動車などに挟まれるかは、「人生の偶然」にすぎなかった。

家族は津波に巻き込まれ、それ以降ずっと行方不明で、自分だけは偶然助かっ

た。津波という圧倒的な力の前に、一緒にいた家族は離れ離れになり、お互いの姿を激流に見失う中で、生死も別れていった。

　このように津波に対する予備的な知識も準備（避難）行動も取られないままに、人々はひたすら眼前に迫ってくる津波から走って逃げることしかできなかった。

　避難の手段として、バイクを使ったという人も少なくない。アチェでは公共交通機関が未発達で、日常のもっとも一般的な交通手段がバイクである。自家用自動車はまだ高価ですべての家庭に普及していないが、バイクは一家に数台と広く普及している。しかも、バイクの2人乗りはもちろん、3人乗り、さらに小さな子どもを含めて4人乗りすら見かける。その意味では、バイクが個人の主要な交通手段であるばかりではなく、ファミリーカーともなっている。皆が一斉にバイクや車で避難をしたために交通渋滞が発生し、そのことが個々人の避難を妨げた。

　以上みてきたように、「海水があがった」という叫び声とともに、人々が一斉にある方向に避難のために走り始めたことによって、「パニックになって走ってしまった」という。この状況では、冷静な判断はできていない。

　津波は、当然のことながら、すべてを奪ってゆく。家族も、家屋も家財道具も、さらに仕事場も資金もすべてを、津波によって奪われてしまった。「壁が破壊されたので、ほとんどなくなりました。服とか。残ったものもありますが、しかし、多くは水に流されてしまいました。家の裏の部屋のなかみは全部流されてしまいました。……卒業証明書などの大事な書類が入ったカバンだけは、何とか残すことができました。それは、父に、万一の事態が発生するときにそのカバンを優先的に保管するように教えてもらったからです」〈2〉。

　津波は、家族、さらに自分の家の中のものすべてを奪った。津波の衝撃が去った後に、生存者が目にしたのは、おびただしい死体であり、傷ついた人々であった。インタビュアの「その後の夜は寝られましたか」という質問に対して、「そこら辺の道路で、バス停で寝ました。……そこにはたくさんの人が寝ていたと思っていましたが、実は死体ばかりでした。でもそのまま、死体の隣で寝ていました」〈4〉。さらに、もっとも高い津波に襲われた地域では、建物すべてが

流され、地形すらも変わってしまった。そうした激甚被災地では、死体すら流されて何も残っていなかった。

(田中重好)

(2) 地震後の空間移動

　ここで分析の視点を人々の行動の空間的側面に移し、その移動について分析していくことにする。まず、体験集の記述内容について、「どこで、いつ、誰が（誰と）、何を（どのように）した」という一連の行動を表す、意味ある言葉のまとまりを1イベントとしてカウントし、データベースを作成した。その際、行動として不完全だが場所への言及が明確なもの、例えば「私はシナバンの出身で……」〈19〉（津波前のある時期に郷里から出てきた、という行動を含意）や「……ブランパダンの近くの津波ビルももうすぐできあがります」〈14〉（津波博物館が建設中という情報を聞いた、という行動を含意）などは、イベントとしてカウントした。しかし明示的な場所への言及がないもの、例えば「……地震のことを思い出すと体まで震えてきます」〈5〉などは、ここではイベントにはカウントしなかった。

　イベントは、行動主体に着目すると、三つのタイプに分けることができる。ひとつめは、単独かどうかは別として、回答者自身が行った行動、ふたつめは回答者の家族や近親者などが回答者とは独立して、しかし回答者に関わって行った行動（つまり、回答者がそれらの人から聞いたこと）、そして三つめは回答者が見たり聞いたりしたこと（つまり、行動主体は不特定第三者であったり、水や木などの無生物であったりする）である。こうしてカウントされたイベント総数は520、1人当たりの言及イベント数は26、もっとも多くのイベントに言及した回答者は〈7〉の45イベント、逆に最少は〈3〉の13イベントだった。

　次に、各イベントに関して言及された場所を拾い出し、場所に関するデータベースを作成するとともに、ハンディGPSや衛星画像等によってそれぞれの場所の位置を捕捉し、ArcGIS（米国ESRI社製）上でポイントデータのSHPファイルを作成した。言及された総場所数は134であり、これらの場所は地域名（都市・町・村など）、地点名（交差点や橋梁など）、施設名（建物や公園など）の

三つに分けることができる。もっとも多くの場所に言及したのは〈2〉(22 か所)であり、逆にもっとも少なかったのは〈16〉(4 か所)であった。ひとつの場所が複数の回答者によって言及された場合も多く、これらの中にはマタイ（Mata Ie: 8 名が言及）、シンパンスラバヤ（Simpang Surabaya: 7 名が言及）、ブランパダン（Blang Padang）とウレレ（それぞれ 6 名が言及）などが含まれる。

　実際のところ、すべての回答者の住居について津波前後の正確な位置情報が捕捉できたわけではなく、また小地域内での移動について図示する際の煩雑さを避けるため、各回答者の現住地を地図上で表す場合は、住居の位置ポイントではなく、住居が所在する町・村の代表点で示した[6]。

　場所間の移動については、語りの中で、バイクで避難したとか、水に流されたとかといった移動そのものが言及されている場合と、異なるふたつの場所でそれぞれ行われた活動が言及され、時間の前後関係に関する文脈からそれらの場所間の移動が含意されている場合とがあり、データベースを作成する際に、前者については移動そのものがイベントとしてカウントされたが、後者の場合のイベントとしては、移動そのものではなく、ふたつの場所で行われた活動がカウントされた。いずれの場合も、後掲する地図では、場所間を結ぶ直線によって移動が表されたが、この直線は移動経路を示すものではない。回答者の記憶では、移動経路が曖昧な場合も多く、実際、正確なところはわからない。なお移動を表す直線には、可能な限り、回答者 ID も併記した。

　回答者自身の関わらない家族や友人の行動は、興味深い記述内容を含んでいるが、議論が煩雑になることを避けるために省略し、ここでは回答者自身の関わったイベントに専ら焦点を置くことにした。こうしたイベントの中には、地震発生時（2004 年 12 月 26 日午前 8 時頃）の前日や当日早朝、あるいは、かなり前の出来事が含まれるが、ここでは地震発生時以降のイベントを取りあげ、それ以前のものについては必要に応じて参照することにした。なお、回答者自身の行動として言及されたイベント数は 378 であり、そのうち 342 イベントが地震発生時以降の出来事に関する記述である。木村（2006）を参考にして、これら 342 イベントを時間軸に沿って整理し、ここでは、地震発生時から津波襲来時まで、次節では、当日昼頃から夜まで、及び翌日から 1 か月後までのそれ

それについて、回答者自身がどのような移動を行い、どのような場所と関わりを持ったかということを検討する[7]。

地震発生時から津波襲来時までの移動

　この時期においては、地震発生時から津波襲来に至る間の避難行動が焦点となり、すでに指摘したように、甚大な人的被害の決定的な原因は、「地震＝津波連想」の欠如と、それに起因する避難行動の遅れであった（Takahashi et al. 2007）。地震も津波も複数回発生したことが、多くの回答者の語りからうかがえる。しかし、記憶の上で、それらの前後関係は総じて曖昧である。結果的に、津波の影響を直接受けなかった数人を除いて、ほとんどの回答者は文字どおり着の身着のままで避難し、昼頃まで最初の避難場所で過ごすことが多かった。こうして、この時期における移動距離は、いくつかの例外はあるものの総じて短かった（図 2.4.1）。

　具体的にみると、地震発生時に自宅ないし自宅付近にいた回答者は 20 名中 10 名であり、残りの 10 名は、仕事あるいは仕事の準備、レクリエーション、親戚訪問などの理由で自宅から離れていた。このうち、今回の津波の被害が全くなかった地域にいた回答者は 2 名であり、残りの 8 名のうち 3 名は海岸付近にレクリエーションに出かけており、5 名は仕事の都合、または親戚訪問などの理由で、バンダアチェ中心部のプナヨン付近にいた。これらの 5 名のうち 2 名は自ら経営する店におり、20 名中 12 名が建物内ないし建物付近にいた。

　地震が発生したとき、大アチェ県内陸部のインドラプリ（Indrapuri）で自動車に乗っていた 1 名を含め、すべての回答者が尋常でない強い揺れを感じている。地震から津波までの間、海岸にいた 3 名と、シンパンスラバヤにいた 1 名は地震による被害を心配して自宅に戻っている。同じく外出していた〈12〉は、揺れは感じたが、そのまま親戚宅への移動を続け、結果的に海岸から遠ざかる方向に移動した。地震発生後にすぐに親戚宅等に避難した回答者も何人かみられるが、例えば、結果的に海岸の方向に移動した〈11〉のように、それは津波を想定した移動ではなかった。それらを除く 13 人の回答者は、異変を感じて隣人たちと集まりを持ったケースもあるいっぽうで、朝食をとったり家事をし

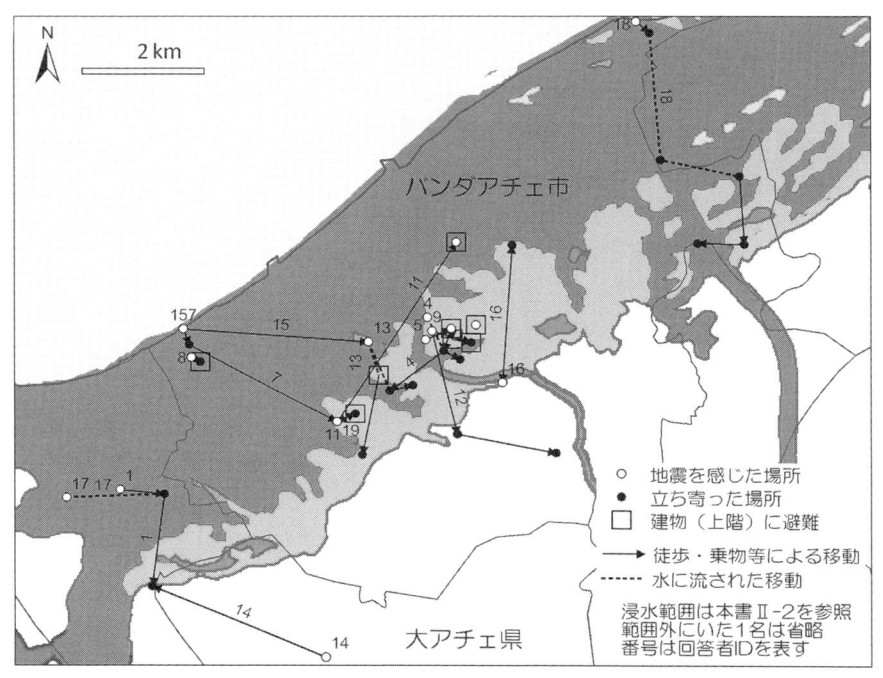

図 2.4.1 地震発生時から当日昼頃までの移動

たりするなど、すぐに日常生活に戻ったケースもあり、いずれのケースもほとんどが移動していない。全員が津波の襲来を予想しておらず、実際の避難行動は、近所での「水があがった」という叫び声を聞いたり、実際に水や波を目撃したりした後であった。つまり、地震直後に津波を予想した避難行動はほとんどとられていなかった[8]。

津波の影響下になかった3名を除く17名の回答者については、津波来襲時の（避難）行動は、およそ三つのタイプに分けられる。第一のタイプは、水を目撃した後に避難行動を開始し、幸運にも逃げ切れた2名の回答者であり、両名とも避難にバイクを使用していた。第二のタイプは、建物の上階に避難して難を逃れた8名の回答者であり、人数的にはこのタイプがもっとも多い。避難場所としては自宅の場合もあったが、鉄筋コンクリート造の建物の3階以上で

あり、ほとんどのケースがおおむね浸水深 3 m 未満の浅浸水エリアにおいてである。例外は、ムサクサ病院に逃げ込んだ〈8〉と、たまたま隣家の屋上に流れ着いた船で津波をやり過ごした〈6〉である。第三のタイプは、避難行動を開始する間もなく、あるいは歩いて避難行動を開始した後すぐに水に呑み込まれ、流された 7 名の回答者である。多くの場合、流された距離は数百 m からせいぜい 1 km 程度だったが、〈18〉のように長距離を流された回答者もいた。彼は、アルナガ（Alue Naga）の自宅前で水につかまり、アチェ川放水路を上流に 4 km 以上流されたあと、引き波によって押し戻されてルコー（Rukoh）に流れ着いた。なお、流れ着いた後の行動は、自ら歩いて避難行動を再開したり建造物に登ったりしたケースもあったが、意識を失って発見されたというきわめて幸運なケースもあった。

（高橋　誠）

注
1) 田中ほか (2012) は、この半構造化インタビュー調査の結果に基づいて書かれたものである。ただし、そこでは全回答者 20 組 24 人の語りを対象としたが、本書で分析するのは主回答者 20 名のそれである。
2) ただし、このときの回答は分析には含めていない。
3) 語りの全文は、名古屋大学大学院環境学研究科（2010：215-292）に掲載した。
4) アザーン（azan）とは、イスラム教における礼拝への呼びかけのことである。
5) キアマット（kiamat）とは、アラビア語起源の外来語で、イスラム教信仰の中では「最後の審判」を意味する。
6) それゆえ、例えばウレレのモスクやムラクサ病院などのように、回答者が近隣地区内の施設名や地点名に明示的に言及した場合を除いて、町内・村内での移動は不問とした。ただし、アチェ川放水路によって村が東西のふたつに分けられるアルナガについては、それぞれふたつの代表点を与えた。
7) 1 か月後から 1 年後まで、1 年後以降の時期については、第 III 章と第 IV 章においてそれぞれに検討することにする。
8) 全員が津波のことを知らなかったわけではなく、実際に 4 名の回答者が津波のことを思っていた。ただし、正確にいえば、これは「ツナミ」のことではなく、地震の後に「水があがることがある」という伝承を思い出したことがほとんどである。

II-5 津波後の対応行動

(1) 津波後の行動
津波が去って後

　津波の危機が去った後、人々が一番心配したことは、自分の家族が無事かどうかであった。そして、家族をさがして、瓦礫の中を歩き回った。一旦は、大きな揺れが収まった直後に家族が集まり互いの安否を確認しているが、津波から避難するときに再びバラバラになった。そのために、もう一度、家族が無事か、どこにいるかを確認しなければならなかった。

　このように、津波の危機が去った後、家族の安否確認の努力や捜索が始まる。周囲に散乱する死体を見ては、自分の家族ではないかと心配しながら捜索を行った。家族の無事を願い、そのため、家族の遺体が「どうか見つからないで」という願いを抱きながら、同時に、家族の遺体は「いつまでも見つからないのではないか」という不安と、「もし万が一見つかったら」という予感的な絶望感を抱えながら。こうした願望と不安、そして絶望感が入り混じった中で、被災者は「家族は無事だろうか」ということしか考えられなかった。

　何日も家族の捜索が続けられた。「翌朝、私はダルサラーム（Darussalam）へ行きました。なぜかわかりませんが、そのとき妻と子どもがそこにいるという予感がしました。しかし、そこでさがし回ったのですが、見つかりませんでした。そして昼になったので、私はウレカレンに帰ることしました。私はラムニョン橋のたもとにあるレストランの脇を通ってウレカレンに帰りました。通り道に並べてあった遺体をひとつひとつ見ました。そして、妻に似ている遺体を見つけました。顔の部分をきれいにしたら、妻であることが確認できました。私は彼女を抱いて泣きました。さらに、その辺を探って子どもの遺体を見つけ

ました。しかし、一番上の子どもは見つかりませんでした」〈18〉。

　家族の安否確認や遺体捜索をしながら同時に、生存者たちは自分の生存情報を避難キャンプの掲示板などに貼り出し、行方不明となった家族や知人が自分と連絡を取ってくれることを期待した。多くの人にとって、家族親族が生存しているのか否か、何日も確認できないままに、時間が過ぎていった。その間、家族は「行方不明」のまま、遺体確認すらできないままである。一般に、死を確認できないままでは、喪の過程は始まらない。だが被災者は、家族が行方不明のままに「静かに」喪の時間を過ごさねばならなかった。

　こうした努力にもかかわらず、家族の遺体をさがし当てた人はごくわずかであった。多くの人は、家族の遺体すら見つからないままであった[1]。

被災直後の人々の困難

　津波が収まった直後、負傷した人は大量にのぼり、多くの人が医療機関に押しかけた。そのため、医療サービスの需要はきわめて大きかったが、津波の被害を受けた現地の医療機関が提供できる医療サービスは限られていた。外部からの医療支援が行われるまでは、負傷した被災者は医療サービスを全く受けられないことも多かった。

　被災者の証言である。「私が見たものは弱まっていた妻の体でした。『点滴……点滴……点滴をお願い。病院……点滴……』と妻が訴えました。……すぐに私は妻をハラパンブンダ病院に運びました。到着しても、どうすればいいのかわかりませんでした。その病院には、もう何百人もの患者さんがいて、死体もあちらこちらにありました。まず、点滴をしてもらおうと、看護師さんと口争いをするぐらい一生懸命お願いしました。やっと、妻が点滴を受けられるようになりました」〈7〉。しかし、この努力は報われなかった。

　津波直後、医療機関は大混乱していて、十分な治療が受けられなかった。実際、ようやく自力で病院に辿り着いた人も、同様であった。「津波の水が下がった……後、私は泣きながら、指が切れた手を抱えて、瓦礫と死体の間を歩いてストゥイ（Seutui）にあるハラパンブンダ病院に向かいました。そこに着いたとき、意識不明の重傷患者がたくさんいました。……病院の従業員は数多くの

患者を診察して、手当てをしていました。私も長く待っていましたが、なかなか手当てをしてもらえませんでしたので、自分で傷を消毒することにしました。病院の従業員は別の患者で忙しかったので、その日は結局手当てをしてもらえませんでした」〈13〉。

　おそらく、病院まで辿り着けた、あるいは、搬送してもらった人はまだ恵まれた人であった推測される。しかし、そうした「恵まれた人々」でも、病院に到着しても莫大な数にのぼる負傷者を前にして、医療サービスをほとんど受けられなかった。

　そのため、医療サービスを受けるためには、負傷者自身が被災地を離れるしかなかった。しかし、その転地（移送）サービスも公的には供給されなかったため、個人的な努力や個人的な関係を頼るしかなかった。

　その日の夕方、すでに津波は収まっていたはずであるが、被災者の間の不安感は収まってはいなかった。そうした人々の間に広がった不安感に呼応するように、バンダアチェ市内に「再び津波がくる」というデマが流れた。しかも、人々はそのデマを簡単に信じた。日本とは違って、災害についてのテレビやラジオの放送が全くなかったため、こうしたデマをただす正確な情報も与えられなかった。そのため、大災害を引きおこした直後だけに、人々はデマを本当だと思い、慌てふためいた。ある人は、津波再来のデマに慌てたために、避難先も考えずに避難した。津波のデマとは別に、「危険な伝染病が流行している」という情報も、人々を慌てさせた。この情報がデマにすぎなかったのかどうかは、今となっては判断がつかない。

避難所からの生活再建

　津波の危険性が去った後も、津波を恐れて、一夜を山頂で明かした人もあった。また、避難キャンプに行った人、モスクに行った人、親戚の家に身を寄せた人もあった。いずれに場合にも、被災者は「安全で、安心できる場所」を求めていた。

　被災者は、被災当日も食料や水、さらに安全な宿泊施設を求めて、多くの場所を移動している。被災当日の「夕方になると、私たちはほかの人と一緒

に［マタイの］TVRI[2]に避難することにしました。そこでは、テントを作るためのシートが配られました。……私たちは10か月間ぐらいTVRIで避難所暮らしをしていました。この間、私たちは食べ物や服などを支援してもらいました」〈14〉。

ただし、避難所だと思って訪ねても、テントや敷物、食料すら確保できないこともあった。また、ある家族は発災当日、津波が収まった後、「夜になったこともあって、子どもが私たちをPLTDアプン船[3]に誘いました。彼はPLTDアプン船が人々を救いにきたといいましたが、実は、PLTDアプン船も津波に流されてきたものでした。そのことを知らない私たちは、その船が救護船だと信じていました。しかし、その船に乗ったとき、ある人が突然その船には石油がまだたくさんあるのでタバコは禁止だといっていました。なぜなら、爆発する恐れがあったからです」〈11〉。

この家族は、発電船を諦めて別のところに向かって歩き始めた。途中、「軍隊のトラックに乗せてもらって、マタイに行きました。……私たちは朝から何も食べていなかったので、マタイに着いたとき、すぐ食べ物をさがしました。しかし、そこには食べ物がなく、がまんするしかありませんでした。テントは配布されましたが、寝るための敷物がありませんでした。……もう一人同じ村からきた人……と話し合って、私たちはブランビンタン郡に避難することにしました。……私たちは軍隊のトラックに乗ってブランビンタンに行きました。そこに着いたら、人々は私たちを温かく歓迎してくれました。……次の日に、村の人々は服をはじめ、野菜やお金、そしてほかの日用品を持ってきてくれました」〈11〉。

たしかに、避難キャンプはかなり早い時点から一部には開設されていた。ただし、行政が避難キャンプを用意したというよりも、津波の被害を受けなかったオープンスペースに「自然発生的に」避難民が集まった場合が多かった。

また、人々にとって日常的に重要な場所であったモスクやモスクの広場にも、被災直後から被災者が集合している。モスクは、物理的に地域の中でもっとも広いオープンスペースを提供しているばかりではない。日々の祈りの場として人々の精神的な拠り所であり、精神的安心感を与えてくれる空間である。イス

ラム教の習慣では、礼拝するのに自分の居住地のモスクでなければならないという決まりはなく、祈りの時間に、自分のいる場所の近くにあるモスクで礼拝をすればいい。その意味でも、すべてのモスクはすべてのイスラム教徒に「開かれた場所」である。さらに、構造上壁が少なく、柱で支えられたモスクは、津波が通り抜けていっただけで、崩壊を免れていた。すべての住家がなくなっている地域でも、モスクだけが残っている光景によく出くわした。そのため、津波の被害が少なかったモスクを、多くの人々が避難場所として利用した。

　津波が発生したその日のうちに、幸いに親戚の家まで辿り着けた人もあった。親戚には生活上の支援を求めただけではなかった。奥さんと子どもを亡くした人の場合、遺体を親戚のある地域まで運び、埋葬している。親戚の住む地域は、遺体埋葬の場を提供してくれただけではなく、本人にとって精神的な支えを与えてくれる場でもあった。このように、親戚に家に避難することは、精神的な支えを手に入れることでもあった。

　さらに、友人が親戚に代わる役割を果たしてくれたケースもみられる。津波が引いた後、小高い山に避難していた人は、「午後6時ごろから6時半まで歩いて、山の裏に回って降りました。トラックで来た夫の友人と会って、ランバロにある友人の家に行きました。［発災当日の］一晩泊めてもらいました」〈1〉と、友人から臨時の支援を提供されている。フォーマルな支援もなく、また助けてくれる親戚もいなかったときに、それらに代わって友人がそのときどきの必要性を満たしたのである。

　発災当日は、命からがら逃げた人々はその後、食べ物も水も持っていなかったし、買おうと思っても、津波の後には何も残っていなかった。「気づかずに時間が過ぎて、［発災当日の］午後3時になりました。山でお腹が空いたし、喉も渇いたし。子どもたちは『かあさん、喉が渇いたよ』と訴えて泣き出しました」〈1〉。

　こうした食料不足も、日が経つにつれて改善されてきた。避難所での食料の提供の体制が整うとともに、親族や知り合いからの食料の援助も増えていった。それは、被災者からすれば、支援ルートの複合化であった。「津波から1日目から4日目までは、何の援助ももらいませんでした。兄弟の家で暮らしていたので、食料も全部用意してくれました。5日目に、やっと食料などの援助をも

らいました。私たちがそこの村の避難者として登録されたからです。最初の援助はインドネシア赤十字からでした。そのほかに、同情した近所の人やメダンにいる親戚からも援助をもらいました。実は避難所のバラックに引っ越すように勧められましたが、親戚の家に住ませてもらったので断りました」〈6〉。

避難所から帰郷へ

　被災後、生活の場所を頻繁に移動した人もみられる。発災から2週間、職場の同僚の家にいて、その後「シブレー（Sibreh）からウレカレンのモスクに移動して、何日間か避難生活をしました。そしてアルナガのバラックに移動しようとしたのですが、バラックがもう満員だったので、テントに住んでいました。そしてヌフン（Neuheun）にあるバラックにまた移動して、そこに長く住みました。そして、アルナガのバラックが家の近くにあったので、アルナガのバラックにまた移動しました。ヌフンのバラックにいたときは、インドミー［インスタントラーメン］、魚の缶詰、揚げ油などの食料援助をもらいました。アルナガのバラックにいたときは、このような食料援助はもらえなくなりました」〈9〉。これをみていると、避難所ごとに援助の有無や援助内容の差異があったことがうかがえる。多くの人々は避難キャンプでの暮らしの中でも、同じコミュニティの人々と一緒の場合が多かった。

　いっぽう、この時期には、離れ離れに生活していた家族も少なくなかった。メダンなどの遠方に避難した場合には、家族内で避難先にとどまった家族員と、一足先に被災地に戻った家族員とに分かれて生活をせざるをえなかった。

　長屋形式のバラックがつくられるころになると、援助の体制も整ってきた。特に、外国からの支援が充実してきた。バラックでは「米、インドミー、魚の缶詰、油、ミルクなどをもらいました。津波から1週間後、私たち太っていました（笑）。食べ物はおいしかったです。外国からの援助をもらう前は、インドミーばかり食べていましたが、外国からの援助をもらってからは、今まで食べたことのない食べ物まで食べることができました。ソーセージ、ナゲット、コンビーフなど。ほんとうにおいしかったです（笑）。……毎月、米をもらっていました。あと、お金［生活割当金］も3回もらいました。」〈1〉。

バラックは大抵無償支援で建設されたが、一部には自分でバラックを建てた人もいた。「津波から6か月後、私と家族はウレレ村に戻って、そこに住みました。そのときは、こちらに戻って住んでいた人はまだ一人もいませんでした。私たちはなぜウレレに戻ったかというと、たとえ自分の兄の家でも、あまり長く住むと、どうも迷惑をかけるのではないかと思ったからです。戻って最初のころは、プラスチック製シートの屋根の小屋に住みました。津波で流されていた木や、ヤシの木などの木材で、その小屋を建てました。あと、津波の前から少し貯金があったので、仮設住宅をつくるために使いました」〈8〉。

　バラックにしろテントにしろ、それをどこに建てるかが重要であった。津波によってすべての家屋が破壊された地域では、最初に、もとの地域に戻ったときはテント暮らしであった。「家とかは、なかったんですよ。みんなテントに集まっていました。30人ぐらいでしようかね。バラックがあれば、ここで住む気はあるかと［支援団体から］聞かれて、私たちは『はい』と答えました。それで、ここで暮らしています。だって、ほかの土地に住んでいたら迷惑なのではないかな。やはり自分のところ、生まれたところは一番いいと思います」〈2〉。このように、全壊地域でテントやバラックで生活を始めることは、「自分たちはここで暮らす」ことの意思表明であった。被災後、政府は海岸から2〜3kmの地帯を津波の緩衝地帯とし、住宅建設を禁止する都市計画を作成しようとしていた。しかし、そうした行政の意図におかまいなしに、生存者たちは、政府が建設禁止地帯に指定しようとしていた「自分たちの故郷」に戻って、バラック生活を始めていた。家屋が全壊のケースでは、当然のことながら、長期間のバラック生活を余儀なくされた。「10か月後、私たちは地元に帰って……村のバラックに住んでいました。そこに1年間ぐらい住んでいました」〈14〉。

　バラック生活は長く続いた。ある人は、「約1年間ですね。犠牲祭の後もバラックに住んでいて、次の年の犠牲祭には、家がもうできていました。……［そのときには］援助が配られました。インスタントラーメン1箱、魚がほしければ、魚やエビなどを釣りにいきました。……［バラックには］はい、一人で生活していました。家ができてから、その後結婚しました。津波から3年経って結婚しました」〈4〉。

このように恒久的な住居に転居するまでには、長い時間を必要とした。その間、外からの支援が直接に被災者の生活を支えたが、それとともに、避難生活のなかで同じコミュニティの人と日常的に交流し、一緒に生活をしながら、外部の支援団体と関係を保つことが重要であった。

コミュニティと支援団体とを結ぶために、ポスコ（posko：pos koordinasi）が活用された。ポスコとは、直訳すれば「調整事務所」という意味であるが、テントのようなものからビルの一室に至るまで形態も様々で、被災後に企業やコミュニティ組織など様々な団体によってあちらこちらで設置されたものである。担当者が交代で詰め、支援者・支援団体と被災者とを結びつけるインフォメーションセンターのような役割を果たした。ポスコを調査した山本（2007：76）によれば、このポスコは集落と一対一の対応をしているわけではなく、例えばひとつのポスコが外部支援団体の窓口になり、このポスコから複数のポスコへと支援物資が再配分されることもあるという。

このように、村に帰ることは、自分の家はもちろん村全体が津波によって消滅した現実と向き合わざるをえないことを意味した。だが、そうした現実を「受け入れる」ことから復興は始まったのである。

そして、災害から事態が落ち着いてくるにしたがって、人々はもとの居住地に戻りたいと思うようになってきた。それは、津波によって何ひとつ残っていないほど甚大な被害に遭った地域の人でも、同じである。「最初はバコイ（Bakoi）のバラックに移される予定だったのですが、海から遠いので断りました。私たちはほとんど漁師をしてきたので、海に近いところではないと不便だからです。基本的に漁師を職業としているアルナガの住民は、海から離れたくなかったのです。……私たちは海から離れないと決めました」〈18〉。自分のコミュニティへの帰還は、生活再建のためにも必要なことであった。ポスコに報告・登録しておくことは、自分のコミュニティから離れて働くために必要なことであった。

このように、避難民としては、被災地で暮らすことが各種の支援を受けるために必要なことであった。地元に戻ることによって、次の復興住宅申請にもつながっていった。「10か月後、私たちは地元に帰って、そこに用意されたバラックに住みました。……そこに住んでいる間は、様々な人に助けてもらいました。

……その間にも、私のところに建設会社の人がきて、援助住宅をもらうために各村長に手続きをしてくださいといわれました」〈14〉。

　復興住宅の申請は、行政組織に対して行うこともあれば、直接、国内外のNGOに行うこともあった。復興住宅は、原則として、政府やNGOが無償支援の形で建設してくれた。ただし、そのためには、土地を持っていることが必要であった。

　さらに、こうした実利的な理由からだけではなく、精神的な意味でも津波前の居住地に戻ることを人々は選択した。村に戻った人々にとって、自分の故郷は自分の心の支えを得る場所でもあったのである。

(田中重好)

(2) 津波後の空間移動
当日昼頃から夜までの移動

　多くの回答者によれば、早いところで当日昼前には水が引き、建物の上階に避難していた人たちの中にも、下に降りて周囲の様子をさぐろうとする人が現れた。着の身着のままに避難した人たちにとって、水や食料の確保、けがの治療、当日夜の避難場所などが大きな問題であった。この時期における回答者の移動をみると（図2.5.2）、津波直後の時期と異なり、かなり離れた場所におよんでいることがわかる。何人かの回答によれば、被災地では路上に瓦礫が堆積し、自動車やバイクによる移動はほとんど不可能だった。徒歩の場合、わずかな距離の移動でもかなりの時間を要した。自宅上階に避難した1名のみ〈10〉が、この時期に目立った移動をせず、最初に避難した場所で当日夜を過ごした。

　この時期の移動には、移動方向からみて、大きくふたつのタイプがある。ひとつめは、食料や水、医薬品などをさがして、あるいは避難場所を求めて、結果として、激甚被災地から内陸方面に向かう移動である。自宅にとどまった1名を除くと、当日夜までの移動は圧倒的にこのタイプが支配的である。ふたつめは、被災地ないし海岸方面に向かう移動であり、それは主に地震発生時に自宅から離れていて津波襲来後もそのまま出先にとどまった回答者によって行われた（例えば〈3〉〈4〉〈9〉など）。それらの人たちは、何が起こったのかとい

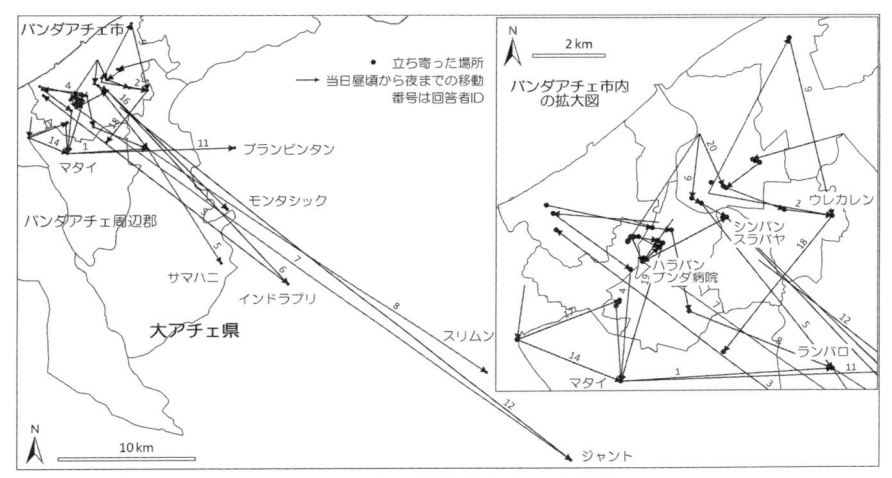

図 2.5.2　当日昼から夜までの移動

うことを十分に理解できないまま自宅や自宅に残した家族が心配になって帰宅しようと試みた。語りからは、混乱状態の中で結局自宅まで辿り着くことができなかったり、何も残されていない状態に愕然となったりする様子がうかがえる。こうした人たちは、そのまま被災地にとどまることはせず、再び内陸方面に向かって移動する。また、客観的には津波の影響下になかった地域に一旦は避難したものの、「水がくる／きた」という流言によって二次的避難を余儀なくされたものもいた（例えば〈8〉や〈14〉など）。なお、ブランパダン、タマンブダヤ（Taman Budaya）、タマンサリ（Taman Sari）といった広場や公園が避難の際にランドマークとなり、いくつかのところでは実際に救援活動が行われ、水や食料などが配給された。

ひとつめの移動の行き先としては、次の4タイプが指摘できる。まず、避難所や避難民（IDPs）キャンプがあげられる。代表的なものが、おそらく付近でもっとも早く、もっとも大きな避難民キャンプが設けられたマタイ（TVRI）である。この時期にマタイに立ち入った回答者は6名であり、そのうち4名が翌朝以降まで滞在した。それぞれの回答者がこの避難民キャンプを知った情報源は判然

としないが、数人が巡回していた軍隊のトラックによって運ばれたことに言及しており、こうした救助活動が人々の間で噂になっていたと推察される。その後、1名は友人宅に移動し、1名は軍隊のトラックでマタイからブランビンタンの避難民キャンプに移送された。

　第二のタイプは医療機関である。回答者によって言及された医療機関（病院）は、ケスダム病院、ザイナルアビディン病院、ハラパンブンダ病院、ファキナ病院の四つである。当時のバンダアチェ市内ではいくつかの病院が機能していたと推察されるが、前三者は市街地中心部に比較的近い。早い人で昼前には自ら病院を訪れたり、運び込まれたりしているが、何人かは当日夜をそのまま病院で過ごしている。私たちのインタビューに限れば、もっとも多くの回答者が言及したのは、浸水地域に立地する前二者ではなく、浸水被害がほとんどなかったと推察されるハラパンブンダ病院であり、回答者の語りからは、多くのけが人が収容されたために混乱状態に陥り、満足な治療が受けられなかった様子がうかがえる（York 2005 も参照のこと）。

　内陸方面に向かう移動先の第三のタイプは、バンダアチェ市内ないし隣接地域の商業中心地であり、とりわけ、浸水地域に隣接しつつも浸水被害がなかったシンパンスラバヤとウレカレン、大アチェ県内陸部からのバンダアチェの入入口付近に位置するランバロ（Lambaro）[4]の3か所が重要であった。その後の復興過程の中で、これらの場所に甚大な被害を受けた市街地中心部のアチェ市場やプナヨン市場から商店が一時的に疎開したり、内陸の農民たちが自家生産物の販売を行ったり、種々の援助団体が事務所を設けたりしたことなどからわかるように、このような商業中心地が被災者の避難場所となっただけではなく、被災者と非被災者とを機能的に結びつけるサービスセンターとして機能した。

　最後に、こういったバンダアチェ市内や隣接地域にとどまらず、もっと遠方の内陸地域に向かう移動がみられた。大アチェ県内のモンタシック（Montasik）、サマハニ（Samahani）、インドラプリ、スリムン（Seulimeum）、ジャント（Jantho）などの場所である。いわば疎開ともいえる、こうした内陸に向かう移動は被災翌日以降に本格化するが、早くも当日夕方には始まっていた。

　なお、自宅を出た19名について、当日の夜を過ごした場所に触れておくと、

親戚宅（別宅を含む）が6名、避難民キャンプが5名、モスクやムナサ（meunasah：小規模の礼拝所）、病院、友人宅がそれぞれ2名（不明2名）で、疎開型の移動に言及した回答者のすべてが親戚宅に滞在している。

翌日から被災1か月後までの移動

　一般に被災当日は、被災者は失見当と呼ばれる精神状態にあり、遅くとも数日後には「被災地社会の成立」と呼ばれる段階に移行すると考えられている。この時期の問題のひとつは「住まいの確保」である。私たちが2005年12月に行ったアンケート調査によれば、被災当日の避難場所としてはモスクや避難所がもっとも多く4分の1強を占めていたが、数日後には10％ほどに減り、その代わりに親戚宅に避難する人が増えて4割ほどを占めるようになり、その傾向が1・2か月ほど続いた（木村2006）。今回のインタビューに関しては、翌日から1か月後までの時期に滞在場所に言及した回答者は18名であり、その内訳（延べ数）は、避難民キャンプ（バラックを含む）が4名、モスクが3名、友人・知人宅が4名、親戚宅が11名、その他が1名であった。

　この間の実際の移動をみると（図2.5.3）、バンダアチェ市内および隣接地域では、数は大幅に減ったが、マタイやブランビンタンなどの避難民キャンプ、シンパンスラバヤやランバロなどの親戚宅、その他の場所のモスクなどであった。いっぽう、この時期の大きな特徴として、大アチェ県内陸部への疎開が本格化したことであり、こうした移動には、一旦はバンダアチェ市内や隣接地域に避難したが、その後さらに遠方の親戚宅（別宅を含む）に移住した人たちによるものが含まれる。そうした人たちの行き先としては、まず、モンタシックやインドラプリ、ジャントといった、バンダアチェから自動車で1・2時間圏内に位置する町や村が重要である。公共交通機関の未発達な当地ではすべて日常的な通勤圏内とは考えにくいが、それらの場所に職場や農園を有していた〈3〉〈6〉〈10〉などのように、多くの人が、バンダアチェの後背地と呼ぶべき地域に親戚や友人・知人を持ち、それらの人たちと日常的に行き来していたことが示唆される。こうしたネットワークは、人によってはさらに遠方、アチェ州内の他県に位置するシグリ（Sigli）やロスマウェまでおよんでいるほか、メダン

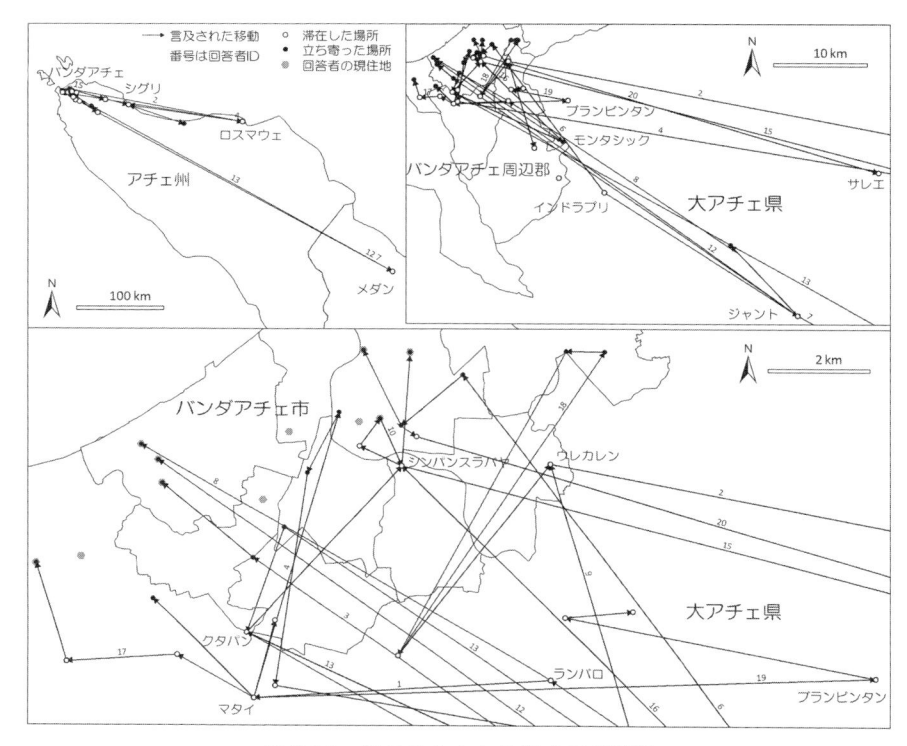

図 2.5.3 翌日から 1 か月後までの移動

への移動もみられるようになった。なお、遠方への移動は疎開のほか、けがの治療や出産という理由によるものもあった。

　以上のような、バンダアチェからのいわば離心的な移動のいっぽうで、この時期におけるもうひとつの特徴は、避難民キャンプや親戚宅などに滞在しながら自宅や自宅のあった地域に頻繁に戻る移動がみられることである。その理由としては、主にふたつあったと考えられる。ひとつには、被災地で生き別れになった家族や親戚をさがすことであり、結果的に再会を果たした人（例えば、〈2〉や〈11〉など）がいるいっぽうで、家族の遺体を発見した人〈18〉もいた。もうひとつには、多くの被災者が着の身着のままで避難したために、自宅の様子

をみたり、重要なものを持ち出したりするために、自宅と避難場所とを頻繁に往復する被災者がいた。おそらく瓦礫に埋まって通行が困難だった道路もまだ多く、被災地に戻る移動がいかに困難だったかということも複数の回答者の語りからうかがえる。また一部で、破壊された自宅や自宅敷地の清掃や片づけなどが早々と着手された。

（高橋　誠）

(3) インドネシアにおける津波防災の課題

　スマトラ島西岸では、例えば最近の 200 年間だけをみても、1797・1833・1843・1861・1907 年に津波を伴う地震が発生したとされる（鎌滝・西村 2005）。また、インド国立地球物理学研究所の Rastogi（2007：7-12）は、スンダ弧地域（Sunda Arc Region）で発生した地震と津波を表 2.5.1 のようにまとめている。この表では、1681 〜 1861 年の 180 年間に 6 回の津波が報告されており、特に規模の大きい津波は 1833 年と 1861 年の 2 回だと推測される。規模の大小を問わなければ、その発生頻度は 30 年に 1 回程度となるが、大規模な津波だけを取り出すと、100 年近くに 1 回ということなる。ただし、例えばバンダアチェの住民からみると、どの程度の津波が押し寄せたのかという記録は、管見のおよぶ限りでは見当たらず、それゆえ正確なことはわからないが、アチェの人々が「過去の津波（の伝承）」として言及するのはおそらく 1861 年の津波だと推察される。

　津波は、その特性上、発生頻度がきわめて低いにもかかわらず、一旦発生すると甚大な被害をおよぼす傾向にある。過去に多くの津波被害を経験し、世界有数の津波頻発地帯にある日本においてさえ、ひとつの地域における大規模な津波発生頻度は三陸地方で 30 年〜 50 年、東南海・南海地震による津波来襲地域は 100 〜 150 年に 1 回程度である。多くの津波の発生間隔は、人の一生の長さを優に超えている。そのため、個人レベルでは、津波の被災体験は世代を超えて残りにくく、このことが津波に関するローカルノレッジ（local knowledge）あるいは災害文化（disaster subculture）の形成を阻害してきた。

　アチェでは、過去の津波に関する伝承や教訓はほとんど伝えられてこなかっ

た。さらに驚くことに、津波を意味するアチェ語「イブーナ（ie beuna）」（直訳すると「高い水」という意味）という言葉すら知っている人がほとんどいなかった。厳密な調査をしたわけではないが、2005年2月の第1回目の現地調査の際に、インタビューした被災者の10人中1人も、この言葉を自ら説明してくれた人はいなかった。そのため、上でみた体験集の中でも、「水があがった」という表現しか出てこない。津波を表す言葉すらないために、大きな地震（＝揺れ）の後に津波を心配するという地震＝津波連想が働いていない。住民の側に、津波という現象についての科学的な形式知も、津波連想という身体化された知識も欠如していた。

　この点で、日本は豊かな災害文化の伝統を持っている。日本の津波常襲地においては、津波の経験を石碑や口承のような形で、集合的記憶として地域の空間や社会の中に埋め込もうとしてきた。そういった集合的営為は、低頻度災害に備える地域社会の防災メカニズムとして理解することが可能である。

　とはいえ、科学的知識に乏しい伝統的な社会では、往々にして、災害について不完全な知識しかないために、災害そのものを理解不能なものとしてしまいがちで、知識体系の周辺部で神話化される傾向にある。毎年のように繰り返される災害の経験はそうした知識に修正を施す可能性があるが、津波のように発生間隔が長い災害の場合は、経験の記録や記憶それ自体が体系的な知識を形成することにはつながらず、そのため行動規範を導くような準拠枠にはなりえない。その意味で、まず何よりも、この世紀の大災害に関わる被災者自身の経験、例えば、どこで何をし、そのとき何を考え、そして誰からどのような援助を受けたのかといったことについて、後世に残るような形で、被災者自身の言葉を記録することは重要である。それと同時に、被災者自身の言葉を単に記録するだけではなく、そこに学術的・科学的な観点から解釈を施し、その上で、それを地元社会に埋め戻そうとすることが必要であろう。

　行政的にも、津波対策は全く欠如していた。そのため、日本では一般的である津波警報など全くなかった。まして、津波の避難看板、避難場所の指定などもなされていない。さらに悪いことに、バンダアチェの海岸部は広大なデルタ地帯であり、自然の微高地はほとんど存在しない。大雨や大潮の際には、居住

表 2.4.2　スマトラ島を襲った主な地震と津波

年月日	出来事の概要
1681 年 12 月 11 日	「強い地震」がムンタワイ列島近くのスマトラ山地を襲い、海震（seaquake）が観察された。
1756 年 11 月 3 日	エンガノ島近くのスマトラのいくつかの町で多数の家屋が倒壊したが、津波は報告されていない。
1770 年 （月日不詳）	1756 年の出来事とほぼ同じ地域で甚大な被害があり、津波が報告されている。
1797 年 2 月 10 ～11 日	スマトラ本島の海岸部とバツ島の港で大きな地震と津波が観察された。強大な力の波がパダン近くの地域を襲い、町が浸水し、300 人以上の死者があった。
1818 年 3 月 18 日	エンガノ島近くで、津波と海震の双方を伴う非常に強い衝撃があった。
1833 年 11 月 24 日	最大級の震度を持つ M8.7 以上の巨大地震が、スマトラ島の南部から中部の海岸部に沿って 550 km 以上で津波を引きおこし、大きな被害を与えた。スマトラ島西部で夥しい数の死者が出た。この地震によってプレート縁辺部（plate margin）とエンガノ島やバツ島といった南部の島とが引き離された。
1843 年 1 月 5 ～ 6 日 (Mw7.2)	この地震はニアス島で甚大な被害、液状化、多数の死者を出した。巨大な津波がニアス島の東海岸とスマトラ本島の町々を破壊した。地震と津波の被害は地域的に限定されていた。バルス村とニアス島では 2 日間にわたる大波が報告された。
1852 年 11 月 11 日	ニアス近くの地震が海震を引きおこした。
1861 年 2 月 16 日	M8.5 の巨大地震がスマトラ島北部のプレート境界の主要セグメントを破壊した。津波が発生し、スンダ弧に沿って 500 km 以上に拡大した。津波はバツ島の南西部の町々を破壊し、ニアス島の南西側の町は 7 m の津波を経験した。地震と津波により、スマトラ島西海岸部に沿って数千人の死者を出した。1861 年 3 月 9 日と 4 月 26 日のふたつの余震も津波を発生させた。ほぼ 50 年間大きな地震はない。

Rastogi（2007：7-12）により作成。

地に水があがり、なかなか水が引かないところもある。もちろん、日本のように排水機場もないため、自然排水を待つしかない。こうした地形上の特性のため、津波が発生した際に、海岸近くに住む人々は 2～3 km を逃げないと安全な高地に到達できない。その意味では、津波の潜在的リスクが高かったにもかかわらず、津波の警戒心はもちろん、避難計画すら準備されていなかったのである。海岸の堤防をみれば、部分的には、波切堤防として 3 m 程度の堤防が築かれているところはあったと思われるが、全体としては全くの無防備であった。

　こうした状況下で、アチェの人々は、「水が海からあがった」という事実を目の前にして初めて避難行動を始めたのである。しかも、その現象を津波だと

認識もせず、避難の緊急性も感じないまま、自分の目の前に高い水の壁が現れてから避難し始めている人も少なくない。たしかに、人々の証言からは、津波の第一波は海からひたひたとゆっくり水があがってきたように浸水している。しかし、その津波も第2波以降10 m近くの高さの「水の壁」となって押し寄せた。海岸近くで90％近い津波の死亡率を記録したのは、そのためではなかったか。しかも、この死亡率は登録人口を母数としており、当時そこにいなかった人も含まれている。実際に発災時にいた人を母数とすれば、この割合はさらに高いものとなるはずである[5]。

スマトラ地震津波の後に、インドネシアでも津波警報システムの整備が進んできた。だが、このシステムは、たびたび誤報騒ぎをおこし、適切に作動しているかどうか、疑問である。外国からの援助によって整備されてきた、インドネシアにおける津波警報システムが一般住民まで迅速に、誤作動をおこさず情報を正しく伝えるようになるには、まだ数多くの課題を克服しなければならないだろう[6]。かりに警報システムの中心部が完成しても、そこから住民の近く（＝地方）に下りてくると、停電、装置故障、盗難、維持管理体制の不備、誤作動などの問題が立ちはだかり、そのため住民の警報に対する信頼度が低下し、システム全体の機能の弱体化につながる、といった悪循環に陥る可能性がある。

しかし、このシステムが正常に作動するとしても、それとともに必要なのは、一般の人々の津波に関する基本的な知識の涵養、地震＝津波連想に関連した防災教育の推進、さらに、避難訓練の実施や地域の防災リーダーの育成、避難ルートの設定や避難先の整備に関わる課題である。警報システムという「上からの防災対策」と住民の防災意識や防災行動、身近な防災施設の整備という「下からの防災対策」が合わさって初めて真の防災体制が整うことになる。こうしたことを確認するならば、われわれは、警報システムの整備への支援だけではなく、「下からの防災対策」を促進するための支援も行う必要がある。

「下からの防災対策」支援のための作業は、すでにいくつか試みられている。インド洋大津波は、史上初めて種々の映像メディアに記録されたが、津波襲来前後の様子は必ずしも映像には残されていない。それゆえ、林（2007、2009）は、そのときの津波の目撃証言を絵画化し、その地震学的解釈を試みている（木

股ほか 2005 も参照）。こうした記録化の努力だけではなく[7]、杉本（2009）は、バンダアチェにどのくらいの高さの津波が入ったのかを人々に長く記憶にとどめてもらうために、街の中に「津波ポール」を建設する支援活動を行った。しかし、これらは、被災直後の経験に焦点を置いており、被災後数年間に至る経験を記録したものは見当たらない。こうしたことの反省を込めて、私たちは、被災から復興までの中長期の体験談をまとめて、インドネシア語の冊子を刊行した（Tanaka et al. 2011）。

　もうひとつ、アチェの人々の体験談から浮かびあがってくる問題は、緊急対応体制の未整備である。ようやく命からがら津波から逃げ延びた人々を待っていたのは水や食料すらない世界で、ようやく辿り着いた避難所でも食料が手に入らなかった。また、医療機関は混乱を極め、満足な治療すら受けられなかった。このように、緊急対応期における公的な支援は全く不十分であった。公的機関に代わって、こうした生活の基本的なニーズを提供してくれたのは、私的な関係、すなわち家族や親族、友人であった。この緊急対応期には、まだ NGO や NPO の支援はアチェに届いていない。まして、海外からの NGO や国際機関は活動を始めていない。

　こうした公的機関からの支援の欠如は、発災時に公的機関が何をすべきか、その準備のためにどんな体制をつくり、何を用意するかといったことがらを事前に決めておく防災計画・公的防災体制の未整備という原因だけから生じたものではない。それ以上に重要な原因は、津波のために、地方政府の職員も数多く亡くなったことにある。World Bank の報告書は、次のように述べている。「地方政府は、津波によって甚大な被害を被った。最近の調査から推定すると、地方政府職員の約 9％は失われ、その中には津波にさらわれた職員もみられる」（World Bank et al. 2005：xvii）。

　ただし、緊急対応期から復興期にかけて、地方行政機関が十分な役割を果たせないままであったのは、この職員の減少のみが原因ではない。それについては、World Bank の報告書は「救済と復興事業の中で重要な役割を地方政府が行えなかったのは、地震津波による被害によるものではなく、発災以前から抱えていた欠点によるものである。地方財政規模は大きかったが、計画の乏しさ、

行政能力の低さ、さらに腐敗の発生のために、地方行政資金を復旧復興に集中投資することはなかった。様々な資源が地域外からやってくると期待していることもあって、地方行政機関は概して緊急事態に対応することはなかった」（World Bank et al. 2005：xvii）と判断している。ここからわかるように、緊急時の地方政府組織の力は、その平常時の能力などに基本的には規定されている。この平常時の基本的な行政能力の上に、緊急時の防災の行政能力が生まれるのである。

（田中重好）

注
1) 被災直後の統計をみても、アチェ州の死亡者が約13万人、行方不明者が3万7千人（BRR 2005）と行方不明者数がきわめて多い。
2) インドネシア共和国国営テレビ放送局（Televisi Republik Indonesia）、大アチェ県ダルルイマラ（Darul Imarah）郡にある。放送局前の広場には、被災直後にバンダアチェ地域最大の避難キャンプが設営された。国連人道問題調整事務所（UNOCHA）によれば、2005年7月4日現在の避難者数は約2,360名（430世帯）にものぼった。
3) インドネシア国営電力会社（PLN）所有のディーゼル発電（Pembangkit Listrik Tenaga Diesel：PLTD）船のひとつ（およそ3千トン、全長63 m、発電能力1千万ワット）。津波前にウレレ港に繋留されていたが、津波によって流され、約3 km内陸のプンゲブランチュット（Punge Blang Cut）に漂着していた。
4) バンダアチェとメダンとを結ぶ幹線道路と、スルタン・イスカンダル・ムダ空港に至る道路との交差点付近に位置する。
5) そのため、津波死亡率を地図上で表すと津波の高さと正相関する。本書ですでにみたように（第II-3節）、この点が、2011年3月11日に発生した、日本の東日本大震災の、特にリアス部における死亡率の分布との違いである。
6) ひとつだけ例を出せば、2006年の中部ジャワ地震後にジョグジャカルタ周辺の農村集落に設置された津波警報の受信装置は、正しく作動する受信装置は盗難に遭ってなくなり、盗難に遭わなかった受信装置は故障したままであったという。
7) 日本語のものだけみても、いくつかのスマトラ地震の被災体験の記録がある。例えば、広瀬（2007）はバンダアチェでの生存者の証言を集めながら、人々がどのようにして生き残ったのかということを丹念に描き出そうとした。鵜飼（2008）はタイのピピ島における自身の被災体験について語り、また白石（2009）は災害報道に関わった自身の経験とともに、アンダマン海のスリン諸島に暮らすモーケンの人々の、津波という自然現象の言葉による定義と概念形成について紹介している。しかし、問題は、そうした記録をアチェの人々の防災意識の向上にどうつなげるかということにある。

第Ⅲ章

１年後
─復旧状況と復興に向けて─

　地震発生から約1年後の2005年12月初旬におけるバンダアチェの様子は、私たちが最初に調査に入った2月の調査時点と比べると、大きく変化していた。まず、このふたつの時点における町の様子の違いを摘記する。

　2005年8月に和平協定が成立したためか、軍隊の数は大きく減少し、警戒態勢がはるかに緩和されていた。

　バンダアチェ中心部のアチェ市場の商店街も、仮設店舗を含めると、多くの店舗が再開されており、2月時点では見ることもなかった買い物客で賑わっていた（図3.0.1）。プナヨンに位置する私たちのホテルの近くでは、夜遅くまで露店の食堂が営業していたのが、街の印象を大きく変化させていた。津波によっ

図 **3.0.1**　グランドモスク近くのアチェ市場
2005年12月2日、田中重好撮影。

て市の中心部まで運ばれた巨大な発電船（PLTDアプン船）や漁船はまだ残っているが、建物等の残骸はおおむね撤去されている。津波で破壊された中心部の食料・衣料品の市場は部分的にしか復旧していないものの、直接津波の被害を受けなかった市場や商店には溢れるほどの農産物などが並び、日常的な生活物資の供給は十分に思える。とはいえ、まだ約50万人が国際機関からの配給に依存しているという（被災当初は75万人）。

商業の復興が進んでいるのに対して、津波に浸食された水田地帯では、耕地の復興は全く未着手であり、ただ雑草が茂っているだけであった（図3.0.2）。6万ha強の農地が流失ないし海水や泥を被った農業で、まだ1万3,000haほどしか復旧しておらず、被災した6万戸の農家のうち、まだ2万戸が耕作を再開していない。産業面での被害は、その他、津波によって漁船を失った漁業被害がある。

しかし、全体に、復興は遅れているという印象は拭えない。津波来襲地域は、まだ大半は仮設住宅かテントであった。一部には、恒久的な住宅建設が進められていた。わずかに、津波洪水の被害地域において、部分的に残った住宅を修理しながら、かつての生活が取り戻されつつあった。アチェ州内82万棟のうち11万7千棟が流失・損壊し、約50万人が自宅を失ったといわれるが、住宅の復旧は順調とは思えない。仮設住宅に収容できたのが5万人、テントではま

図 3.0.2　津波に浸食された水田跡
大アチェ県ロンガ郡ラムクルット（Lamkruet）村。左：2005年2月11日、右：2005年12月1日（ほぼ同じアングル）、ともに田中重好撮影。

図 3.0.3　仮設住宅とテントが混在する被災地
2005 年 12 月 1 日、田中重好撮影。

だ 7 万人弱が生活しているといわれ、廃墟のような被災地の所々に国連等から支給されたテントが多く見られる（図 3.0.3）。仮設以外に 12 万戸の住宅建設が予定されているが、着工済みは約 4 分の 1 という状態である。

　最大の問題は、地震・津波によって土地そのものが水没した地域すらあること、境界杭や土地権利証の流失のため所有権の再確認が必要であること、土地所有者の死亡による相続確定の困難などで、その時間的な隘路打開のため、国際移住機関（IOM）などは大地主から期限つきで借地し、解体可能な住宅の建設も実施している。公共診療所は 114 が損壊し、仮設で復旧しているのは約 3 分の 1 にすぎない。学校は州内の半数、約 2,000 校が損壊の被害を受け、IOM とユニセフが 200 校を仮設で復旧し、約 50 万人を収容している。それにもかかわらず、地盤型被災住宅も含めて、破壊された建物が「放置されている」という印象が強い。

　しかも、社会的インフラの復旧は、ほとんど手つかずのままである。河川沿いの漁港の護岸は崩れたままであり（図 3.0.4）、中心の港湾地域は建物が全く再建されないばかりか、橋桁の崩落も全く修理されていない。一般道路も陥没や津波による浸食などの損壊は、ほとんど修復されてはいなかった。公共空間で修復された箇所は、橋が落ちて通行が不可能となった場合、恒久的な、あるいは仮設の橋が架けられていた。あるいは、道路に関しては幹線道路が修復されただけであった。地震による地盤沈下や、津波で表土が流失したため、水没

図 3.0.4 アチェ川沿いの漁船停泊地
2005 年 12 月 2 日、田中重好撮影。

した地域のほかにも、粘土質の地盤に海水が残ったままの土地が沿岸部を中心に多く見られる。そのため、本格的な復旧のためには大規模な土木工事がまず必要と思われる。しかし、当初から健康や教育に多くの注目が集まったため、逆に地盤改良や、港湾や道路なども含めてインフラの復旧について遅れていることが、現地を見て復興が進んでいないと感じる原因のひとつに思える。例えば、復旧の必要な道路 3,000 km のうち十数パーセントしか進捗していないことが、住宅等の建設にも影響していると思われる。

　一般の人々の生活関連の復興が遅れ、公共施設も中心部だけが修復されただけであるものの、人々の生活は、街頭でみる限り、急速にもとどおりになった。しかし、町全体をみて、中心市街地までも破壊されたバンダアチェという都市の復興プランがみえない。

　反面、以下のような点も忘れるべきではない。まず、今回の災害を契機にアチェ独立運動が和平調印によって平和的に収束できたこと、さらには、未だに被災地を中心に鳥インフルエンザやマラリアなどの蔓延を心配する声はあるものの、衛生状態の悪化による二次的被害が今までほとんどないことは特筆に値すると思われる。インド沿岸部での実証的研究 (Danielsen et al. 2005) によって、マングローブ林による被害の軽減効果が定量的に確認されたことも、今後のインド洋沿岸部の防災施策に反映されるであろう。

（田中重好・黒田達朗）

III-1　個人と家族の状況

　名古屋大学の調査団の人文社会科学チームは2005年2月に最初にバンダアチェに入り、8〜9月の第2次調査にかけて被害や復旧状況の観察、被災者やコミュニティリーダーなどへのインタビュー調査などを行ってきた。2005年11〜12月の第3次調査では、こうした定性的データに加え、被災から約1年後の現状について定量的なデータを取得したいと考えた。当地では、統計に関わる公的機関が被災したこともあり、被災状況に関する基本的な統計すら入手できなかった。また、インターネット上には、様々な機関によって散発的に行われた調査結果が溢れていたが、複数の地域について比較可能な統一的なフォーマットによる、信頼できる定量的データはほとんどなかった。

　そこで私たちは、インドネシアの研究機関と共同で、2005年12月にバンダアチェ市の被災地域において質問紙調査を行った。本節の(1)と(2)では、そこで得られた定量的データをもとに、それぞれ、家族に生じた被害と被災1年後の状況、復興カレンダーを用いた1年間の復旧・復興状況について述べる。最後に(3)において、すでに第II-4・5節で用いられた半構造化インタビューのデータをもとに被災1か月後から1年後までの被災者の空間移動について検討する。その前に、その質問紙調査の概略について紹介しておく。

(1) アンケート調査の実施

　この質問紙調査は、被災の程度がいかなるものであったのか（被害の状況）、被災1年後までの生活がどのような変化を遂げたのか（被災後の復興過程）を、明らかにすることを目的として行われた。名古屋大学調査チーム（田中重好・高橋誠・田渕六郎・木村玲欧）が企画・設計を担当し、バンドン工科大学の

Suhirman 講師とインドネシア人調査員（アチェ語を話す、バンダアチェ市出身者を含む）3 名の協力を得て実施された。調査票は、設計と内容調整を英語で行い、インドネシア語で作成・実施された。調査時期は 2005 年 12 月 2 日〜5 日の 4 日間であり、実査は主として日中（午前 9 時頃〜午後 5 時頃）に行われた。実査の一部には名古屋大学調査チームのメンバーも同行した。

今回の質問紙調査では、物理的被害の程度の大きい地区と小さい地区との比較を行うこと（地域差の析出）を目的のひとつとした。それゆえ調査地の選定にあたっては、被害が甚大であった海岸近くの地域と、比較的遠い地域との双方を含むようにした。最終的には、調査地での移動時間や調査実施可能性も踏まえて、前者ではランプロ（Lampulo）、ウレレ、ガンポンピー（Gampong Pie）、ガンポンブラン（Gampong Blang）の 4 か村、後者ではクラマット（Keuramat）、ラクサナ（Laksana）、プンゲブランチュットの 3 か町、合計 7 地区が選定された（図 0.5 を参照）。

各対象地区ではいずれも、当時、調査対象者の抽出に用いることのできる住民台帳のような資料は存在しなかった。そのため、各地区の長に調査許可を得ると同時に、調査時点で各地域に居住していた住民の性別、年齢別構成の大まかな情報を得て、それをなるべく代表するようなサンプルを得られるように調査対象世帯を選定するという方法を採用した（世帯当たり 1 名を調査対象とした）。有意抽出の方法であるクォータサンプリングの一種といえるだろう。1 地区当たり 15 程度の標本規模を得ることを目標としたが、調査環境の厳しい中で実施されたこともあり、結果的に地区によって回収数が大きく異なることとなった。地区の特定できないケースを含め合計 127 ケースの回答を得たが、地区別分布のレンジは、ガンポンピーの 7 からプンゲブランチュットの 22 である。こうしたサンプルサイズの理由から、地区別の集計はラフな数字でしかないことには注意されたい。

今回の調査紙調査の結果を解釈する際、特に被害の大きい地域においては、この調査から得られる数値は人的（および物的）な被害の程度を小さく見積もる可能性が高いことに注意する必要がある。このように考えられる理由として、1）調査対象は「生存者」に限られるため、全員が死亡した世帯は対象になら

ないこと、2）調査対象は調査時点での調査地区居住者に限られること（いい換えれば、家族や住宅への被害が大きかった者は現在も地区外に居住している可能性が高いこと）をあげることができる。実際、今回の質問紙調査と平行して行った現地でのヒアリングを通じて、被害の大きかった海岸付近の地域では、地区住民のおよそ9割が死亡したところもあることを改めて確認した。さらに、生存者の多くは、調査時点でも村落外の親族宅などで生活していた。

（2）家族に生じた変化

バンダアチェにおける津波被害は、すでにみてきたように、甚大な人的被害をもたらした。ここでの目的は、バンダアチェにおける地震・津波被害における家族・人口学的要因を明らかにすることである。なお本項では、以下「人的被害」とは死亡を指す。

表3.1.1に、調査対象地区別の死亡率を示した。死亡率は被害の大きい地区では53％、被害の小さい地区で9％に達している。ただし死亡率そのものについては、上述したように、過小に推定されうることには注意が必要である。地域での村長への聞き取りによって得た資料によると、調査地のひとつであり、きわめて大きい被害を生じたガンポンブランでは、被災前人口997に対して被災後人口98（死亡率90％）で、そのうち26％のみが調査地点に調査地に居住していた。同じ数値は、より被害程度の小さいプンゲブランチュットでは5,662から4,583（死亡率21％）、49％であった。どちらも、この表中の数値より高いことがわかる。

表 3.1.1　地区別死亡率

津波時居住地区		被災前 n	平均家族規模	被災後 n	平均家族規模	生存率（％）
被害大	ランプロ	203	9.7	122	5.8	60.1
	ウレレ	63	4.5	39	2.8	61.9
	ガンポンピー	41	5.9	14	2.0	34.1
	ガンポンブラン	201	14.4	54	3.9	26.9
被害小	クラマット	90	6.0	90	6.0	100.0
	ラクサナ	97	4.9	85	4.3	87.6
	プンゲブランチュット	137	6.2	113	5.1	82.5

図 3.1.1　被害規模・性別死亡率

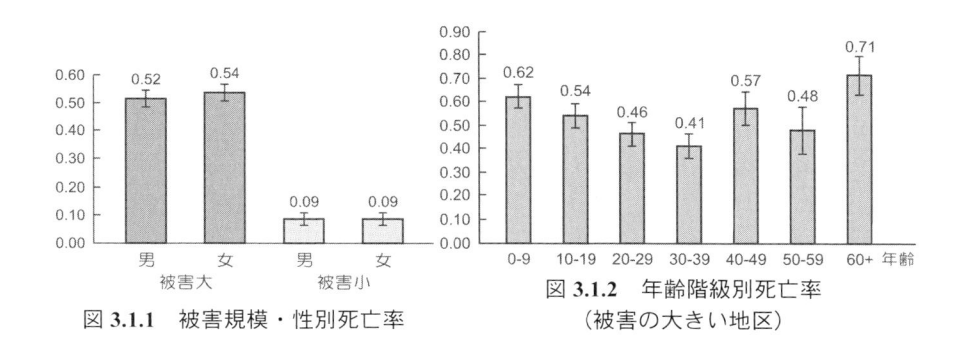

図 3.1.2　年齢階級別死亡率（被害の大きい地区）

次に図 3.1.1 に、被害規模（被害程度の大きい 4 地区と小さい 3 地区を指す）別及び性別による死亡率を示す。地区における被害の程度にかかわらず、死亡率に有意な性差は見られないことがわかる。この点は、バンダアチェにおける調査において女性の高い死亡率を観察した先行研究（Rofi et al. 2006）と異なる点である。

次に図 3.1.2 に、人的被害の大きかった 4 地区における年齢別死亡率を示す（N = 482）。年齢による死亡率の差は有意であり、20 〜 30 代で低く、60 代以上及び 10 歳未満で高い。この点は先行研究と一致しており（Rofi et al. 2006）、被害は高齢者および子どもにおこりやすいことを示している。これに関連して、図示しないが、回答者からみた続柄別の死亡率を計算したところ、配偶者や子どもに比べ、親の死亡率が 7 割以上と、際だって高い傾向が見られた。

表 3.1.2 には、地区別の家族規模及び小規模家族の割合を津波の前後につい

表 3.1.2　津波前後の家族構造の変化

津波時居住地区		平均家族規模（人）		小規模家族（2 人以下）の割合（%）	
		被災前	被災後	被災前	被災後
被害大	ランプロ	9.7	5.8	4.8	23.8
	ウレレ	4.5	2.8	14.3	64.3
	ガンポンピー	5.9	2.0	0.0	85.7
	ガンポンブラン	14.4	3.9	0.0	35.7
被害小	クラマット	6.0	6.0	6.7	6.7
	ラクサナ	4.9	4.3	30.0	35.0
	プンゲブランチュット	6.2	5.1	9.1	9.1

て示した。サンプルサイズの問題もあり、家族規模の推定における誤差が大きいことには注意が必要だが、大きな被害を生じた地区では顕著な家族規模の低下が生じていることがわかる（特にガンポンピーとガンポンブラン）。ガンポンブランで得た村役場資料によれば、同村の平均家族規模は 7.2 から 1.6 に減少していた。

当然予想されるように、このような家族規模の減少は家族構成の単純化をもたらした。家族構成を類型化した集計は煩雑で全体の傾向を捉えにくくするため、ここでは表 3.1.2 に、世帯人員が 1 人または 2 人のみの割合を津波の前後に分けて示した。地区の分母が小さいとはいえ、被害の大きい地区はいずれも家族規模の顕著な単純化が進んだことがうかがえる。

それでは、調査対象者からみて家族員の中でどのような親族関係にある家族が多く失われたのだろうか。ここでは、統計上の便宜のために、被害の大きかった四つの村の合計（分母は 56 ケース）について、親族関係別に、その関係にある親族のうち死亡者・行方不明者の生じた割合（「欠損率」とする）を報告する。

表 3.1.3 から、親族関係別に欠損率をみると、高い順に、実親・きょうだい・子ども・配偶者であった。これはあくまでも「生存者」の立場からの報告であり、津波前の人口全体について定義しうる欠損率とは異なる値であると考えられることには注意が必要だが、調査結果からは、回答者の親や子どもで高い欠損率が生じていることがわかる。

この点に関連して、津波後に生じた家族との居住関係の変化を表 3.1.4 に示す。サンプルが小さいことには注意が必要だが、被害が大きかった海岸沿いの地域では 2 割以上（13/54）の人々について、家族が別に暮らしているという

表 3.1.3 被害の大きい 4 地点における家族関係別の欠損率

回答者との関係	対象あり（A）	欠損あり（B）	欠損率（B/A）
配偶者	40	15	37.5
子ども	35	23	65.7
実　親	20	19	95.0
きょうだい	22	19	86.3

単位はパーセント（％）。

表 3.1.4　津波後の家族との居住関係の変化

津波時居住地区	同居継続	同居中断	別居中	合　計
被害大	35	6	13	54
被害小	43	7	6	56

被害規模別、単位は実数（人）。

表 3.1.5　津波後の日常生活に親族からの支援が役立ったか

津波時居住地区	非常に	かなり	ほとんど	全く
被害大	2 (3.6)	9 (16.1)	26 (46.4)	19 (33.9)
被害小	6 (10.5)	18 (31.6)	13 (22.8)	20 (35.1)

被害規模別、単位は実数（人）と括弧内は割合（％）。

ことは、「家族生活」の復興すら果たされていない人々が少なくないことを示しており、注目すべきであろう。

　次に被災後の家族の変化に関する知見として、再婚について述べる。調査回答者のうち、被災により配偶者を失った後に調査時点で再婚していたケースは2ケースのみであった（いずれも男性）。統計の意味はほとんどないが、調査における男性回答者で配偶者が死亡・行方不明になったケースは10ケースだったので、このデータにおいて男性の再婚割合は20％ということになる。インドネシアは（民族的差異が大きいとはいえ）、伝統的に離別・死別後の再婚が少なくない社会として知られるが、今後、配偶者を失った者たちの再婚がどのように進んでいくのかは、今後の調査課題である。

　ここまでの知見をまとめると、津波被害は、それがもたらした物理的被害に比例する形で、回答者の家族に大きな人的被害をもたらしており、それは高齢の親や子どもに特に集中して生じたことがうかがわれる。こうした大きな人的被害の傷跡はまだ癒えていない。

　家族に生じた人的被害は、被害からの復興過程にいかなる影響をおよぼしたのであろうか。表3.1.5には、被災後の生活において、経済面でもっとも役立った支援は何かという設問への回答を被害規模別に示した。フィッシャーの直接確率検定の結果は有意であり、被害程度の大きい地区では家族と親族からの支援をあげる者の割合が低く、NGO、ボランティアの支援が役立ったとす

る割合が高いことがわかる。家族を失うという被害は、被災者が復興のためのリソースを獲得していく困難をもたらすという派生的な被害（飯島 1993）をもたらしている[1]。その意味で、家族を失った被災者は、二重の剥奪（double deprivation）に見舞われているということができる。

（田渕六郎）

(3) 復旧・復興カレンダー

　ここでは、「復旧・復興カレンダー」という、被災者や被災地全体の復興状況を量的に把握するための計測手法を用いて、1年後の時点における被災地バンダアチェの復旧・復興過程を明らかにする。

　被災者・被災社会を支援・援助するためには、支援・援助の対象である被災者や被災社会がどのような現実に置かれていて、どのようなニーズが存在しているのかを把握することが不可欠である。また、将来おこりうる災害へ効果的な対策を行うためには、過去の災害における「災害過程」[2]を明らかにして、災害から守るべきものは何か、災害発生後のどの段階でどのような対策をとるべきかといった知見・教訓を得ることが必要である。

　しかし、災害時の被災者・被災社会の実態把握には多くの困難が伴う。その理由として、1) マスメディアは特筆すべき事例・体験[3]に焦点を当てて報道する傾向があるために、災害時における「物いわぬ多数派」（silent majority）である被災者の全体像をマスメディアから把握することが難しい、2) 被災地では1日も早い復旧・復興を達成するための対応・業務に日々忙殺されており、被災者・災害対応従事者などの当事者は被災者・被災地の全体像の実態把握を行うための人的・時間的余裕がない、3) 被災地の実態は刻一刻と変化していくが、その変化を経過的に観察する手法が確立されていない、などがあげられる。

　そこで災害調査においては、「研究者などの第三者的な専門家による定点観測」が必要となってくる。調査においても、インタビューなどに代表される質的調査に加えて、定点観測による質問紙調査などの量的調査を実施し、被災者・被災社会全体の災害過程の実態及び復旧・復興の進捗状況を把握し、これまで

の災害対応・対策の評価や今後の災害対応・対策への提言を行い、災害・防災にまつわる諸活動の質の向上を目指すことが望まれている。

　復旧・復興カレンダーは、木村ほか（2004）、Kimura（2007）によって開発された、被災者・被災地の復興状況を把握する指標である。具体的には、被災者へのインタビュー調査から明らかになった復旧・復興のマイルストーンとなるようなイベントを質問紙で取り上げ、そのイベントがいつおこったのかについて尋ねる質問項目を設け、その回答を整理していくものである。

　すでに述べた2005年12月の質問紙調査を行うにあたって、いくつかの質問について、日本で行われた災害調査の質問項目を採用した。これによって、日本での災害調査結果との比較が可能になると考えたからである。採用した項目は、本節で述べる「被災者の居住地・避難先の変化」と「被災者・被災地の復旧・復興過程（復旧・復興カレンダー）」である。

　今回の調査では、調査対象者選定の過程で様々な問題があったために、日本での無作為抽出調査による結果とは一概に比較することができない。しかし、一貫性・妥当性が日本で検証されている質問項目を採用したことで、より科学的に被災者・被災地の全体像を把握することが可能となった。

被災者の居住地・避難先の変化

　復旧・復興カレンダーの議論の前に、被災者の災害発生後の長期にわたる居住地・避難先の変化の実態を明らかにするため、被災者が、地震津波当日から地震津波後1年（2005年12月）に至るまでのいくつかの時点において、それぞれの時点で、どのような居住地・避難先を利用したのかについて質問した。質問した時点は、地震津波当日、地震津波後2～4日、地震津波後1～2か月、地震津波後6か月、地震津波後1年の5時点である。その結果をもとに、各時点における被災者の居住地・避難先の割合を表した。その結果が図3.1.3である。

　なお、結果を横軸と縦軸の図で表した。横軸は、地震発生後の時間経過を対数軸で表し、横軸左端の10^0が地震発生後1時間、以降、10時間、10^2時間（100時間：地震発生後2～4日間）、10^3時間（1,000時間：地震発生後2か月）、10^4時間（10,000時間：地震発生後1年）、右端が10^5時間（100,000時間：地

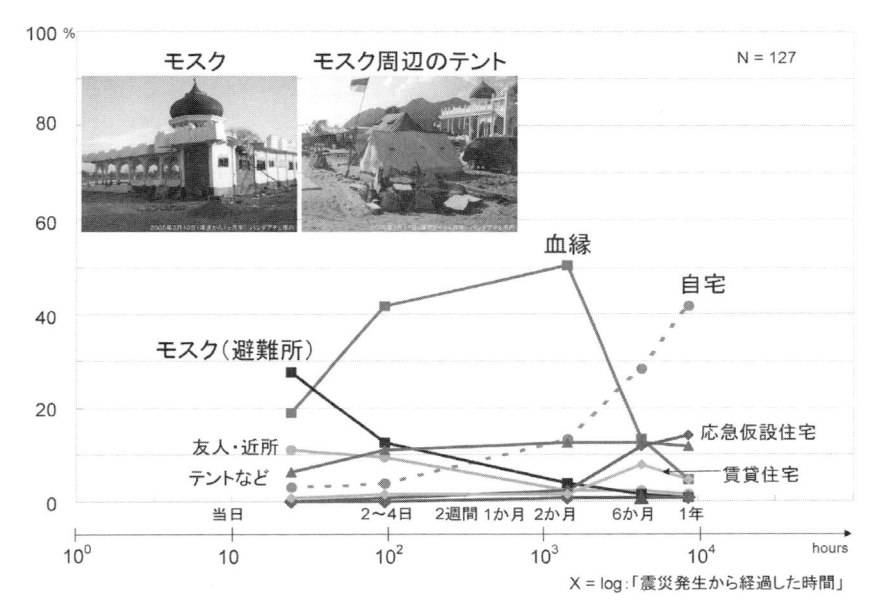

図 3.1.3　バンダアチェにおける被災者の居住地・避難先の変化

震発生後10年）を表している。また縦軸は、各項目について「横軸の時点においてその居住地・避難先にいた」と回答した人の割合を表している。

結果をみると、地震発生当日は、モスクに27.6％、血縁宅に18.9％、友人・近所の家に11.0％の人が避難していた。その後、地震津波から数日が経過すると血縁宅に避難する人が41.7％となり、この傾向は地震津波発生後1～2か月（50.4％）まで続いた。地震津波後2か月を過ぎると自宅に戻る人が増え、地震津波から1年が経過した調査時点においては、41.7％の人が自宅に戻っていた。また、14.2％が仮設住宅、4.7％が賃貸住宅、そして11.8％がテントに住み続けていることも明らかになった。

この結果を、阪神・淡路大震災での無作為抽出調査の結果（図3.1.4、木村ほか2004; 2006; 2010）と比較する。阪神・淡路大震災では、震度6強～7という強い揺れに襲われて被害の大きかった場所でも、震災当日に56.2％の人が自宅にとどまっていた。震災当日に自宅の次に多かった避難先は避難所

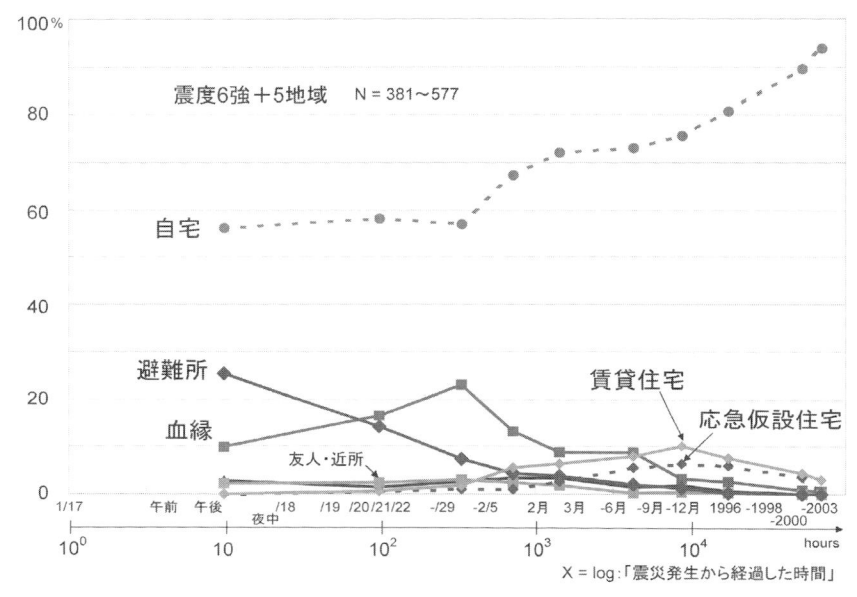

図 **3.1.4** 阪神・淡路大震災における被災者の居住・避難先の変化

（25.5％）であった。震災後2〜4日を過ぎると、血縁（16.4％）が自宅（58.2％）の次に大きな避難先になったが、震災後2週間を過ぎると血縁に避難する人は減っていき、その代わり、自分の力で借りた賃貸住宅に居住する割合が増えていった。震災後1年になると、賃貸住宅に9.9％、応急仮設住宅に6.3％の人がそれぞれ居住していた。

　このふたつの結果を比べると、バンダアチェでは血縁宅が大きな避難先になっていることがわかった。また避難所としてモスクが機能したが、モスクに多くの人が避難していたのは地震津波当日だけであり、2〜4日するとモスクへの避難者が半減していることがわかる。モスクは屋根があり雨露のしのげる避難拠点として大きな役割を果たしたが、日本の小中学校や公民館などの指定避難所（避難者収容施設）のように居住空間は全くなく、また行政からの迅速な支援もなかったために、そこで寝泊まりしたり生活をしたりするには不

適切な場所であったことが考えられる。筆者が地震津波発生から1か月半後の2005年2月に現地で行ったインタビュー調査のときも、モスクはあくまでも礼拝所であり、避難者はモスク近辺につくられたテントの中で生活しているケースが多かった。

このことからも、公的な避難者収容施設がバンダアチェには存在しなかったため、諸外国やNGOなどの資金援助が入るまでは、被害を受けた被災者は一人ひとりが持ちうる人的・物的資源、つまりほとんどの被災者にとっては血縁を頼らざるをえなかったことが考えられる。

復旧・復興カレンダー

被災者の生活が復旧・復興していく際の節目となりうる気持ち・行動・状況について、それらの気持ち・行動・状況がいつ発生したのかについて回答してもらった。

質問項目は「被害の全体像がつかめた」、「不自由な暮らしが当分続くと覚悟した」、「毎日の生活が落ちついた」、「もう安全だと思った」、「仕事がもとに戻った」、「家計への震災の影響がなくなった」、「すまいの問題が最終的に解決した」、「地域経済が震災の影響を脱した」、「自分が被災者だと意識しなくなった」の9項目である。これらは1995年阪神・淡路大震災や2004年新潟県中越地震における社会調査で使用した項目である。

前項と同じく、結果を横軸と縦軸の同様な図で表した。縦軸は、各項目について「横軸の時点においてまででそれらの気持ち・行動・状況が発生した」と回答した人の割合を表している。

結果は図3.1.5である。「被害の全体像がつかめた」と回答した被災者が半数を超えたのは、災害から5日ほど経った12月31日頃であった。次に回答者の過半数を超えた項目は、「不自然な暮らしが当分続くと覚悟した」であり、その時期は災害から4か月以上過ぎた2005年4月頃であった。結局、地震津波の発生から1年が経過した2005年12月の調査時点において過半数以上が回答していた項目は、先述のふたつと「毎日の生活が落ちついた」と回答した人のみであった。

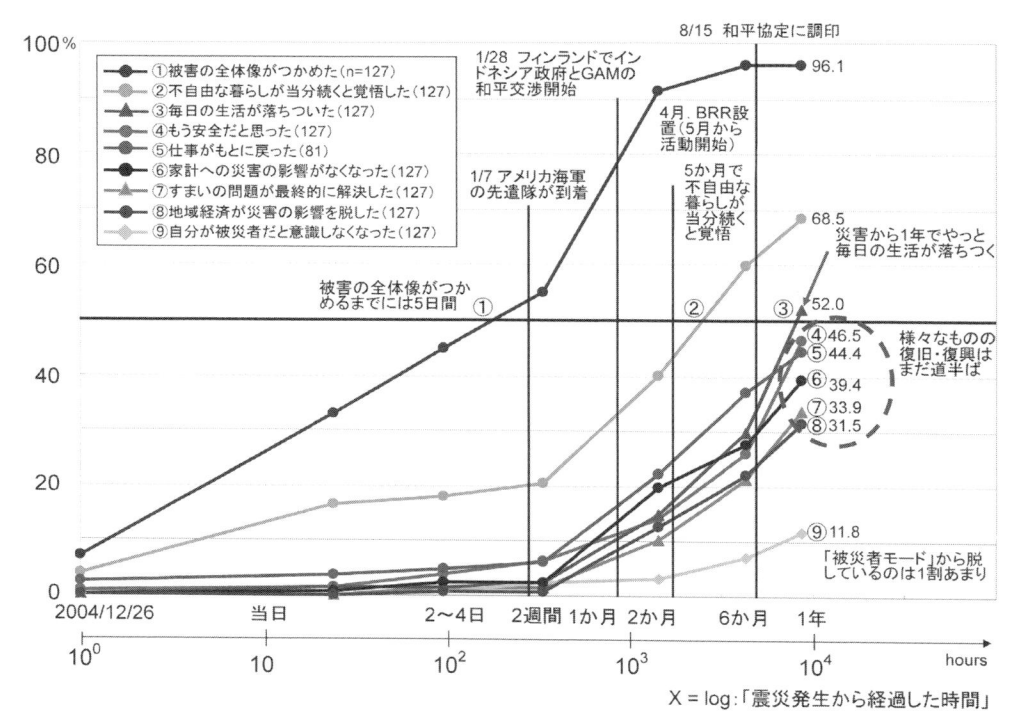

図 3.1.5　バンダアチェにおける復旧・復興カレンダー

　調査時点である地震津波後1年でみると、「もう安全だと思った」は 46.5%、「仕事がもとに戻った」は 44.4%、「家計への震災の影響がなくなった」は 39.4%、「すまいの問題が最終的に解決した」は 33.9%、「地域経済が震災の影響を脱した」は 31.5% の人が「そのような気持ち・行動・状況が発生した」と回答していた。そして「自分が被災者だと意識しなくなった」と回答している人は、11.8% にすぎなかった。つまり9割程度の人が「自分はまだ被災者として毎日を生きている」と認識していることを表し、被災者の復旧・復興過程は途上であることがわかった。
　この結果を、阪神・淡路大震災、新潟県中越地震での無作為抽出調査の結果

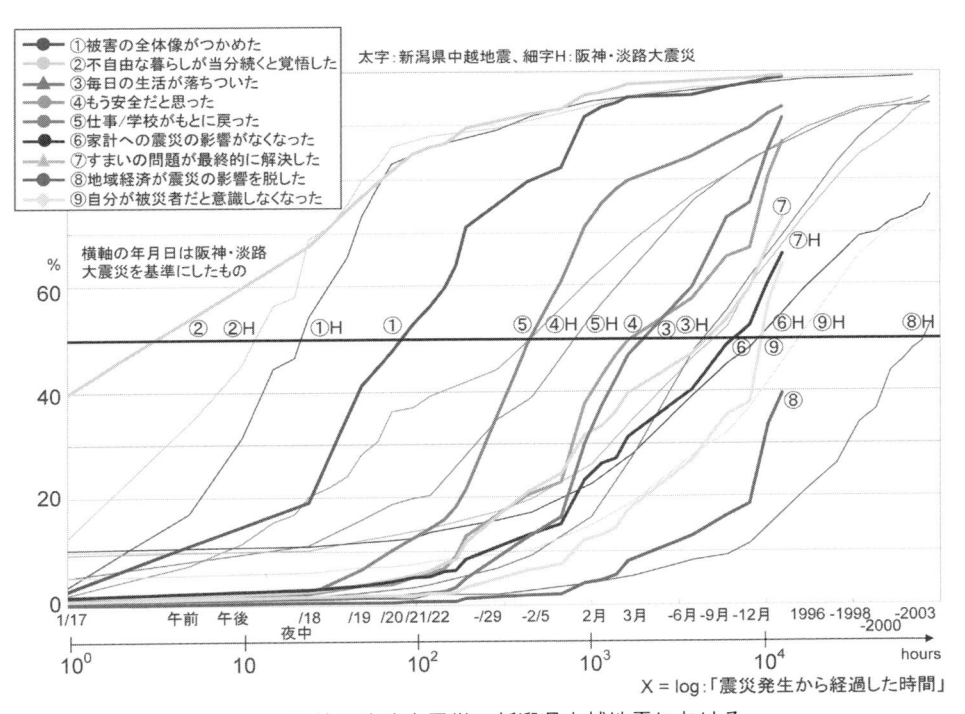

III-1 個人と家族の状況　121

図 3.1.6　阪神・淡路大震災、新潟県中越地震における
復旧・復興カレンダー

（図 3.1.6、木村ほか 2004; 2006; 2010）と比較する。太い折れ線が新潟県中越地震、細い折れ線で H と書いてあるのが阪神・淡路大震災の復旧・復興カレンダーである。これをみると、被災者の復旧・復興の大まかなパターンが、新潟県中越地震においても阪神・淡路大震災においても、ほぼ同様の傾向を示しており、現代日本における地震災害の災害過程、復旧・復興パターンの一般性を仮定できる結果であることがわかっている。

　しかしアチェでの結果と比較すると、調査対象者の一般性の問題もあり一概にはいえないが、日本よりも復旧・復興のスピードが遅いことが考えられる。また「被害の全体像がつかめた」、「不自然な暮らしが当分続くと覚悟した」、「自分が被災者だと意識しなくなった」以外の項目は、すべてが地震災害発生から

2週間以上が経過した1月10日以降から一斉に上昇していることがわかった。1月に入ると各国からの支援が本格化した。1月28日からはインドネシア政府とGAMとの和平交渉がフィンランドのヘルシンキで開催されている。このような国際的な支援状況や和平交渉によって、復旧・復興が一気に進んだことが考えられる。発展途上国の紛争地域における復旧・復興には国際的な支援が重要かつ必要不可欠であることが考えられる。

(木村玲欧)

(4) 空間移動

　発災時から被災1か月後までの検討（第II-4・5節）に引き続き、それと同じ半構造化インタビューのデータを用いて、その後1年後までの被災者（20名の回答者）の空間移動について簡単に検討する（図3.1.7）。

　この時期は、被災者自身によるある程度の現状の理解と、次の時期における本格的な復興に向けた準備段階として位置づけられる。多くの被災者は、被災1か月後に至る時期においては、バンダアチェ市内ないし隣接地域の避難民キャンプや、バンダアチェから離れた地域、特に大アチェ県内陸部の親戚宅などで避難生活を送っていたが、この時期には移動方向の点でふたつの大きな変化が見られる。

　ひとつには、より遠方の地域に移動するという前の時期の傾向がもっと鮮明になった。具体的には、シグリやロスマウェといったアチェ州内の都市のみならず、メダン、遠くはリアウ（Riau）州の大都市プカンバル（Pekanbaru）に至るような移動が見られた。医療や教育、就業などに関わる都市機能がバンダアチェではまだ十分に再生されておらず、そういった移動を行った被災者は、どちらかといえば高次財にあたる、これらの都市機能を非被災地の比較的大きな都市に求めたと考えられる。もちろん、そのことを可能にしたのは、それらの都市における親戚等の存在である。

　もうひとつには、自宅ないし自宅周辺に戻る動きが見られる。この時期に、自宅を修復して再入居したり、仮設住宅を作って入居したり、現住地に新たに建てられた復興住宅に移ったりしたインタビュー回答者は5名とまだ少なく、

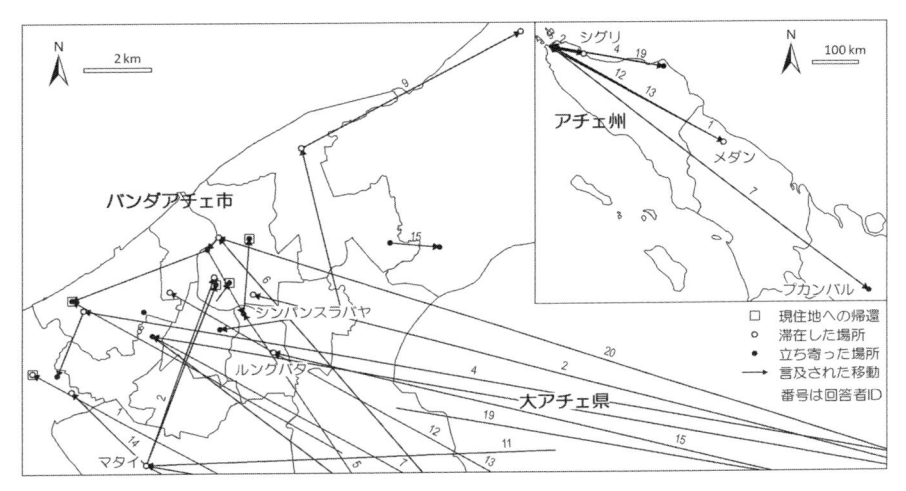

図 3.1.7　被災 1 か月後から 1 年後までの移動

　ウレレ村の自宅敷地に自ら仮設住宅を建設した〈8〉を除くと、それらはすべて浅浸水地域においてである。しかし、例えば、自宅の修復や敷地の清掃のために現住地近くに移動した〈2〉〈6〉〈20〉、漁師としての仕事の都合から海辺のバラックに移った〈9〉、必ずしも現住地に近いわけではないが、滞在地で商売を再開した〈5〉〈15〉〈17〉のように、この種の移動は将来の現住地への帰還を見据えてのことであった。滞在場所としてバラックやテントに言及した回答者は延べ 9 名であり、そのほとんどが被災から 6 か月以上経った時期においてであり、様々な団体の援助による避難所の整備や仮設住宅の建設が、人々の自宅への帰還を促進したと考えられる。なお、バンダアチェ市内ないし隣接地域で、この時期に複数の回答者によって言及された具体的な滞在場所としては、マタイのほか、ランバロとバンダアチェ市街地との中間に位置し、多くの避難民キャンプが設置されたルングバダが登場する。
　被災地からみて、こうした離心的・求心的な移動の結果、被災 1 か月後までの時期に一時的滞在地としてきわめて重要な役割を果たした、大アチェ県内陸部に位置する親戚宅や友人・知人宅は、滞在地としては、ほとんどの語りの中

で言及されなくなった。こうした移動の背景として、避難生活が長期化する中で、自分たちの滞在が親戚や友人・知人に精神的・物質的負担を与えていることと、実際のところ非被災地であった場所での滞在が自分たちの援助物資に対するアクセス機会を制限していることというふたつの事情があったと、何人かの回答者の語りからうかがえる。ただし、私たちのインタビューは被災前の居住地に帰還した人のみを対象としているために留保が必要だが、自宅や自宅近くに戻った回答者の多くは、生活を再建するための経済活動に言及している。必ずしも大きな移動を伴うものではないために地図上には明瞭に表現されないが、先述したような生業の再開のほか、様々な援助団体によって組織されたキャッシュフォーワーク（cash-for-work）が重要な役割を果たした（詳しくは、田中ほか 2012：121-127；永松 2011）。

(高橋　誠)

注
1) このように、震災における復興支援政策において、家族という視点から問題を捉えることによって、被災者のニーズに対する評価をより適切に行うことが必要である。
2) 災害過程とは、災害によって創出された新しい環境の中で、人々や社会が環境に適応しながら新たな日常を取り戻していく過程のことを指す。
3) 例えば、特異な人的・物的被害、災害による過度の困窮、映像や画像として「絵」になる災害事象などである。

Ⅲ-2 復興に向けての課題

(1) 1年後の災害対応と復興のエージェント

　本節では、前節で言及した2005年12月のバンダアチェの津波被害地域におけるアンケート調査から、被災後1年間の生活復興において、どういった社会関係、集団、組織が重要な働きをしたのかという問題を、住民の視点から検討する。

　アンケート調査において、親戚、友人、コミュニティ、国内NGO、海外NGO、地方政府、中央政府といった関係・組織・機関（エージェント）ごとに、どの程度頼りになったかを尋ねた。この回答の中から、「たいへん頼りになった」、「かなり頼りになった」というプラスの評価を集計したのが表3.2.1である。これによれば、「たいへん頼りになった」という回答のもっとも多いエージェントは、19.7％の回答者があげた海外NGOである。次いで、親戚が7.1％である。

　「たいへん頼りになった」と「かなり頼りになった」という回答を合計した割合でみると、海外NGOとインドネシア国内NGOのグループが高いポイントを示している。次いで、インフォーマルな関係である親戚32.3％、友人18.9％となっている。こうした中で注目すべきことは、行政機関について中央政府、地方政府ともに「頼りになった」と回答している割合が低いことである。

表 3.2.1　生活復興において「どの程度頼りになったか」

	親戚	友人	コミュニティ	国内NGO	海外NGO	地方政府	中央政府
たいへん	7.1	3.9	3.9	4.7	19.7	4.7	1.6
かなり	25.2	15.0	9.4	20.5	32.3	9.4	2.4
合計	32.3	18.9	13.3	25.2	52.0	14.1	4.0

数値は全体に占める割合（％）。

表 3.2.2　生活復興において「もっとも頼りになったもの」

親戚	友人	コミュニティ	国内NGO	海外NGO	地方政府	中央政府
36.2	3.1	5.5	2.4	40.2	9.4	3.1

数値は全体に占める割合（％）。

表 3.2.3　各エージェントからの財政的支援の充足性

	自分	家族・親戚	友人	政府	コミュニティ	NGO
十分だった	10.2	18.1	2.4	6.3	3.1	18.9
不十分だった	26.0	15.0	5.5	11.0	7.9	18.1
全くない	43.3	40.2	74.8	52.0	54.3	18.1

「自分」という項目は、自分の経済的な蓄えについて聞いたもの、数値は全体に占める割合（％）。

さらに、堅固にみえるコミュニティが予想よりも低い値しか示していない。

それぞれの関係・組織・機関ごとに「どの程度頼りになったか」という質問の総括として、「もっとも頼りになった」ものはどれかを尋ねた。その結果が表3.2.2である。各関係・組織ごとに「頼りになった」程度を尋ねたときの傾向と同様に、海外NGOと親戚がほぼ同じくもっとも大きな割合を示している。すなわち、海外NGOと親戚関係が、これまでの生活復興においてもっとも重要な働きをしていると考えられている。第3番目に、地方政府があげられていることにも注目しておこう。

以上は、支援の内容や領域を限定せずに「頼りになった」エージェントを尋ねた結果だが、次に、経済面（財政的支援）、生活上の相談相手、精神的支えという三つの領域ごとに、それぞれ「頼りになった」エージェントを尋ねた。

まず、財政的な支援としては、「自分の蓄えだけで十分だったかどうか」、さらに、家族・親戚、友人、政府、コミュニティ、NGOといった関係・組織・機関からの財政的な支援が十分であったのか、不十分だったのか、さらに、それらからの支援が全くなかったのかを尋ねた（表3.2.3）。

復興のための経済的資源としては、自分の貯蓄だけで十分と回答している人は10％にすぎない。すなわち、自助で復興が可能と回答した人は1割程度であった。逆にいえば、90％の人々は、他からの経済的な支援を必要としていた。

では、そうした経済的な支援をどこから得ているのであろうか。それぞれの

表 3.2.4　財政的な支援でもっとも頼りになったもの

個人	家族親戚	友人	政府	コミュニティ	NGO
11.0	19.7	0.8	9.4	9.4	49.6

数値は全体に占める割合（％）。

エージェントからの「支援が十分」という回答に注目すると、自分の家族・親戚とNGOとがほぼ同じ数値、それぞれ18％ほどを示している。しかし、ここで注意しなければならないのは、「家族・親戚からの財政的な支援が十分」という回答は、必ずしも、経済的な支援の絶対額を意味しているわけではないということである。「支援が十分かどうか」の判断は、回答者が持っている期待値、あるいは、その人が持つ援助に関わる社会的規範と密接な関連性を持っている。こうした点に留意しながらも、自己資金では生活復興ができない9割の人々にとって、家族・親戚とNGOからの財政的な支援がもっとも重要であったことがわかる。

実際、これらのエージェントからの財政的支援の中で「財政的にもっとも頼りになったもの」はどれかと尋ねると、表3.2.4にみるように、家族・親戚とNGOとで大きく異なる値を示している。すなわち、半数の人にとって財政的支援でもっとも頼りになったものはNGOであり、次いで、約20％の人にとっては家族・親戚なのである。この結果は、期待値や規範とは独立の、援助の絶対額からの判断だと解釈できる。

このことをまとめると、5人に1人にとっては確かに家族・親戚が頼りになり、そして、10人に1人は自己資金で生活復興の目途をつけられた。しかし、それ以外の7割の人々は、自己あるいはインフォーマルな関係による生活復興が不可能で、フォーマルな組織からの支援を必要としていた。そして、財政的な面でも、圧倒的に重要なのはNGOであった。

ここで、コミュニティがもっとも頼りになったという回答が9.4％あることに注目しておこう。コミュニティからの財政的な支援が十分だったかどうかという質問に対しては「十分」という回答が3.1％しかないのにもかかわらず、「もっとも頼りになったのはコミュニティ」という回答が、その3倍の値を示している。このことは、一見すると不思議である。この理由に関しては後に検討する。

表 3.2.5 生活上の問題をもっともよく聞いてくれた相談者

親戚	友人	コミュニティの人々やリーダー	ボランティア組織／NGO	宗教リーダー	相談者がいない
59.1	26.0	1.6	2.4	1.6	9.4

数値は全体に占める割合（％）。

表 3.2.6 精神的な支えになったもの

親戚	友人	コミュニティの人々やリーダー	ボランティア組織／NGO	政府機関の官僚	宗教リーダー	精神的な支えがない
59.8	29.1	0.8	1.6	0.8	0.8	7.1

数値は全体に占める割合（％）。

次に、被災後の生活相談や精神的なサポートについてみてゆこう。

被災後、アチェの人々は様々な生活上の困難な問題に直面した。アンケート調査では、その生活上の問題を誰に相談したかを尋ねた。表 3.2.5 は、「あなたの問題をもっともよく聞いてくれた人は誰か」という質問に対する回答である。相談相手としては、インフォーマルな関係である親戚や友人がもっとも重要であった。

それに対して、コミュニティの人々やリーダーは意外なほど低い値しかとっていない。同様に、宗教リーダーの回答率も低い。アチェ州はインドネシアで唯一国家法と並んでイスラム法が適用されている地域である。また、この地域のコミュニティは、先進国に比べて堅固な組織であると考えられる。それにもかかわらず、コミュニティや宗教上の人間関係への回答が低いことは、予想外であった。

また、「相談者がいない」という回答も 9.4％あったことも注目しておかなければならない。調査対象地域は、津波による建物全壊率はほぼ 100％、死亡率 80％を超える地域も含まれているため、前節で指摘したように、それまでの家族・親戚や友人といった社会関係を喪失してしまった回答者も含まれていると推察される。こうしたことも関連して、約 1 割の人は、大災害後、相談する人もいないという社会的孤立に置かれている。

大規模な災害に直面して、人々は生活上の困難だけではなく、精神的な危機

にも直面する。その精神的な危機を前にして、「誰が精神的な支えになったか」について質問をした。表3.2.6にみるように、回答結果としては、生活上の相談者とほぼ同じ傾向を示している。インフォーマルな関係である親戚がもっとも多く59.8％、次いで、友人が29.1％である。つまり、生活上の具体的な相談相手が、同時に、精神的な支えともなっていると思われる。また、精神的な支えの回答でも、7.1％の人が「精神的な支えがない」と回答している。こうした精神的孤立が1割近くに達しているのには、調査対象地となったバンダアチェがアチェ州の最大都市であり、さらに、激甚被災地域の中に、近年の人口増加が著しい地区が含まれることも関連していると思われる。

　以上の考察を、今度は、援助主体ごとに再検討してみよう。

　①**家族・親戚の役割**：災害からの生活復興において、家族・親戚の役割はきわめて重要である。財政的な支援、生活上の相談役、そして精神的な支えというすべての面において、家族・親戚は重要な役割を果たしている。そのため、支援の内容・領域を限定しないで「もっとも頼りになったもの」と尋ねた場合でも、家族・親戚をあげる回答者の割合は高い。この点で、すべての領域にわたって家族・親戚は「頼りになる」エージェントである。

　②**友人の役割**：生活復興全般において頼りになったものと、財政的な支援についての質問においては、友人はほとんど重要な存在としてあげられていない。しかし、生活上の相談者や精神的な支えとしては、親戚に次いで重要な存在と指摘されている。

　③**コミュニティの役割**：アンケート調査からみると、コミュニティは、災害後の生活復興過程で「頼りになる」という回答は少ない。インドネシア社会におけるコミュニティの堅固さを勘案すると、この結果は意外な感じがする。

　④**宗教的リーダーの役割**：アチェではイスラム教信仰が強い。1日5回のお祈りは厳格に行われており、金曜日の集団礼拝の時間は当然のこと、他の曜日も1日に1度はモスクで礼拝するほど、人々は敬虔なムスリムである。こうしたアチェ社会において、宗教的なリーダーの指摘率が低いことは意外である。

　アチェ社会のコミュニティは、ひとつ、あるいは複数のモスク[1]を含んでいる。このモスクは、地域住民の寄付によって建設され、維持されている。その点で、

モスクを中心とした小コミュニティの複合体が、コミュニティである。コミュニティそれ自体が小規模の場合には、モスク・コミュニティが同時にコミュニティとなっている。さらに、イスラム教は、キリスト教や仏教の場合と異なり、職業的な宗教リーダーを持たない。専門家である神父や牧師、僧侶などが存在せず、コミュニティ内で居住者の中から宗教リーダーが選ばれてゆく[2]。そのため、宗教的リーダーはコミュニティリーダーでもある。

　災害は、客観的な事実であると同時に、「精神的な事実」である。そのため、「自分に大災害が降りかかったのはなぜか」、「自分の家族や親しい人がなぜ死ななければならなかったのか」、「自分は（ときには、自分だけが）なぜ生き延びたのか」という問いに直面する。さらに、それは、「あのとき、なぜ自分は家族を救えなかったのか」、「ああすれば、助けられたのではないか」、「家族のために、自分が代わりに死んでしまえばよかったのに」といった贖罪感にもつながってゆく。もちろん、被災後、「深い悲しみ」や「心の傷」を背負って長い間生活し、「災害という精神的な事実を受け入れる（納得する）」ことが必要となる。

　こうした事態に対して、宗教的リーダーは、日々のお祈りの中で人々にどう説明しているのであろうか。地震と津波は「神（アラー）からの罰」である。災害で亡くなった人は「神によって天国を与えられた」。生き延びた人は「神から祝福された」。「われわれは津波によって家や車など多くのものを失くしたが、信仰だけは失くしてはならない」と説明していると、ある宗教リーダーは語ってくれた。

　⑤政府・行政の役割：政府、殊に地方政府に対する評価は総じて低い。精神的な支えになっていないばかりか、生活上の困難に直面しても、人々は政府・行政へ相談することはしていない。さらに、財政的な支援もそれほど受けてはいない。そのため、生活復興の過程で「頼りになる」ものとは評価されていない。

　今回の災害で特に注意すべきは、アチェ市という地域社会も、地域の統合機関を一時的に失ったことである。発災当時、アチェ州知事は汚職による逮捕拘留中であり、バンダアチェ市長は津波により死亡し、また地方公務員も5,000名以上も死亡した。アチェ州庁舎の1階部分は浸水し、多くの行政文書も失わ

れた。このため、地方行政機能は著しく低下せざるをえなかった。これは、アチェの地域社会を統合するような政治行政機構を崩壊させるとともに、市場や地域経済をコントロールする主体を消滅させた。

⑥ **NGO の役割**：これに対して、NGO の評価は高い。財政的な支援において、もっとも重要な働きをしているのは NGO である。さらに、もっとも頼りになるのも NGO である。特に海外 NGO は、人々の生活復興において重要な働きをしていたことがわかる。

今回のスマトラ地震では、外国からの災害支援が大規模に行われた。今後歴史的にも語り継がれるであろうほど、多くの国際支援が行われた。外国からの援助の中でも、特に非政府レベルでのものが大きなウェイトを占めている。例えばアメリカ合衆国からの支援額は、政府援助よりも民間援助の方が金額的に多い。しかも、こうした国はアメリカだけに限らない。

さらに、財政的な支援だけではなく、直接、外国から被災地に多くの NGO の団体が入って支援活動を行っている。アチェ州だけに限ってみても、インドネシア政府の発表では、380 の海外支援団体が入ったと報告されている。さらに、政府機関と民間団体との調整のために、バンダアチェに設けられた国連人道問題調整支援室（UNOCHA）によれば、2005 年 4 月 20 日の時点で、登録団体は 535 団体にのぼっている。

以上の結果をまとめると、全般的にもっとも頼りになるのは家族・親戚であり、それは物心両面の全領域にわたって頼りになると評価されていた。これとは対照的に、総合的評価で高い評価を得た NGO は、特に経済的領域においては「頼りになる」と高く評価されていたが、生活の相談者や精神的な支えの点では評価が低かった。この点を考えると、NGO、特に国際 NGO は精神的な支えの点では、最初から限界を持っていることを自覚しなければならならない。たしかに、被災地のアチェ州は厳格なイスラム教の信仰地域であり、西欧のキリスト教的な背景を持っている国々からの支援団体と被災者との間に、海外 NGO が宗教的な背景を明示的にしない場合でも「大きなミゾ」が存在していた。被災直後のわれわれの調査でも、外国からのキリスト教系の支援団体に対する地元の人々からの監視の眼は厳しく、実際、避難民キャンプからの退去を求め

られた団体もあったと聞いた。しかし、こうした特殊事情を除外しても、一般的に、きめ細かな生活相談や精神的な支援を、その地域の活動経験を持たない海外 NGO が直ちに開始することは困難である。

　家族・親戚とやや似た評価を獲得しているのは友人である。生活の相談者や精神的な支えとしては、友人は高く評価されているいっぽうで、友人からは経済面での支援がない。NGO とやや似ているのは政府であり、政府は経済面ではやや頼りになると評価されており、総合的にも中程度の評価を獲得している。コミュニティは、経済面・精神面など具体的な領域では評価が低いものの、総合面では多少高い評価を得ている。

　一般にいわれている自助・共助・公助を、それぞれ、自分自身あるいは家族・親戚・友人からの助け、コミュニティやボランティアなど非政府系の団体からの助け、政府・行政機関からの助けと解釈して、これらの援助の組み合わせからみれば、スマトラ地震後のバンダアチェにおける災害支援の状況は、次のようにまとめることができる（表 3.2.7）。公助の力は弱体であり、その分、自助に頼らざるをえなかった。公的防災体制はそもそも未整備な状況にあった上に、行政機関の建物や職員が津波の大きな被害を受けたこと、長期間の政治紛争もあったという事情が加わったため、公助が十分作用しなかった。そのいっぽうで、共助、それも国際的な NGO による共助が重要な役割を果たした。

表 3.2.7　スマトラ地震後復興支援における自助・共助・公助

		経済面	生活の相談	精神的支え	総合面
自助	自分自身	○	非該当	非該当	非該当
	家族・親戚	◎	◎	◎	◎
	友人	—	◎	◎	—
共助	コミュニティ	—	—	—	△
	宗教	非該当	—	—	非該当
	NGO	◎	—	—	◎
公助	政府・行政	△	非該当	—	○

おおよその基準、◎はほぼ 20% 以上、○は 10% 程度、△は 10〜5%、—は 5% 以下。それぞれ前掲の表から、経済面は表 3.2.3 の「十分」、生活の相談は表 3.2.5 の相談者、精神的な支えは表 3.2.6 から、総合面は表 3.2.2 の「もっとも頼りになったもの」より作成。

(2) コミュニティの役割

　以上にみてきたように、1年後に実施したアンケート調査からみる限り、コミュニティは、緊急対応過程において、人々からそれほど頼りにされていないし、実際、財政的な支援も精神的なサポートも果たしていない。同じコミュニティの住民は、個々の被災者と同様、大きな被害を被っているため、コミュニティは経済的資源はもちろん、社会的資源も保持していない。そのため、コミュニティからの財政的な支援は期待できない。

　コミュニティをインフォーマルな集団としてみると、もともと親戚や友人ほど成員間に「親密さ」はなく、そのため相談者としての役割や精神的なサポートという機能は果たしてはない。コミュニティは、インフォーマルな集団としては二次的な存在である。では、コミュニティは本当に、緊急対応の過程において重要な役割を果たしていないのであろうか。

　この問題を、被災から1年後のバンダアチェの災害復興をめぐる複数の主体間の関連状況というマクロな観点から検討してみよう。それを整理すると、図3.2.1のようになる。

　ここでは、コミュニティは、被災者と政府機関との中間の位置にある。同様に、コミュニティは、被災者と国内・海外 NGO との中間に位置する。コミュニティが構造的に政府機関や NGO との中間に位置するということは、機能的にも、被災者とそれらの支援者との媒介的機能を果たしうる位置にある。

　具体的には、スマトラ地震津波災害においては、これまでの災害史上最大の支援が寄せられた。救援物資や資金の分配の基礎となるのは、被害状況と被災者ニーズの正確な把握である。日本では、これらの職務は、地方自治体が中心になって担われてきた。しかしアチェでは、発災以前からの行政サービス水準の低さと、軍事的対立状態という特殊事情 (Tapol 2001；佐伯 2005) に、発災後の地方行政リーダーや職員の被災とが重なって、地方政府の機能は著しく低下していた。そのため地方政府は、被災状況や被災者ニーズの把握を行えず、結果的に、被災者と支援者との仲介機関となりえなかった。

　こうした政府の欠陥を補ったのが「NGO とコミュニティとを結ぶライン」であった。被災から数か月間、NGO がコミュニティに直接接触し、コミュニティ

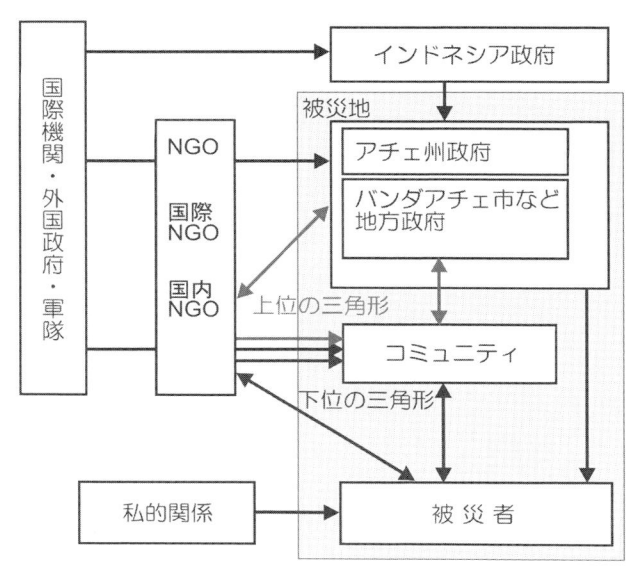

図 3.2.1　バンダアチェにおける災害復興をめぐる
組織関連（緊急支援段階）

を通して被災状況や被災者ニーズの把握を行い、コミュニティを通じて援助物資を配分した。特に被災直後は、避難民は一旦は親戚や友人などの私的関係を頼って避難したが、その後コミュニティごとにまとまってテント生活をしている場合が多かった。この避難地コミュニティでは、不足している物資に関する情報をリーダーが把握し、NGOなどの支援者に伝えた。このように被災者ニーズの把握、あるいは、その伝達や交渉という役割をコミュニティは行ってきた。

　コミュニティの役割は、こうした緊急物資援助だけにとどまらない。住宅再建過程においても、コミュニティは重要な役割を果たしている。激甚被災地では、表土が流出したり、家族全員が死亡したりした。こうした土地で住宅再建のため、まず最初に取り組むべき課題は、土地境界の画定や相続人の確認であった。住宅再建のための支援の大半は、国際NGOや国際機関、やや遅れてインドネシア政府直轄のBRRも担当した。仮設住宅あるいは復興住宅の建設支援

を行おうとするとき、そうした作業がすんでいることが前提条件となる。

　発災から1年後、津波で家屋が全壊し、土地の形状が変わってしまった地域で、特別の委員会がコミュニティごとに組織され、土地区画や境界の確定と所有者（あるいは相続人）の確認と確定が進められていた。このプロセスは、当事者同士の立会いのもとに、コミュニティのリーダーが中心になって進められた[3]。また、それらとともに、どこに、どういった形の住宅を建設するのかを検討するのも、リーダーを中心とした特別の委員会とNGOとの間で相談しながら進められた。

　このように、緊急支援物資の受け入れ、その後の住宅再建を含む生活復興の過程においては、コミュニティは豊かな外部資源を自分の地域へ「導き入れる」という意味で重要な働きをしている。それが一般住民には「見えない」ために、また、それ自体は媒介的機能であるために、被災住民へのアンケート調査においては「頼りになる」組織として指摘されなかったのである。

　図3.2.1にみるように、緊急支援段階では、被災者の生活維持においてNGOとコミュニティと被災者との三角形（下位の三角形）がもっとも重要であった。後に述べるように、約半年でインドネシア政府直轄のBRRが設置されるが、それが本格的に活動を開始するまでには時間が必要であった。そのため、BRR設置後約半年間（被災からほぼ1年間）、実質上はこのフレームが続いたと推測される。NGOとコミュニティと地方政府組織との三角形（上位の三角形）が重要なフレームとなるのは、被災後1年以上経過してからであった。

（田中重好）

注
1) ここでの「モスク」という記述は、最小の礼拝集団を基盤にした礼拝所のムナサを含むものである。実際、アチェの村（ガンポン）の地名は、Meunasahが語頭に付いたものが多い。
2) 村の宗教リーダーは、単に「イマム」(imam) あるいは「イマムムナサ」(imam meunasah) と呼ばれる。
3) 当事者間で確定された土地境界図面は、コミュニティの行政リーダーであるグチ、慣習法を司るトゥハプット (tuha peut)、モスク・リーダーであるイマムムナサの署名の上で正式な土地台帳が作成された。次節で述べるように、こうして作成された地籍簿を、裁判所が事後的に了承し、最終確定した。

III-3　被災後の法的課題

　甚大災害を被った地域では、平常時とは質量ともに異なった法律紛争が生じる[1]。特に、1923 年の関東大震災や 1995 年の阪神・淡路地震のように人口密集地が被災した場合、非常に多くの法的紛争が発生する。したがって、それに対応する特別な紛争処理のための法制度整備が必要となる（例えば、日本の罹災都市借地借家臨時措置法など）。また、法律問題は私法上の紛争だけではなく、被災者への給付など復旧・復興への財政措置といった行政法上の問題も含む。このような法制度の構築にあたっては、①災害によって生じる法律問題の数が非常に多く、通常の司法制度の処理能力を超える可能性のあること、また、②災害からの復興をできるだけ早期に開始するために、より迅速な紛争処理が要請されることの 2 点を念頭に置く必要がある。

　アチェ州の津波被害復興過程においては、さらに、次のような固有の状況も存在した。

　まず第一に、津波による死亡率が非常に高く、地域共同体が事実上消滅するような事態が生じたことである。アチェを襲った津波は、何よりもまず人命に対する甚大な被害をもたらし、沿岸地域の村落は、津波により軒並み 90% 近い人口減少を経験した。このような人的被害は、相続、孤児、保険支払、さらには所有者のいなくなった動産・不動産の取り扱いなどの法的問題を生じさせた。また、土地・家屋も津波で著しく破壊された結果、土地境界線の喪失、浸食・水没による土地自体の消失が起き、不動産に関わる問題を生じさせることとなった。

　さらに、津波は、登記証書、権利証、契約書など法律文書の破損消失も引きおこし、このことが法的紛争の解決をいっそう困難にすることも注意すべきで

ある。後述するように、アチェにおいては、登記など公的手続を経ない土地取引が多いとはいえ、都市化の進んでいた被害地域では、これらの公文書は権利の所在を証明するものとして重要性を増していた。

第二点としては、アチェ社会においては慣習法及びイスラム法（シャリアshari-a）からなる非公式の伝統法と、国家制定法が並存しており、特に私法領域（家族、相続、土地及び軽微な紛争処理など）においては伝統法が支配的なことである。津波被害を受けたアチェ州では、イスラム法が施行されていた。アチェ州におけるイスラム法の施行とは、2001年制定のアチェ特別自治法（2001年法律第18号）及び2006年制定のアチェ統治法（2006年法律第11号）の規定により、イスラムの教義に基づく規則をアチェ州条例（カヌーンquanun）として定めること、そしてアチェ州におけるイスラム教徒同士の紛争をイスラム法裁判所（シャリア裁判所）が管轄することを意味する。

また、アチェ州においては国家法とは別の慣習法上の制度も、村落の行政、紛争解決、土地取引などの場面において幅広く機能している。さらに、村落統治の一部としてのイスラム教指導者やモスクの機能も重要である。

最後、第三点としては、アチェ州の分離独立を求める武装勢力・自由アチェ運動（GAM）とインドネシア国軍との長期にわたる武力紛争及びそれに伴う人権侵害の結果として、地方政府の統治機能が著しく弱く、人権侵害が深刻な状況にあったことである。公的司法制度は弱体化し、また人々の司法制度への信頼もきわめて低いものとなっていた。

(1) 多発する紛争への対応－土地の権利を中心に

スマトラ地震から8か月が経過した2005年8月にアチェ州シャリア裁判所（高等裁判所に相当）で聞き取り調査をしたところ、津波被害に関連し、以下のような法律紛争がすでに発生し、また発生することが予想されているとのことであった。

まず、土地関係では、境界線や土地自体の消失による所有権をめぐる紛争やそれに伴う住宅再建の遅れ、土地権利証の紛失及びその再発行の問題、書類が消失したことによる土地に対する抵当権の二重設定など権利関係の競合、所有

者がいなくなってしまった土地の管理に関する問題、さらに津波被害後につくられた集団埋葬地や瓦礫処分場所のための土地収用問題などがある。

　次に、銀行関係では、預金者が死亡した場合の払戻に関する相続人の確定や生死不明の場合の取り扱い、権利者がいなくなった銀行預金の取り扱いなどがある。

　震災孤児に関連しては、身元不明児の確認、孤児の後見人の選定（肉親がいない孤児のために裁判所が職権で後見人を選定することも含む）、孤児の相続財産保護を目的とする後見人に対する監督といった法律問題がある。

　さらに、被災者の住宅ローン支払い猶予、行方不明者の死亡認定などもある。

　これらの法律紛争の件数は、津波被害の規模に比例して膨大なものになると予想されていた。他方、それを処理するアチェ州の裁判所の能力は、政府軍とGAMとの紛争の影響により他州出身判事が流出した結果、津波以前から人員不足であったことに加え、津波自体によって相当数の裁判官が死亡したためきわめて不十分であった。

　したがって、裁判所は復興過程において発生する法的紛争について、可能な限り裁判外で解決すること（裁判外紛争処理 Alternative Dispute Resolution：ADR）を勧める方針をとり、地域での啓発活動への裁判官の派遣や、パンフレットの作成などに取り組んだ。また、紛争処理では、アチェ州におけるイスラム法上及び慣習法上の制度を活用しつつ、裁判所が補完的役割を果たすようなプロセスを想定した。

　法律問題の中でも土地紛争が重要だと考えられていた。筆者が津波被害地域を回ったところ、海岸線から内陸へ2km以内の地域ではほとんどの建築物や塀・生け垣などの建物付属物が消失していた。そして、ほとんど更地となった土地のあちこちに、所有権を主張する立て札が立てられていたり、土地境界を主張する杭が打たれているのを見ることができた。ときには、海水をかぶり、ほとんど水没した土地までにもこのような立て札や杭があったことから、被災住民が土地権利問題を重要なものとみなしていることは明らかであった。

　土地相続問題について、裁判所が想定した法律紛争の処理プロセスは図3.3.1に示すように、非公式な伝統的紛争処理制度と裁判所による公的な紛争処理を

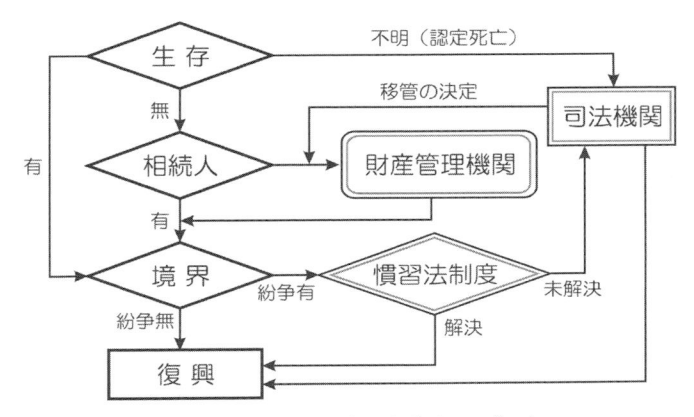

図 3.3.1　所有者の確定から復興のプロセス

組み合わせたものであった。

　土地建物に関する法的紛争処理では、不動産の所有者を明らかにし、その上で土地の境界を確定し、建物の再建などの復興を円滑に進めることが重要となる。

　そこでまず、土地の境界に関する紛争は各村落にある慣習法上の紛争処理制度を利用し、それでも解決されない場合、はじめて裁判所に紛争が付託される。また、所有者のいなくなった不動産については、やはり各村落にある、イスラム法に基づく財産管理財団バイトゥルモル（Baitul Mal）がその管理をする。

　そして、公的な司法機関である裁判所は、土地の所有権に関する紛争のほか、行方不明者の認定死亡、所有者のいなくなった不動産の財団への移管について決定を行う権限を有するものとされた。

(2) 慣習的・宗教的諸制度の活用
慣習法上の制度

　アチェ州だけでなく、インドネシア各地で、伝統的な慣習法が日常生活においてなお大きな効力を持っている。このような慣習法は、インドネシアではアダット法（hukum adat）と呼ばれる。また伝統的共同体としての村落を基礎に

慣習法上の統治制度が存在し、村落内の紛争処理も行っている。具体的な制度の形態は地域により異なるが、アチェの場合、村落における一般的な統治・紛争処理以外に、複数の村落にまたがった特定分野に関する管理制度も存在している[2]。

　復興過程で重要になるのは、村落統治を行う慣習法上の制度であり、アチェにおいてはトゥハプットと呼ばれる機関がこれに相当する。トゥハプットとは「四長老」を意味するアチェ語である。現在は必ずしもこの原意にとらわれず、トゥハプットは、政府、ウラマー（宗教指導者）、知識人、青年などの代表により構成され、通常は 8 人以上の構成員からなる。

　この機関の行う決定は、一般的に村落内で強い権威を有し、村八分や追放などの制裁を行う権限も有している。そのため、トゥハプットは、復興プロセスにおいて発生する法的紛争の処理や、後見監督人として役割を果たすことが期待される。

宗教法上の制度

　復興プロセスにおいて財産管理を行う機関としてイスラム法上の財産管理財団の役割が期待されていた。この財団は、バイトゥルモルという。後述のように、災害後、持ち主のいなくなってしまった土地・財産を村落に帰属させ、それをバイトゥルモルが管理するよう法整備がなされた。また、孤児の財産を管理する後見人としての機能も期待されている。

　本来、バイトゥルモルは、イスラムの教義に基づき寄付された財産（喜捨 zakat や寄進 hibah）を管理するための機関である。それまでバイトゥルモルは、村落、モスク、プサントレン（イスラム寄宿学校 pesantren）などにおいて非公式な制度として存在してきた。

　しかし、2001 年に制定された「アチェ州特別自治に関する法律」（2001 年法律 8 号）は、第 4 条第 2 項は、「ナングロ・アチェ・ダルサラーム州の独自財源（pendapatan asli）」として、地方税（a 号）、地方交付金（b 号）、地方政府所有企業の利益及び地方政府資産の運用益（d 号）に加えて、喜捨による収入を定めた。このため、喜捨の管理を法的に規定する必要が生じた。さらに、ア

チェ州地方条例「喜捨の管理に関する 2007 年地方条例第 4 号」は、バイトゥルモルに関してひとつの章（第 4 章第 11 条から第 22 条まで）を割き、詳細な定めを置いている。その中でも同条例第 11 条は、「①バイトゥルモルは、ナングロ・アチェ・ダルサラーム州における喜捨及びその他の宗教上の財産を管理する権限を有する地方機関である。②バイトゥルモルは、県長また市長が、任期を定めて指名し、県長または市長に責任を負う長が指揮するものとする」と定め、バイトゥルモルをアチェ州において州から村落に至る公的機関として位置づけている。

以上のように、バイトゥルモルは、従来より社会的に重要な機能を果たしてきているだけでなく、2001 年以降は公的機関となるに至っている。このバイトゥルモルが津波被害に伴う法的問題に関わった事例のひとつとして、所有者または法定相続人が津波により行方不明になった土地を、道路拡張用地として収用するために、バイトゥルモルを相続人として認め、それに対して補償金を支払うことを認めるよう裁判所に求めたケースがある[3]。

津波後の土地紛争の実際

2005 年 8 〜 9 月の最初の調査から 1 年 3 か月後に行った調査（2006 年 11 〜 12 月）では、バンダアチェ市北部の海岸沿いに位置する複数の村で、復興住宅建築に伴う土地権について聞き取りを行った。これらの村は、いずれも津波により死亡率 9 割以上という甚大な人的被害を被っており、また住宅などの建築物もほとんど消失した。調査時点において、現地には国際機関、各国援助機関、NGO 等の援助により復興住宅がほぼ完成していたのであるが、実際に入居している家は多くはなかった。

これらの村々で、村民あるいは復興事業の責任者などのいずれに聞いても、土地の所有権をめぐる紛争はおきていない、また土地の境界線が不明となっていたとしても村長など共同体の指導者が立ち会って話し合いが行われ、それで解決しているとのことであった。また、村内を歩いてみると、建物は消失していても、タイルの床や基礎が残っており、ほとんどの復興住宅はこのような家屋がもともとあった場所の上に建設されていたことがわかった。

関東大震災の場合、被害を受けた東京では、後藤新平の指揮する帝都復興計画として大規模の区画整理事業が行われた。しかし、アチェの村落の多くではそのような区画整理は行われず、災害前の家の配置を維持し、せいぜい家屋の向きを整える程度であった。これも土地権利関係の紛争を少なくする要因のひとつと考えられる。

　アチェ州では人口の大部分がイスラム教徒であるが、イスラム教徒間の土地紛争など民事紛争は、アチェ特別自治地方に基づきシャリア裁判所が裁判管轄権を持つ。そこでシャリア裁判所に、津波災害後の訴訟件数などについての質問したところ、2年間で約1万件の土地権利関係の事件が登録されたということであった。しかし、ほぼすべての事件は、すでに村長などの立ち会いにより、当事者間で事実関係・権利関係について合意に達しており、裁判所による確認のみを求める事件であった。したがって、現在のところ、前回調査の際に裁判所が憂慮したような訴訟のオーバーロードは発生していない。

　以上のように、第二回調査でみる限り、津波災害に起因する土地権利に関する実質的な訴訟事件はほとんどみられなかった。

　被災地において公的機関を利用した紛争解決の要請が少なかったことについては、公的法制度、すなわち近代的な登記制度がそれほど普及していないという状況もある[4]。これは、インドネシア全体でもみられることであるが、都市中心部や新たに開発された住宅地を除けば、近代的な土地登記制度は普及していない。その場合、大多数の土地取引は、村長などの立ち会いのもと慣習法的手続に則って行われ、当該土地の占有排他的利用権も慣習法的にその範囲が規定されている。

　これに対して、津波災害の後、国連開発計画（UNDP）とインドネシア土地局（Badan Pertanahan Nasional：BPN）は「アチェ土地行政制度再建」（Reconstruction of Aceh Land Administration System：RALAS）プロジェクトを実施し、津波被災地を中心に未登記地の登記を推進している。したがって、インドネシア政府および援助を提供している世界銀行・国連開発計画は、慣習法的土地所有よりも、近代法の観点に照らして、より「ハード」な土地所有権の付与が住民福祉にかなっていると考えている。しかし、慣習法の優勢な地域において、近代法

制度を導入した場合、それが社会へ十分に根づかず、結果的には公務員などによるレントシーキングの機会を増加させるだけに終わることもありうる。

　もっとも、慣習法に基づく土地取引は永続性の強い伝統的共同体の存在を前提としており、津波災害の結果、この伝統的共同体が著しく破壊されたことも考慮すべきである。結果として、村外に住む血縁者による土地相続などを通じて、村の社会構造は大きく変容している。その場合、伝統的共同体の慣習法から切り離された国家法に基づく権利、すなわち登記された所有権はより望ましいこととなる。

　したがって、現在の行われている土地登記推進への取り組みの効果を評価するには、なお観察を必要とする。

復興における法的弱者
　上述のように、非公式な宗教法上の制度であったバイトゥルモルは、公的制度として根拠法が整えられ、津波復興後の法律問題を解決するための手段のひとつとなっている。また、土地所有権や相続、後見などの民事上の法律問題は、その多くが村落共同体内において慣習法に基づく話し合い（和解・調停）などの手段によって処理されている。慣習法による紛争処理は、迅速さや簡便さ、低廉な費用、住民の親しみやすさ等の利点を持つ。2006年に日本の国際協力機構（JICA）の実施した「アチェ被災民のためのADRセミナー」は、それを外国支援で後押しする試みのひとつであった[5]。しかし、慣習法に基づく紛争解決は、共同体内における伝統的な支配服従関係や対人関係、差別が大きな影響をおよぼすことから、公平さや一貫性が十分でなくなる可能性もある。とりわけ、共同体における社会的弱者が災害復興過程においても不利益を被る可能性が高い。

　この点に関連して、国際開発法機関（International Development Law Organization：IDLO）は、災害復興過程における女性の権利に焦点を当てた活動を行った。IDLOのアチェでの活動は、主に、①村落共同体内における調停（mediation）トレーニングと、②女性の法的権利を啓蒙するための活動である。

　調停トレーニングについては、バンダアチェ市に近い大アチェと、そこから

離れたアチェジャヤ（Aceh Jaya）、西アチェ（Aceh Barat）といった各県をターゲットとしている。バンダアチェに隣接し都市化の進んでいる大アチェと比較し、アチェジャヤおよび西アチェは、伝統的価値観が強い農村地域であり、交通アクセスも悪い[6]。IDLO は、これまでに約 200 の村落においてトレーニングを実施した。このトレーニングは、オーストラリアの NGO である Logica と協力して実施した。当初は IDLO が中心となったが、後半は Logica が中心となった。

調停トレーニングにおいて、まず IDLO は裁判官、大学教員、弁護士などの国家法に関する知識を持つものをトレーナーとして選び、彼らに対する「トレーナーのためのトレーニング（Training for trainers）」を行う。彼らのようなアチェ社会における知識人は、村落共同体においては慣習法あるいはイスラムの指導者でもあり、したがって、伝統的社会と国家法とを橋渡しすることが期待されている。IDLO は、そのようなトレーニングの目的を達成するために『IDLO トレーニングモジュール：共同体による調停及び法スキルに関するプログラム（Modul Pelatihan IDLO：Program Mediasi Masyarakat dan Ketrampilan Hukum）』という 75 ページのマニュアルを準備している。このマニュアルは、後見・相続、及び土地紛争について国家法と宗教法を説明し、ケーススタディの題材を提示する形式となっている。そして、トレーナーは対象となる村落に行き、村民に対して 4 日間のトレーニングプログラムを実施する。このトレーニングはロールプレイング形式で、調停事例を話し合うものである。

津波により多くの犠牲者が出た村落では、若い世代が指導者となったが[7]、彼らは村落において蓄積されてきた相続、後見、土地などの慣習について知識が少ない。したがって、このトレーニングは、アチェ社会における慣習的紛争処理の知識を継承することを目的としている。

IDLO は、女性の権利に関する啓蒙活動を、上述の調停トレーニングの補完的プログラムとして位置づけている。このプログラムのために IDLO は DVD を作成した。DVD の内容は、土地所有、相続および後見に関して 3 人の女性に関するケースをドラマにしたもので、それぞれのケースについてイスラム法に基づく解説を付けている。言語はインドネシア語であり、英語字幕が付いている。

Ⅲ-3 被災後の法的課題　145

図 **3.3.2**　**IDLO による啓蒙活動**
右端の男性は筆者の運転手（2007 年 12 月 5 日、島田弦撮影）。

　この女性の権利に関する啓蒙活動にも同行した。場所は、海岸から 1 km ほど内陸に入ったバンダアチェ市内の村である。この村は津波によりすべての家屋が消失し、現在は援助によって建設された復興住宅が並んでいる。出席者は約 12 名、すべて女性であった（図 3.3.2）。
　講師は IDLO の女性スタッフである。彼女はアチェ・インドネシア国立イスラム大学（IAIN-Aceh）講師であり、また哲学の学位も有している。この活動は、IDLO の作成した DVD を見た後、参加した女性たちからの質問に講師が答える形で行われた。講師は、コーランを手にして、イスラム法やコーランの内容に依拠しながら質問に答えていた[8]。
　村民に聞いたところ、アチェの人々は彼らの慣習がイスラム法であると考えてきたが、実際のイスラム法[9]と異なることを知り、非常に興味を持っていると答えた。また、女性だけで話し合いを行うことにより、女性たちが積極的に考えを述べることができていた[10]。
　村落における伝統的な社会構造の中で、女性は低い位置に置かれ、その権利が十分に保障されていないことから、この IDLO のアプローチは潜在的な法的

問題を明らかにするのを可能にしている。また、イスラム法がアチェ社会に対して親和的で、強い説得力を持っていることを考慮すると、社会的弱者の権利保護にも効果的である。このほかに、IDLO は女性が震災孤児の後見人になるために裁判所へ請求を行う支援も実施している。

おわりに

　大規模災害後の法律問題は、被害規模と比例して膨大な数になる。復興プロセスにおいて重要なのは、膨大な数の法律紛争を迅速に処理し、復興を円滑に進めていくことである。しかし、公的な司法機関である裁判所の現在のキャパシティは、これらの紛争を処理するのに到底およばない上、慣習法・宗教法が深く根づいているアチェ社会においては、公的な司法制度よりも、裁判外での紛争処理が有効である場合が多い。そのため、慣習法上の制度を一般的な紛争処理に活用し、人の身分関係など重要な法律問題については公的な司法機関である裁判所が補完的に管轄する方法が、アチェにおいては考えられた。

　しかし、いっぽうで公的司法機関が弱体化し、他方で伝統的法規範（慣習法と宗教法）が強固であるアチェにおいては、災害に伴う紛争は、裁判所に係属する公的な法律問題としてはそれほど顕在化しなかった。そこで、裁判外における紛争処理が注目されることとなった。日弁連と JICA が協力して行った調停制度研修はその一例である。しかし、調停制度は社会状況に密接に関連した事柄であるために、単に日本の制度を紹介するだけでは実効性に乏しい。日本の調停制度の持つ技術的利点を明らかにしつつ、アチェ社会において受け入れられる制度設計を行う必要がある。

　このような点を考慮すると、IDLO の戦略は示唆的である。IDLO は、災害復興に法整備支援を、単なる災害以前の社会状態の回復ではなく、これを機会とした社会改革へと射程を広げているが、他方でそのアプローチは伝統社会において受け入れられる価値[11]に留意している。

　その後の復興過程において、アチェ州で強固に残っている慣習法制度が果たした役割は大きいが、他方で、その慣習法制度の構造の中で社会的弱者の権利がかえって救済されないままになっている問題はなお深刻である。このような

問題に取り組むためには、基本的人権・男女平等などの現代法的理念を十分に保障する国家制定法の整備とその実施能力の強化を行うのと同時に、その現代法的理念と慣習法との架橋を可能とするような制度づくりを考える必要がある。この戦略においては、法学専門家と地域研究専門家や援助専門家を橋渡しするような学際的な能力を必要とする。現在、日本の正規大学教育でこのような専門性を習得するのは難しい。今後、法学教育を国際協力と融合させ、このような専門家を養成することは重要である。

(島田　弦)

注
1) 地震災害と法に関する研究としては、後藤（1982）、小柳（1995；1996a；1996b；1996c）、潮海（1997）、阿部（1995）、甲斐（2000）、West and Morris（2003）などがある。
2) 例えば、灌漑設備管理（keujreun blang）、山林管理（pawang glee）、漁業（panglima laut）など。
3) このケースでは、市中心部から港湾のあるウレレまでの道路拡張工事に関して、工事実施地域にありながら、その所有者または法定相続人の所在が不明である土地 42 筆（合計 2347.5 m^2）が裁判の対象となった。土地への補償額は 1 m^2 当たり 500,000 ルピアである。請求人はバンダアチェ市バイトゥルモル長（Ketua Badan Baitul Mal Kota Banda Aceh）であり、その請求によると法律代行政令 2007 年第 2 号に基づき、バンダアチェ市バイトゥルモルは、当該バイトゥルモルの管轄内にある宗教財産を管理する権限を持つ。他方、バンダアチェ市長は道路拡張工事を計画したが、たびたびの公告にもかかわらず対象地域において所有者が不明となっている土地のあることが計画の障害となったために、2007 年 11 月に補償金をバンダアチェ市バイトゥルモルに委託した。これを前提に、当該バイトゥルモル長は、裁判所に対し、①対象となる土地について所有者及び法定相続人が不明であると認定すること、②バイトゥルモルが当該土地への補償金を管理する権限を有すると認めること、そして、③バイトゥルモル長を当該補償金の管理者として認定することを請求した。
4) もちろん、裁判所に対する人々の信頼の欠如という点も重要である。
5) http://www.jica.go.jp/press/archives/jica/2006/060628.html を参照（2012 年 9 月 4 日アクセス）。
6) 同じ地域で女性を主たる対象とした法律扶助活動を行っている、Bungong Jeumpo のスタッフは地理的な問題以上に、保守的な社会状況がその活動の障害となっていると述べている。スタッフによると、そのような地域では女性への法律扶助プロジェクトだけを行うことは困難であり、男性も受益者とするマイクロファイナンスやコミュニティ開発のプロジェクトを行う条件として、女性向け法律扶助も行うといった戦略が必要になる。
7) 村落共同体だけでなく、他の慣習法的組織においても津波被害による指導者の若年化が進んだ。例えば、漁民の慣習法的組織であるパングリマラウトのうち、ウレレ漁港に事務所を持つ Panglima Laot Lhok Kuala Cangkol では、津波によりパングリマラウト長が死亡した後、その息子である 42 歳の男性が長に選ばれている。

8) IDLO は、この活動のために『津波後のアチェにおける後見、相続及び土地に関する法律』（Harper 2006）というテキストを作成して配布した（英語版とインドネシア語版）。このテキストの末尾には、関係する法律問題について国家法、アチェの慣習法及びイスラム指導者の法的見解の対照表が掲載されている。
9) ここでは、IDLO は、「イスラム法集成」（KHI：Kompilasi Hukum Islam）を正統なイスラム法のテキストとして位置づけている。「イスラム法集成」は、インドネシア政府が公認するイスラム指導者組織であるインドネシア・ウラマー協議会（Majelis Ulama Indonesia：MUI）が編纂したものであり、有効な裁判規範としてインドネシア全国の宗教裁判所（イスラム教徒の家族法に係る事件を管轄する裁判所）において用いられている。
10) 話し合いは年配の女性がリードしていたが、年配の女性が話を振れば、若い女性もかなり積極的に意見を述べていた。
11) この場合は、インドネシア政府の公認のイスラム法集成に基づく「イスラム法」。

第Ⅳ章

3〜5年後
―復興は進んだのか―

　私たちの現地調査も3年目に入った。激甚被災地には建物の残骸がまだ散在し、海水を被った水田や破壊された養殖池はほとんど手つかずだったが、そのようなところでも真新しい復興住宅が建ちつつあった。グランドモスクに隣接するアチェ市場では、おおかたの商売はまだ仮設店舗で行われていたものの、新しいショッピングセンターの建設に向けて、浸水によって損傷した古い建物の取り壊しが進められていた。私たちの誰もが被災前のバンダアチェを訪れたことはなかったが、それでも、以前の暮らしを想像することができるようになっていた。アチェは、いわゆる復旧モードから復興モードへ着実に歩みつつあるように思われた。

　いっぽうで、再建されつつあるようにみえた被災地では、空き家が目立つようになっていた。熱帯特有のスコールの後、街のあちらこちらで小規模な洪水がおこっていた。果たして、復興はうまく進んでいるのだろうか。もし進んでいないとすれば、何が問題なのだろうか。災害支援のやり方に、何か問題があったのであろうか。そして、これからアチェ社会はどこへ向かっていくのか。本章では、これらの問いに答えたい。

　結果的に、「3〜5年後」と題された本章の分量は、本書の中で突出して多くなった。これは、私たちの調査体制が整ってきたという事情もあるが、この時期に、被災後の様々な問題がみえてくることを表している。巨大災害からの復興プロセスの中で何か矛盾が生じてくるとすれば、おそらく、この時期に顕

表 4.0.1　調査対象地区と回答者の属性

被害程度	No	地区名	立地	死亡率(%)	人数	地元率(%)	男性比率(%)	平均年齢(歳)
大	1	ガンポンピー	海岸部	86.4	63	90.5	61.9	34.2
	2	ガンポンブラン	海岸部	85.8	12	75.0	41.7	31.7
	3	アルナガ	海岸部	83.9	35	94.3	51.4	37.9
	4	ランパセコタ	縁辺部	82.5	64	78.1	39.1	36.0
	5	ウレレ	海岸部	71.5	60	91.7	57.7	34.3
		小計		82.3	234	87.2	57.7	35.1
中	6	ランプロ	縁辺部	63.5	61	93.4	34.4	35.2
	7	ラムルンプ	農村部	58.2	54	83.3	72.2	34.4
	8	ランバロスケップ	縁辺部	44.9	77	83.3	39.0	43.4
	9	ブンゲブランチュット	縁辺部	43.3	79	84.6	49.4	40.9
		小計		52.4	271	86.0	47.6	39.0
小	10	バンダーバル	中心部	14.1	16	66.7	72.2	39.9
	11	ルコー	農村部	2.4	60	88.3	46.7	37.0
	12	ラクサナ	中心部	1.7	59	88.1	30.5	43.4
	13	クラマット	中心部	0.9	51	84.3	35.3	41.9
		小計		4.9	188	85.1	41.0	40.6
		合計		33.2	693	86.1	49.2	38.2

「地元率」とは回答者のうち津波前に同じ場所に居住していた者の割合、死亡率はバンダアチェ市政府資料による。

在化するのかもしれない。そうした問題を議論するために、比較的広い地域について、統一的・定量的なデータの取得を目指した量的調査を本格的に実施すべき時期にきていた。

　こうして2007年12月5〜9日、地元シアクラ大学の津波減災研究センターの協力を得て、2回目の質問紙調査を実施した。具体的には、名古屋大学調査団の人文社会科学チームが中心なって英語版のアンケート調査票を作成し、それをシアクラ大学の研究者がインドネシア語に翻訳した上で、内容をもう一度検討した。こうして完成したインドネシア語版のアンケート調査票を用いて、シアクラ大学の学生が3グループ（各グループ30名プラス大学教員の監督者1名）に別れて、面接調査を実施した[1]。

　対象は、1年目の質問紙調査において対象として選んだ7地区を含む13地区を選定し、同じ方法で調査対象者を選択した。その際、これまでの調査結果に基づき、人的・物的な被害程度を基準にして、さらに、海岸部、農村部、市

街地縁辺部、市街地中心部といった集落のロケーションも加味しながら、対象地区の選定を行った。

　調査対象地区は、基本的に津波被害の程度から3タイプに分けられる。第一のタイプは激甚被災地で、死亡率は70％以上、建物はほぼ全壊、土壌流出も観察される。第二のタイプは死亡率15〜70％であり、建物被害の点からみれば、激甚な被害を受けた場所と被災程度が軽い場所とが混在している地域である。第三のタイプは死亡率15％未満と、被害程度が比較的軽微な地域である。これらの地域は、それぞれ、海岸部の激甚被災地、農村部や市街地縁辺部、市街地中心部におおむね対応している。調査対象地区の具体的な場所は、本書の冒頭に掲げた図0.4と図0.5に示した。

　ここで注意を要するのは、今回の調査対象者にはかつて同地区に居住し家族全員が死亡している世帯や、被災後に他地域に転出してしまった世帯が含まれていないことである。だが、調査結果からみると、回答者の80％以上の人々は、津波以前から同地区に居住していた人であった。また、回答者の年齢構成が居住者全体の年齢構成を正しく反映していたかどうか確かめられないが、性別だけからすると、ほぼ同数の回答者割合となった（表4.0.1）。

　本章では、最初の3節において、この質問紙調査の結果を基本的データとしながら、被災3年後の時点で復興はどのくらい進んでいたのかを素描する。その上で、被災3〜5年後のコミュニティの状況やその復興支援、都市構造の変化などについて議論する。

（高橋　誠）

注
1) 当大学の学生たちは、質問紙調査の参加経験がなかったため、面接調査を実施する前に、バンドン工科大学のSuhirman講師から社会調査法と具体的な調査手順に関する講習を受けた。

ガンポンブランの空き家群
2007年12月8日、高橋誠撮影。

ゴトンロヨンで整備されたガンポンピーの私道
2007年12月7日、高橋誠撮影。

Ⅳ-1　3年後時点での復旧・復興カレンダー

　本節では、「復旧・復興カレンダー」という、被災者や被災地全体の復興状況を量的に把握するための計測手法を用いて、被災1年後の状況について検討した第Ⅲ-1節に引き続き、被災地バンダアチェにおける3年後の復旧・復興過程を明らかにする。

　先の調査から約2年後、災害から約3年が経過した2007年12月に、再び被災地バンダアチェを対象にして質問紙調査を行った。復旧・復興途上の混乱期に実施した被災1年後の2005年12月調査（前回調査）と違い、本調査では、低被害地域から高被害地域までを幅広く網羅しており、回収数も前回調査の5倍以上（n = 693）を回収することができた。このため、被災者・被災社会の全体像について、より実態に即した状態で把握することが可能になった。

　本調査においても、復旧・復興カレンダーに関する項目を尋ねた。ただし、調査方法や質問紙の分量などの制約があったため、災害過程においてより長期的な復興課題である「経済再建」と「生活再建」の2点を中心とした3項目について被災者に尋ねた。具体的には「家計への災害の影響がなくなった」、「地域経済が災害の影響を脱した」、「自分が被災者だと意識しなくなった」の3項目である。

(1) 2007年12年時点での復旧・復興カレンダー

　図4.1.1が結果である。これをみると、災害発生から半年が経過したころから経済・生活再建についての復興のスピードが加速し始めていることがわかった。「家計への災害の影響がなくなった」と回答した被災者が半数を超えたのは、災害から1年が経過した2005年12月頃（55.1％）であった。次に「地域経済

が災害の影響を脱した」と回答した人が過半数になったのは、災害から2年が経過した2006年12月頃（62.5％）であり、災害から約2年で家計や地域経済といった身近な経済活動への災害の影響から過半数の人が脱したことが明らかになった。また「自分が被災者だと意識しなくなった」人が半数を超えたのは、災害から2年が経過した2006年12月頃（54.7％）であり、復旧・復興カレンダーでみると、経済の再建と生活の再建には何らかの相関もしくは因果関係があることが考えられる。

そして災害から3年が経過した2007年12月の調査時点において、被災者の約9割（85.5％）が「家計への震災の影響がない」、約8割（76.9％）が「地域経済が災害の影響を脱した」、約7割（69.7％）が「自分は被災者だと意識していない」と認識していることが明らかになった。

本結果を、その2年前に行った2005年12月調査結果と重ね合わせたものが図4.1.2である。調査地域・調査対象者が違うために同じように議論すること

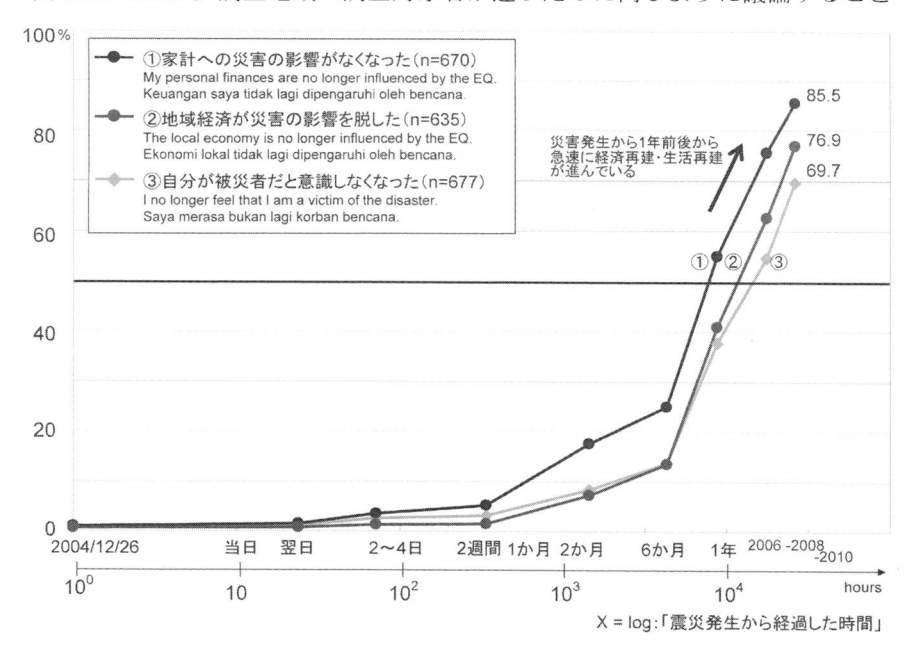

図 4.1.1　復旧・復興カレンダー（2007年12月調査）

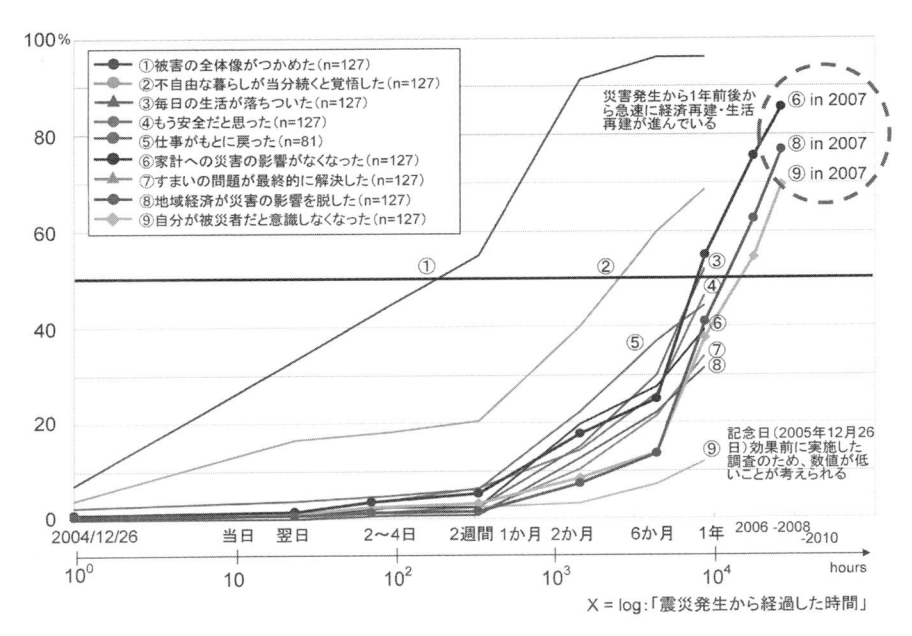

図 4.1.2 復旧・復興カレンダー
（2005年12月調査と2007年12月調査を重ねたもの）

はできないが、どちらの調査結果においても災害後1年までは復旧・復興の進捗が遅く、災害後1年を過ぎたころから急速に復旧・復興が進んでいることが考えられる。なお「自分が被災者だと意識しなくなった」人の割合が災害後1年時点で大きく異なる（2005年調査：11.8％、2007年調査37.8％）のは、2005年調査が災害から1年に満たない時期に行われたため、記念日効果[1]がみられなかったことなどが考えられる。

(2) 地域別・家屋被害程度別における経済・生活再建の違い

次に、災害時の居住地域や、居住家屋の家屋被害程度によって、経済再建・生活再建にどのような影響がみられるのかについて検討する。

図4.1.3が、地域別・家屋被害程度別に見た復旧・復興カレンダーの結果である。図の左側が地域別、図の右側が家屋被害程度別の結果である。また、図

156

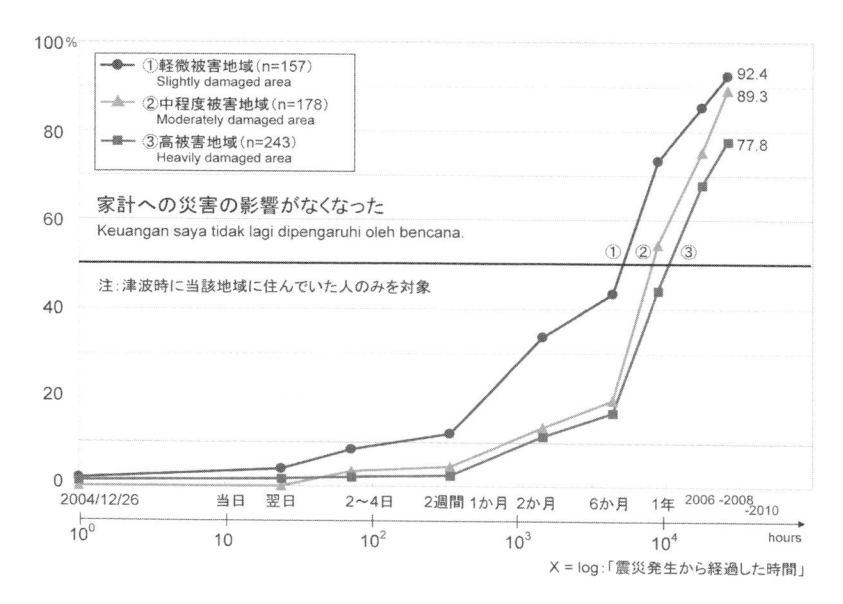

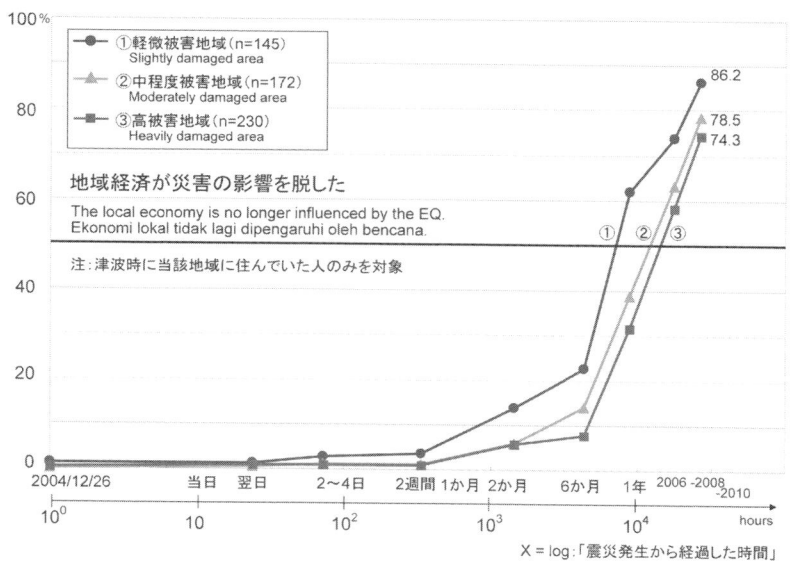

家計への災害の影響がなくなった
Keuangan saya tidak lagi dipengaruhi oleh bencana.

注：津波時に当該地域に住んでいた人のみを対象

- ①軽微被害地域 (n=157) Slightly damaged area
- ②中程度被害地域 (n=178) Moderately damaged area
- ③高被害地域 (n=243) Heavily damaged area

92.4, 89.3, 77.8

X = log：「震災発生から経過した時間」

地域経済が災害の影響を脱した
The local economy is no longer influenced by the EQ.
Ekonomi lokal tidak lagi dipengaruhi oleh bencana.

注：津波時に当該地域に住んでいた人のみを対象

- ①軽微被害地域 (n=145) Slightly damaged area
- ②中程度被害地域 (n=172) Moderately damaged area
- ③高被害地域 (n=230) Heavily damaged area

86.2, 78.5, 74.3

X = log：「震災発生から経過した時間」

図 4.1.3（その 1） 復旧・復興カレンダー（地域別：左側、

Ⅳ-1　3年後時点での復旧・復興カレンダー　157

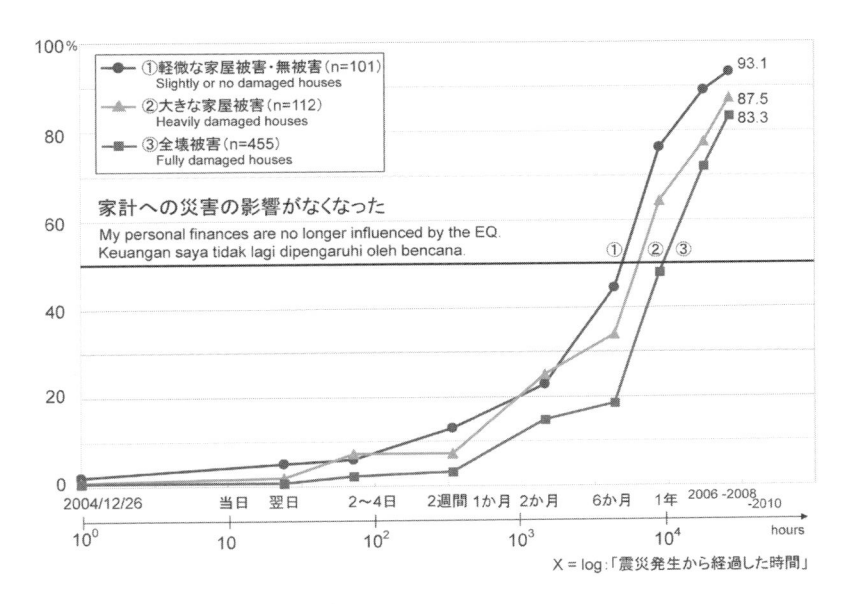

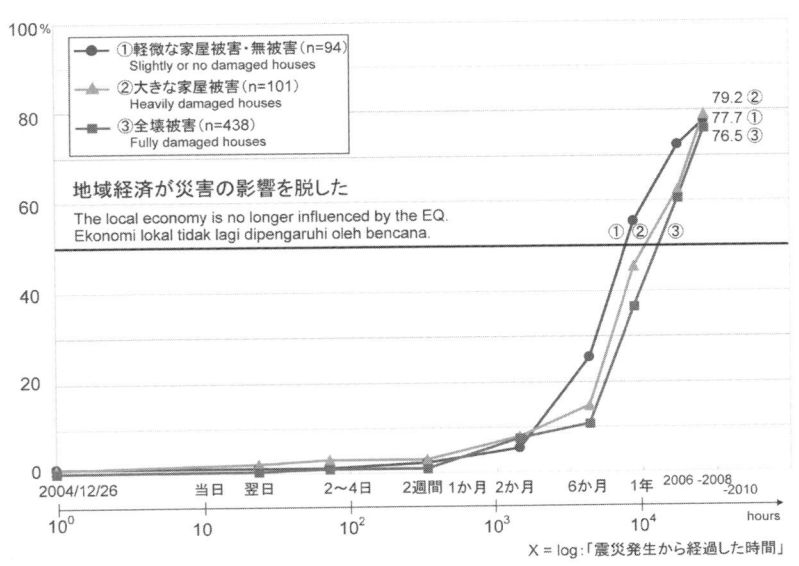

家計への災害の影響がなくなった
My personal finances are no longer influenced by the EQ.
Keuangan saya tidak lagi dipengaruhi oleh bencana.

① 軽微な家屋被害・無害 (n=101) Slightly or no damaged houses
② 大きな家屋被害 (n=112) Heavily damaged houses
③ 全壊被害 (n=455) Fully damaged houses

93.1
87.5
83.3

$X = \log：「震災発生から経過した時間」$

地域経済が災害の影響を脱した
The local economy is no longer influenced by the EQ.
Ekonomi lokal tidak lagi dipengaruhi oleh bencana.

① 軽微な家屋被害・無害 (n=94) Slightly or no damaged houses
② 大きな家屋被害 (n=101) Heavily damaged houses
③ 全壊被害 (n=438) Fully damaged houses

79.2 ②
77.7 ①
76.5 ③

$X = \log：「震災発生から経過した時間」$

家屋被害程度別：右側）（**2007 年 12 月調査**）

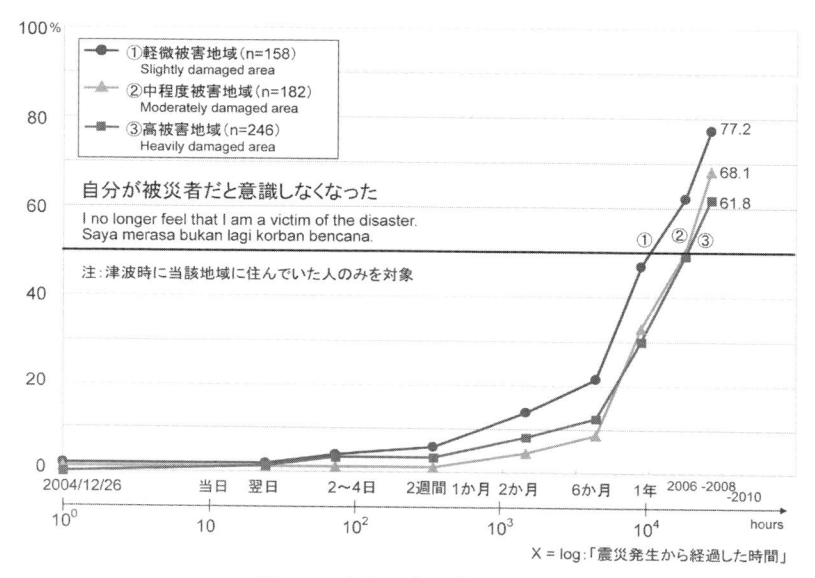

図 4.1.3（その 2）　復旧・復興カレンダー（地域別：左側、

のその 1 の上段が「家計への災害の影響がなくなった」、下段が「地域経済が災害の影響を脱した」、その 2 が「自分が被災者だと意識しなくなった」の結果である。なお地域については、調査対象地域の中で死亡率が 15％未満の地域を軽微被害地域、死亡率が 40％〜60％の地域を中程度被害地域、死亡率が 70％以上の地域を高被害地域とした。

　地域別でみると、災害後 1 か月を過ぎると高被害地域と軽微被害地域の経済再建・生活再建のスピードに 10〜15％程度の差が見られることがわかった。特に「家計への災害の影響がなくなった」については、軽微被害地域では震災後 1 か月を過ぎたころから大きく回復していった。しかし、その差は災害から 1 年を過ぎるとそれ以上大きく開かず、調査時点の災害後 3 年における差も、それぞれ、「家計への震災の影響がなくなった」で 14.6％、「地域経済が災害の影響を脱した」で 11.9％、「自分が被災者だと意識しなくなった」で 15.4％であった。これをみると、地域の被害程度が異なっていても復興のスピードはほぼ同

IV-1 3年後時点での復旧・復興カレンダー 159

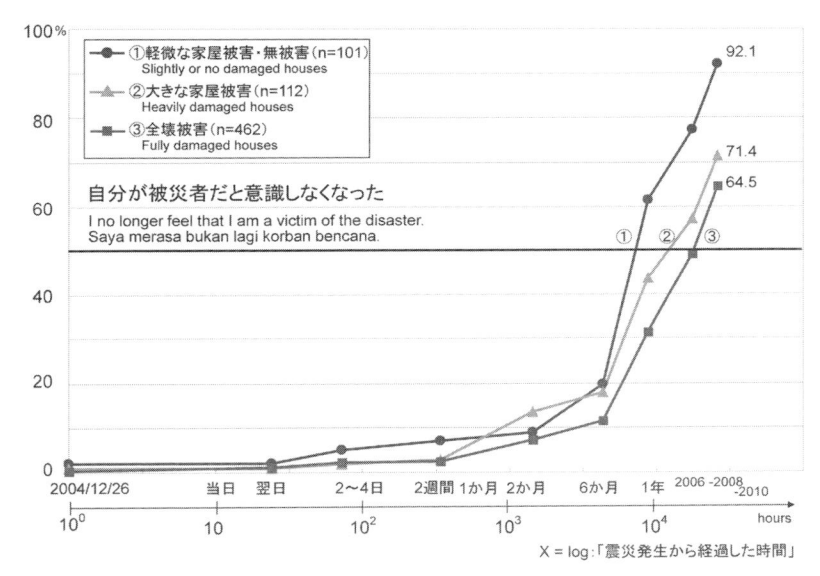

[図: 自分が被災者だと意識しなくなった割合の時間変化。①軽微な家屋被害・無被害 (n=101) 92.1、②大きな家屋被害 (n=112) 71.4、③全壊被害 (n=462) 64.5。横軸 X = log「震災発生から経過した時間」]

家屋被害程度別：右側）（**2007年12月調査**）

じであることがみて取れる。日本では時間が経過するにつれて復興スピードに差が出てくることを考えると（木村ほか 2004；Kimura et al. 2006）、「発展途上国における経済再建・生活再建について地域差はあまり強く出ず、むしろ外的な支援・援助等の影響によって、地域全体の復興スピードが速められていった」実態が推察される。

次に、回答者の家屋被害程度別にみると、「地域経済が災害の影響を脱した」について家屋被害程度ではほとんど差は見られなかった。本項目は個人の家屋被害とは関係ない、被災地域全体の経済状況を聞いていることからも、妥当な結果であることが考えられる。また「家計への震災の影響がなくなった」については、震災後半年の時点で、軽微・無被害は 44.6％、大きな家屋被害は 33.9％、全壊被害については 18.5％と差がついていたが、震災から1年が過ぎるとその差も縮まっていき、震災から3年後の調査時点では全壊被害でも8割以上の人が「影響なし」と回答していたこれも外的支援が影響していると考え

られる。いっぽう、「自分が被災者だと意識しなくなった」人をみてみると、震災から半年まではどの家屋被害でも「自分は被災者だ」と認識している人が8割台であったが（全壊88.5％、大家屋被害82.1％、軽微・無被害80.2％）、その後、軽微・無被害で被災者意識を脱する人が急速に増え、調査時点では92.1％が被災者モードから脱していた。いっぽうで大家屋被害は71.4％、全壊は64.5％であり、家屋被害が長期にわたる「被災者」生活を強いる要因になっていることがわかった。

　以上をまとめると、「経済再建・生活再建でみたときに、地域による復興スピードは災害1年をすぎると差はあまりみられず、むしろ外的な支援・援助等によって地域に関係なくアチェ全体の経済再建が進んでいき、それに関連して生活も再建していく」ことが推察される。また、家屋被害の大きな被災者が長期にわたって「被災者」生活をしていることから、「外的な支援・援助については、家屋被害の大きな被災者に焦点を当てて、家屋再建などの対策を実施することで生活再建が促進される」ことが推察される。

1995年阪神・淡路大震災との比較

　本調査結果を、1995年阪神・淡路大震災（木村ほか2006）と比較したものが図4.1.4である。図4.1.4をみると、「家計への災害の影響がなくなった」、「自分が被災者だと意識しなくなった」の項目について、どちらの災害についても災害後1年を目処にして過半数を超えていることがわかった。また、2004年スマトラ地震では、災害後1年前後から急速に経済再建・生活再建が進行しながら、災害から1年を過ぎた後も同じようなスピードで復興し続けているのに対し、1995年阪神・淡路大震災では1年を過ぎたころから復興スピードが緩やかになり、災害後10年時点（2005年）においても8割弱であった。

　「地域経済が災害の影響を脱した」の項目について、スマトラ地震では災害後2年で過半数を超えた（62.5％）のに対し、阪神・淡路大震災では災害から10年が経過した2005年になって初めて過半数を超えたことがわかった。阪神・淡路大震災のような経済被害の絶対額も巨大（9兆9268億円）な先進国の災害となると、外からの支援・援助があっても経済を立て直すことはできず、地

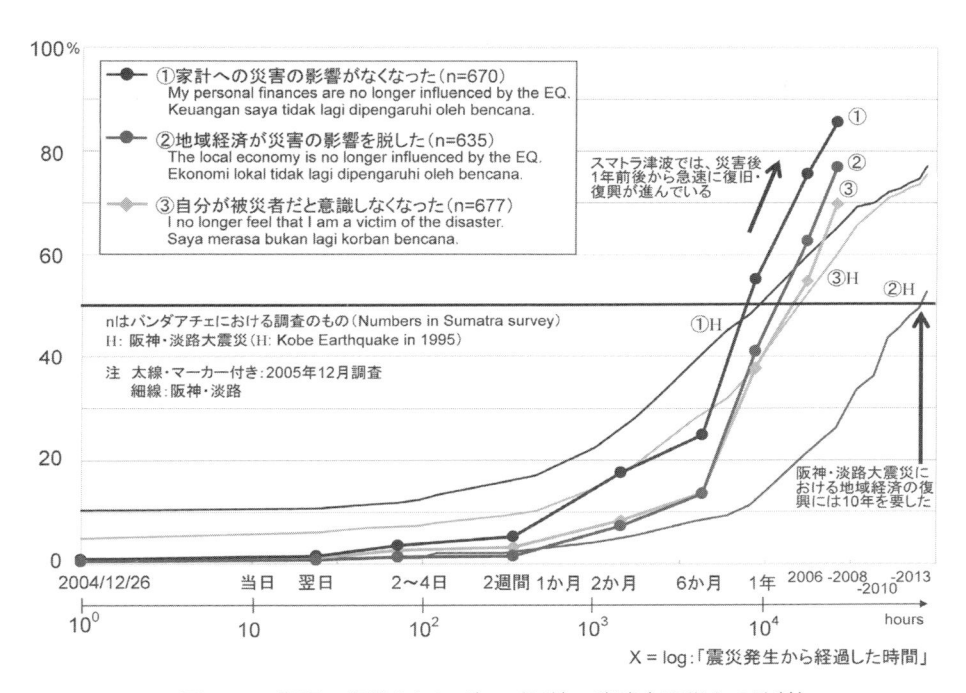

図 4.1.4 復旧・復興カレンダー（阪神・淡路大震災との比較）
太線・マーカー付き：2005年12月調査　細線：阪神・淡路大震災（2005年1月調査）。

域経済の落ち込みや復興の遅れが被災者の家計を長期間圧迫し被災者生活の長期化に影響していることが考えられる。先進国の巨大災害においては、都市・地域計画面だけでなく経済面などにおいても「復興は10年計画で考える必要がある」（木村ほか 2006）ことが考えられる。

(3) バンダアチェの長期的な復興に向けて

以上、「復旧・復興カレンダー」という、被災者・被災地の復旧・復興の全体像やその過程を明らかにする指標を用いて、被災地バンダアチェにおける災害過程の中で、特に長期的な復興過程に焦点を当てて考察をしてきた。最後に、これまでの分析・議論をまとめながら「発展途上国における経済再建・生活再

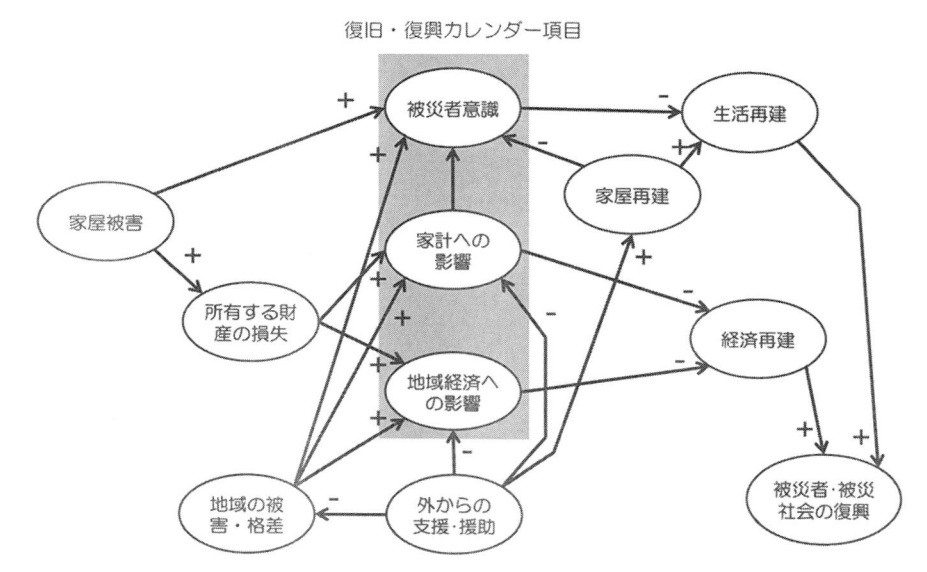

図 4.1.5　復旧・復興カレンダー分析から明らかになった発展途上国における長期的な復興過程の鳥瞰図

建を中心とした長期的な復興過程」についてまとめたい。

　図 4.1.5 が「発展途上国における長期的な復興過程」に関する鳥瞰図である。発展途上国の巨大災害においては、家屋被害等が発生しても所有する財産への損失、家計への影響、地域経済への影響について、絶対額ベースでは先進国に比べて大きくない。そこに先進国や NGO といった外的な支援・援助が大量に投入されると、被災地域における地域特性や被害格差といった、先進国ならば被災者・被災地の復旧・復興スピードの格差を生じる要因を打ち消してしまい、その結果、外からの支援・援助により災害後 3 年あまりにおいて急速な経済再建・生活再建が達成され、日本の事例よりも早い段階での「被災者・被災地の復興」が実現されようとしている。

　しかし、膨大な支援・援助によって早期に「日常生活」を取り戻した被災者・被災社会は、その後、いわば「外から与えられた新しい生活基盤・経済基盤」

を維持・管理しながら社会を持続的に発展させていかなければならない。支援・援助による急速な復旧・復興によって日常を営む基礎体力を養いえなかった被災者・被災地にとっては、「新しい日常」にどうソフトランディングするかが大きな課題であり、これからが正念場となるだろう。今後、「非日常から日常」の社会システムに切り替わったとき、全く新しい日常の中で人々はどのような問題に直面し、どのような解決策が必要となるのかということについては、今後の継続的な定点観測によって明らかにされるべき課題である。

(木村玲欧)

注
1) 記念日効果とは、イベントの記念日となる時期（例えば、一周年や一周忌など）を迎えると、それをきっかけにイベントに対する再認識・再評価が行われて、個人の意識や態度に影響を与えること。

Ⅳ-2 被災後3年間の状況と問題の変化

　ここでは、私たちが2007年12月に行った質問紙調査を主なデータソースにして、2004年インド洋大津波からの復興過程における被災後3年間の変化について述べる。まず、異なった被害程度の地域における住民が、被災後の異なった時期において、どのような問題が深刻であると思ったかということについて記述する。実際、おそらく、時間の経過とともに解決される問題があるいっぽうで、軽微な被害を被った地域においてさえ、被災後3年が経っても未解決な問題もあろう。次に、住民が生活再建のために役に立ったと評価した支援者について記述する。一般に、津波被災地域は復興のための資源の欠如に苦しみ、それゆえ、緊急対応の段階のみならず中長期的な復興過程においても、外部からの様々な支援が必要である。私たちの見方では、国連やNGOなどの非政府組織が重要な役割を演じたが、政府は外国の政府機関を除くと被災者の期待にほとんど応ええなかった。最後に、ニーズと支援との間の、これらのギャップの背後にある社会的な要因について、津波前後におけるアチェ社会の脆弱性に関して考察する。なお、これらの記述においては、被害程度からみた地域差に配慮し、本章の冒頭で述べた3地域類型（表4.0.1）との関連に注目する。

（1）認知された問題とその変化

　復興過程の各段階において、住民は、どのような問題を深刻であると考えてきたのだろうか。これらの問題は、どのように変化してきたのだろうか。まず、全体として質問紙調査からわかることは、ほとんどの種類の問題が時間の経過とともに徐々に、あるいは劇的に解決されてきたということである（表4.2.1）。ただし、社会活動、教育、土地、相続といった問題は、津波直後においてさえ

表 4.2.1　異なった復興段階と被害程度において認知された問題

時間経過	直後			1年後			3年後		
被害程度	大	中	小	大	中	小	大	中	小
n.	231	268	187	229	254	172	206	219	132
精神衛生	85.7	77.6	65.2	59.0	49.6	41.3	33.0	28.8	27.3
住宅	76.6	70.1	73.8	70.7	60.6	46.5	33.0	23.3	22.0
食料・水	71.4	72.0	65.8	42.4	29.1	27.3	22.8	23.3	15.9
収入	63.2	55.6	47.6	58.1	44.1	32.0	41.3	29.2	25.0
仕事	54.1	39.2	33.7	45.0	30.3	20.9	27.2	19.6	13.6
健康	43.3	38.4	25.7	12.2	7.5	7.6	3.4	4.1	3.0
衛生状態	36.8	39.6	38.0	32.8	32.7	32.0	25.2	31.1	37.9
電気	34.6	41.0	40.1	32.3	24.8	16.3	10.2	4.1	7.6
社会活動	12.6	3.7	10.2	8.3	2.4	1.2	2.4	1.8	3.0
教育	10.8	8.6	13.4	5.2	5.5	7.6	3.4	4.1	6.1
土地	6.5	2.6	2.1	4.4	2.0	1.2	2.4	2.3	1.5
相続	0.4	1.9	1.6	0.4	-	-	-	0.9	-
その他	0.9	0.7	1.6	-	2.0	7.6	5.3	6.8	6.8

数値は％、複数回答、質問紙調査により作成。

深刻と言及した回答者がわずかであった。反対に、精神衛生や健康、住宅や他のインフラストラクチャー、生計に関係した問題が、住民自身にとって重要であった。

　詳細にみれば、被災後の各時期において住民が深刻であると認知した問題はそれぞれ異なる。それぞれの問題を深刻としてあげた回答者の割合をみると、いくつかのタイプの問題群を指摘できる。

　第一のタイプは、社会活動、教育のような問題であり、ほとんどの住民にとって、津波直後でさえあまり重要ではなく、3年間継続して深刻でなかったものである。第二のタイプは、食料・水、健康のような問題であり、多くの住民にとって、津波直後は深刻だったが、復旧過程の最初の1年間で劇的に改善されたものである。第三のタイプは、精神衛生、住宅、収入といった問題であり、被災当初は非常に深刻であり、時間の経過とともに徐々に解決されてきたものの、3年後でもまだ深刻なものである。第四のタイプは、衛生状態のような問題であり、被災当初深刻であると回答した住民の割合は3分の1ほどで、第三のタイプと比較するとそれほど深刻とはいえないが、その割合が3年間ほとん

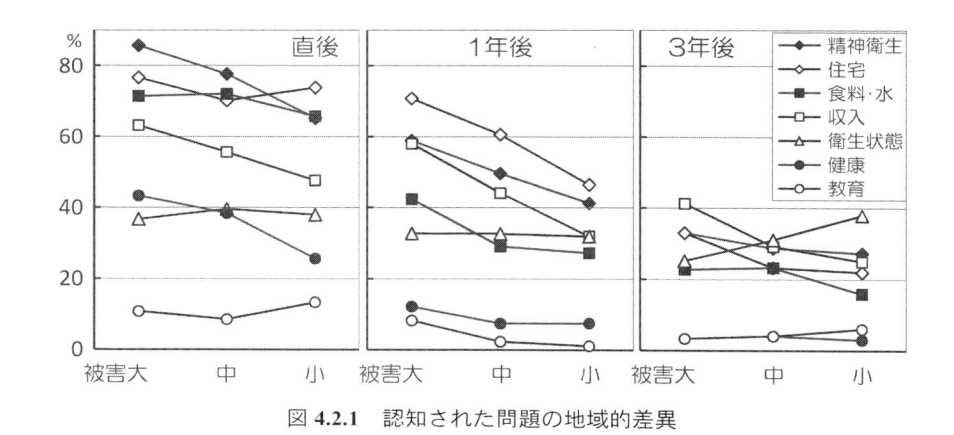

図 4.2.1　認知された問題の地域的差異

ど低下していないものである。相対的にみれば、未解決というよりも、むしろ悪化したとも考えられる。

　これらの問題群のそれぞれについて地域的な差異をみると、いくつかの傾向を指摘できる（図 4.2.1）。第一に、教育といった問題を深刻と考えた回答者は、被害程度の異なるどの場所でも、津波後の復興過程におけるどの段階においても少なかった。第二に、食料・水、健康といった問題は、被災直後には、被害程度の地域差にかかわらず全体的に深刻であったが、被災後1年後に被害程度の小さな地域から改善が進み、3年後にはほぼ全体として改善された。第三のタイプは、さらにふたつに分けて考えることができる。まず精神衛生に関しては、被災直後から1年後まで、深刻としてあげた回答者の割合に大きな地域差がみられたが、それは3年後にはほぼ解消した。いっぽう、住宅と収入に関しては、被災3年後においても、異なった被害程度の地域間で、回答者の割合に大きな差異がみられ、その空間的な不均等はほとんど解消されていない。最後に、第四の衛生状態に関しては、直後と1年後の双方の時期における回答者の割合に地域的差異はほとんどみられなかったが、3年後には、むしろ、その割合は、津波被害の小さかった地域で大きくなっている。

　まとめれば、まず、被災以降ずっと重要でなかった教育や相続といった問題に加え、食料・水、健康といった問題のように、住民の認識の上で、被災後1年で

劇的に解決された問題群が存在する。次に、精神衛生、住宅、収入と関係した問題群は、時間の経過とともに徐々に解決されてきているが、3年が経過しても未解決と考えられている。特に甚大被害地域では、そのような問題を継続的に深刻と考える住民は少なくない。インタビューなどによれば、甚大被害の村では、現在においてさえ PTSD の症状に苦しむ人もいて、そのために恐ろしい経験を思い出したり、眠れなかったりすることもあるという。このことは、そうした種類の問題群が地域の人々と精神的、文化的、社会的に深く関わっていることを示唆している。最後に、住民の認識上、被災後3年間でむしろ悪化したと考えられる、衛生状態のような問題群がある。住民に対するインタビューによれば、最近排水システムの不備に問題があり、それが感染症の頻発を引きおこしている、と住民は感じている。

　次に、生活再建にとって役に立ったと住民が認識する支援について議論した後に、これらの問題の社会的背景に立ち戻ることにする。

(2) 役に立った支援

　津波は、建物を破壊し、人命を奪うだけでなく、被災地域から再建のための潜在的資源を剥奪する。この意味において、本書で繰り返し指摘してきたように、被災者は「二重の剥奪」に苦しむことになる。それゆえ、被災者が緊急対応からその後の復興の間の適切な時期に適切な支援を被災地外から得ることは重要である。実際、バンダアチェは、少なくとも量的観点からみれば、実に多くの支援を幸運にも得ることができた。津波後4年間で、総計5億米ドルが復旧・復興プロジェクトに支出され、その80％以上は国際 NGO あるいは国内 NGO、外国政府、国連を含む国際機関からのものであり、その多くは津波後最初の1年間に集中している（図 4.2.2）。問題は、被災者からみて、これらの支援が本当に生活再建にとって役に立ったのかということである。

　質問紙調査の結果から、住民の認識では、生活再建にとってもっとも役に立った支援は、被災1年後と3年後の双方において、被害程度にかかわらず、家族ないし私的関係からのものであったということがわかる（図 4.2.3）。それにもかかわらず、津波後の最初の1年間に焦点を当てれば、とりわけ甚大被害地域

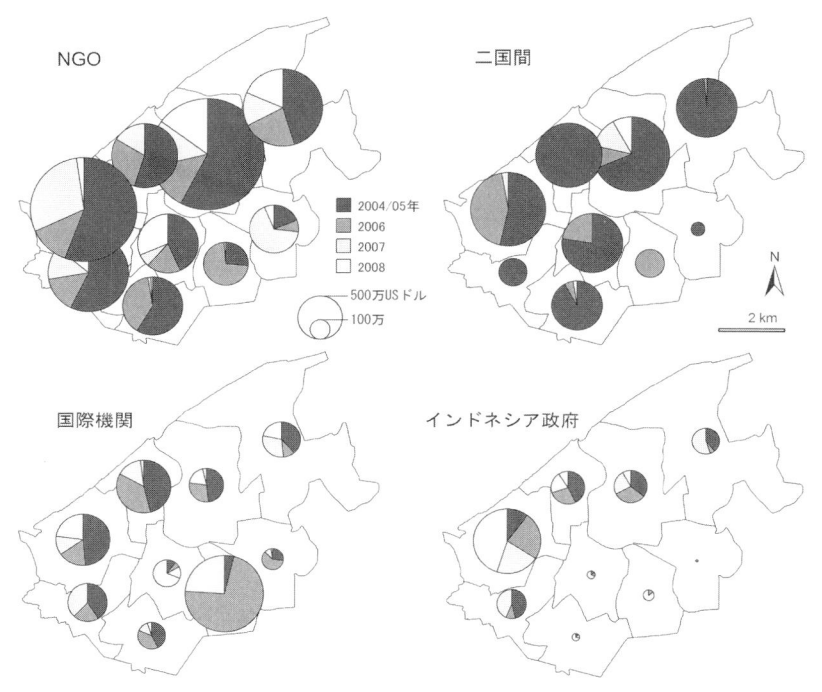

図 4.2.2 外部組織からの資金的援助
BRR-RAN Database により作成。

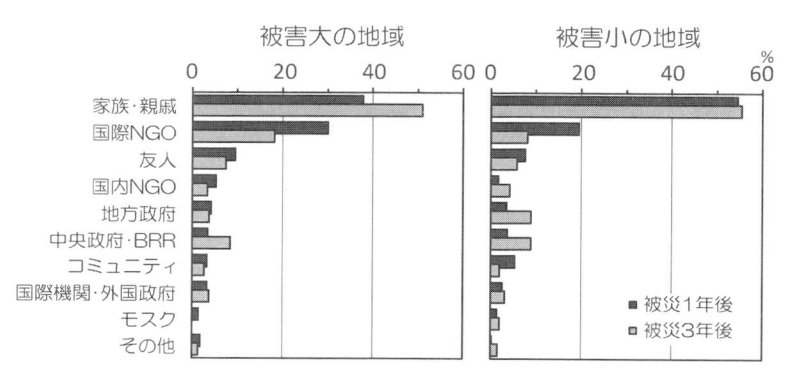

図 4.2.3 生活再建に対して役に立った支援に関する住民の認識
質問紙調査により作成。

においては、人命の損失が私的関係の縮小を引きおこし、復興のための潜在能力が失われた。外部からのフォーマルな支援では、国際 NGO が重要な役割を演じたように思われる。だが、外国政府や国連組織は、回答者の観点からは明らかに過小評価されているのではないかと推測される。なぜならば、実際は、そのような組織は地元 NGO と共同で、あるいはときに多組織的枠組みのもとで現場に入るために、普通の人々がとりわけ外国からの政府組織と非政府組織とを区別するのは、実際には難しいからである。

いっぽう、中央・地方政府の役割を評価する回答者がなぜ少なかったのだろうか。このことは、部分的には先に述べたように（Takahashi et al. 2007）、津波直後の地方政府の機能の欠如に関係する。実際、数年間という長期間に、地方政府はその機能を徐々に回復してきた。被災 3 年後でみれば、復興の最初の段階で目覚ましい活躍をした NGO などの海外の援助組織は、バンダアチェからすでに撤退したか、間もなく撤退の予定である。州などの地方政府は、2009 年 4 月に完全に引きあげる BRR（復旧復興庁）の仕事を引き継ぐことになり、ますます重要性を帯びている。それにもかかわらず、軽微被害地域では地方政府を評価する人の数は増えているが、中央政府や地方政府の役割を NGO と同じ水準で重要だと考える住民はわずかである。

最後に、村やモスクといったコミュニティ組織の役割を生活再建にとって役に立ったと言及する回答者がほとんどいない理由について、触れておきたい。私たちの現地調査によれば、実際のところ、そのようなコミュニティ組織は少なくとも経済的視点からみれば復興において実質的な役割を演じていない。これは、コミュニティがそれ自体津波によって物理的・社会的に破壊されるとともに、もともと財政的に貧弱だからである。これらについては、次節以降に詳しく議論する。

(3) 問題に対する社会的背景

津波後の復旧・復興は、少なくとも物理的な意味で、バンダアチェでは何年かの間におそらく大きく進展した。いっぽうで、NGO といった外部組織の大きな支援努力にもかかわらず、住宅、収入、衛生状態といったいくつかの問題

が未だに解決されていない。ではいったい、なぜ解決に向かわないのか。ここでは、三つの点に言及する。

第一に、住宅復興の進展は避難者のもとの村への帰還に必ずしもつながらず、それゆえ、コミュニティの復興につながりえない。例えば、第 IV-6 節で説明する BRR-RAN データベースによれば、バンダアチェにおける約 15,000 戸の新しい住宅建設は 2008 年 10 月までを目標とし、その約 80％はすでに着手されていたが、アチェ州全体では進行中の住宅建設戸数は 2009 年 3 月までに 140,000 戸に達し、最初に見積もられた必要数の 120,000 戸を超えた。実際、主に海岸に位置する甚大被害地域では、ほとんどの村で、地元住民が再定住するために必要とされた住宅の建設をすでに完了していた（図 4.2.4）。

しかしながら、第 IV-8 節でもみるように、そのような村の多くは空き家で溢れている。こうした事情の背景には、本章の第 IV-4 節で詳しく述べるように、「住まない人」と「住めない住宅」、そして住宅建設をめぐる需要と供給とのミスマッチの問題がある。そして、これらの問題が発生したのは、外部の援助組織と村当局との間の非対称な権力関係と関係しており、村当局はコミュニティの再建計画の策定において中心的な役割を演じたが、実際は財源、専門知識、交渉能力を欠いていたためである。

第二に言及すべきは、部分的には第一の点と関係する、いわゆる経済的エンパワーメントに関わる問題である。例えば津波後の失業率は、質問紙調査の回答者全体でみれば半数以上、特に甚大被害地域では 70％を超えた（表 4.2.2）。

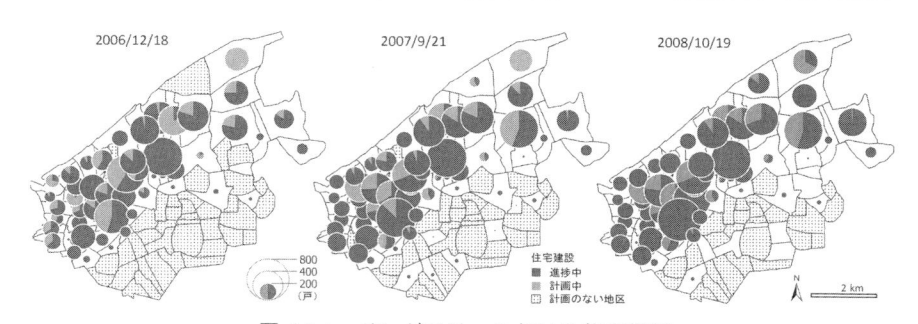

図 4.2.4　バンダアチェにおける住宅復興
注：BRR-RAN Database により作成。

表 4.2.2　津波前後での平均収入の変化

被害程度	月収（1,000 ルピア）						津波後の失業率（％）
	津波前		直後		3年後		
	Avg.	STD	Avg.	STD	Avg.	STD	
大	1,362	1,635	967	661	1,283	3,501	72.3
中	1,399	1,534	1,351	1,418	1,488	1,481	60.1
小	1,356	1,404	1,554	2,025	1,391	870	41.2
合計	1,375	1,536	1,276	1,444	1,388	2,343	59.1

SID は標準偏差値、質問紙調査により作成。

　平均収入額は、甚大被害地域では津波直後に急激に減少し、3年後でも津波前の水準に回復しておらず、むしろ収入ギャップが拡大している。いっぽう、軽微被害地域では、津波直後に急増し、3年後でも相対的に高い水準にある。

　そうした地域経済の状況は、津波後に、被災者の生活再建や、バンダアチェ外部からの新来者の流入に伴って、生活必需品、耐久消費財や建築資材の需要が増大し、地元市場ではある種の好景気がみられたことと関係する。実際、私たちの観察によれば、援助組織によって提供されたマイクロファイナンスや職業訓練を活用しながらも、小商店ないし屋台の経営、食料雑貨の家内工業、タクシーやベチャ（バイクによるタクシー）の運転手、建設業など、多くの家族が小規模な商売や家内工業に乗り出す事例がみられた。いわゆる一時的な復興景気が収束し、地元の消費者製品市場の縮小する傾向にあるという状況下で、中長期において、これまで第一次産業に集中していた経済基盤を真の意味でどのように構築ないし再建していくかということが今後の大きな問題である[1]。

　最後に、衛生状態に改善がみられないという住民の認識と密接に関係する、道路、水供給、下水といった生活インフラの問題に簡単に触れておきたい。BRR-RAN データベースによれば、例えば、2008年末までに約 66.8 km の下水道の建設・復旧が完了ないし進行中であり、洪水管理や海岸保全のカバーエリアは 20 km^2 を超えていた。だが、下水を備えた住宅数は合計で約 1,500 戸であり、同じ時期に建築された住宅のわずか 10% ほどであった。市政府スタッフに対するインタビューによれば、幹線の下水道は JICA などの海外の援助組織との協力によって提供されていたが、これらは地元の下水溝や各住宅と連結

されていないために使われたことがなく、最近小さな洪水が頻繁に見られるという。

　激甚被害のあった海岸地域での状況はもっと深刻で、そこでは下水道はいうにおよばず、上水道さえも復旧していなかった。例えば、海岸付近に位置するガンポンブランでは村内の上水道管網が復興事業で新たに整備されたが、市政府によって供給された幹線上水道管とは連結されていなかった。連結できない理由は、行政レベルにおいて、こうした施設の管理機構がないためである。地域内でそのような生活インフラを復興・管理する責任を、誰が、どのような手段によって行うべきかということは未だ明確ではない。生活インフラがうまく管理されない原因は、津波後の地域コミュニティ内の社会変動にも関係する。多くの住民は、コミュニティ単位で生活アメニティの管理を持続的に行ってきた、ゴトンロヨンと呼ばれる共同作業の衰退を指摘する。このことに関しては、いくつかの要因をあげることが可能であり、そのひとつは、国際NGOがアチェにおける緊急復旧スキームでしばしば行った、キャッシュフォーワーク形式の動員によって影響を受け、地域の共同作業に金銭的な見返りを求める人が増えたことである（田中ほか 2012）。

まとめ

　住民からみて、被災地の問題がどのように変化してきたかということと、どのような支援が役に立ってきたかということを概観してきたが、それらの背景にある地元社会の脆弱性と回復力に関する累進的な相互関係は、図4.2.5のようにまとめられる。

　まず、人口が稠密で、災害に対して脆弱な地域において最大規模のハザードがおこったアチェでは、破局的な被害が発生し、そのため、再建のための潜在能力がほとんど失われた。その後、地元住民がほとんど経験したことのないような、アチェ外部からの非政府部門による援助の大量流入によって、大きな回復力がもたらされた。こうしたNGOによる支援は、緊急に必要とされているものを満たすという問題は解決できた。だが、慢性疾患のような、地域に深く根を張る問題には能力不足であった。この背後にあるのは、場所ベースの総合

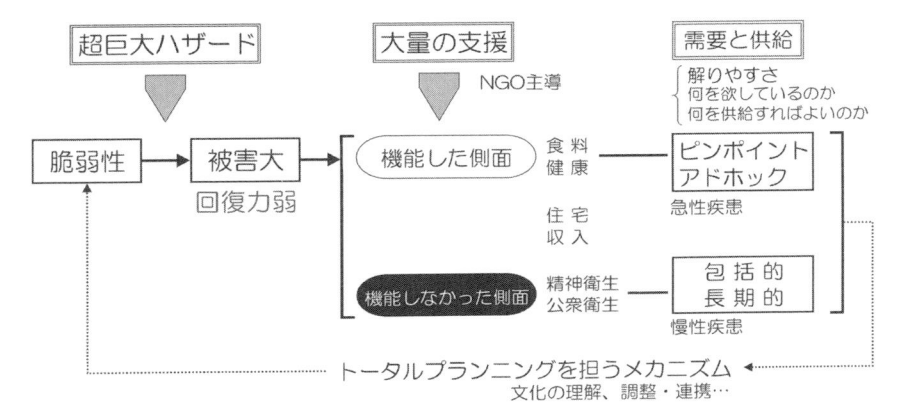

図 4.2.5　脆弱性と回復力の累進的相互関係

的なプランニング、再開発、調整に責任を有する災害後ガバナンス（Post-Disaster Gavernance：PDG）の欠如に関わる問題である。

　例えば日本では、通常、全国レベルから地域レベルまでの異なったレベルにおいて、復旧・復興計画の策定や様々な支援の取りまとめなどに際して地方政府がイニシアチブをとるという、行政主導のメカニズムがみられる。しかし開発途上国では、日本のようなメカニズムを適用することは難しい。したがって、組織間のネットワークというアリーナないしプラットフォームを確立することは喫急の問題である。それがなければ、こうした社会は将来の災害に対してもっと脆弱なものとなろう。

（高橋　誠）

注
1) 私たちのインタビューによれば、もとの農民や漁民の多くは、住宅や道路の建設、サービス業、他のインフォーマルセクターの臨時雇用に就いているという。また、被災した耕地や養殖池を修復するために集団的アクションをおこし始めた村も少なくないが、津波から4年後でさえ、甚大被害地域のあちらこちらで放棄された土地を目にする。

IV-3　個人と家族の状況

(1) 家族の死と再生

　本書の第 III-2 節において、田渕六郎は被災から 1 年が経過した時点での質問紙調査から、被災地の家族について次のように指摘した。

　第一に、被害構造として、親や子どもで高い欠損率が生じている。第二に、特に大きな被害を受けた地区で顕著な家族規模の縮小が生じ、その結果、家族構成の単純化がもたらされた。もっとも深刻なケースでは、自分を除く家族全員が死亡し、「家族の死」すらもたらされた。そのために、被災から 1 年を経過しているにもかかわらず、「家族生活」の復興すらまだ果たされていない人々が少なくなかった。第三に、こうした「家族の死」からどう家族が復興してくるかという将来の疑問が浮かびあがってくる。被害後から 1 年後においては、ケースとしては少数ながら、配偶者を失った男性 10 人のうち 2 人が再婚していた。こうして「今後、配偶者を失った者たちの再婚がどのように進んでいくのかは、今後の調査課題である」と指摘した。そして、「家族を失うという被害が、被災者たちが復興のためのリソースを獲得していく困難をもたらす」という意味において、「二重の剥奪」が生じていると指摘した。

　本節では、まず、被災 3 年後の質問紙調査から、そうした被災 1 年後に確認された家族の状況がどう変化したのかを追跡する。

　最初に、「再婚が多いのではないか」という予想について、3 年後どうなったのかを確認しておきたい。3 年経過時点において、回答者総数 693 名中 93 名 (13.4%) が再婚している。その再婚相手が、津波犠牲者（配偶者が津波によって死亡）が 31 名、津波犠牲者ではない人が 58 名である。全体としては、再婚率が高いことはうかがえるものの、この集計の仕方では配偶者を亡くした人の

表 4.3.1　地域の死亡率別の再婚状況

被害程度	再婚者数（人）	再婚率（％）	回答者数（人）
死亡率 70％以上	47	29.4	160
死亡率 15～70％	40	21.7	184
死亡率 15％未満	6	4.7	128
合　計	93	19.7	472

不明の回答を除く。

再婚率は不明である。

　ただし、表 4.3.1 にみるように、居住者の死亡率が高い地域ほど再婚率が高くなっていることは確認できる。70％以上の犠牲者を出した地域では、回答者の再婚率が 29.4％ に達している。

　さらに再婚した時期をみると、かなり早い時期に再婚をしていることもわかる。再婚時期は、2004 年 1 名、2005 年 44 名、2006 年 32 名、2007 年（調査時点まで）11 名となっており[1]、発災から 1～2 年の間に再婚している人が多い。

　家族の動向は、被災状況によって大きく異なる。家族員に被害がおよんでいない場合には、当然のことながら家族の変化はない。では、犠牲者が高い割合に達した地域では、どういった被害が家族におよび、その後、そうした家族はどういった変化を辿ったのであろうか。このことを検討するために、ウレレ海岸に隣接するガンポンピー村を取りあげ、具体的に家族の被害状況とその後の変化をみてゆこう。

ガンポンピー村におけるケーススタディ

　ガンポンピーでの住宅被害に関する回答（63 名）では、全壊 58 名、重度の破壊 0 名、軽度な破壊 4 名、被害なし 1 名である。軽度ないし無被害の世帯が含まれているのは、3 年の時点での居住者のうち、発災時にこの集落に居住していなかった人が含まれているためである[2]。回答者 63 名についてもう少し詳しくみると、それぞれ、発災時にこの地域に居住していなかった人が 7 名、（犠牲者が出ていると推測されるが）回答欄に死者数が明記されていない人が 5 名ある。これらの回答を除く 51 名中、それぞれ、家族内で犠牲者がいるのは 37 名、犠牲者がいない人は 14 名である。

表 4.3.2　被災以前と被災後の家族員数の変化

被災前の家族員数 （人）	被災後の家族員数							合計
	1	2	3	4	5	6	7	
1								0
2	2							2
3	2	2						4
4	8	1						9
5	4	2	1	1				8
6	3	2						5
7		1		2				3
9 以上		1	1		2	1	1	6
合　計	19	9	2	3	2	1	1	37

被災前の家族員数 8 人の家族はなかった。

　次に、家族内に犠牲者がいる 37 ケースに注目して、家族員がどう減少したのかを整理してみよう（表 4.3.2）。

　発災前の家族については、4 名以内の家族が 15 ケースと中心をなしているが、9 名以上の大家族が 6 ケースあり、家族員がもっとも多いのは 19 名の家族である。また、単身家族が 0 であったことにも注目しなければならない。アチェの社会では、成人になると定位家族から独立し、結婚前に一人で世帯を構成することはまれであったことがわかる。

　ここで取りあげたのは、家族員の中に犠牲者がいた家族のみであるが、それだけに被害の大きさがみて取れる。被災前の家族人数の分布パターンは 4 〜 5 名の家族がもっとも多く、さらに、10 名以上の大家族がみられたが、被災後になると、それ以前には存在しなかった単身家族が 19 ケースともっとも多くなり、単身あるいは 2 人家族の合計は 28 ケースにのぼり、全体の 4 分の 3 を占めている。当然のことながら、ここには家族全員が津波によって死亡したケースは含まれていない。この点も含めて考えると、津波が家族という集団に対して壊滅的な被害をもたらしたことがうかがえる[3]。

　津波による家族構造の変化の状況について、いくつかの事例を図示しながら具体的に紹介してゆこう。以下の図中では、それぞれ、△は男性、〇は女性、●▲は死亡、〇△は生存を意味し、R は調査回答者を示している。

　まず、アチェに典型的な拡大家族の事例である（図 4.3.1）。アチェでは、女

発災時

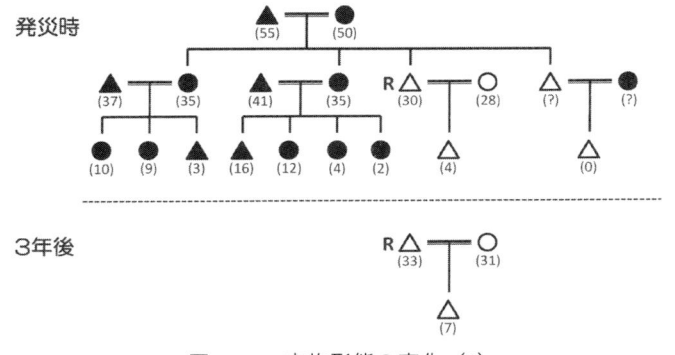

(図：家系図 — 祖父母(55)(△)、(50)(●)、その子世代として(37)(▲)—(35)(●)、(41)(▲)—(35)(●)、R(30)(△)—(28)(○)、(?)(△)—(?)(●)、孫世代(10)(●)(9)(●)(3)(▲)、(16)(▲)(12)(●)(4)(●)(2)(●)、(4)(△)、(0)(△))

3年後

R(33)(△)—(31)(○)
(7)(△)

図 4.3.1　家族形態の変化（1）

性が結婚後も定位家族内にとどまり、その夫が妻の家族員となることが多い。ただし、同じ敷地内の別棟で生活する場合も少なくない。伝統的には、結婚する際、女性の側が新居を用意することが一般的であったという。

　このケースでは発災時の家族は、2人の娘と2人の息子それぞれが結婚した後も、家族内にとどまって19名の大家族を構成していた。この家族内には、5組の核（夫婦関係）が存在していた。だが、津波によって14名が亡くなり、残った核もひとつだけとなった。3年後には、生き残った回答者の核家族だけが分離する形で、家族を構成していた。そのため、家族形態としても、拡大家族から核家族へと変化している。

　次の例も拡大家族のケースである（図4.3.2）。発災前すでに、祖父母世代の夫はすでに亡くなっており、4人の娘、1人の息子はいずれも結婚後も家族内にとどまって生活をしていた。そのため、この家族内には5組の核が存在していた。しかし、津波によって、それまで14人の家族の員のうち12人が亡くなり、わずか1組の夫婦だけが生き残ったにすぎない。3年後、その夫婦に子どもが生まれ、現在は3人の核家族を構成している。

　次の例も、同じ拡大家族の例であるが、13名の家族中7名が死亡、残った5名の1組の核家族と独身の娘が1名が津波から生き残った（図4.3.3）。1組の核家族から世帯分離する形で、この調査の回答者である当時20代後半の娘が

図 4.3.2　家族形態の変化（2）

図 4.3.3　家族形態の変化（3）

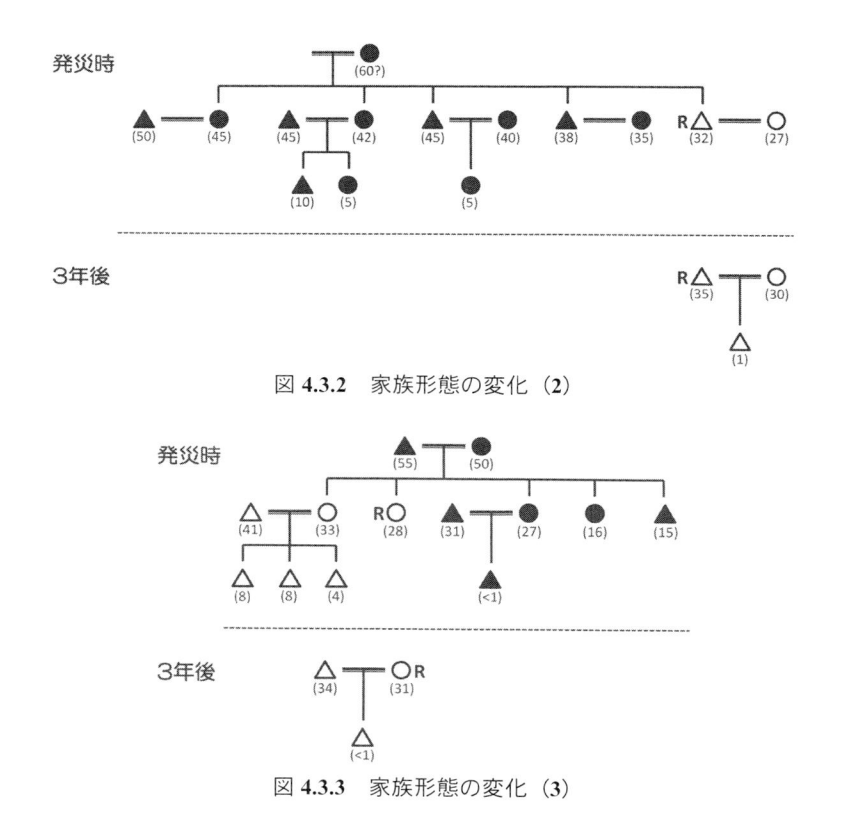

結婚することで、新しい家族を構成した。

　以上のように、拡大家族の場合には、甚大な被害を受けた後、核家族という小さな家族の形をつくっている。

　では、直系家族の構成をとっていた家族の場合はどうであろうか。

　三世代5人家族であったケースでは、母親と1人の妹を津波で亡くした結果、家族が縮小し、現在は核家族という形で暮らしている（図4.3.4）。

　同じ直系家族の家族構成をとっていたケースでは、6人家族の中で、自分1人が生き残った（図4.3.5）。この場合には、配偶者や子どもたちを津波で失ったが、その後2005年8月に、被災者ではない新しい配偶者と再婚を果たし、

IV-3 個人と家族の状況　179

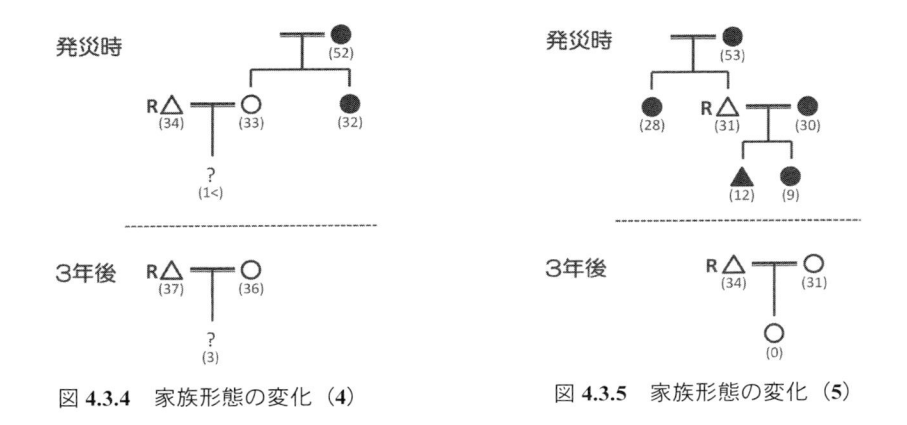

図 4.3.4　家族形態の変化（4）　　図 4.3.5　家族形態の変化（5）

新しい子どもを設けている。このケースでは、再婚により新しい家族が再生されている。

　以上の家族とは異なり、両親が死亡した後、未婚の兄弟で一緒に生活している家族もみられる（図 4.3.6）。そのケースでは、長男を除いて家族全員死亡してしまった。1 人残された長男は、その後 2007 年 6 月に、被災者ではない人と結婚し、新しい核家族を形成している。

　以上みてきたように、配偶者が死亡した場合には、再婚のケースがかなり多い。ガンポンピーのデータでは、再婚のケースは 14 例みられる。しかも、1 例を除いてすべて、妻を失った男性が再婚したケースである。調査時点での、再婚した男性の年齢をみると、最高齢は 52 歳、次いで 51 歳であるが、大半は 40 代、30 代となっている。

　再婚あるいは結婚するケースがあるいっぽうで、その後ずっと単身世帯での生活を余儀なくされているケースもある。母親と未婚の息子 3 人との家族のケースである（図 4.3.7）。ここでは、息子全員が死亡し、年老いた母親だけが残されたが、3 年後の現在も 1 人で生活している。男性であれば、あるいは女性であっても年齢が若ければ再婚という選択もありうるのであろうが、女性の老人の再婚という事例は、この村の場合にはみられない。

　津波によって自分以外の家族全員が死亡したケース（総数 19）で、しかも、

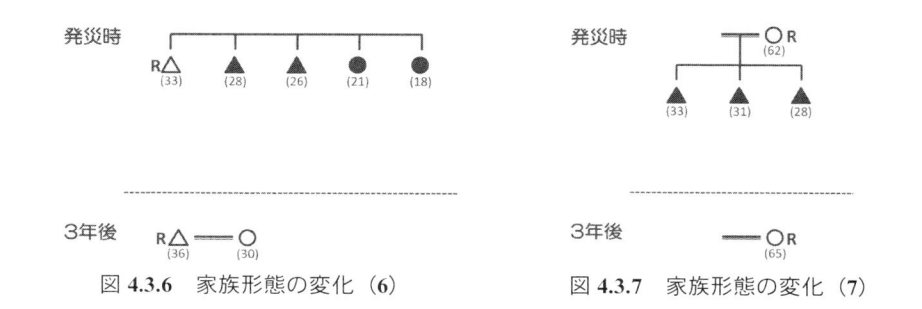

図 4.3.6　家族形態の変化（6）　　　　　図 4.3.7　家族形態の変化（7）

　3年後でも単身家族のままなのは4ケース存在している。上記の62歳（発災時の年齢、以下同じ）母親単身のケース以外には、42歳の男性の単身、24歳の女性の単身、23歳の男性の単身というケースがみられる。これら3ケースは、今後、再婚あるいは結婚する可能性が高い。次いで、2名という小規模な家族は2ケースあり、ひとつのケースは27歳の女性と19歳の男性の兄弟の家族、もうひとつは42歳の母と19歳の息子という家族である。これも、将来結婚して、家族員が増加する可能性が高い。

　最後に、上記の表から除外した、家族に犠牲者がいなかった14家族について、3年間の変化をみておこう。

　家族構造、家族員数ともに変化のみられない家族は6ケース、家族構造そのものには変化がみられないが子どもが増えた家族は3ケースある。さらに、結婚して新しい家族が形成されたケースが4、母子家庭（母と娘）のまま変化なしが1ケースである。この家族は家族員には被害はなかったものの、家屋は全壊であった。

　ガンポンピー村のケースでみてきたように、津波が集落全体に壊滅的な打撃を与えた地域では、家族員数の減少は顕著であり、家族規模は著しく縮小している。家族構成の点でも、アチェ社会に伝統的な拡大家族は核家族へと形を変え、さらに、直系核族も核家族へと形を変えている。こうした変化が家族制度そのものの変化につながるのか、一時的な家族形態の変化にすぎないのかを判断するだけの資料は、現在のところ持ち合わせてはいない。

家族の死から再生へ

　こうした「家族の死」あるいは「家族の縮小」という現象のいっぽうで、再婚率が高い。このことは、アチェ社会が「家族の再生率」がきわめて高いことを物語っている。すでにみてきたように、3年後の現在でも一定数の単身や小規模家族が存在している。老女が一人取り残されたようなケースを除いて、おそらく、それらは新しい家族形成に向かうと予想される。

　アチェの災害復興において、家族・親戚はきわめて重要であった。もっとも頼りになった集団が親戚だという回答は、被災後1年間に関して83.5%に達しており、3年後の調査時点でも多少減少しているものの、依然として69.1%にのぼっている。

　被災1年後の時点における質問紙調査からは、「家族の死」が被災者に「二重の剥奪」をもたらしていると指摘した。しかし、大津波はたしかに多くの家族に「家族の死」をもたらしたものの、その後の変化をみると、寡夫となった男性を中心に再婚が進み、さらに、新しい結婚による家族形成が進んでいる。こうした家族の再生や形成は、同時に、新しい親戚関係の形成が進んでいることを意味しており、その新旧の親戚関係が復興において重要な役割を果たしていると推察される。この復興過程における親戚の重要な役割という問題を、公的支援の不十分さを補っているにすぎないと消極的に評価することもできる。しかし事実として、壊滅的な破壊から家族が再生し、新たな親戚関係が取り結ばれながら復興を進めてきたという事実は、改めて確認されなければならない。つまり、3年間の家族の変化は、新しい家族の再生と新たな親戚関係の形成という「二重の再生」を示しており、そのことが災害復興を私的なレベルで支えてきた力となっているといえよう。

（田中重好）

(2) 3〜4年間の空間移動

　第II-4・5節及び第III-1節に引き続き、それらと同じデータを用いながら被災1年後から現在（被災4年後）に至るまでの被災者の空間移動について説明し、被災直後から4年後までにわたる、人々の空間移動の全体像をまとめてお

こう（図 4.3.8）。

　まず、前の時期（被災 1 年後まで）に引き続いて 14 名の回答者が修復された自宅、あるいは新たに建てられた復興住宅に入居し、これで、すべての回答者が被災前の居住地に戻った（なお〈3〉は現住地に戻ったことに明確に言及していない）。帰還時期としては被災 2 年から 2 年半後が 8 名と過半数を占め、3 年から 4 年を要した回答者も 3 名いた。一般に深浸水地域よりも浅浸水地域における方が帰還時期が早いが、被害程度が同じような場合、帰還時期と帰還場所とには明瞭な関係は見出しがたく、おそらく復興援助や復興資金などの個別事情が関わっていると思われる。自宅に帰還する前の滞在地としては、ほぼ全員が自宅付近のバラックやテントをあげており、これも前の時期の傾向を引き継ぐものである。また、仕事の再開、援助機会の利用、借金などの生業や生計に関わる事項、再婚や出産など家族の再生に向かう動きなどに言及する回答者が多いことは、この時期の特徴である。

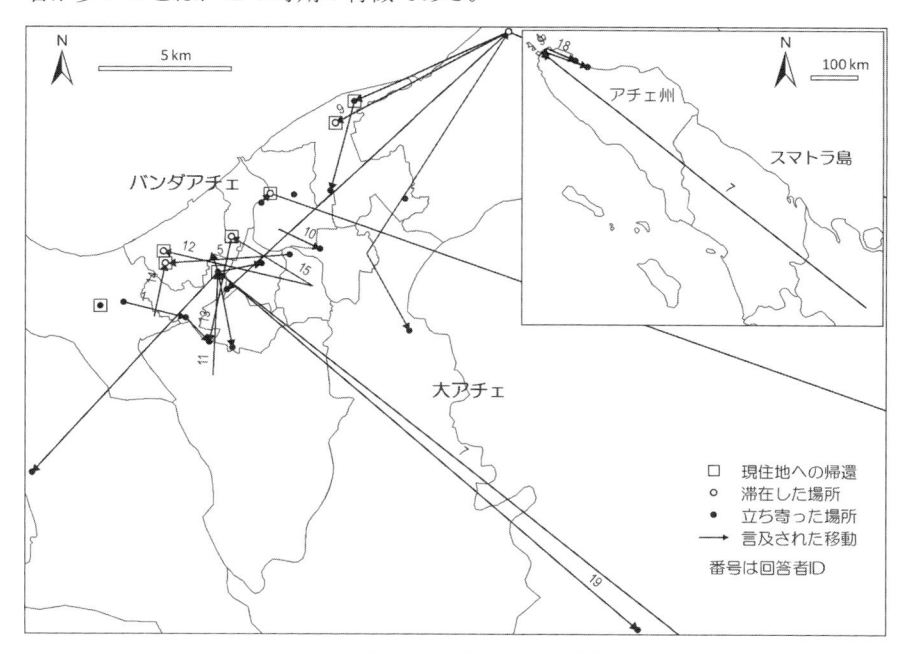

図 4.3.8　被災 1 年後以降の空間移動

津波警報システムの誤報騒ぎや、ほかの村の復興状況、津波博物館や避難所の建設などのほか、言及された場所として地図上に表現されるわけではないが、回答者自身の町や村における社会構造の変化などに対する言及が増えてくるのも、この時期のもうひとつの大きな特徴である。

全体としては、回答者の生活が被災前の姿に戻りつつあると思われる。言及された場所に関しては、大アチェ県内やアチェ州内に広がっていた、それまでの時期とは異なり、全体としてバンダアチェ市内と、せいぜい隣接地域にとどまる傾向がある。このことは、あくまでも回答者による言及ということに留意する必要があり、必ずしも移動範囲が狭くなったことをそのまま意味するわけではないが、回答者自身の記憶に残るようなドラマチックな移動が少なくなったことも事実であろう。

被害者の空間移動のまとめ

これまで述べてきたことは、すでに指摘されてきたことを被災者の具体的な行動から確認したにすぎないかもしれない。しかし、被災者の記憶にある場所や移動を地図に落とし込むことによって、重大な事実がみえてくることもある。図 4.3.9 は、被災直後から 4 年後までの空間移動を、被災者が関係した場所の被災地からの同心円的な広がりを念頭に置きつつ模式的に描いたものである。ここでは、以下の 4 点をまとめておこう。

第一に、地震発生時から津波襲来までの時間、回答者（すなわち生存者）のとった避難行動は、一部を除いて、大きな空間的移動を伴うものではなく、建物の上階への垂直移動によって特徴づけられた。しかし、そうした回答者の大部分は浅浸水地域におり、深浸水地域では付近に逃げ込む高い建物があったきわめて幸運なケースに限られる[4]。そのとき自宅にいなかった回答者は、ほとんどすべてが自宅に戻ろうとし、結果的に海岸から離れる方向に移動したために命を救われた。いっぽうで、水に呑み込まれて流された回答者は意外に多かった。地震のときに津波を想像し、そのことが避難行動につながったケースはなかった。

第二に、被災当日昼頃からの移動をみると、実際に救援活動が行われたと思

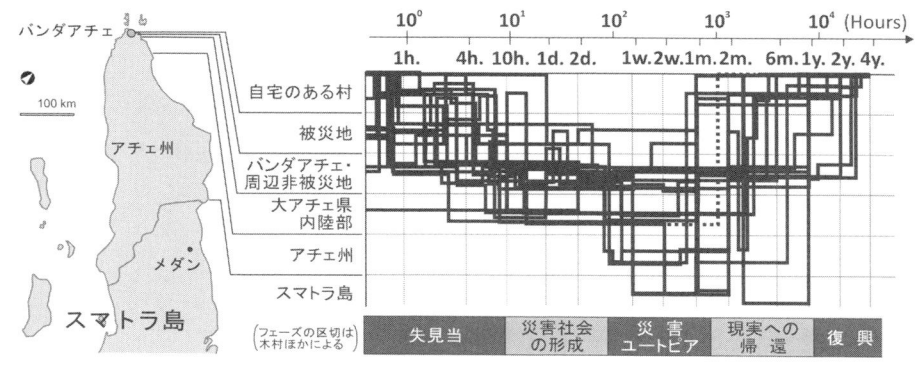

図 4.3.9　4 年間の滞在場所の空間移動

われる公園や広場、病院が当座の行き先になった。当日夜以降の行動に関しては、津波の影響下になかったバンダアチェ市内南東部ないし隣接地域の商業中心地が被災者と非被災者とを結ぶサービスセンターとして重要であり、大アチェ県内の内陸に位置する親戚宅や知人・友人宅が一時的な滞在場所となった。その意味で、こうした離心的な移動の背景には、都市をめぐる既存の中心地構造や社会的ネットワークがある。そして、被災後 1 か月間においては、ほぼ全員が被災地であった自宅のあるところから退去している。それは、それまでの局地的生活圏の壊滅的な物理的破壊に加え、生活資源へのアクセスの欠如によってもたらされた、いわば歪められた空間による強いられた退却であった。

　第三に、被災からの時間が経過するにつれ、もっと遠方の大都市におよぶ移動がみられるようになるが、興味深いこととして、伍（2008）が中国系住民の復興支援に関して東南アジアから台湾や中国本土をめぐる華人ネットワークの広がりを指摘したのと対照的に、少なくとも被災者自身に対する私たちのインタビューの中では、ジャカルタやシンガポール、クアラルンプールといったスマトラ島外の都市や外国の場所に対する言及はみられなかった。生活環境の劣悪だったバンダアチェ周辺の避難民キャンプにずっと滞在することを余儀なくされた回答者は、そういう非常時に機能する広域的ネットワークを持たなかったか、あるいは親戚等も被災者であったかのどちらかであると思われる。また、

何人かの語りからは、携帯電話やSMSといった新しい通信ツールが特に安否確認のためにうまく機能したことがうかがえる。

　最後に、被災後1か月頃から、逆に被災地に戻ろうとする移動がみられるようになり、それは、最初は清掃や片づけなどを目的とした一時的滞在場所と自宅との往復という形で始まり、次いで自宅付近の避難所のバラックやテントに（再）入居する動きになり、最終的に被災3年後にはほぼ全員が被災前の居住地に帰還を果たした。回答者が帰還を計画する際に重要視したのは、住宅の復興や生業の再開であり、それらを具体的に可能にする援助物資へのアクセスの有無であった。それゆえ、同じ時期に帰還しようとする動きとは逆に一部の回答者に遠方へ移動する動きがみられたのも仕事や教育上の都合のためであり、また内陸部に疎開した人たちは親戚や友人などへの遠慮以上に、非被災地にいたら援助が受けられないのではないかという焦りを感じていた。私たちのこれまでの調査によれば、援助団体間の公的な調整メカニズムはほとんど機能せず、復興援助にあたってイニシアチブをとったのは支援する側で、多くの支援がいわば場当たり的に被災者に渡った形跡がある。つまり、被災者にとって、たとえ住めるような環境になかったとしても、援助団体にとって目につきやすい激甚被災地やその近くの避難所に早く戻ることが、多くの援助を得る最善の方法ではなかったかと推察される。

　この最後のことは、「帰還」へのエネルギーが様々な制約条件を上回った結果であると捉えることができる。もう少し抽象的にいえば、アチェにおいて、家族や地域社会（ガンポン）のメカニズムが人々の社会生活の中に埋め込まれており、その意味で「ガンポンは単なる集落ではなく、人々の精神の拠り所」として理解するべきである（Mahdi 2009）。もちろん、現実的には、生産財としても財産としても重要な土地の所有に関わったり、ローカルな生態系とのつながりの上に成り立つ生業と関係したり、実際、NGO主導による住宅復興が人々の帰村を支援したりするという側面もある。また「帰還」には、当初バンダアチェ市復興計画の青写真において海岸部がバッファーゾーンに指定され、居住が一時的に禁止されたが、その後政策が転換され、こうしたトップダウン方式からコミュニティベースの復興に軸足が移ったことも関係している。そして、何よ

りも人が住むことで、破壊され歪められた空間の修復が進められてきた。

　以上に述べてきたことがらは、あくまでも予察的な分析の結果であり、イベントのカウントの仕方や、場所の分類や同定の方法などについては、おそらく再考が必要である。とりわけ最後に述べた問題は、ハザードの種類が地盤型か津波型かといったことにとどまらず、大都市か農村部かといったローカリティ、あるいはアチェ社会をめぐる文化的背景などとも関わるように思われる。

　また、ここでは回答者自身の関わった行動のみに焦点を置き、語りの中で言及された家族、知人や友人、隣人の行動については割愛した。このことは、例えば行方不明になっていた家族同士の再会について議論するためには必要であろう。最後に、ここでは被災後の各時期における回答者の行動について集合的に整理したもので、必ずしも個人に焦点を置いたものではない。あるいは、最初に提起した問題に立ち戻れば、こうした行動の記録からどのような知識を形成し、それをどのようにして地元社会に埋め戻すことができるだろうか。これらの点に関する検討は今後の課題である。

（高橋　誠）

注
1) 2004年12月26日に地震が発生していることを考えると、2004年に再婚したという回答は記憶違いかもしれない。
2) この地区は海岸に隣接しており、高さ10mに達する津波が押し寄せた。そのため、辛うじて建物の姿をとどめていた建物はモスクと、3階建てのムラクサ病院だけであった。
3) 推測するに、家族員の中での生存者が1名のみというケース、その生存者が発災当時、外出していて家にいなかったために被害を免れたという場合も少なくないと思われる。
4) その意味で、何人かの語りの中でも言及されている津波避難ビルの建設は、そのような建物が必要になるほどの規模の津波が次に襲来するまでそれが維持されるかどうかや、現地の人たちによって同種の構造物が維持・更新されるかどうかといった問題を別にすれば、意味のないことではない。

Ⅳ-4　コミュニティの死と再生

(1) 生活復興の遅れと復興のエージェント

　本書の第Ⅲ-2節で前述したように、今回のスマトラ地震では海外からの災害支援が大規模に行われた。とりわけ主役を演じたのは、非政府部門の国際NGO、国連といった国際機関、そして二国間・多国間援助の枠組みを通した外国政府であった。インドネシア政府においては、復興に関わる業務はBRRによって専ら担われた。BRRは、アチェ州および北スマトラ州ニアス島の地震津波からの復興・再建のために、中央政府直轄として特別に設置された現地機関である。2005年4月に発令、同年5月より実際に活動を開始した。

　図4.4.1は、BRRが描いた復興計画のスキームである。当初の震災復興のス

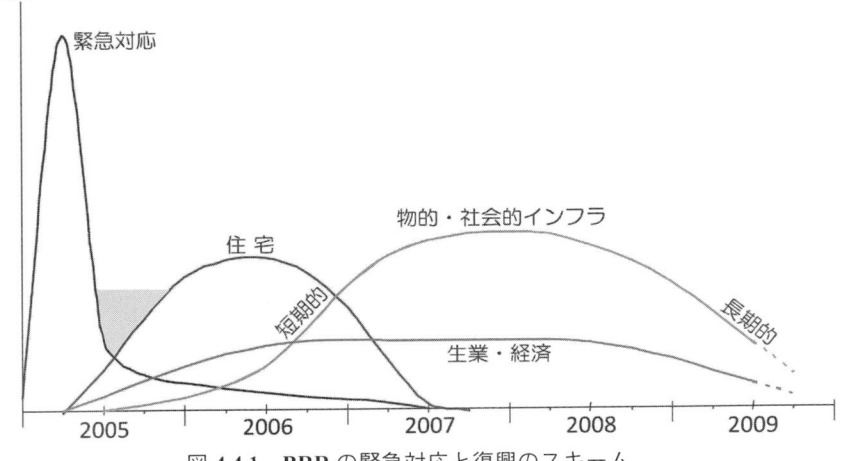

図 4.4.1　BRR の緊急対応と復興のスキーム
注：BRR（2005：19）による

キームでは、被災後1～2年（2005～2006年）でまず住宅復興を進め、その後、生活・生産活動に関する復興に主力を移すことが想定されていた。

では、発災から2年を経過した時点で、住宅の復興はどのように進んでいたのであろうか。BRRの報告書（BRR 2006）では、仮設住宅が14,637戸、恒久住宅が51,682戸完成したと報告されている。当初、推定されていた110,000戸の住宅が必要という数値を前提とすれば、2年経過した時点でも58,682戸が不足していることになる。

バンダアチェに地域を限定すると、住宅復興は、全体としては順調に進んでいるようにみえる。BRRのデータベースでは、そこでの建築計画戸数は11,505戸、建築着工戸数は8,777戸となり、進捗率は76.3％となっている。こうした数値をみると、約半数の住宅が完成していないという報告と矛盾するようにみえる。

問題なのは、入居の現状である。同じデータからは、バンダアチェでの入居計画戸数5,012戸、入居中のものは1,478戸、入居率は29.5％にとどまっていると報告している。実際に、バンダアチェ周辺では、外観からみると完成しているように見える復興住宅が、実際には、床の仕上げ、窓やドアの取りつけ、電気工事や下水工事などが未完成のままで、未入居の住宅を数多く眼にする。

なぜ、住宅復興は、当初描いていたスキームより大幅に遅れたのであろうか。今後の発展途上国の災害復興を効率的に進めるためには、この問題を検討することは重要である。大幅に遅れた理由は、次の四つが考えられる。

第一の、もっとも直接的な理由は、被害の甚大さに起因する。バンダアチェにおいては、海岸近くで10m近い津波に襲われ、鉄筋コンクリート、ブロック造りの住宅が全壊し、さらに地盤も浸食された。そのため、住宅再建に着手する前に、土地境界や土地の所有権を再確定し、相続人の確認を行わなければならなかった。そもそも、当地域では土地所有権の登記が少なかったといわれており、また今回の被災で登記簿自体が水に浸かってしまい、その作業はほとんど慣習法に従わざるをえなかった。被災から2年後の時点で、公式には17,390か所の土地境界確定が完了している（BRR 2006）とされるが、慣習法を司るコミュニティのリーダーが欠損したところも多く、その作業は想像以上

に時間と手間がかかったと推測される。

　第二の理由は、復興に関わるエージェント間の関係から生ずる問題に起因している。災害史上、スマトラ地震ほど大きな国際的な支援が集中した災害はない。世界各国からの表明された支援額は 22 億 6 千万ドル（実際の拠出額は 19 億ドル）、非政府部門からの救援金額はそれより多い 42 億ドルに達した（ジラルデ 2005：22-23）。そのため、バンダアチェを中心として、海外からの支援組織は、例えば 2005 年 4 月の時点の UNOCHA（国連人道問題調整支援室）への登録数で 535 団体に達している。インドネシア中央政府に加え、国連機関、外国の軍隊や政府機関、さらにインドネシア国内外からの大小様々な NGO（これがもっとも多い）が、様々な分野で、各コミュニティにおいて援助活動を開始した。その結果、例えばバンダアチェ中心部近くに位置し、ほとんどの建物が全壊したランプロ村においては、性格を異にし、規模や目的の異なる 15 の団体（外国政府援助機関 3、国連機関 1、国際 NGO10、民間企業 1）が、住宅復興をはじめインフラ整備、保健・衛生、教育など様々な分野で支援を行うために、ひとつのコミュニティに押し寄せた（Suhirman 2006）。そのため、特に最初の 1 年間は、被災地にはある種の「援助バブル」、「NGO バブル」を引きおこした。同時に、そのことは支援団体間の調整を困難にしていった。さらに悪いことには、地方行政機構の崩壊と機能不全、被害の甚大であった地域でのコミュニティの崩壊とも連動して、援助団体間の調整メカニズムが働かなかった（高橋 2007）。その結果、豊富な援助資源が存在していたにもかかわらず、それらを集約し、総合的視点から復旧計画を立案し、それに沿って必要な分野に適切に振り向けていくことができなかった。

　第三の理由は、住宅を取り巻く都市全体の復興計画の欠如と、それに起因する資源の無駄使いや重複、必要な分野での資源の欠如である。復興計画は、当初トップダウン的にマスタープランを策定し、それに沿った形で実施計画を履行していくやり方が目指されたが、それを実現する中核組織もなく、方針変更を余儀なくされた。その後、コミュニティごとに、コミュニティが制御する発展計画（Community-driven Development）に切り替えられた。さらに、こうした復興計画上の紆余曲折に加え、本来政府の仕事に一元化されるべき、幹線

道路、港湾、上下水道などのインフラ整備事業も、海外支援に頼らざるをえなかった。そのため、住宅復興にとっての外部条件がなかなか整わなかった。被災から3年後でも、バンダアチェ市内における激甚被災地では、いまだに国際NGOによって運用される給水車が大型の水タンクに給水を続けていた。

　第一から第三の理由に関連して、復興段階におけるコミュニティの役割をまとめておこう。緊急段階においてコミュニティは外部支援組織と被災者との媒介組織として重要な役割を果した。また土地区画の確定でも、コミュニティ内の利害関係の調整役として活躍した。しかし、復興段階に入ると、媒介機能と利害調整機能とを、ともに、うまく果たせていない。外部から押し寄せる高額な住宅再建資金の配分や活用には、コミュニティはかつてほど重要な働きをしていない。コミュニティの力、あるいは守備範囲を超えて、復興の動きは進んでいる。

　第四の理由は、市場メカニズムに起因する。豊富な資金を持って、住宅復興に乗り出した国際的な援助組織が直面したのは、まず、建築資材の高騰、住宅関連資材の確保困難、それらを輸入しようとした際の通関での滞貨、建築労働者の確保困難、建築業者の契約違反、契約の途中放棄などであった。そのため、建築途中で建設が中断されたままになったケースが少なくなく、さらに、それらの支援団体と国内建築業者との間で完成引渡しができずに、そのまま放置されているものも多い。その結果、住宅建設は一定程度進んでいるにもかかわらず、入居できない住宅が多数生み出された。一般に大規模災害の場合、その直後には、価格の釣り上げや不正取り引き、詐欺まがいの行為などが横行する。そのため、通常、政府機関は監視を強め、公的セクターから市場への介入や規制などによるコントロールに腐心する。しかし当地では、実際発災後1年間で物価が41％上昇したという報告もあり、公的市場への監視・介入がうまくいっていない。おそらく、政府機関の機能不全に加え、もともと公的な建築基準や土地利用規制の欠如など、途上国でよくみられるように「弱い政府」の下で市場介入が極力避けられてきた政府風土があったことも影響していると思われる。

(2) コミュニティの「死と再生」

　以上の四つの直接的な理由の背後に、もっと根本的な問題の存在を指摘した

い。それは、巨大な津波によってコミュニティ自体が「消滅」したことである。上述した BRR のスキームの鍵ともなるべきコミュニティが欠落してしまっていた。スマトラ津波は、物理的破壊にとどまらず、地域の経済的・社会的・政治的・文化的存立基盤そのものを崩壊させた。

　津波災害は、海岸から 2〜3 km に至る地帯で、土地流出や家屋破壊にとどまらず、家族そのものの崩壊をもたらした。家族全員が死亡し、あるいは家族のうち 1〜2 名しか生存していないケースが多い。家族という集団を崩壊させただけでなく、それが持っていた広域的な親族ネットワークを一時的にせよ分断した（田渕 2006）。また、そこのことが自律的・内生的な復興のための経済的資源を剥奪した。コミュニティに関しても、モスクなどの物的基盤も大きな被害を受け、構成員の 8 割以上が死亡し、コミュニティリーダーを失い、コミュニティ集団もテント村で辛うじてその枠組みを維持しえたのみであった。コミュニティが力を取り戻し、その力を復興に振り向けるには長い時間が必要であった。このように、おおよそ 3 m 以上にもおよぶ津波の直撃を受けた地域では、小さいコミュニティが一時的には消滅した。

　現地調査で出会ったふたつのコミュニティを紹介する（後掲の表 4.6.2 も参照）。ここで取りあげる地域は、歴史あるウレレ港に隣接し、海岸から 1 km も離れていない。そのため、津波は 5 m 以上の高さに達し、村内の一般住宅はすべて全壊した。

　第一のコミュニティは、ガンポンピーである。建物はすべて全壊、死亡率は 88.4％に達した。ここでは、3 年後の現在、NGO によって建設された 157 戸の住宅は、ほぼ入居が完了している。さらに、BRR が 51 戸の住宅を建設中である。完成した住宅の中には、わずかに、現在でも「住んでいない」住宅があるが、この村のリーダー（グチ）によれば、それは家族の成員の大半（特に両親）が死亡し、子どもだけが生存、その子どもが村外に住む親戚の家で扶養されているために、この村にまだ戻っていない家の住宅とのことである。

　この村では、住宅再建の過程で、土地境界の問題でトラブルは発生していない。もちろん、村内の生活環境はまだ整備されていない場所を多く残してはいるものの、路地に沿って植樹がなされていることからもわかるように、住民の

「身近な」環境整備が進んでいる。それは、村の共同作業、ゴトンロヨンによるものも少なくない。村によっては、国際NGOの支援の一環としてキャッシュフォーワークが行われて以降、無償の村の共同作業に住民が参加しなくなったというリーダーの嘆きが聞かれるが、この村ではゴトンロヨンが継続している。現在、「村内に問題はない」とグチは述べている。

　第二の事例は、ガンポンピーに隣接するガンポンブランである。建物はすべて全壊、死亡率は85.8％であった。この村は、外観からみる限り、津波被災後に区画整理が行われ、公園用地のオープンスペースも確保されており、道路も舗装されている。そのため、順調に村の再建が進んでいるように見える。しかし、実際には、村内の共同利用施設にも、個人個人の使用する住宅にも、多くの問題が存在する。

　上下水道の共同施設は未整備であり、大雨が降ると水害もしばしば発生する。上水道がないため、現在でも給水車が住宅を巡回し、個人住宅では、大きなタンクに飲み水を供給してもらっている。おそらく、海岸から1kmも離れていないために、井戸を掘っても塩水が混じり、飲用には適さないのではないかと推察される。さらに、区画整理で直線化された道路に沿って建設された側溝工事が中断されたり、住民自身が車の出入のために側溝を埋めたりしたため、側溝に水が流れなくなっている。もっとも深刻なのは、大雨が降ると、道路が冠水してしまう問題である。この地域は、海岸近くの低湿地で、もともとは埋め立て地の上に住宅が建てられた地域を含んでいる。もともと低い地域であるのに加えて、津波によって表土が流出したと推測される。こうした地形的条件を持っているにもかかわらず、住宅再建の際にこうした低地の排水について対策がなされなかった。

　いっぽう、個人住宅に関しては、この村でもBRRが140戸、World Visionが70戸の合計210戸の住宅建設が「完了」している。しかし、一見するとわかるように、多くの住宅は空き家である。さらに、居住が始まっていない住宅の中にはすでに壊れ始めているものもあり、もっともひどいケースでは、窓ガラスはもちろん屋根のトタンも剥がれ、室内に蔦などが侵入しているものもある。被災3年後の現在、村のリーダーによれば、人の住む住宅は60戸程度で

あろうとのことであった。すると、空き家は150戸ということになる。

このように、ふたつのコミュニティでは建物の入居率は異なる（コミュニティ回復の速度が異なる）ものの、社会組織としてのコミュニティはともに再生が進んでいる。

コミュニティの再生のもとで、家族の再生が進んでいる。死亡率が高い地域では、津波災害は家族の規模の縮小あるいは消滅（配偶者の死、家族集団の解体）をもたらした。しかし、こうした地域でも、配偶者を失った人の再婚、単身者の結婚、未成年者の親戚への引き取りなど、様々な意味で家族の再生が始まっている。

ガンポンブランにおけるケーススタディ

ここでは、住宅入居が遅いガンポンブランのコミュニティの再生に絞ってみてゆく。ガンポンブランでは、津波前には約300家族、人口約1,300人が暮らす村であった。村のリーダーによれば、このうち生存者は64名のみであった。かつての家屋数は110戸、ひとつの家屋に2～3家族が生活する、大きな家屋が建ち並ぶ村であったという。

ここでは、地域内の住宅は、家の土台やタイル張りの床面だけを残して、すべて破壊された。こうした物理的な破壊にとどまらず、成員やリーダーの死亡によって、コミュニティ組織そのものも「死」を余儀なくされた。津波があらゆる構造物を持ち去り、さらに土壌すら流出した後、誰も住んでいない場所だけが残された。そこには、コミュニティという組織もなくなった。

被災後、同じコミュニティの人々は、多くの場合、避難所で一緒に避難生活を送った。親戚などに一時避難していた人々とも、連絡し合って暮らしていた。その意味では、かつてコミュニティのあった場所にコミュニティ組織はなくなったが、地域的に分散しながらも、コミュニティを再生に導く、生存者同士の社会的ネットワークは維持されていたのである。

こうした社会的なネットワークを活用しながら、村人はかつてコミュニティのあった場所に戻り始め、そして、そこで組織を再びつくり直し、コミュニティの再生を進めてきた。

津波から3か月後、7人の村人がこの地域に戻って生活を始めた。この7人は全員男性の若者であった。この地域で生活を再開した当時、国際NGOのWorld Visionがテント、食料、水などを支援してくれたという。この7人以外の生存者は、地域外で、避難民キャンプや親戚の家に身を寄せていた。

　7人の若者に、この村出身でジャカルタ在住のエンジニアが加わり、彼をリーダーとして村の「開発委員会」が4か月後に組織された。この村の開発委員会は、World Visionの支援を受けて、この地にバラックの建設を進めた。このバラックは2005年5月に完成し、そこに25家族が戻ってきた。

　この過程で、World Visionは、「今後、ここに住むのか、それとも他に転居するのか」と聞いてきたという。当時、政府は海岸から2～3 kmを津波の緩衝地域（バッファーゾーン）に指定し、そこでの住宅建設を禁止すると表明していた。しかし、「今後とも、ここに住みたい」という人々の意向を受けて、村の開発委員会は、UNICEFからの協力を得て地域内の空間計画を策定し、その後、住宅建設が開始された。

　その後、まだ地域外で暮らしていた人も含めて、生存者全員で選挙を行い、コミュニティの事務担当、4名のトゥハプット（第III-3節を参照）を選出した。ただし、このときには、コミュニティの最高責任者であるグチを選出しなかった。津波来襲直前にそれまでのグチの任期が切れていて、地震発生当時はグチ選挙の準備期間にあり、グチは空席であった。グチが空席のときに、しかも、まだ混乱が収まらない状況で、グチの選挙はできないと判断して、この時点ではグチの選挙を実施しなかった。

　ガンポンブランで、こうした形の選挙が行えたということは、この地域に戻っていない人が、どこに生活しているのかを生存者同士が知っていたということであり、生存者間の社会的なネットワークが持続していたと考えられる。

　World Visionは、バラックの建設後、70戸の住宅を建設した。この70戸の住宅のうち58戸は、村開発委員会が建築業者を直接雇って住宅建設を進めた。しかし、建設業者の能力が低くて、質の悪い住宅しか建設できなかったという。そのため、残り12戸は村の執行部が直接建設した。

　いっぽうのBRRは、2006年に初めてこの地にやってきて、村の開発委員会

と交渉を開始した。そして、開発委員会はBRRに再建が必要であった住宅戸数140戸分を申請した。BRRのやり方では、BRRが建築業者に直接発注し、建設業者が地域内に住宅を建設する方式をとった。そのため、開発委員会は建築業者と直接的な交渉をする機会を持たなかった。

その半年後、140戸の住宅が完成した。住民は、建築業者から完成した住宅の鍵を手渡された。だが、住宅の質があまりにも悪くて、住民は失望したという。そこで、住民は建築業者に抗議したが、業者は「われわれは雇われただけ」と取り合ってくれず、他方BRRにも訴えたが、何の対応もしてくれなかった。同様な声、すなわち「BRRに要求したが、回答がない」という声は、他地域のコミュニティのリーダーたちからもたびたび聞かされた。

この村では、BRRのガイドラインによる再建のための公的な委員会を組織していない。BRRは、住宅建設及び村開発促進委員会（Komite Percepatan Pembangunan Perumahan dan Permukiman Desa：KP4D）や集落開発チーム（Tim Pembangunan Kampung：TPK）が、復興のために末端行政地区あるいはコミュニティごとに特別に組織することを要請した。それらの仕事は、主に、住宅再建のための基礎データを作成し、BRRに申請することである。また、土地所有関係の整理を行うのも、こうした委員会の仕事といわれる場合もあった。おそらく、コミュニティごとに地域組織が多様であるため、BRRの対応機関として、各コミュニティに公的再建委員会を組織し、復興を促進しようと考えたのである。しかし、われわれのインタビューでは、ガンポンブランに限らず、こうした組織を設置していない村も少なくなく、また、こうした組織が設置されていても、BRRが期待するような役割を果たしていないケースもあった。われわれの現地調査では、土地の境界画定などの仕事は、実際には、既存のコミュニティ組織によって進められているケースが多かった。さらに、こうした委員会が設置されていても、そこには行政代行のための費用や権限の裏づけがないことなど、任に当たった委員の中には、この種の組織に関して不満を訴える者もみられた。

ガンポンブランでは、こうした委員会を組織せず、村の再建のために独自の開発委員会を組織した。この開発委員会は、住宅建設事業が終了後、自然消滅

している。その後、2007年4月になって、正式にグチとトゥハプット（残りの複数名）の選挙を実施した。

　以上のケーススタディからわかるように、コミュニティの再生のために地域内部において重要なのは、ネットワーク、リーダーシップ、社会組織、そして空間である。被災後、同じ村の生存者たちは同じ避難民キャンプで生活していた。その他、それぞれの親戚の家などに避難した。そうした分散的な状況の中でも、生存者どうしで連絡を取り合う社会的ネットワークが維持されていた。このネットワークに基づいて、かつて村のあった場所への帰還が進められてきたが、その際、その場所で生活を続けてゆけるのかどうかの情報も遣り取りされたと推測される。もちろん、もとの地域での生活を始めるには、水や食料といった生活必需品が手に入るのか、仕事が再開できるのかといった情報とともに、外部の支援がその場で得られるのか、あるいは避難している今の場所よりも「条件のよい」援助が手に入るのかといった支援情報も重要であった。

　生存者の社会的ネットワークに基づいて、コミュニティ組織が「かりに」立ちあがってくる。それは、地域にとっても最大の課題である住宅再建に取り組む組織であった。その組織は、国際機関や国際NGO、国内NGOだけではなく、中央政府直轄のBRRや地方政府と交渉するためにも必要であった。この組織の成立のためには、リーダーの選出が不可欠であった。このリーダーは、被災前と同じように、グチやトゥハプットなどであった。こうした組織とリーダーシップの確立に基づき、地域の空間整備、社会基盤の整備や再生と住宅の再建が進められ、その進捗に合わせて旧住民の帰還が進んだ。さらに、立地条件に恵まれた一部の地域では、復興住宅が賃貸住宅化され、新しい住民を迎えている。こうして最終的に、コミュニティ組織の正式な再建が実現してゆく。

　しかし、地域内部の条件だけで、コミュニティの再生が可能となったわけではない。コミュニティの再生には、外部からの支援が必要であった。それらは、被災直後の水・食料・シェルターといった物的支援だけではなく、コミュニティ組織の再組織化にアドバイスを与え、外部組織との連絡や交渉を促進した。例えば、再生の過程で一旦は津波緩衝地帯設定のためにかつての村の場所に住宅の再建を禁じられても、外部の組織・団体の支援を受けて、もとの場所

へ住宅を再建し、人々の帰還を果たすことができた。このときに、いわばアドボカシーともいえる機能についてもっとも活躍をしたのが、インドネシアの国内外のNGOであった。

(3) 被災後のコミュニティの役割

　以上、スマトラ地震の緊急対応と、3年後までの復興過程を概観しながら、特に国際NGOが重要な役割を果たしてきたことを確認した。さらに、こうした緊急対応と復興の過程を通して、被災者と外部支援組織との媒介となるコミュニティの役割が、「見えにくい」かもしれないが、重要な役割を果たすことを明らかにした。最後に、このことについて整理しておこう。
　まず確認しておかなければならないことは、激甚な災害に見舞われた場合には、コミュニティ自体が消滅する、コミュニティが死に至ることである。第二に、コミュニティ全体が被災した場合には、コミュニティ内部には緊急対応のための社会的資源（食料や医療品を含む）も、その後の復興のための社会的資源（資金力など）も残っていない。その点で、コミュニティは、単独で復興できないという意味では無力である。しかしながら、第三に、外部からの支援が行われる過程では、外部支援団体と被災者との間をコミュニティが媒介する。このことは、緊急時の生活維持にとって決定的に重要である。アチェの場合には、政府・地方行政が被災状況や被災者のニーズを把握できなかったため、状況を把握し、被災者のニーズに関する情報を支援団体に伝え、さらに、支援物資の分配などにコミュニティは重要な働きをした。この点では、コミュニティは無力ではない。第四には、生活復興が本格化するにしたがって、コミュニティは、緊急段階に果してきた重要な役割、つまり媒介機能を独占的に担うことから変化し、その役割は限定されたものになる。コミュニティからみて、本格的な復興の流れは、「自らの力を超えた」制御不可能なものとなる。
　第五に、一旦「機能が限定的になった」コミュニティの中には、住宅再建とともにその重要な役割を主体的に担い、同時に、それ自体の再生も進めてゆくケースもみられるようになった。被災3年目のバンダアチェの住宅再建プロセルをみると、地域による差異は依然として大きいものの、どの地域でもコミュ

ニティの再生が進んでいる。復興過程全体からみた場合、コミュニティの力は退潮している場合もあるが、コミュニティそれ自体の再生は進展している。

　第六に、コミュニティの再生にとって、地域の内部条件としては、生存者の社会的ネットワーク、リーダーの選出、コミュニティ組織の再建、そして空間の再構築が鍵となる。さらに、こうした内部条件を後押しするものとして、外部のエージェントが重要な役割を果たす。

　全体として、開発途上国の災害における緊急対応や生活復興の過程において、コミュニティは重要な働きをしており、それを「うまく活用する」ことが災害対応の重要な鍵となるのである。そのため、今後の途上国の災害研究において、コミュニティの構造と役割に着目してゆくことが必要となる。

(田中重好)

Ⅳ-5　復興支援の状況

　先にみたように、スマトラ地震が持つひとつの特徴は、それが「グローバルな災害」へと発展したということである。ここで「グローバルな災害」になったということは、単に被災地や被災者が国境を越え世界中におよんだということにとどまらず、災害の緊急支援や復興を担う責務が、国境を越えた様々な主体によって引き受けられるようになったということを意味する。そこには様々な社会的要因が関与する。例えば、津波が来襲している瞬間の映像が世界中を駆け巡ったこと（＝情報化社会の進展）、クリスマス休暇で世界中からやってきた多くの観光客が被害にあったこと（＝観光化と観光のグローバル化）などである。もちろん、これらの基本的背景には、社会全体のグローバル化がある。

　この災害が「グローバルな災害」になったことによって、災害支援を担う国家や団体は多数にのぼり、支援金額も莫大なものに達した。とりわけ、最大被災地インドネシアのバンダアチェでは、インドネシア中央政府や国連機関、外国の軍隊や政府機関など、様々な主体が早い段階から多様な援助活動を開始した。繰り返し述べてきたように、少なくとも数量的には、インドネシア内外の非政府組織（NGO）がもっとも大きな重要性を占めるようになり、バンダアチェにおける支援活動の中核を担う存在になった。

　ここで重要なのは、そうしたNGOが具体的にどのような支援活動をいかに展開してきたかということである。災害が今後よりいっそうグローバル化していく中で、外部、とりわけ外国からの支援が大量に流入し、それらは緊急支援や復旧・復興といったあらゆる場面において重要な役割を果たすことが予想される。とりわけ発展途上国では、先進国に比して一般に政府による災害救援体制が未整備であり、それを補う意味でも、海外からの支援はますます重要とな

ろう。それゆえ、バンダアチェにおける NGO 支援の具体的な諸相を描き出すことは、今後の国際的な災害支援のあり方を問う上で重要な作業である。

いっぽう、支援の輪がグローバル化する中で、例えば NGO 間や、NGO と地域コミュニティとの間に、どのような相互関係を築くことが「もっとも効率的な支援を可能にするか」という問題もある。実際、被災後のバンダアチェでは、数多くの支援組織が集中して押しかけたために混乱を生じ、それは支援の調整メカニズムの欠如をいっそう際立たせることになった。災害支援のあり方を考える上では、政府や NGO といった性格的に異なる組織間の行動をめぐる調整メカニズムを検討することも重要となる。以上を踏まえ、本節では、特に NGO に焦点を置き、バンダアチェにおける海外支援の実相と支援組織間の調整メカニズムについて明らかにする。

（1）バンダアチェにおける NGO 支援

まず、バンダアチェ市内での災害復興支援における NGO の活動実績を概観する。データソースは、アチェ・ニアス復旧復興庁（BRR）の BRR-RAN データベース（http://rand.brr.go.id/RAND/、最終アクセスは 2009 年 2 月 26 日）である。具体的には、以下の 9 項目に焦点を当てながら、2004～2008 年の期間に行われた国際 NGO（以下、INGO）と国内 NGO（以下、NNGO）の活動をバンダアチェ市の下位の行政区（区：kecamatan）別に整理した。すなわち、①実際に支援活動を行った NGO の総数と INGO・NNGO 別割合、②支援活動コストの総額（要求額）、③活動パートナー（第 2 レベル）[1]の数、④活動パートナー（第 2 レベル）の属性（INGO、NNGO、民間部門及びコミュニティ、国連、二国間、学術機関、政府機関、国際金融機関 IFI、BRR 事業部門 SATKER、その他）、⑤活動の資金援助母体数、⑥資金援助母体[2]の属性と割合、⑦資金援助の形態（補助金、貸付金、補助金及び貸付金、詳細不明）、⑧大まかな活動領域（経済開発、行政費用、インフラストラクチャー、住宅及び土地、社会、組織開発、保健、教育、宗教、空間計画及び環境、分類不能）、⑨具体的な活動内容（収入増加、雇用創出、男女平等の推進、地域参加の促進、女性と子ども、災害リスク軽減、環境改善、国家計画の遂行、行政能力の確立、その他、分類不能）である[3]。

NGO の総数

　まず、バンダアチェ市内で活動を行ってきた NGO の総数と、国際・国内の別を確認しておこう。表 4.5.1 にみるように、2004～2008 年の期間に活動を行った NGO は、延べ 878 団体にのぼっている。ただし、この数は BRR に登録した団体のみである。例えば、短期間で 1 回限りの活動しか行っていない小規模な NGO は、未登録の場合も少なくなく、そのため、この数値は、NGO の活動をみるときの「下限の数値」と考えることが妥当である。

　経年変化をみると、地震発生が 2004 年 12 月 26 日だったため、2004 年の数値が少ないのは当然だとしても、団体数は翌 2005 年でもっとも多く、320 団体に上っている。2005 年をピークに、その後は緩やかに減少し、4 年後の 2008 年には 108 団体となり、全盛期の約 3 分の 1 となっている。

　多くの NGO はバンダアチェに入り、そこでの活動の後、アチェ州内の他地域へと展開している。このことは、バンダアチェが州都としてアチェ州の政治や経済の中心であったこと、量的には被害者がもっとも多かったことのほか、2005 年 8 月にいわゆるアチェ紛争が一応の結束を迎えたことと関係している。

　INGO と NNGO との割合は、経年変化をみる限り、それほど変化しておらず、それぞれ全体の 3 分の 2 と 3 分の 1 という割合でほぼ一定している。実数をみると、INGO は 2005 年の 207 団体から 179 団体、130 団体、74 団体へと減少し、この間に数多くがバンダアチェから撤退したことがわかる。いっぽう、NNGO については、2005 年の 113 団体から 82 団体、49 団体、34 団体へと変化している。減少率としては、国際・国内別に大きな差異は見られないが、実際に減少した NGO 数では INGO の方が多い。

　NGO 事務所でのインタビューによれば、INGO が実際の事業を展開する際

表 4.5.1　バンダアチェにおける国際・国内別の NGO 数の推移

年	国際 NGO		国内 NGO		合計
2004	8	80.0 （％）	2	20.0 （％）	10
2005	207	64.7	113	35.3	320
2006	179	68.6	82	31.4	261
2007	130	72.6	49	27.4	179
2008	74	68.5	34	31.5	108

表 4.5.2　バンダアチェにおける支援額（米ドル）の推移

年	全体	重度の被災地	軽度の被災地
2004	47,259,737	39,184,344　(82.9)	8,075,393　(17.1)
2005	1,975,080,350	1,597,105,489　(80.9)	377,974,861　(19.1)
2006	1,111,289,397	834,232,681　(75.1)	277,056,716　(24.9)
2007	1,102,951,372	891,887,100　(80.9)	211,064,272　(19.1)
2008	1,050,007,705	849,712,579　(80.9)	200,295,126　(19.1)
合計	5,286,588,561	4,212,122,193　(79.7)	1,074,466,368　(20.2)

（　）は、全体（行）に占める割合（％）。

には、国内ないし地元の NGO と協力して、あるいはときには、事業を委託する形で活動を行ったケースも少なくない。表 4.5.1 にみる INGO と NNGO との並行関係の継続は、そうした安定的な関係の存在を意味しているのかどうかは別として、両者の NGO 間に一定の関係が存在することを推測させる。

　いっぽう、支援金額に着目すると（表 4.5.2）、団体数の経年変化とは異なる趨勢が浮かびあがってくる。たしかに 2005 年は約 19 億 7 千万ドルと支援額のピークを示しているが、それ以降は毎年ほぼ 11 億から 10 億 5 千万ドルで推移し、団体数の変化ほどの減少率を示していはいない[4]。すなわち、多くのNGO が撤退し始めた 2006 年以降も、少なくとも支援額でみる限り、一定の援助が続いていたといえる。

地域的な被害状況と支援

　次に、こうした団体の地域別の特徴についてみておこう。

　その前提として、区別の被害状況を確認しておこう。第 II 章でみたように（図 2.3.2 参照）、ムラクサ、クタラジャ、クタアラム、シアクラ、ジャヤバルは、海ないし内湾に接するか、海岸から連続した低平な湿地帯に位置し、津波の被害が大きく、相対的に死者・行方不明者率が高い。これらの 5 区を「重度の被災地」と呼ぶ。いっぽう、海に面していないバンダラヤ、バイトゥルラフマン、ルングバタ、ウレカレンは、物的・人的な甚大被害を与えた、浸水高およそ 3 m 以上の津波流の到達線よりも内陸に位置し、その被害は小さい。これらの 4 区を「軽度の被災地」と呼ぶことにする。

表 4.5.3 重度の被災地と軽度の被災地との比較

年	全体	重度の被災地	軽度の被災地
全NGO			
2004	10	7 (70.0)	3 (30.3)
2005	320	212 (66.3)	108 (33.8)
2006	261	174 (66.7)	87 (33.3)
2007	179	124 (69.3)	55 (30.7)
2008	108	67 (62.0)	41 (38.0)
国際NGO			
2004	8	6 (75.0)	2 (2.9)
2005	207	136 (65.7)	71 (34.3)
2006	179	117 (65.4)	62 (34.6)
2007	130	87 (66.9)	43 (33.1)
2008	74	44 (59.5)	30 (40.5)
国内NGO			
2004	2	1 (50.0)	1 (50.0)
2005	113	76 (67.3)	37 (32.7)
2006	82	57 (69.5)	25 (30.5)
2007	49	37 (75.5)	12 (24.5)
2008	34	23 (67.6)	11 (32.4)

数値は団体数、括弧内は各年次における割合（％）。

　支援額を被害程度ごとにみると、当然のことながら、重度の被災地への支援額が多い（表4.5.3）。しかし、ここで注意しなければならない点は、軽度の被災地での支援には重度の被災地の住民への支援も含まれているということである。というのは、軽度の被災地には、激甚被害地域の住民が、支援を受けた仮設住宅に入居する場合があるためである。

　NGOの活動は実際どこで行われたのか、また、それは被害の程度によって異なっていたのだろうか。表4.5.3をみると、およそ3分の2のNGOは重度の被災地で支援活動を行っているが、残り3分の1は軽度の被災地で活動していることがわかる。そして、この割合は、経年的にも変化がほとんど見られない。さらにINGOとNNGOとの間では、重度の被災地と軽度の被災地との間における比率も、経年変化の動向も、ほとんど一致している。

　以上のことから推測されるのは、INGOとNNGOとに共通して、一定の地域的な活動のすみわけが安定的に行われていたのではないかということである。

表 4.5.4　バンダアチェ市におけるNGOの大まかな活動領域（経年変化、全体）

活動領域	2004	2005	2006	2007	2008	合計
経済開発	2	148	95	63	47	355
	15.4	20.6	17.1	16.5	19.4	18.6
行政費用	—	30	31	36	21	118
		4.2	5.6	9.4	8.7	6.2
インフラ・住宅・土地	7	104	77	49	27	264
	53.8	14.5	13.8	12.8	11.2	13.8
社　会	2	93	79	57	40	271
	15.4	13.0	14.2	14.9	16.5	14.2
組織開発	—	54	37	12	7	110
		7.5	6.6	3.1	2.9	5.8
保　健	2	101	78	45	23	249
	15.4	14.1	14.0	11.8	9.5	13.0
教　育	—	96	81	68	30	275
		13.4	14.5	17.8	12.4	14.4
宗　教	—	15	19	7	8	49
		2.1	3.4	1.8	3.3	2.6
空間計画	—	10	4	2	5	21
		1.4	0.7	0.5	2.1	1.1
分類不能	—	66	56	43	34	199
		9.2	10.1	11.3	14.0	10.4
全NGO数	3	108	87	55	41	

活動領域の数字は、上段：団体数、下段：各年次における構成比（％）。

NGOの活動内容

次に、NGOがどういった活動を行っていたのかをみてみよう。

表 4.5.4 は、NGOの大まかな活動領域を示したものである[5]。全体としてもっとも多い項目は経済開発の355団体であり、次いで、教育275団体、社会271団体、保健249団体、分類不能199団体となっている。いっぽう、少ない項目としては、宗教、空間計画などである。さらに中位の項目としては、行政費用118団体、組織開発110団体などである。

いくつかの項目については、少し説明が必要である。例えば、空間計画については、ほぼ壊滅的な被害を受け、土地境界も曖昧になった地区で、集落の住戸配置、道路網やコミュニティの共同施設（集会所や公園など）の計画策定を支援するものであろう。ちなみに、バンダアチェでの土地登記がなされている割合は津波前で10％程度といわれている。また後述するように、スマトラ地

震では、行政施設への直接的な被害にとどまらず、職員の死亡も相当数にのぼった。通常の行政サービスを復旧させるために、相当のコストが必要であったと考えられる。例えば、職員研修や幹部教育など、行政機関の再建に対して支援が必要であった。組織開発については、具体的な内容は不明だが、おそらく、そういった行政支援に並行して実施されたものであろう。例えば、地域保健活動のための拠点整備が進められているが、保健活動のための施設整備にとどまらず、制度そのものの新設あるいは改正が必要であったと考えられる。

こうした活動領域が時間的にどう変化したのかをみるために、各年次の団体数総計を分母に、それぞれの割合をみると（表4.5.4）、2004年を例外として、全体として各項目の構成比はほとんど変わっていない。例えば、もっとも団体数が多い経済開発については、2005年には20.6％、2006年には17.1％、2007年には16.5％、2008年には19.4％と推移しているが、その変化は小幅なものにとどまっている。経済開発のように、構成比の大幅な減少が見られないということは、当該の項目に関する支援の必要性が減少していないということを間接的に物語っている。しかし、やや減少傾向を示す項目もあり、それは、例えば、組織開発（2005年7.5％から2008年2.9％）や保健（2005年14.1％から2008年9.5％）である。

表 4.5.5　バンダアチェ市におけるNGOの大まかな活動領域（経年変化、指数）

活動領域	2005	2006	2007	2008	合計
経済開発	100	64	43	32	355
行政費用	100	103	120	70	118
インフラ・住宅・土地	100	74	47	26	264
社会	100	85	61	43	271
組織開発	100	69	22	13	110
保健	100	77	45	23	249
教育	100	84	71	31	275
宗教	100	127	47	53	49
空間計画	100	40	20	50	21
分類不能	100	85	65	52	199
全NGO数	100	78	53	34	
実数	717	557	382	242	1,911

2005年の団体数を100としたときの指数。

以上の問題を別の角度から考えてみよう。もっとも団体数が多い2005年を100とした指数によって、その減少傾向をみたのが表4.5.5である。これをみると、もっとも減少傾向が少ないのは行政費用であることがわかる。それに対して、2005年の団体数からほぼ3分の1にまで減少している項目として、経済開発（32）、インフラ・住宅・土地（26）、教育（31）があげられる。さらに減少率が大きなものとしては、組織開発（13）、保健（23）がある。

以上の「大まかな活動領域」は、あくまで領域を示しているにすぎない。活動内容がより明確になるのは、表4.5.6の活動内容の集計である[6]。これをみると、5年間全体としてもっとも多い活動内容の項目は、収入増加のための支援（332団体）である。次いで、コミュニティエンパワーメントにつながる地域参加の促進（327団体）、雇用創出（266団体）である。全体としても、収入増加や雇用創出などの経済的支援が中心である。

しかし、男女平等の推進といった、やや予想外な項目もあり、活動を行ったNGOも5年間で延べ223団体と多い。これと密接に関連するのは、女性と子どもという項目であろう。被災後の支援として、男女平等や女性などの項目が

表4.5.6　バンダアチェ市におけるNGOの活動内容

活動内容	2004	2005	2006	2007	2008	合計
経済的支援	3	258	160	118	59	598
収入増加	1	142	93	62	34	332
雇用創出	2	116	67	56	25	266
社会的支援	4	251	199	153	86	693
男女平等の推進	－	93	63	40	27	223
地域参加の促進	4	117	92	77	37	327
女性と子ども	－	41	44	36	22	143
防災・環境支援	1	101	56	63	22	243
災害リスク軽減	－	10	1	13	1	25
環境改善	1	91	55	50	21	218
行政的支援	1	168	79	70	30	348
国家計画の遂行	1	93	45	35	14	188
行政能力の確立	－	75	34	35	16	160
その他	5	101	77	44	16	243
分類不能	5	93	85	53	42	278
総　計	19	972	656	501	255	4,285
全団体数	10	320	261	179	108	878

現れてくるのは、被災前の女性の社会的地位、さらに、それに連動して被災後の女性が災害弱者となりやすいことに密接に関連していると推測される。また、災害リスク軽減という項目は、大災害の後の支援としては意外なほど少なく、災害文化を将来に向けて育成していくための支援は、少なくともNGOに関する限り少ない。

　この表を、収入増加と雇用創出を経済的支援、男女平等の推進、地域参加の促進、女性と子どもを社会的支援、災害リスク軽減と環境改善を防災・環境支援、国家計画の遂行と行政能力の確立を行政支援としてそれぞれ再分類してみると、全体としては、経済的支援よりも社会的支援の方が多くなる。

（伊賀聖屋・田中重好）

(2) 支援組織間連関と調整メカニズム

　ここまでは、バンダアチェ市におけるNGOの支援状況を概観してきた。次に、NGOを中心とした支援組織間の関係性についてみていくことにする。

　支援と復旧・復興をめぐる組織間の関連性は、被災から緊急段階、復旧段階と時間が経過するに従って大きく変化する。それに伴って、調整メカニズムのあり方も様相を異にする。アチェ州の場合は、大きく分けて、BRRが実質的に機能する前後で大きく異なる。BRRは、2005年4月に中央政府の直轄で組織化され（実際の活動開始は2005年5月）、アチェ州都バンダアチェに設置された。しかし、実際の動きをみると、BRRが設置された瞬間から大きく変化したわけではなかった。私たちの様々なインタビューによれば、BRRが所期の役割を果たすようになったのは、設置から半年後、被災から1年ほど後であると考えられる。そのため、被災から1年までを第一段階、1年目以降を第二段階として整理することができる。

被災1年前後までの組織連関

　第一段階では、実質的には、図4.5.1にみるような組織連関であった。しかし、この段階では、地方政府組織はそれほど機能していない。発災後、アチェ州の知事、バンダアチェ市の市長を欠いた上に、地方政府職員も数多く津波により

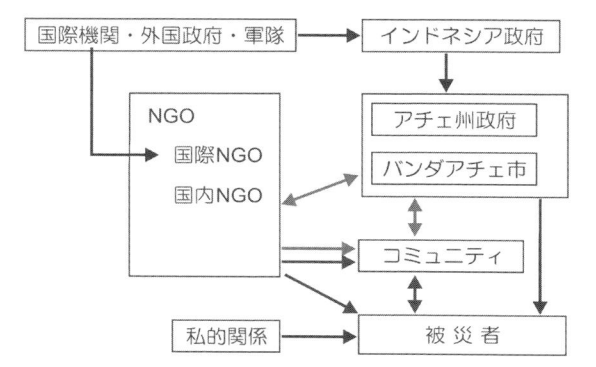

図 4.5.1　バンダアチェの災害復興をめぐる諸集団・組織連関
（被災後 1 年前後まで）

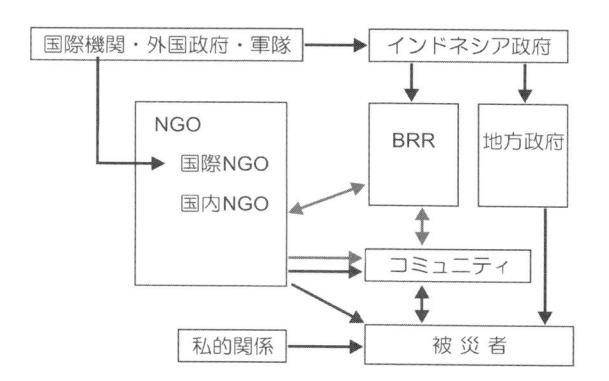

図 4.5.2　バンダアチェの災害復興をめぐる諸集団・組織連関
（被災後 1 年以降）

死亡したためである。また、庁舎が津波被害を直接被ったことも、行政機能の低下に拍車をかけた。このような中で、バンダアチェにおいて、援助団体としてもっとも活躍したのは国際機関や INGO であった（田中 2006）。

　このときの支援の組織連関としては、《NGO －地方政府－コミュニティの三角形》は、うまく機能していない。重要なのは、《NGO －コミュニティ－被災者の三角形》であった。とりわけ、この《NGO －コミュニティ－被災者の三角形》の中で、コミュニティが重要な役割を果たした。アチェ社会からみたと

きに「よそ者の団体」であるNGOなどが被災者救援に重要な役割を果たしえたのは、コミュニティを媒介にすることができたからであった。その意味では、コミュニティは、緊急時にNGOから被災者へと支援を仲介するという重要な役割を果たしたといえる（Suhirman 2006；田中 2006）。

　いっぽう、大量に被災地に押しかけたNGO間の関係も、それほどうまく連携が取れていなかった。被災後1年目の調査を通して、Suhirman（2006：154）は、「災害救援組織間の関係はうまく運営されていない」と報告している。また、地震発生以前からアチェで調査を続けてきたKirsten Schulzeは、次のようにまとめている。

　　緊急救援の段階では、支援活動はコミュニケーション、インフラや調整をめぐる問題に苦しめられてきた。調整は、国際NGOと派遣部隊との間、INGO間、INGOと地元NGOとの間、INGOと地方政府との間と、あらゆるレベルで困難だった。それは、部分的には団体間の競争、縄張り争い、民間と軍部との反目の結果であった。さらに、それは新しくやってきたよそ者の「専門家」や、ほとんど予備知識も持たずに地域を「乗っ取る」行為から生ずるものであった。……政策づくりに必要な地元住民との意義ある協議も、地元に関する知識もしばしば欠如していた。アチェに「賦課された」［復興の］ブループリントをはじめとしたインドネシア政府の取組みにおいても、地元の人々との協議はなかった。……

　　復興段階[7]でも……援助資金の提供者の間での協議は実施的に欠落していたし、INGOと地元NGOとの間の協議は最低限にとどまっていた。また、これらのNGOとインドネシアの種々の政府機関との間の協議は、官僚制の形式主義的な手続きの中に埋没してしまっていた。その結果、復興が単に「緩慢である」というだけではなく、いかなる団体が、なぜ、どのような活動を行っているのかという情報が、さらに重要なのは、なぜ［緊急を要することなのに］あることがらが実行に移されないのかということに関する情報が、あらゆる点にわたって欠落していた。

　　　　　　　　　　　　（Schulze 2005：27、［　］は引用者による）

コミュニティレベルでみてみても、被災後2年を経過した時点でも、こうした援助団体相互の調整は、草の根レベルではうまく機能しなかった。例えば、甚大被災地ではひとつの村に大量の団体が押し寄せ、様々な分野の支援活動を行った（Suhirman 2007）。そのため、先に量的視点からみたように、特に最初の1年間は、被災地にはある種の「援助バブル」、「NGOインフレ」が引きおこされたばかりではなく、その援助団体間の調整は困難であった。

被災1年後以降の組織間連関

　被災1年後以降、BRRは実質的な機能を発揮するようになったと考えられるが、組織連関図は図4.5.2のように大きく変化した。当初、BRRには、低下した地方政府機能の補完や、中央政府による復興支援の効率化といった働きのみならず、「NGOインフレ」とも呼ぶべき大量のNGO間の調整を図ることも求められた。それゆえ、BRRが組織された後、NGOと政府組織との定期的な連絡会議が持たれるようになった。第一段階においては、組織間には《NGO－地方政府－コミュニティの三角形》と《NGO－コミュニティ－被災者の三角形》が存在していた。しかし、第二段階では、《NGO－地方政府－コミュニティの三角形》に代わって、《NGO－BRR－コミュニティの三角形》が現れ、後者が前者を補うようになった。さらに、第一段階で重要な働きをした《NGO－コミュニティ－被災者の三角形》が、《NGO－地方政府－コミュニティの三角形》と連携をとって動き始めた。

　いっぽう、組織間連関には、NGO間の関連もある。高橋（2007：61）は、発災から2年後の調査報告において、NGO組織間に三つの相互連携・調整の場が現れたと述べている。第一は「特定のテーマに関するセミナーやワークショップ」、第二は「ローカル地域の場面で支援者間、あるいは支援者と被支援者との間で自然発生的に起こる対面接触」、第三には、例えば国際赤十字やCARE、Oxfamといった「各国支部を持つような大規模」なINGO内部において、連携や調整が行われるようになった。このような調整が可能になったのは、BRRが定期的に支援組織を集めた定例会を開催し始めたこと、インターネット上に各支援団体の活動をめぐるプラットホームを設けたことなどが大きな影

響を与えている。

　このような中で、次第に BRR と NGO（特に INGO）との間や、NGO 相互間（特に INGO と NNGO との間）において、連携と調整が進んでいった。

　しかし、このような調整が進んでいったにもかかわらず、全体としてみれば、「支援団体間の調整メカニズムが働かなかった。その結果、豊富な資金資源が存在していたにもかかわらず、それらを集約し、総合的視点から復旧計画を立案し、それに沿って必要な分野に適切に振り向けることができなかった」（田中・高橋 2008a：64）。

おわりに

　最後に、アチェでの支援に関していかなる特徴が見られるかという点についてまとめておきたい。

　まず、外国から大量に支援組織が流入したことを指摘できる。バンダアチェ市における NGO の活動に焦点を当てると、とりわけ被災直後の 2005 年は団体数も支援額も突出して多く、一種の NGO バブルの様相を呈した。2008 年までの 5 年間については、NGO 数が年々一定割合で減少し、その中には、おそらくアチェからの撤退や、アチェ州他地域への活動拠点の移転が含まれるが、支援額に関しては 2006 年以降ほぼ 10 億ドル程度で推移した。NGO の活動地域としては、ほぼ毎年、重度の被災地が 3 分の 2 程度、軽度の被災地が 3 分の 1 程度であり、一定の地域的な活動のすみわけが示唆された。活動の領域は、経済や住宅、保健から教育や宗教、空間計画に至る多様な分野がカバーされた。しかし、時間的変化をみれば、経済開発や住宅、保健といった災害支援に関して、いわば定型化されたものは被災直後に集中する傾向があった。その意味で、何が喫緊のニーズかということが、少なくとも NGO 数をみる限り、うまく汲みあげられた可能性がある。いっぽうで、社会やコミュニティ・エンパワーメントなど、より長期的な取組みを必要とするプロジェクトに参加した NGO も多い。そのことは、女性の社会的地位のように被災前の社会の状況と密接に関わり、津波被災とその後に続く紛争の終結とを直接のきっかけとした長期的取組みの一部であると評価できよう。

もちろん、こうした支援組織の短期的かつ大量の流入は、それら相互間及びそれらと被支援者との間の調整に混乱をもたらした。この原因のひとつは、地方政府機能の極端な低下であり、それは地方政府の物理的・社会的脆弱性と関わる。つまり、司令塔ともいうべき、こうした政府機関の被災は予め想定されるべきことがらであり、また被災国の行政制度の状況や対応能力、財政的状況などは支援者組織が予め理解しておくことを求められる。この後の章節でみるように、被災当初の調整機関として地元政府ではなく国連組織が重要な役割を果たしたのは、おそらくこのような事情によるものと考えられる。

　実際に支援を進めるにあたって、被災状況に関する迅速で、正確な情報収集が不可欠である。しかし、今回の災害では、被害状況に関する情報収集が迅速にできなかった。大きな被害を被ったにもかかわらず、その被災状況が1週間以上伝わらず、その結果支援が入らなかった地区も少なくない。被災状況の情報が整理されなかった理由としては、第一に情報を収集・整理する主体が機能しなかったこと、第二に軍隊や国連、大規模INGOなど、独自のアセスメントを行った機関間の情報交換がうまく行われなかったこと、第三に情報収集の基礎的条件であるコミュニケーション手段や道路網などに大きな被害が発生したこと、第四に長期の紛争のために、紛争の激しい被災地に入ることそれ自体が危険であったことなどが指摘される。

　支援組織の多様性は、そのような調整をいっそう難しいものにしている。これは言語や文化、ミッションや活動手法の違いにとどまらない。例えば、一定規模以上の、組織化の程度も高いINGOは少なくとも同じようなINGOとの間で情報交換をすることはできるが、組織化の程度が低く、国際支援経験が少ない小規模NGOは、大規模NGOがつくり出す情報ネットワークから外れる可能性が高い。さらに、NGO中心で行われる支援の場合には、被災地間の支援の公平性が保てないという問題も存在する。NGO間の資金力や能力の違いは、そのまま、どのNGOの支援を受けたかで地域復興の道筋が決まってしまうという事態をもたらす可能性があり、私たちのインタビューによれば、どのNGOがどの地域に入るかということは原則的に「早い者勝ち」で決まった形跡がある。おそらく、こうした「まだら」な支援状況は、緊急性が高い段階ほ

ど強かったと推測される。

　最後に、いっぽうで、被支援者である被災者あるいは被災地にとっても、他方で、とりわけ国外や地域外からの支援者であるNGOや外国政府、国際組織にとっても、双方から、被災者たちのニーズを受けつけ、被災者と支援者とのマッチングを行うような「窓口」的な組織が必要である。私たちの調査では、BRRが機能し始める被災後1年前後で、支援者と被支援者との関係に若干変化が見られる。この問題については、後の節で詳しく検討することにしたい。

(田中重好)

注
1) 第2レベルのパートナーとは、第1レベルのパートナー（この場合は事業主体となるNGO）の支援活動を補完する役割を担う組織のことをいう。活動におけるイニシアチブは、あくまで第1レベルのパートナーが有する。
2) 「各資金援助団体（funding agency）からいくつのNGOに対して資金援助が行われたか」を示す。データベースの性格上、種類別の資金援助団体の実数を割り出すことは不可能である。
3) ただし、ここでの分析では、③〜⑦の項目は用いていない。
4) ここで扱っている総額は、バンダアチェ市の支援金額だけである。しかし、「復興支援は届いたか」という項目で集計すると、このバンダアチェ市のみの支援金額の方が、アチェ州と北スマトラ州ニアス島全体の支援金額34億3千万ドルよりも多くなっている。この矛盾がなぜ生じたのかは不明である。
5) データベースには説明がないが、おそらく、NGO自身がプロジェクトを登録する際に自己申告（複数回答）したものの集計だと考えられる。そのため、ここでの総計は、先にみたNGO数よりも多い。また、各年度のNGO合計よりも、例えば、経済発展の団体数が多くなっている。
6) この活動内容についても、NGO自身が活動目的としてBRRに登録してものであると推測される。登録の際に、各NGOが自分の団体自体の目的として申告したものか、それとも、具体的なプロジェクトの目的として申告したものかは、この資料をみる限り判断できない。さらに、各年度の総計は、「大まかな活動領域」の数値と異なっている。
7) ここで、「復興段階」がいつの時点からなのかは、明確に述べられていないが、論文そのものが2005年11月に出されていることを勘案すると、発災から3〜4か月後のことを指していると推定される。

Ⅳ-6　調整メカニズムの欠如

　災害復興において、住宅の再建は、被災者の生活に物的基盤を与え、その後の経済復興に方向性を与えるとともに、被災者の再定住を図ることで、社会生活の基本のひとつであるコミュニティの再生につながるために大きな意味を持つ。いっぽうで、津波災害の場合、建物が土台から破壊されたり、土地自体が消滅したりすることも多く、それは容易な作業ではない。また被災者が財産の大部分を失ったり、地域住民のほとんどが死亡したりする場合、再建のための資源が地元地域になかったり、土地の相続人や未成年被災者の後見人といった様々な利害関係者が錯綜したりする。

　インド洋大津波の最大被災地であるインドネシアのアチェ州に関しては、実際、インドネシア政府は、住宅復興を緊急対応に続く時期の最重要課題に位置づけ、アチェ州とニアス島において2006年6月までに約6万戸の住宅を建設し、2007年半ばまでに住宅再建をほぼ完了させるという復興計画を立てた（BRR 2005）。しかし、被災2年後の2006年12月においてさえ、住宅を再建できた人は25％にすぎないといわれている[1]。他地域の親族・知人宅等に避難した多くの人々が、住む家がないために戻れないという状況が続いていた。

　なぜ住宅復興が進まないのか。建設業者の契約不履行や契約違反、手抜き工事といった、一種の「火事場泥棒」ともいえる状況も報告されている[2]。こうしたことは、おそらく多くの被災地域につきものの混乱状態として理解することもできる。しかし、そこには、もう少し構造的な問題があるように思われる。

　その理由として、第Ⅳ-3節では、コミュニティの役割に関連して次の4点に言及した。すなわち、①被害の物理的・社会的な甚大さ、②復興に関わるエージェント間の関係、③包括的復興計画の策定と履行、④市場メカニズムに関わ

る諸問題である。本節では、そのうち、特に②に焦点を絞り、主として 2006 年 11 月 27 日～12 月 5 日におけるバンダアチェ市及び大アチェ県での現地調査をもとに、住宅復興の遅れの背後にある問題について考察する。結論的にいえば、当地域では外部組織からのハード・ソフト両面にわたる支援が復興に主要な役割を果たしてきたが、その受け皿として機能した、あるいは機能するよう期待されたローカルコミュニティの過重負担に加え、そこが一種の「NGO インフレ状態」[3]にあり、適切な調整が行われていないことが指摘される。こうした事情は、一般に都市部において広範に存在する土地なし層について、そうした外部組織との支援ネットワークから排除される危険性をもたらす。

(1) アチェにおける住宅再建の現状

　津波被災後に建設された住宅戸数を正確かつ広範に把握できる数量的データは得られないが、ここでは BRR-RAN データベース（2006 年 12 月 18 日現在）を利用する。後述するように、BRR は、国連を含む国際機関、各国政府援助機関、非政府組織（NGO）のプロジェクトを集約するが、それらの組織が BRR を介さずに被支援者と個別に契約を結ぶことも少なくないと思われる。また、被災者が独力で行う住宅建設はわからない。それでもこのデータを用いるのは、あくまでも、住宅復興の全般的傾向を押さえるためである。

　表 4.6.1 は、アチェ州及び北スマトラ州ニアス島における住宅復興状況を県・特別市ごとにみたものである。同じデータによる 2005 年 12 月 1 日現在における住宅建設（ただし補修を含む）は計画数 72,666 戸、進捗数 2,523 戸（進捗率 3.5%）であり、被災後 1 年間に住宅建設は格段に進展したといえる。住宅建設（ただし補修を除く）については、計画戸数の多い県・特別市は、バンダアチェ、大アチェ、アチェジャヤ、西アチェといった、州都バンダアチェと南西部の中心都市ムラボとの間に位置し、被害が比較的大きく、かつ人口密度の相対的に高いところにほぼ重なる。進捗状況に関しては、これらの中でバンダアチェと大アチェの値が高く、両地域への支援の集中が看取される。しかし住宅への入居状況に目を転じると、住宅建設戸数に比して入居計画自体が立っていない地域が散見され、しかも両地域においてさえ、低い進捗率（3 分の 1 ほど）が指摘できる。

表 4.6.1 県・特別市ごとの住宅復興状況

県／特別市	住宅建設 計画 n	住宅建設 進捗 n	住宅建設 進捗 %	住宅入居 計画 n	住宅入居 進捗 n	住宅入居 進捗 %
合　計	84796	42,060	49.6	29,559	10,659	36.1
大アチェ県	18,764	11,083	59.1	5,334	1,945	36.5
アチェジャヤ県	12,423	3,737	30.1	7,194	1,917	26.6
バンダアチェ市	11,508	8,777	76.3	5,012	1,478	29.5
西アチェ県	10,938	4,559	41.7	5,646	2,517	44.6
ピディ県	5,806	3,105	53.5	967	683	70.6
ニアス県	5,570	1,705	30.6	691	320	46.3
北アチェ県	4,557	1,891	41.5	1,681	675	40.2
ビルン県	3,968	2,826	71.2	625	625	100.0
シムル県	2,404	898	37.4	1,053	94	8.9
南ニアス県	1,735	609	35.1	175	56	32.0
ナガンラヤ県	1,477	1,071	72.5	528	219	41.5
ロスマウェ市	730	648	88.8	155	0	0.0
アチェシンキル県	671	53	7.9	−	−	−
サバン市	367	89	24.3	301	34	11.3
南西アチェ県	329	227	69.0	155	54	34.8
南アチェ県	130	130	100.0	−	−	−
東アチェ県	82	52	63.4	42	42	100.0
全州／不明	3,337	600	18.0	−	−	−

BRR-RANデータベース（2006年12月18日現在）により作成。

　このことをもう少し詳細に検討するために、2006年12月と2008年10月について、同じデータベースの数値をバンダアチェ市内の村・町ごとにみたのが図4.6.1である。2006年では、住宅建設の計画戸数は建物被害に比例する傾向にあり、建設進捗率はムラクサやクタラジャといった海岸部に位置する地区において高いが、同じく海岸部にありながらジャヤバルやシアクラでは相対的に低くなる傾向がある。こうした地域差は、住宅への入居状況に関してもっと顕著である。入居状況は全般的に思わしくないが、住宅建設が進捗しているにもかかわらず入居計画がほとんど立っていないところがあるいっぽうで、入居計画はあるが全く進展していないところもある。2008年には、こうした地域差は全体として縮小する傾向にあり、多くの被災地で新たな建設計画が追加されるとともに、全体として建設進捗率が格段にあがっているいっぽうで、特に住

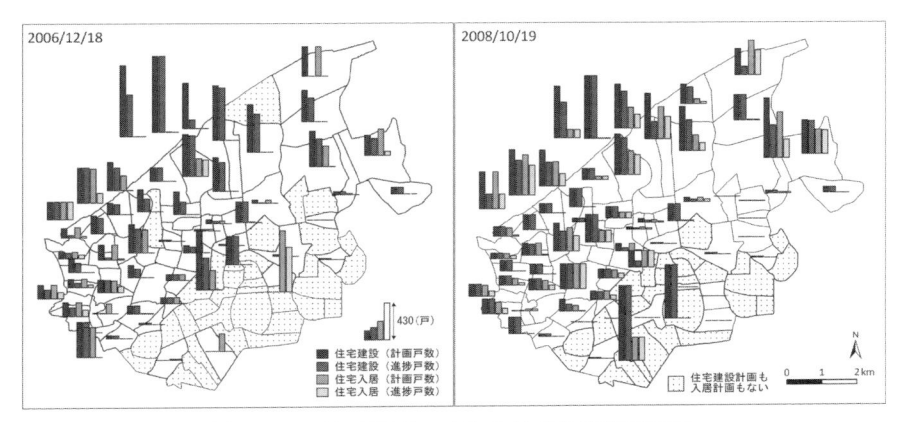

図 4.6.1　バンダアチェ市における住宅復興状況
BRR-RAN データベースにより作成。

宅建設に関しては、直接的被害がなかった地域にまで拡大する様子がみて取れる。

　これに統一的な説明を与えることは難しく、すでに第 IV-4 節においてふたつの村における事例を紹介しながら検討したように、おそらく個別の事情によるところが大きいと推測される。例えば、大アチェ県のラムルンプ村では、住宅建設自体は計画戸数分がほぼ完了したが、住宅規格が契約内容と異なるために NGO が建設業者への支払いと村民への引き渡しを拒否し、それゆえ入居計画が全く立っていない状況にあった。またバンダアチェ市街地に位置する町では、実際に NGO 等との交渉や契約に当たったのが市政府から任命される町長ではなく、非公式のコミュニティリーダーや近隣組織の長であったり、被災世帯が個別に対応したりすることも多く、結果的にふたつ以上の団体から支援を受けた世帯があるいっぽうで、全く支援のない世帯もあった。これについては、後で再び言及する。

(2) 支援組織と被災者をめぐる調整メカニズム

　アチェにおける津波被災後の復興で、物資面のみならず、復興計画やコ

ミュニティ再生などの政策・社会面においても、国際機関、各国政府援助機関、NGOなどが主導的な役割を演じてきた。BRRと世界銀行の推計によれば、2006年9月末までに、約58億USドルが復興プロジェクトやプログラムに配当され（このうちインドネシア政府は20億USドル）、その最大配当部門は住宅の約14億USドル（このうちインドネシア政府は5.5億USドルほど）であったが、支出ベースでみると、NGOによるものが全体の60％を占めている[4]。2006年12月現在、BRRに登録された支援団体数は支出ベースで1,000を超え、提案されたプロジェクト数は4,500あまりにのぼる。

こういう状況下で、そうした組織間には、どのような調整メカニズムが機能しているのだろうか。ここでは、特に国際的非政府組織（国際NGO：INGO）に焦点を置き、被災2～3年後頃のアチェにおける調整メカニズムの特徴について検討する[5]。

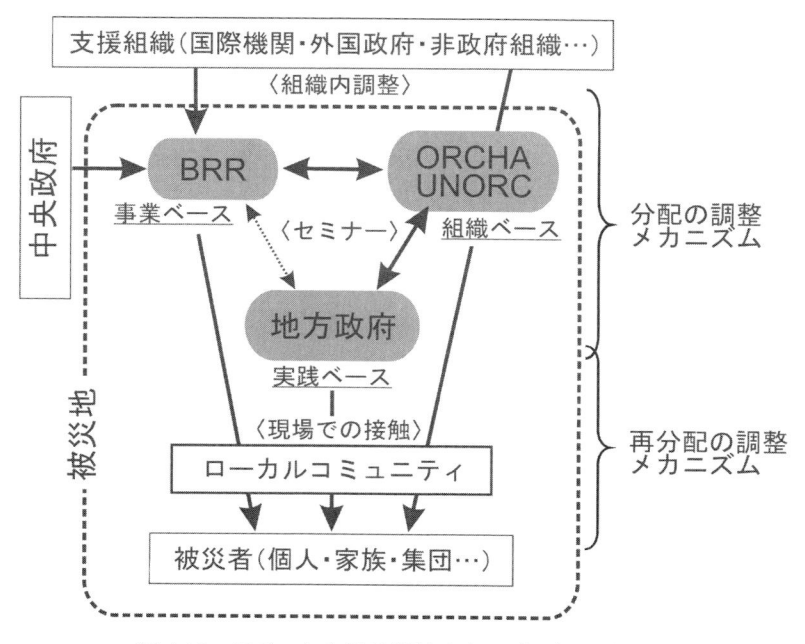

図4.6.2　アチェにおける調整メカニズム（2006年頃）
インタビューにより作成。

津波被災後の復興に関わる調整メカニズムの概略は、関係者の談話を総合すると、図 4.6.2 のように整理することができる。この当時、恒常的なものとして、次の三つが重要であったという。最高位のレベルには UNORC がある[6]。ここで毎週金曜日の午前中に調整会議、通称「フライデイ・ミーティング」が開かれ、主要な国際 NGO のほか、国際機関や各国政府援助機関などのリーダーによって情報交換などが行われる。この会議のメンバーシップは開かれたものであり、何か統一的なプログラムを決定するというよりも調整の「場」としての意味を持つ。そこでは「クラスター・メカニズム」と呼ばれる手法が用いられるが[7]、基本的に組織×分野ベースの調整メカニズムとして理解される。第二に、BRR がプロジェクトベースの調整に関わる。ここでは、インドネシア政府の立てる復興計画の大枠に基づいて各支援組織が自分の参加するプロジェクトを決定し、各々のプロジェクトに即してタイムスケジュールや役割分担などの調整が図られる。こうしたプロジェクトはデータベース化され、インターネット上に公開される（BRR-RAN データベース）。ただし、多くの国際 NGO 担当者は、BRR の機能を「掲示板」のようなものとみている。第三に、プロジェクトの実施にあたって、地方政府のひとつである県や特別市の関連部局が、実践ベースの調整の「場」となる。例えば校舎再建の場合、その教育行政担当と相談するとともににに各学校とのネットワークが動員される。

　恒常的なものではないが、ときにアドホックなものとして、そのほかに三つの主要な調整の「場」がある。まず、特にバンダアチェにおいて、特定のテーマに関するセミナーやワークショップが開かれ、プロジェクト実施の具体的方策についての情報交換が行われることがある。例えば、キャッシュフォーワーク・プログラムの実施に際して支援組織間での時給額の統一が図られることなどが、これに当たる。第二に、ローカル地域の場面で支援者間、あるいは支援者と被支援者との間で自然発生的におこる対面接触がある。一般に国際 NGO の間では、ある組織が契約を交わした場合に別の組織が同じ場所に同じ目的で参入しないという不文律があり、そういう情報は基本的にフィールドでしか得られないという。最後に、Red Cross/Crescent をはじめ CARE、World Vision、Oxfam といった、各国支部を持つような大規模な国際 NGO に関わる。これら

の国際 NGO では、それぞれの支部から緊急援助対応チームがアチェに派遣されているが、それら間の調整には組織内のメカニズムが働く。

これらのメカニズムをめぐるアクター間の関係には、次の三つの特徴が指摘できる。第一に、プロジェクトを特定の方向性に導くようなアクターが、それぞれの調整メカニズムにほとんど存在しない。換言すれば、それぞれは単に「場」として機能し、基本的に、各支援組織が、他の組織の動向を考慮しながらも、自分のスキームやマニュアルに沿って具体的プログラムを策定し、対象地域を選定し、地域の実情に応じて具体的な実施内容を決定することになる。第二に、第一の点とも関わるが、当時 Unicef と Oxfam などによって担われていた給水事業に象徴されるように、本来政府の領分と考えられる基礎的なアセスメントやロジスティックスといった仕事さえ外部の支援組織に任されており、とりわけ地方政府の役割は、主導的な意味でも調整的な意味でも限定的である。また（中央政府の代理人である）BRR と地方政府との調整が図られる場面が少なくとも公式には見えない。多くの国際 NGO 担当者は、「ここには調整がない」と述べ、その理由として地方政府自体の津波被災による機能停止と汚職の横行をあげている。第三に、被支援者が参加する機会が、フィールドでの自然発生的な接触を除いて、ほとんど見られない。アチェにおけるローカルコミュニティの構造は複雑で、外部者からはわかりにくい。こうして国際 NGO 担当者は異口同音に「交渉窓口がわからない」という言葉を口にする。次に、この問題に目を向けることにしよう。

（3）ローカルコミュニティの事情と排除される人々

地域の側からみると、少なくとも住民の印象では、外部の支援組織は巡回していて「たまたまポスコを見つけてやってきた」という例が多かったように思われる[8]。ともかくも支援者と被災者とを仲介し、地域内の人的資源を動員し、また被災者間の利害を調整する、いわば再分配のメカニズムとしてもっとも期待されてきたのがローカルコミュニティの仕組みである。

アチェのローカルコミュニティは、理念的には、行政的領域（グチ）と宗教的領域（イマムムナサ）と慣習的領域（トゥハプット）をそれぞれ司るリーダー

群からなる三位一体構造を持ち、地域内外の農業や漁業などに関わる組合や組織と一元的に結びつき、地域内にある青年団や婦人会などの組織、組や班などの近隣組織を束ねるものと考えられる。しかし現実には、多くの場所でコミュニティの仕組みに不備があり、それがうまく機能していないことがわかってきた（高橋 2006）[9]。また、地域産業の振興や地域活動の活性化などにおよぶ広範な問題が、もっと適切な対応組織があるにもかかわらず、外部に顔が見えやすいグチに持ち込まれることになり、その結果、コミュニティ組織（グチ・オフィス）は能力を超える問題を抱え込むことになった。

その理由として、いくつかのことが考えられる。まず津波によってコミュニティの指導者層が急に欠損し、一時的に機能停止に追い込まれ、新しく選ばれたリーダーも経験不足から指導力を発揮できないという事情がある。過去30年間におよぶアチェ紛争と、スハルト政権時代の政策の影響によって、政府によってコミュニティ組織が住民の相互監視に利用され、内生的・自律的なコミュニティの仕組みが骨抜きにされた可能性がある（例えば、水本 2006）。また、特に都市部や都市に近い地域では、急激な都市化や近代化によって住民の同質性が崩れたということもあろう。実際、農村部の場合、グチやそのスタッフは基本的にボランティア職であり、住宅建設や空間計画の専門的知識を持たないことも多く、そういう専門知識が、通常の社会生活では必要なかったが、NGOとの交渉や協働の場面で重要度を増しているために、コミュニティ組織の過剰負担を招来したと指摘できる。いっぽう、都市部では、モスクや近隣組織といった実質的に動員力や調整力を持った内生的な地域組織が別にあり、それらがローカルレベルでの地域組織と必ずしも一枚岩でないために、外部からのアクセスが容易でなかったという事情もある。

例えば、第IV-4節で取りあげた、海岸部に相互に隣接して立地するふたつの村、ガンポンピーとガンポンブランに再度目を向けてみよう（表 4.6.2）。

双方の村とも、同じように物理的に壊滅的破壊を被っただけでなく、社会的な意味でも「コミュニティの死」とも呼ぶべき事態に陥ったが、調査時点において、少なくとも建設された住宅戸数の点からみれば、着実に住宅復興が進んでいたといえる。しかし、コミュニティの再建という点からみれば、ふたつの

表 4.6.2　ガンポンピーとガンポンブランにおける住宅復興

	ガンポンピー	ガンポンブラン
被害程度	全面的な破壊 人口：1,874 → 170 世帯数：750 → 280	全面的な破壊 人口：1,300 → 57 世帯数：300 → 55
住宅建設	UPLINK：76 戸 Cordia：81 戸 BRR：51 戸（建設中）	World Vision：75 戸 BRR：138 戸
問題点	住宅戸数の量的不足	住宅の低品質、欠陥 大量の空き家（約 150 戸）
イニシアチブ	TPK ＋グチ	KPD ＋非公式リーダー
復興の優先事項	帰還希望住民のための住宅建設	空間計画、相続人も含むステークホルダーのための住宅建設
リーダーシップ	津波後に選出されたグチとトゥハプット	選挙の延期、専門家を含むボランタリーグループ

TPK（集落開発チーム Tim Pembangunan Kampung）、KPD（村落開発委員会 Komite Pembangunan Desa）、2007 年 12 月のインタビューにより作成。

村は相反する軌道を歩んできたように思われる。双方の村とも、実際に支援に入ったNGOとの交渉の中で、その後の住宅再建の具体的な道筋が決められた。例えば、ガンポンピーでは、実際に居住希望を持つ生存者とその家族に早い者勝ちの原則で住宅を供与し、それゆえに一時的に住宅不足が生じたのに対して、ガンポンブランでは、死亡した土地所有者の相続人に住宅譲渡の権利を与えたために具体的に居住が見込まれる世帯数以上の住宅建設が行われた。前者では、最初にモデルハウスを造り、入居希望者の賛同を取りつけてから住宅建設の本工事に着手したが、これはインドネシア国内の最大NGOのひとつ、UPLINKの手法であった。後者では、空間計画を優先し、少なくとも図面上は整然とした区画に厳密に計画された住宅戸数を建設する見込みを立てたが、それは世界的に有名なNGOのひとつ、World Visionの要請によるものであった。そして、双方のNGOとも、少なくとも村人からみれば、緊急支援物資を持って「たまたま」村にやってきた。こうしたプロセスは、おそらく、リーダーの選出と、支援の受け皿組織の設置に関わる正当性と透明性が関係するように思われる（Takahashi 2012）。

　これらの事例からうかがわれるように、実際の復興支援に際して、ローカル

コミュニティは常に受け身の立場に置かれてきたように思われる。支援組織間の適切な調整の欠如がそのことに拍車をかけた。例えば、先に言及したいくつかの村では、住宅建設の支援をめぐって複数のNGOとの間で交渉と決裂を繰り返したり、設計と施工というソフト面とハード面とで支援組織が異なったり、住宅建設にあたって複数の支援者と別々に契約をしたり、建設契約が電気配線や水道設備といった住宅周りのインフラ整備を含まなかったりするような例が散見された。詰まるところ、ローカルの場面においても、国際NGOの担当者が考えているほどには調整メカニズムが機能していなかった状況が指摘できる。

最後に、住宅再建支援がほとんど受けられない人たちの存在という、ローカルコミュニティのメンバーシップに関わる問題に触れておきたい。

今回の住宅復興にあたっては、建物を無料で受ける資格が土地・不動産の所有者に限られた。問題は、特に都市部に広範に存在する土地なし層である。2006年6月にBRRは、借家人とスクォッター（squatter）の再定住に関する規則を公布し、それらの人たちに対する金銭的支援（前者に約2,800 USドル、後者に1,150 USドル）を決定した。

しかし、例えばバンダアチェでは被災後1年間で物価が41％上昇し[10]、空き家の不足から家賃も高騰している。また、土地所有者が死亡した場合、土地

図 4.6.3　大アチェ県ウジュンバテ住宅
2006年12月3日、高橋誠撮影。

の分割が進んだり、ジャカルタなど他地域在住者への相続によって不在地主化が進んだりしており、借家人が津波前から継続して居住できない例も多いという[11]。また、こういう土地なし層の住宅不足をカバーする仕組みは、少なくとも都市部のローカルコミュニティにはない。その結果、それらの人たちは、例えば大アチェ県のウジュンバテ（Ujung Batee）住宅のようなバンダアチェから遠方にあって、居住環境の劣悪な無料住宅地区に転居することを余儀なくされている（図4.6.3）。ここは、かつて貧困者対策の公営住宅地でありながらアチェ紛争の戦闘激化に伴って無人化していたもので、高台にあるために水供給が不十分で、貧弱な商業・サービス業立地に加え、少なくとも調査時点では学校や病院もなかった。たとえ住宅再建が完了し、すべての入居計画が終了したとしても、こうした多くは貧困層の再定住の問題は残ると思われる。

おわりに

アチェにおける津波後の住宅復興は、少なくとも量的には、最初の2〜3年間で格段に進展した。しかし、このことは被災者の再定住が進んでいたことを必ずしも意味しない。ここには、欠陥住宅や劣悪な居住環境といったハード面の問題に加え、地域レベル及びローカルレベルにおける調整メカニズムの欠如に起因するようなソフト面での問題が関連する。災害は、ある社会が自然環境との間で取り結んできた持続的な関係の破局的な変動であり、その社会の抱える問題や矛盾を顕現化させ、その関係を分断させたり、その矛盾を拡大させたりする。アチェの住宅復興の場面で垣間見られる、トップダウン型とボトムアップ型の双方における適切なアプローチと相互の調整メカニズムの欠如は、アチェの地方政府やコミュニティの特性に関わる様々な構造的問題と、いわば「NGOインフレ」に起因する混乱状態と関係する。いっぽうで、その社会を復元したり存続させたりするメカニズムも、そこの社会の中に発災前から何らかの形で備わっている、と考えられる。支援者と被災者とを結ぶものとしてのローカルコミュニティの強調は、ある意味では当然といえるが、皮肉にも土地なし層の問題を浮かびあがらせた。ここにひとつのジレンマがある。

（高橋　誠）

注
1) USAID（Regional Coordinator）の Mirza Hasan 氏の談話による。
2) Aceh World（November 22-28, 2006）による。同紙は、2006 年 10 月末には建設業者と契約された 10,717 戸のうち 70% が完成し、2006 年度中には 12,667 戸が建設される計画だという BRR の談話を紹介している。
3) Save the Children（Deputy Sector Head）の Yoshie Koshikawa 氏の談話による。
4) BRR：Financial Tracking Analysis of NAD-Nias Reconstruction 2 Years after the Tsunami（18 December 2006）による。
5) ここでの記述は、主として International Federation of Red Cross and Red Crescent Societies（Recovery Program Coordinator）の Richard Ragland 氏、Oxfam（Deputy Project Manager）の Jake Zarins 氏などの談話による。
6) UNORC（Office of the United Nations Recovery Coordinator for Aceh and Nias）は、緊急援助段階における UNOCHA（United Nations Office for the Coordination of Humanitarian Affairs）の役割を引き継いだ国連組織で、2005 年 9 月に設立された。
7) 一般に「クラスター・アプローチ」として知られているもので、このときのアチェでの経験から国連緊急人道支援の情報共有制度としてある程度確立され、2005 年 10 月 8 日に発生したパキスタン北部地震への緊急支援から実質的に導入された。詳しくは、地引(2009)を参照のこと。
8) こうしたときにおこる支援者と被支援者との偶発的な接触と、そこにおけるポスコの役割については、山本（2007）を参照のこと。
9) 住宅建設計画が着手される前に、土地所有権、土地境界、所有者が死亡した場合の相続人、相続人が未成年者の場合の後見人などが確定される必要がある。特に被災前に土地登記がほとんどされていない農村部の場合、こうした作業はイスラム法と慣習法に基づいて行われるが、第 III-3 節で述べられるように、心配された住民間の深刻な紛争はほとんど確認されなかった。コミュニティの仕組みが機能した例として評価される。
10) BRR：Financial Tracking Analysis of NAD Nias Reconstruction（2006 年 9 月 1 日）による。
11) Oxfam Briefing Note：the Tsunami Two Years on: Land Rights in Aceh（2006 年 11 月 30 日）による。

Ⅳ-7　見捨てられる人たち ―華人への支援

　本節では、2004年スマトラ地震におけるインドネシア華人[1]の支援を考察する。華人は、バンダアチェにおいてはマイノリティ・グループである。マイノリティ・グループは、一般的に他のグループより災害から深刻なダメージを受ける（Wisner et al. 2004：87）。実際、最大被災地のバンダアチェでは、かつてないほどの大量の支援が世界中から入ったにもかかわらず、大方の華人はそうした支援の恩恵にあずからなかった。それにもかかわらず、華人社会の復興は比較的早かったといわれている。本節では、被災や緊急対応の実態、外部からの支援システムの仕組み、それらと政府による公的支援との関係などに着目して、華人たちがどのようにして資源を動員したのかを考察する。その考察をとおして、いわば公的支援から抜け落ちたマイノリティの人たちの災害後復興に関する社会的条件とは何かを説明する。

　本節の主な資料は、筆者が2006年11月26日〜12月1日と2007年12月1日〜13日の2回にわたってバンダアチェで行った筆者の現地調査によるものである。2006年では、アチェ華人慈善基金会会長や華人施設の管理者、Oxfam、World Vision、USAIDといった国際的な支援組織の担当者などを対象にした半構造化インタビューを行った。2007年では、様々な華人施設の管理者や華人組織の会長、台湾等の支援組織の責任者などにインタビューを行ったほか、華人グループの医療講座や宗教活動に対する参与観察などによって現地の華人の生活に関する情報を収集した。これらのほか、インターネット上のバンダアチェに関する中国語の報道（中国大陸、マレーシア、台湾）による予備調査に加え、現地調査から日本に戻った2008年1月30日には、メダンにある蘇北華社賑災委員会の総責任者に対して国際電話によるインタビューを行い、補足資料を収集した。なお、

本節での記述は、特に断らない限り、これらの調査時点のものである。

(1) アチェにおける華人
インドネシアにおける華人排斥
　インドネシアでは、総人口の約3％に当たる546万人（Suryadinata 2004：7）の華人が生活している。インドネシアで生活する華人は、「現地生まれでインドネシア語を話すプラナカン（peranakan）と、外国または現地生まれで中国語を話すトコック（tokok）」とに分類できる。居住地別にみると、ジャワ島には前者が集中し、他の島では後者が主であり、インドネシア各島の都市部に生活していることが、華人と他の民族との居住上の違いを示している。また法的には、両者ともインドネシア市民と居留外国人とに分類できる。政治的には、「ジャカルタ［インドネシア政府（引用者による）］を支持する人、北京を支持する人、台湾を支持する人」に分かれている（Suryadinata 2004：91）。
　そもそも東南アジアにおける華人のイメージは、植民地統治者によって創出された「華人マイノリティ」（アンダーソン 2005：508）であった。植民地統治者であるヨーロッパ人は、「マジョリティとして自分たちの地位をおびやかしかねない集団に対抗して、みずからの周囲に『マジョリティ連合』を築きあげようとした」のである（アンダーソン 2005：507）。独立後の東南アジアにおいて、華人は「隔離され、職業的に特化され、支配者側との連合で下位の協力相手を演じることに慣れてきた」（アンダーソン 2005：512）。インドネシアでは、第2代大統領スハルトの「分割して統治せよ」という方針で、特にその政権下において、華人は完全に「政治的、文化的な抑圧と隔離化」を被ったが、経済的活動だけは許された。「ネイティヴのインドネシア人は政治的地位を手にしたものの、自前のまとまった富の源泉は有していなかった」からである（アンダーソン 2005：499-500）。
　政治的な抑圧の一環として、華僑のアソシエーションである華僑総会が禁止され、代わりに華人とインドネシア政府との間に官製連絡機構[2]が創設された。華人が受けた文化的な抑圧は、中国語の学習と使用が禁止されたことである。1965年から1998年まで、中国系住民の中国語の学習は禁じられた。特に「1975

年以後、中国語を一科目として放課後教えることでさえも許されなくなった」（Suryadinata 2004：93）。その結果、現在 50 歳代以上の華人は中国語が話せるが、より若い世代は中国語が話せなくなった。屋外の看板に「漢字の使用は禁じられている」（Suryadinata 2004：93）ため、例えば、バンダアチェの中心部にあるプナヨンは「中国人村」の意味であるが、世界各地の中華街のような中国語の看板は見られない。言語のほかに、1966 年には中国語の名前が規制され、また 1967 年には公の場での中国の祭りも禁止された（Suryadinata 2007：266）。

スハルト政権時代（1966 ～ 1998 年）、華人は日常的に政府の監視下に置かれていた。バンダアチェでは、海外からきた華人はたとえ親戚であっても自分の家に泊めることは許されなかったという。また、海外から親戚がくると隣組長（kepala lorong）に報告しなければならなかった。

多民族国家であるインドネシアでは、「宗教の多元的共存」が唱えられる。「宗教の多元的共存」では、「エスニック・マイノリティは宗教的アイデンティティの基礎の上に自分自身のアイデンティティを維持する傾向がある」（Suryadinata 2004：97）。ただし、「宗教的多元主義」といっても、1978 年以後、華人関係の宗教は仏教しか許されていない[3]。華人アソシエーションが禁止されている中で、宗教組織を基礎に華人アイデンティティが維持された。そのため、1965 年以前すでにバンダアチェに存在していた華人の「会館」（中国語でいう同郷出身者の会、あるいはその建物）は、中国廟として存続してきた。

バンダアチェにおける華人コミュニティの形成

バンダアチェにおける華人コミュニティの形成は、インドネシア国家の形成過程におけるマイノリティ政策に左右されただけではなく、アチェの社会状況からも制限されてきた。アチェは、インドネシアでもっとも厳しい華人排斥地域であった[4]。1965 年以前アチェには 6,000 人あまりの華人が居住していたが、排斥運動時に中国籍を持つ華人はほとんど一旦バンダアチェから追い出され、居住を続けた華人は 4,000 人あまりになったという[5]。後述するように、津波後に華人被災者のキャンプができたことで有名になったメダン郊外のムリア村[6]は、1965 年にアチェから排除された一部の華人によってつくられたものである。

IV-7　見捨てられる人たち－華人への支援　229

　もともと、アチェの華人コミュニティはひとつではなかった。アチェで生活している華人の出自集団は、福建省や海南省、広東省梅県などであった。華人排斥運動前、アチェでは華人の会館が2か所あり、福建人グループと他の華人グループとに分かれていた。教育機関も福建人の「振華学校」と他の華人の「中華学校」に分かれていた。華人のアソシエーションも、台湾支持派の「中華総会」と中国支持派の「華僑総会」のふたつがあった。アチェにたびたび華人排斥（1960年に台湾支持派、1965年に大陸支持派）運動がおこった。そのため、1965年に華人排斥運動が鎮静した後、福建人のリーダーは、「福建人であれ、広東人であれ、同じ華人である」と、福建人の施設を広東人などにも開放するようになったという[7]。しかし1965年以後は、これらの華人学校や華僑総会などはすべて許されなくなり、建物も没収された。

　スハルト政権（1966～1998年）時代、華人は、いずれかの宗教組織に入らなければならなかった。バンダアチェにおける華人の宗教組織は五つある。それらは、「天益社」、「瓊州会館」、「観音堂」、「釈迦牟尼仏堂」及び「アチェ華人メソジスト教会」（中国語の名前、以下「」を付けずに使用する）である（図4.7.1）。

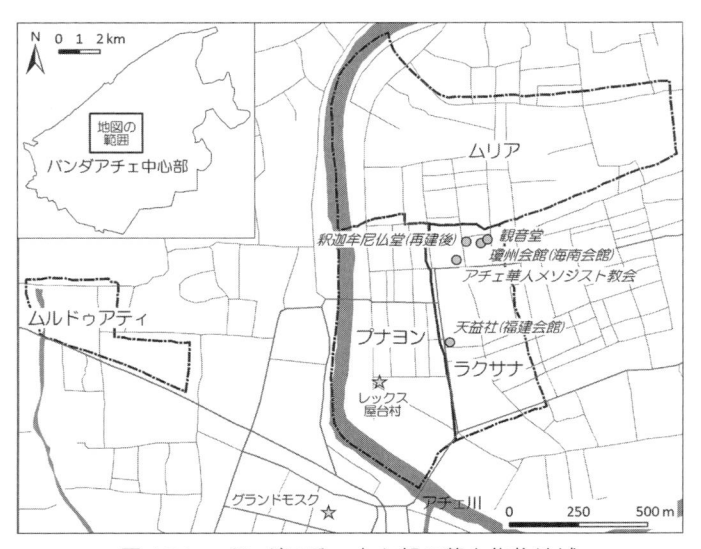

図 4.7.1　バンダアチェ中心部の華人集住地域

図 4.7.2　天益社（福建会館）と瓊州会館（海南会館）
2006 年 11 月 29 日、伍国春撮影

図 4.7.3　観音堂
2007 年 12 月 5 日、伍国春撮影

　天益社と瓊州会館は、華人の中で、それぞれ「福建会館」と「海南会館」と呼ばれる（図 4.7.2）。福建会館は、リーダーを「炉主」、「副炉主」として、毎年福建省出身の人から選出する。天益社（福建会館）と瓊州会館（海南会館）に祀られる神は、それぞれ「大伯公」[8]と「媽祖」[9]である。2 か所で毎月旧暦の 1 日と 15 日に「神を拝む」。天益社は、バンダアチェの中心街にあり、そのとき「神を拝む」人が 200 名あまり訪れる。それに対して、瓊州会館は 50〜60 名と規模が小さく、「炉主」1 名が選出される。観音堂は、100 余年の歴史がある尼寺であり、毎週水曜日に読経会が行われる（図 4.7.3）。観音堂の読経会に参加するのは、女性が中心である。釈迦弁尼仏堂は、1980 年代後半に観音堂から一部の信者が分裂してきたもので、読経活動のためにしばしば観音堂の施設を借りる。天益社と瓊州会館は、主に男性が参加している組織であるのに対して、観音堂と釈迦弁尼仏堂は、主に女性が参加する組織である。釈迦

図 4.7.4　再建された釈迦牟尼仏堂
正面（左）、子どもの読経会（右）、2007 年 12 月 9 日、伍国春撮影

弁尼仏堂では、女性の読経会のほかに、日曜日には子ども向けの読経会も行われる（図 4.7.4）[10]。

　これらの組織は、宗教組織としての役割を持つだけではない。例えば、アチェ華人メソジスト教会は学校運営も行っており、600 余名の学生が在籍し、その 98％は華人の子どもである（図 4.7.5）。天益社は、実際には、単に「神を拝む」施設のみならず、葬式の協力や医療講座の場所提供、それらの際の飲食物の提供など、華人にとって社会活動の場ともなっている（図 4.7.6）。その運営は、主に天益社の「互助会」[11]によって行われている。天益社の互助会は 333 名のメンバーがおり、その中から毎年、主席、財政など 13 名の管理者が選ばれる。互助会があるのは天益社だけではなく、華人メソジスト教会や釈迦弁尼仏堂もそれぞれ互助会組織を有している。

　宗教組織を基礎にしながらも、そこから拡大して、バンダアチェの華人コミュニティは形成・維持されてきた。また、宗教組織が異なっていても、華人同士が相互に支援することもある。例えば、天益社のメンバーは、津波後、瓊州会館の修復にも資金協力を行った。また、家族の個々のメンバーごとに参加する組織が異なる場合もある。

　それゆえ、これらの組織に参加することで、華人には、各種の社会的資源の獲得が期待される。例えば、貧困者にとって各種の施設はセーフティネットを得る場である。尼寺である観音堂では、貧困な華人を援助する慈善活動が行わ

図 4.7.5　華人メソジスト教会
2007 年 12 月 9 日、
伍国春撮影

図 4.7.6　宗教施設におけるコミュ
ニティ活動
天益社で開催される医療講座（右上）、
2 階会場の様子（右下）、2007 年 12 月
8 日、伍国春撮影

れてきた[12]。瓊州会館（海南会館）も、商売で破産したメンバーに最長 2 年間住居を提供してきた。バンダアチェで生活している華人は、インドネシア政府の華人排斥の対象となってきたのと同時に、特にアチェ紛争の間は国軍と GAM（自由アチェ運動）とによる二重課税を強いられてきた。華人にとって、各種の華人宗教組織は、現地で生き抜くための重要な社会的資源である。

広域にわたる華人の生活圏

　もともと、アチェとマレーシアとのつながりは深い。「アチェの人々は、自分たちが求めるものに応じて、生活の場をインドネシアだけではなくマラッカ海峡を越えたマレーシアにも広げてきた」（西 2003：34-35）。また、スマトラ島最大の都市メダンとアチェは伝統的に同一ビジネス圏にあり、アチェ商人の取引先の 7 割はメダンの卸売問屋であるといわれる。バンダアチェの華人に

とっても、インドネシア全国のおよそ5分の1を占める約30万人の華僑・華人人口を抱えるメダン[13]は身近な都市である。それに加えて、両地域の華人ビジネスマンは、福建省の「閩南話」と「客家話」を話す。インタビューによれば、バンダアチェ在住の華人の子どもは、メダンの高校に進学するケースが多いという。

　他方、メダンの華人社会とマレーシアの華人社会には深いつながりがある。インドネシアで中国語教育が禁止される以前、メダンとマレーシアでは華人小学校、華人中学校が設置され、ともに華人教育のモデルであったという。また津波後に、バンダアチェからマレーシアのペナンに直行便が就航したため、アチェの華人は病気になるとマレーシアのペナン[14]の病院に行くことが多いという。華人の親族ネットワークの例（表4.7.1）からみられるように、華人の中にはメダンやシンガポール、さらに中国大陸にまでおよぶ広範な地域に子どもや兄弟がいる人も少なくない。つまり、これらのネットワークを介して、アチェの華人は、マレーシアのみならず、東南アジアの華人社会とつながっている。

　こうして華人は、バンダアチェで生活しながらも広域的なネットワークの中で生活している。そのネットワークは、日常的にはマラッカ海峡を中心とし、メダンやペナンないしシンガポールにまで広がり、場合によっては中国大陸やそれ以遠まで広がる。排除されたマイノリティ・グループであり、数々の排斥運動を乗り越えてきた、バンダアチェにおける華人にとって、宗教組織や同郷集団を介した華人社会とのつながりや、それと相互に密接に関係する広域的な生活圏は、厳しい環境の中で生きる社会的資源の源泉なのである。

(2) 華人の避難と支援

　アチェの華人人口はおよそ4,000名で、全人口の1.7％を占めている。華人が人口に占める割合はインドネシアの他の地域よりも低い。バンダアチェの華人は、主にムルドゥアティ（Merduati）、プナヨン、ムリア（Mulia）、ラクサナとその周辺のビジネスエリアで生活している（図4.7.1）。津波で死亡した華人は、ニアスも含めて総勢1,000人にのぼる。そのうちバンダアチェでは、600名あまりが死亡した[15]。

表 4.7.1　バンダアチェの華人の親族ネットワークの例

性別と年齢	ケース1 男性 70 歳	ケース2 男性 58 歳
仕事と略歴	バンダアチェ生まれ、中学校3年間（1950～1953年）を広東省梅県で過ごす。15歳から定年まで、貴金属装飾品の加工に携わり、1972年に今の店舗を自分で建てた。	現在は海南会館の管理人、その前は車夫であった。2000年のとき、ビジネスを失敗して何もかも失った。
家　族	娘はバンダアチェ、息子2人はメダンにいたが、津波後1人をバンダアチェに呼び戻し、自動車部品店を新たにオープン。	妻は津波に流され、16歳の息子は台湾系組織の援助でメダンの中学校に進学した。
親　族	兄は、華人排斥運動のときに帰国。中国ハルピンの大学で英語を勉強し、アモイ大学で英語教師をしていた。定年後、香港に移住。	姉一家はメダンで生活している。
華人組織 との関係	津波後、アチェ華人慈善基金会から、妻は教会からそれぞれ義援金を得た。息子の店は、メダンの卸売商の援助と自分の貯金で営業再開。	香港の海南会館から義援金を得た。収入源は海南会館の管理人としての手当。

2007年12月の現地調査による。

　バンダアチェでは、津波発生後、略奪の心配や被災地の生活環境の悪化のため、ほとんどの華人がアチェを離れ、主としてメダンに避難した。メダン郊外のムリア村にメダンの華人支援組織とムリア村の互助会との協力によって、華人の避難民キャンプが設置され、ピーク時には約6,500人が登録された。キャンプに登録することによって、安否確認が可能になり、また救援物資を得ることができた。しかし、登録者の全員が村にとどまっていたわけではない。2005年1月7日の時点で、事実上、村の中心部に設置された避難民キャンプに避難したのは約200人であった。それ以外も含め、ムリア村に避難した人は1,500人程度であった。その他の多くの人が、メダン市内の別宅や友人・親戚宅に避難していた。

　こうした中でも、500～600人の華人は津波後もバンダアチェに残った。もっとも大きな避難場所は、天益社（福建会館）であった。およそ100家族の華人が、約4か月間、そこで避難生活を送った。バンダアチェにおける華人の宗教施設は5か所あるが、避難施設となったのは天益社と瓊州会館（海南会館）だけであった。津波後、建物が無事だったのは、華人メソジスト教会と天益社だ

けであり、そのため、津波1週間後に天益社が避難所として使用された。瓊州会館は、建物が修理されてから避難所として使用された。それは、津波が発生してから半年後のことであった。

　メダン郊外のムリア村に避難していた華人は、2005年6月頃に全員がそれぞれの地元に戻り、そこの避難民キャンプは閉鎖された。それまで、ムリア村のキャンプは、避難者の収容はもちろん、救援物資の受け皿、情報交換の場として機能した[16]。親戚の家などに避難していた被災者も、各種の情報を求めにムリア村を訪ねた。行方不明者に関する情報が張り出されて、避難者の人数が集計された。また、救援物質の送り先が明確になり、実際、ムリア村へ各種の組織から救援物資が送られてきた。

　公的な支援に関しては、華人自身は、長年にわたる排斥のために、政府からの積極的な支援を期待していなかった。例えば、当初、メダンの支援組織がバンダアチェの地元政府と交渉して市内に5か所の避難所を用意したが、華人の多くは、それよりも宗教施設の方がよいとして、それらの避難所に行かなかった。公設の避難施設へ行かなかったため、公的な支援を受けられなかったという問題が後で発生した。また、華人ビジネスマンは銀行から借金をして、あるいは住宅再建を先送りにして、ビジネス再開を優先したケースが多かった。こうしたケースでは、ビジネスが再開されたという理由で、地方政府に補助金を申請してもおりてこないという[17]。地方政府は、一般のインドネシア人ビジネスマンの津波前の借金を半分免除したが、華人に対しては免除しなかった。事実上、復興過程の中で、華人ゆえに不遇な目に遭ったといえる。

　このような状況下において、華人たちはどのようにして早期復興を可能にしていったのであろうか。個人的に受けた支援には、商売に関する支援と日常生活に関する支援がある。生計を立てるのにもっとも重要な経済活動の再開は、華人の従来の取引先から代金の納入期限を延長するという柔軟な対応のために可能となった。被災者の華人は、被害を受けていない、メダン在住の華人取引先による特別の配慮によって助けられた。

　また日常生活は、主に親戚や友人のネットワークによる「自助のシステム」に依存していた。自助のシステムはそれぞれ個人の置かれた状況によって多様

な形で行われた。例えば、津波発生後に「ジャカルタにいる兄の援助を得てバンダアチェを離れることができた」、あるいは「シンガポール在住の姉に協力してもらってシンガポールでけがの治療ができた」という類の話は、被災地でよく聞かれた。また「子どもの友だちから支援を得て洋服をもらった」、あるいは「息子の友だちの支援で店を再開した」という例もあった。支援を得た人たちは、いずれも非被災地に親戚や友人がいたという点で共通していた。こうした個人的な支援は、身の周り品を中心にした比較的軽微なものが多かった。

(3) 華人支援に関わる諸組織

　メダン郊外ムリア村の避難民キャンプやバンダアチェの避難所といった、どちらかといえば大がかりな支援は、いずれも華人支援組織に支えられていた。こうした組織的な支援は、メダンに中心を置く広域的支援とバンダアチェにおけるローカル支援とからなっている。これらふたつの支援は、相互にどのように結びつきながら展開されたのであろうか。ここでは、華人の支援組織の特徴を明らかにするため、それぞれ、津波後に新しく創設された救援組織を「創発型組織」、津波前にすでに存在していた組織を「既存型組織」として分析する。

広域的支援

　華人への支援は、地域ごとの創発型組織から成り立っている。バンダアチェに「アチェ華人慈善基金会」、メダンに「蘇北華社賑災委員会（北スマトラ華人社会賑災委員会、以下「メダン賑災委員会」と略称する）」、ジャカルタに「印尼華族賑災中心（インドネシア華人賑災センター、以下「ジャカルタ華人賑災センター」と略す）」がそれぞれ結成された（それぞれ固有名詞、初出時に「　」を付ける）。広域な支援を行ったのは、メダンとジャカルタの創発型組織であり、特に「メダン賑災委員会」が中心的な役割を果たした。

　メダンには、もともと 65 の「華社」（中国語でいう「華人アソシエーション」）があった。津波後、既存の華社は支援に関わった。支援に携わったメダンの華人組織をまとめるため、2005 年 1 月 7 日にメダン賑災委員会が創設された。ムリア村の状況やメダン賑災委員会のことが中国語のメディアで報道され、中

国大陸の慈善総会やマカオの赤十字会から救援金や救援物資がムリア村に送られてきた。また、この村の存在は、バンダアチェ当局にも認知され、華人が地元に戻るように要請があった。

　メダン賑災委員会の活動は、メダンとバンダアチェとにおける活動に分かれる。メダン賑災委員会は、組織的には 40 数名の委員からなり、財務班、医療班、教育班、居民安置班、動員班に分かれて活動した。医療班は、中国救援チームを初め、シンガポールや台湾などからの医療支援をバックアップした。医療活動は、必ずしも華人被災者に限ることなく、被災者全般に向けた活動であった。教育班は、10 数名のメンバーからなっている。その支援の目的は、親と一緒にメダンに避難してきた華人の子どもが、メダンの学校で勉強できるように努力したことである。その結果、1,000 余名の子どもがメダンの学校に受け入れられた。居民安置班は、ムリア村の互助会と協力して、避難者の住む場所を確保した。居民安置班は、最初は、メダンに避難してきた人たちを華人とムスリムとに分けてそれぞれの救援組織に送った。華人は、親戚の家やムリア村に送られた。1,500 余名の被災者は、村の空家や 400 余戸の村民の家で避難生活を送った。2005 年 4 月になると、被災地の状況が落ち着き始め、メダン賑災委員会の動員班が動き出した。動員班は、主に被災者をバンダアチェに戻るように勧めた。まず、メダンに避難してきた華人を、バンダアチェの被災地の状況を確認に行かせるために、バス 2 台と飲食物を用意して、毎日のようにバンダアチェとメダンとを往復させた。バンダアチェから帰ってきた華人からは、街に水が溜まっているため、帰れないとの苦情が出た。メダン賑災委員会はこのような情報を確認してから、バンダアチェ市政府に連絡をとった。市政府からは下水路を浚渫する資金がないといわれたため、メダン賑災委員会は資金を寄付して、下水路と下水処理施設を修理した。

　メダン賑災委員会のバンダアチェでの活動は、委託の形で行われた。まず、津波 1 週間後、被災地で「アチェ救済ステーション」を開設した。アチェ救済ステーションは天益社（福建会館）に置かれ、運営は天益社の管理者に委託された。こうして開設されたアチェ救済ステーションにおける被災者用の食料や生活費も、メダン賑災委員会によっていた。

メダン賑災委員会は、メダンにある華人アソシエーションから資源を動員した。メダン賑災委員会とジャカルタ華人賑災センターがともに設置されたことによって、メダンとジャカルタとがつなげられた。これだけならば、支援はインドネシア国内にとどまる。しかしメダン賑災委員会は、マレーシアの華人社会からも経済的資源を動員した。主要なマレーシアの組織は、中華総商会や海南会館、南洋報業基金会、星洲媒体、「董教総会」（教員組合）などである。もともと、メダン賑災委員会は「中下層の華人」[18]を中心とする援助組織であったが、中国語のメディアに報道されたため、国際華人社会から注目を集め、中国やマカオからも支援が入った。

　こうして世界の華人社会から多額な支援を得て、メダン賑災委員会は、多様な支援を展開した。メダン賑災委員会は、約半年にわたる緊急支援活動で、合計7,500人あまりの華人被災者に食住を提供し、1,250世帯にわたる華人被災者に約2千万元の義援金を配分した。さらに、メダン賑災委員会は、マレーシアの南洋報業集団の支援で、43人の津波孤児のためにメダンで「国民愛国基金」をつくった。メダン賑災委員会を媒介に緊急支援に動員できた金銭的支援は合計約600万ドルに達した[19]。そして、これらの広域的支援が被災地で実効性を保つためには、ローカルな支援組織の協力が不可欠であった。

ローカルな支援

　華人へのローカルな支援は、地域ごとに既存型組織を中心に展開された。例えば、メダンの避難民キャンプの運営は、ムリア村互助会のサポートがなくては成り立たないものであった。ここでは、被災地にあるローカルな支援に着目する。バンダアチェのローカルな支援には、創発型組織と既存型組織の宗教組織とがある。

　津波発生の2か月後、メダン賑災委員会の委託で、バンダアチェで「インドネシア・アチェ華人慈善基金会（以下「アチェ華人慈善基金会」と略す）」[20]が創立された。アチェ華人慈善基金会は、フォーマルにもインフォーマルにも、バンダアチェ華人のニーズを汲みあげようとした。まずフォーマルには、BRRによって、アチェ華人慈善基金会に華人の要求が聞き取られたことがあるとい

う。他方では、アチェ華人慈善基金会は、地方政府と直接交渉せず、華人被災者120戸分の住宅不足についてメダン賑災委員会に連絡した。その後、メダン賑災委員会が地方政府と交渉し、中国紅十字会が現地でつくった復興住宅に、それらの被災者を入居させた。

これ以外では、義援金の配分がある。アチェ華人慈善基金が配分した義援金は、メダン賑災委員会からのものもあれば、アチェ出身の華人からの義援金もあった。アチェ華人慈善基金会は、アチェ出身の華人からの義援金を多く受け取っていた。それは、主に1960年代の華人排除で香港など、またはジャカルタなどのインドネシア国内外の諸都市にいるアチェ出身の華人からであった。

アチェ華人慈善基金会以外では、既存の宗教組織も、それぞれ華人に義援金を分配した（図4.7.7）。例えば瓊州会館は、メダンや香港の瓊州会館から、アチェ華人メソジスト教会はかつての信者や、メダンなどのメソジスト教会からそれぞれ支援を受け、それぞれのメンバーに義援金を分配した。

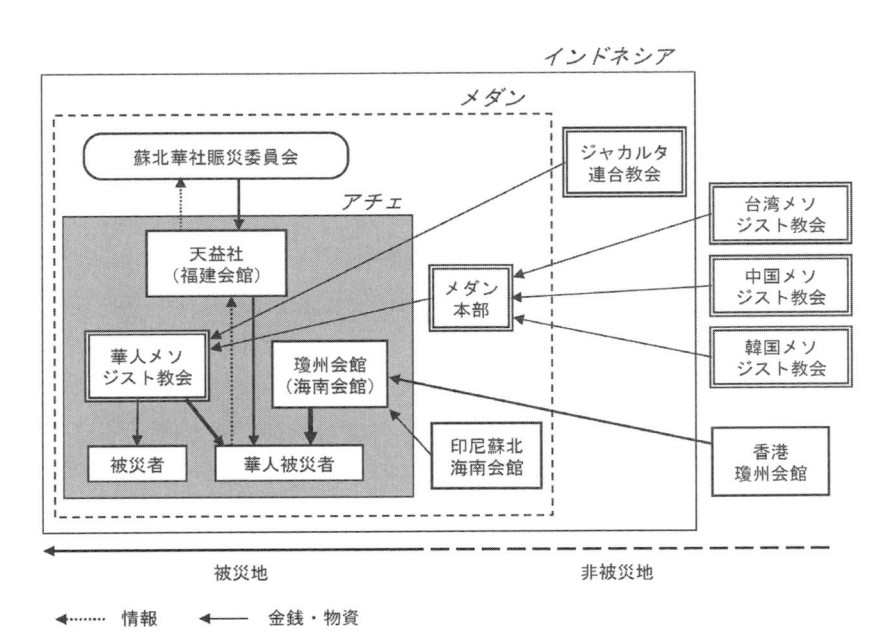

図4.7.7 宗教組織を中心とする資源の動員

個人レベルでみれば、華人は各宗教組織から金銭的支援を多く受けた。瓊州会館は人数が少ないため、個々のメンバーが支給された義援金はもっとも多かった。親を亡くした人は800ドル[21]を、他の被災者としては男性が500ドルを、女性が300ドルをそれぞれ義援金として支給された。緊急時に避難場所となった天益社は、350万ルピアを支給した。アチェ華人メソジスト教会からは、1世帯当たり1,500万ルピアが支給された。なお義援金のほかでは、アチェ華人メソジスト教会は華人被災者に限らず支援を行い、もっとも重要な支援活動は、メダン本部の支援によって2005年2月14日から6か月間「公衆厨房」の形で被災者に食事を提供したことである。

華人への支援システムの仕組み

華人の支援システムの仕組みを整理すると、以下の特徴がある。

第一に、アチェの創発型組織を通して、広域的な支援がローカルな支援と結びついた。その重要な役割としては、情報発信があった。まず、アチェの組織がメダンの組織に被災者情報を提供し、次に、アチェにある既存の宗教組織が平時からつながりのある宗教組織に被害情報を提供した。こうした情報によって、各種の支援が非被災地から届けられた。

第二に、今回の華人支援では、より広域的な情報や物資の流れに、メダンやジャカルタといった遠方で創発された組織が大きな役割を果たした（図4.7.8）。アチェの組織によってメダンにもたらされた被災情報は、メダンの創発型組織を通して、ジャカルタやマレーシアなどの華人社会、さらに広く世界に発信された。ジャカルタ華人賑災センターは、メダン賑災委員会と協力して、ジャカルタから動員した物資をメダンとバンダアチェに送った。また、メダンの組織自体は「中下層の華人」を中心とする援助組織であったが、中国語のメディアに報道されたため、世界中の華人社会から注目を集めた。そのため、予想以上の経済的な動員が可能になった。その他では、メダンにおける各種の支援活動を行うスタッフや、避難民キャンプの運営に携わった人など、人的な動員も行われた。人的な動員は、バンダアチェでも、特に救済ステーションの運営スタッフを中心に行われた。

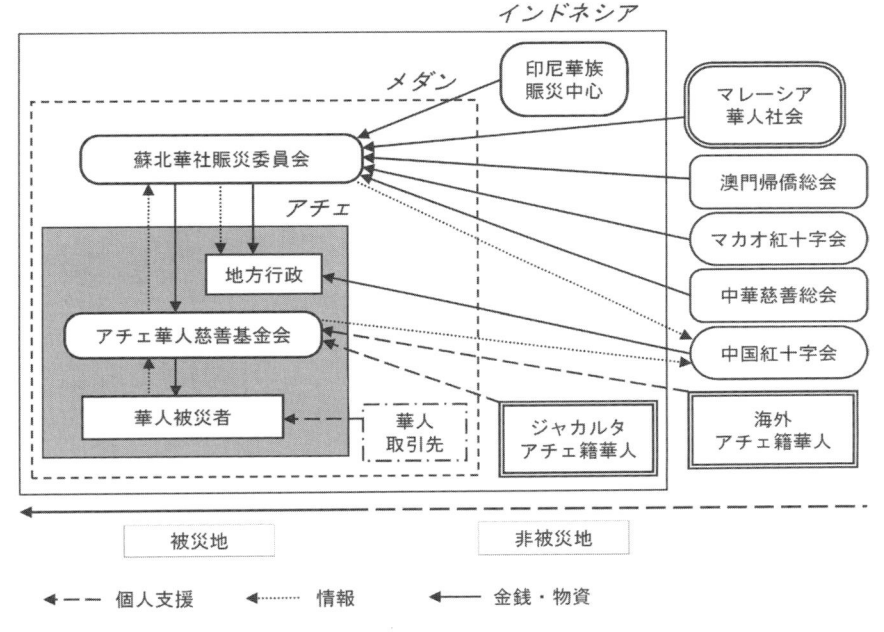

図 4.7.8　創発型組織を中心とする支援

　このように、メダンが媒介的な役割を果たしたもうひとつの理由は、上述したように、メダンとマレーシア、そしてバンダアチェとを結ぶ密接な関係がある。こうした日常的なつながりの基礎の上に、メダンに広域的な支援の創発型組織が形成された。さらに、バンダアチェやメダンの創発型組織の土台となったのは、既存の華人の宗教組織であった。バンダアチェのローカルなネットワークとメダンの広域的ネットワークは、両地域に暮らす人々の個人的なつながりを基礎として形成されたものである。

　第三に、地域ごとの創発型組織は、ネットワークで相互につながっていた。創発型組織を媒介に、複数のネットワークが重なり合って存在している。ひとつめは、バンダアチェの創発型組織を媒介に、アチェとジャカルタ、アチェとメダン、またはアチェと香港というネットワークがある。ふたつめは、メダンの創発型組織を媒介に、マラッカ海峡を挟んでインドネシアとマレーシアの華

人社会をつなぐネットワークが存在している。三つめに、バンダアチェ、メダン、ジャカルタの創発型組織を媒介に、インドネシア国内において華人のネットワークが形成された。このネットワーク形成によって、3都市にそれぞれ基盤を置いた華人ネットワークがつなげられた。四つめに、メダンの創発型組織を媒介に、インドネシアの華人社会と中国、台湾、マカオなどをつなぐネットワークが存在している。

　第四に、これらのネットワークは災害をきっかけとして、潜在的に存在していたエスニックな紐帯が顕在化したものであるとみることができる。ひとつめのバンダアチェ媒介のネットワークは、アチェ出身の華人という地縁で結ばれたものであり、主として経済的支援を行った。ふたつめのメダン媒介のネットワークは、マラッカ海峡を挟んだ都市間のネットワークが華人の支援ネットワークとなって現われたものであった。このネットワークを通して、メダンの組織は、多くの経済的資源を動員できた。三つめのインドネシア国内のネットワークは、物資を中心に支援を行った。最後に、メダンを中心に世界に広がったネットワークは、中国語のメディアを媒介に形成され、これによってグローバルな支援の広がりと多様な形態の支援が実現された。

まとめ

　インドネシア華人被災者に関しては、政府を中心としたいわゆる公的支援がほとんど受けられなかった状況下で、共的支援システムが重要な役割を果たした。ここでは、以下の3点を検討した。

　第一に、今回の被災によって地方政府組織は大きなダメージを受け、もともと低い水準にあった公的支援システムはうまく機能しなかった。その中で、アチェの華人は、長年排除されてきたグループであったために、公的支援がほとんど受けられなかった。そのため、「自助」と「共助」とに頼るしかなかった。前者に関しては、身の周り品のような軽微な支援に力を発揮した。これに対して、後者の共的支援システムは、避難所の運営、義援金の分配、被災者情報の伝達、被災者と地方政府との連絡役などに重要な役割を果たした。しかし、共的支援システムだけではカバーできなかった課題もあり、そのため華人の共的

支援システムが、政府の公的支援の発動を促進する場面もみられた。例えば、避難施設の交渉、道路の浚渫などにおいて、公的支援の発動が求められた。共的支援システムは、ひとつのコミュニティのような小範囲、あるいは小グループへの支援において活躍したが、被災者全体あるいは被災地全体に関わることがらに関しては、公的支援システムの発動が不可欠であった。

　第二に、華人の共的支援システムは、津波後に新しく形成された創発型組織を中心に横のネットワークを生かしたものであった。まず、メダンの組織を中心に広域的支援が行われ、メダンを媒介にして、より広域的ないしグローバルな支援が被災地に入った。これらの広域的な支援が実際に現場の華人コミュニティに結び付くには、ローカルな組織との連携が不可欠であり、場合によってはローカルな創発型組織の結成が促された。次に、これら地域ごとの創発型組織のつながりは、インドネシア国内にとどまらず、既存の華人のネットワークを生かしつつ、マレーシアないし世界の華人社会につながった。そのプロセスで、平常時に潜在的に存在していた個人間のネットワークが、創発型組織を媒介に組織間のネットワークへと転化した。

　第三に、以下のような社会的条件が存在したために、このような華人の共的支援システムが生まれた。ひとつめに、華人の共的支援を行う組織は、インドネシアにある中間集団のあり方によって規定されていた。華人は排除されたグループで、華人アソシエーションが禁止された。しかし、インドネシアでは宗教の多元主義的政策が行われたため、エスニック集団は、宗教組織を基盤にして自分のアイデンティティを保ってきた。華人集団も例外ではなく、宗教組織を土台に、その支援に重要な役割を果たした創発型組織が形成された。

　それゆえ、ふたつめに、華人の共的支援システムは、潜在的に存在していたエスニックな紐帯が災害をきっかけに顕在化したものと捉えられる。かつてアチェから排除され、香港などに移住した華人は、今回の津波被災者に金銭的な支援を行った。また、1960年代の華人排除運動によってつくられたメダン郊外の難民村は、40年後にアチェの津波被災者の避難民キャンプとなった。さらに、華人の広域的生活圏が、創発型組織を媒介にその支援活動を世界の華人社会へとつなげた。ただし、インドネシア華人の共的支援システムは、未曾有

の大災害をきっかけにした一過性的なもので、必ずしも公的に制度化されたものではない。

(伍　国春)

注
1) ここでは、インドネシアの中国系住民を「華人」と記す。「華人」は、国籍に関係なく文化的ルーツが中国にある中国系の人たちをさす。他方「華僑」は、中国国籍で海外在住の中国人という意味で使用されている。「華人」という社会的カテゴリーは、インドネシアでは政治的に創出されたマイノリティ・グループで、しかも「排除されたグループ」であるといわれてきた（Suryadinata 2007：251）。
2) Bokom-P.K.B.（Badan Komunikasi Penghayatan Kesatuan Bangsa）。国家統一体についての政策を伝達する団体で、華人同化の促進を目的とし、内務部から支援された半官半民の機構。正式に常設されたのは、1977年12月31日からであった（Suryadinata 1997: 248）。
3) スハルト政権で、1978年まで仏教と「孔夫子教」が華人の宗教として認められた。「孔夫子教」はインドネシア化され、「四書五経」を聖書に、「礼堂」を礼拝所に、組織運営を「学士・文士・教生」という人にまかせるものとして形式化された。しかし、1978年に「孔夫子教」は規制され、1979年スハルト政権は「孔夫子教」は宗教ではないとの声明を出した。1978年の禁止令は2000年3月に廃止されたが、地方に行くと「孔夫子教」が身分証明書に登録されない地域は依然存在している（Suryadinata 2007）。
4) アチェ華人慈善基金会会長に対するインタビュー（2006年11月28日）による。
5) 1960年に、中国政府は、興華輪という船で、ウレレ港まで華人を迎えにきた。この船で帰国した華人は、海南島の華僑農場で生活しているという（2007年12月11日のバンダアチェにおけるインタビューによる）。
6) 1965年にアチェでイスラム過激派による大規模な華人排斥運動がおこった。約12,000人の華人がメダンに避難し、うち約6,000人は、中国政府によって派遣された船で帰国した。当時メダン在住の陳豊盛という老人は、そうしたメダンへの避難民に対して、自分の土地約15 km^{2}を無償で提供し、ムリア村がつくられた。2008年1月現在、約400〜500戸、3,000人が、村で生活しているという（2008年1月30日、メダンの蘇北華社賑災委員会の「統籌人」（会長）に対する電話インタビューによる）。
7) バンダアチェにおけるインタビュー調査（2008年12月11日）による。
8) 福徳正神の俗称。一般には土地公と呼ばれる。中国の広東・福建両省、特に広東の客家の間で「伯公」「大伯公」などと呼ばれて、広く信仰され、清代初めには華僑より東南アジアにも伝えられた（吉原 2002：441）。
9) 媽祖は、中国南部の沿海地域、および世界各地の華僑・華人社会で厚い信仰を集めている、航海安全守護の女神（高橋 2002：739-740）。
10) アチェで生活している華人は、アチェ華人メソジスト教会を除く華人系宗教組織に入る場合、仏教徒として身分証明書に記入される。以前は「仏教」しか記入できなかったが、2007年12月時点で、身分証明書の信仰欄に「孔夫子教」か「仏教」を選択できるようになっ

たという（2007 年 12 月 11 日のアチェ華人慈善基金会会長へのインタビューによる）。
11) 互助会は「ヤヤサン（yayasan）」として政府に登録されている。ヤヤサンは、財団、公団、協会、研究所などである。インドネシア内務省社会政治総局社会育成課（Departemen Dalam Negeri, Direktorat Jenderal Sosial Politik, Direcktorat Pembinaan Masyarakat）が毎年発行するダイレクトリー、『社会組織ダイレクトリー（Direktori Organisasi Kemasyarakatan）』(1999 年度版）によれば、当時の登録団体は全国で 1,499 であり、NGO の大半は財団の部に登録されていたという（酒井 2001：210）。
12) 観音堂における慈善活動に以前から関わってきた華人活動家の話によれば、バンダアチェにおける約 3 分の 1 の華人は貧しいという。
13) 1998 年 5 月のスハルト政権の崩壊に結びついた暴動で、メダンの華僑・華人やチャイナタウンも略奪・放火・暴行の標的とされ、多数の華僑・華人が周辺諸国に避難したり、チャイナタウンに自警団が組織されたりした（松本 2002：763-764）。
14) ペナンには、1930 年代からシンガポールに次いで華人人口が多かった。1991 年のマレーシア国勢調査ではペナンにマレー人 40.5 万人、華人 52.3 万人である。州首相はマレーシア独立以来ずっと華人である（原 2002：708-709）。
15) アチェ華人慈善基金会会長に対するインタビュー（2006 年 11 月 28 日）による。
16) 華人メソジスト教会の救援参加者に対するインタビュー（2007 年 12 月 13 日）によると、華人メソジスト教会が得た個人からの寄付でもっとも金額が大きかったのは、避難民キャンプで出会った元信者からであったという。
17) アチェ華人慈善基金会会長に対するインタビュー（2007 年 12 月 11 日）によると、会長は、2007 年 6 月前後にようやく BRR から住宅補償金 1,500 万ルピアをもらったという。さらに、華人が地方政府から補助金をもらえたのは、アチェ州知事選挙（2006 年 12 月）が実施されてからのことであった。
18) メダン賑災委員会の「統籌人」（会長）に対する電話インタビュー（2008 年 1 月 30 日）によると、台湾慈済基金会は自分たちのメダン事務所を通して被災地支援を行った。台湾慈済基金会の支援はインドネシアの華人の大企業家と協力して被災者支援を行った。
19) メダン賑災委員会を介して被災地に届けられた支援金は、合計 2,000 万ドルに達した。2,000 万ドルには、バンダアチェとニアスの華人に対する緊急支援が含まれている。また、災害復興に使用された資金も含まれている。例えば、中国紅十字会は被災地の学校に 1,400 万ドルを支援し、マカオ赤十字会は被災地で技能トレーニングセンターを建設した。後に 2006 年 5 月 27 日に、中部ジャワ地震がおこり、メダン賑災委員会はジャカルタ華人賑災センターを通して、現地被災者の支援を行った。
20) アチェ華人慈善基金会の会長は、津波で大けがをしてメダンで入院した。退院してからメダン賑災委員会から委託され、アチェ華人慈善基金会を創設したという。アチェ慈善基金会は 7 名の委員からなっていた。
21) 100 US ドル＝ 95 万ルピアの為替レートとして計算した。

Ⅳ-8　復興と都市構造の変化

　自然災害には、かならず被災する場所が存在する。災害因となるハザードがいかに大きくても、そこに人がいなければ災害にはならないし、多くの人々が過密で劣悪な居住環境で生活していたとしても、そこにハザードの影響がおよばなければ災害は発生しない。だから、自然災害はいかなる意味においてもローカルである。この場所の問題と関連して、2004年スマトラ地震津波は、どのように捉えることができるだろうか。

　リージョナル・スケールでみれば、津波ほど、被害が面的におこり、それでいて被災地と非被災地との境界が明確で、両地域間の格差を生じさせる災害は少ない。被災地では大部分の建物が土台ごと流され、土地自体が消失したところも少なくなく、地域の死亡率は80％を超えたが、非被災地は全く無傷のままであった。バンダアチェはたしかに最大被災都市ではあったが、それでも被害があった空間的範囲は市域のわずか半分にすぎない。

　どのような場所が津波の被害を受け、そしてどのような場所が受けなかったのか。そうした被害の地域差は地域の地理的特性とどのように関連し、またそのことは被災後の地域のありようにどのような意味を持つのか。さらに、きわめて甚大な被害を受けた地域は、その後の復興過程の中でどのように変化し、そして都市全体でみたときに既存の地域構造がどのように再編されるのか。本節では、バンダアチェの都市空間構造とその変化に焦点を置きながら、これらの問題について議論する。

(1) 都市空間構造とその変化

　すでに第Ⅱ-2節と第Ⅱ-3節でみたように、津波による被害程度には顕著な地

域差が存在するが、これは基本的にバンダアチェ付近の自然地理的条件と津波流動にみられた地域的差異を反映している。それでは社会的観点からみて、実際に被害を受けた地域はどのような特徴を持っていたのであろうか。ここでは津波前のバンダアチェにおける都市空間構造を把握することによって、どのような人々が被害者になったのかという問題について考えてみたい。

多くの発展途上国の都市と同じように、バンダアチェには信頼できる地域統計はほとんどない。しかもいうまでもなく、スクオッターなどの人々についても全くわからない。しかし、人口構造をバンダアチェ全域という広い範囲で統一的かつ定量的に把握するためには統計データに頼らざるをえず、ここでは消極的な理由ながらバンダアチェ市政府統計センターによって区ごとに刊行された村・町単位集計の人口統計を用いることにした。なお津波前2000年以降の年次において私たちが入手できたデータは、人口数が2000〜2002年と2004年であるが、世帯や生業、生活環境などに関しては2001年のものしかない。ちなみにバンダアチェにおける年人口増加率の直近3年間の単純移動平均をみると、2002年まで年率1.5％ほどで推移してきたが、2003年に2％を超え、2004年には6％にまで上昇している。この理由は不明だが、少なくとも統計上、津波前数年間に急激な人口増加があったと推察される。

具体的には、統計書に掲載された人口変動・構造、世帯の生業、生活環境などに関わる変数を列に、89村・町を行にした地理行列を作成し、何回かの試行を繰り返したのちに、もっとも高い説明力を有すると考えられる8変数を最終的に選び出し、ウォード法のクラスター分析に投入した。そして各クラスター間の距離を検討して89村・町を5地区（A〜E）に類型化し、全体における平均値との偏差を検討しながらそれぞれの特性を解釈した（表4.8.1）。また各地区類型の位置を地図化するとともに、2001年時点での村と町との区分も併せて図示した（図4.8.1）。なお、町の分布域はバンダアチェの旧市街地の範囲にほぼ重なると考えられる。

地区Aは人口密度と商業従事世帯率が相対的に高く、人口増加率、農林漁業従事世帯率、木造住宅率が相対的に低いという特徴を持つ。グランドモスクやアチェ市場、プナヨン市場などを含む中心部にまとまって分布し、都心商業

表 4.8.1 クラスター分析による地区類型

指標＼地区類型	A	B	C	D	E	全体	
村・町数	9	13	23	21	23	89	
人口密度（百人／km^2）	148.4	49.5	47.7	36.2	31.4	51.2	46.8
1997〜2002年人口増加率（％）	0.8	14.0	5.8	27.6	18.8	15.0	19.1
農林漁業従事世帯率（％）	1.0	15.3	3.9	8.0	26.4	12.0	12.1
商業従事世帯率（％）	34.4	17.9	16.8	9.3	14.2	16.3	11.8
製造業従事世帯率（％）	2.4	18.5	2.8	3.9	4.9	5.9	6.0
公務従事世帯率（％）	34.1	22.5	56.5	54.3	22.2	39.9	21.7
上水道普及率（％）	85.0	81.5	85.3	24.9	87.2	71.0	31.1
木造住宅率（％）	11.7	18.5	15.9	19.0	28.9	19.9	14.6

年次は2001年（人口増加率を除く）、全体の右列は標準偏差、残りは平均値、バンダアチェ市政府統計により作成。

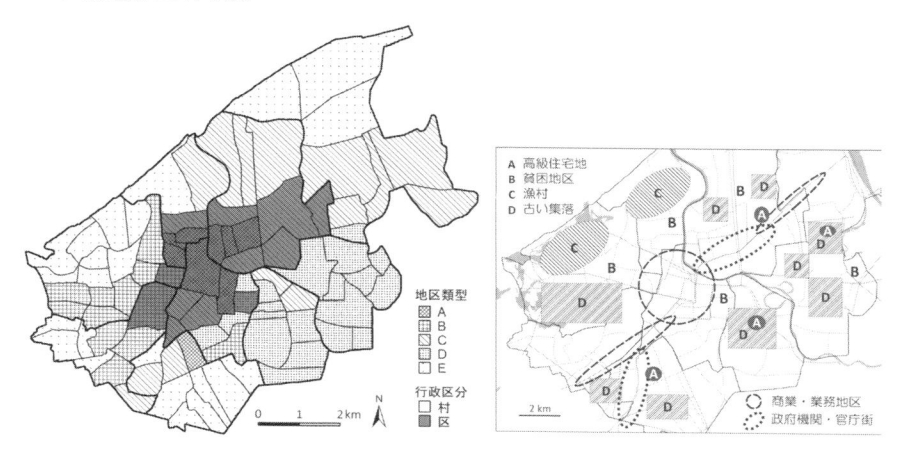

図 4.8.1　津波被災前の都市空間構造（左）と地元住民の認知地図（右）
バンダアチェ市政府統計により作成、田中（2005：39）による。

地区を構成している。地区Bは多くの指標が平均的だが、製造業従事世帯率が相対的に高いという特徴を持ち、家内工業を中心とする当地の製造業の特色を考慮すると、小規模な作業所が混在する住宅地が想定される。空間的には、市街地の西側縁辺部に環状に配置されている。地区Cは相対的に高い公務従事世帯率と水道普及率、低い人口増加率と農林漁業従事世帯率によって特徴づけられ、都心から市域北東部と南西部に延びる幅員の比較的広い幹線道路に沿いながら市街地を大きく取り巻くように配置されている。これらの地域には多

くの官公庁や公的機関、オフィスが立地し、同じく都心周辺部に位置する地区Bに比べて水道普及率が高く、人口密度や木造住宅率が低いことから、社会経済的地位が比較的高い住宅地と推察される。地区Dは高い人口増加率と公務従事世帯率、低い水道普及率が特徴的で、市域の南東部にまとまって分布し、後でみるように環状道路の沿線に開発された比較的新しい住宅団地を含むと推察される。最後に、地区Eは人口密度がもっとも低く、農林漁業従事世帯率と木造住宅率が高い地域であり、市域外周部に分布することから農村や漁村を含む地域であると解釈される。

以上を整理すると、バンダアチェは商業地区を都心に農漁村を周辺にそれぞれ配置した同心円パターンを基本としつつ、社会経済的地位の相互に異なる新旧の住宅地を扇形に配置した比較的単純な空間パターンを呈している。都心周辺には開発年代の比較的古い住宅地が配置され、西側には比較的低い階層の住民が、東側には中高階層住民の居住地がそれぞれ展開されている。細かい部分では相違もあるが、このパターンは田中（2005）によって復元された地元住民の認知地図と大枠で類似している。

こうした都市内の空間パターンは津波被害に見られる地域差の要因ではないが、両者は明らかに密接な関係にある。例えば死亡率による村・町の階級区分とA〜Eの地区類型との関連をみると、死亡率70％以上の村・町の半数は地区Eに、35％は地区Bにそれぞれ分布し、逆に死亡率20％未満の村・町は地区Cと地区Dを中心に分布する傾向にある（表4.8.2）。ちなみに併記された地域の平均死亡率もこれに対応する。後述するように、激甚被災地の多くはラ

表4.8.2 地区類型と地域死亡率との関連

死亡率階級	A N	A %	B N	B %	C N	C %	D N	D %	E N	E %	全体 N	全体 %
70％以上	3	12	9	35	1	4	—	—	13	50	26	100
20〜70％	1	8	2	15	7	54	—	—	3	23	13	100
20％未満	5	10	2	4	15	30	21	42	7	14	50	100
合計	9	10	13	15	23	26	21	24	23	26	89	100
平均死亡率	Avg. 30.1	STD 37.2	Avg. 65.2	STD 29.2	Avg. 18.5	STD 24.9	Avg. 0.7	STD 0.5	Avg. 54.3	STD 38.5	Avg. 31.5	STD 36.6

バンダアチェ市政府統計により作成。

グーンや湿地帯が1960～70年代以降に急激な都市化によって開発された、いわば古い時代の新興地域である。津波は低頻度にしかおこらないハザードであり、そのリスクが都市開発において予見されていたとは思われない。都市空間構造は各地区の開発時期における資本や権力の動向との関わりで捉えられるべきであり、これについて議論するにはもっと詳細な分析が必要である。しかし結果的には、津波被害が大きかった地域は農民や漁民、労働者といった、どちらかといえば社会経済的地位の低い人々の居住地に重なる傾向にあったと思われる。

(2) 都市空間構造の津波後の変化

　バンダアチェの都市空間構造は、津波後にどのように変化したのであろうか。すでに5年以上が経過したとはいえ、都市空間の刷新はまさに現在進行形であり、また小地域ごとの統一的変数も得られていないために、ここでは、ごく簡単な数値によって議論しておこう。

　津波前後での人口の変化をみると、2005年の時点で、高さ3m以上の津波に襲われた村・町はほとんどが2002年に比べて50％以上の人口減少を経験しているいっぽうで、内陸の非被災地では大幅な人口増加が記録され、その中には人口が1.5倍以上に増加したものもある（図4.8.2）。こうした内陸部での人口増加には、それらの地域の多くに避難民キャンプが設置されたことも影響している。それゆえ、次に続く2005～2010年の5年間では、海岸部に位置する激甚被災地の多くの村・町で50％以上の人口増加を記録し、地域人口が戻りつつある傾向を指摘できるいっぽうで、内陸部での人口増加は続いている。

　バンダアチェ市全体でみれば、およそ27万7千人（2002年）から21万3千人（2005年）と、津波によっておよそ3割近くの人口が失われたが、2010年にはその半数が戻り、24万4千人にまで回復した。実際、生存者の再婚と出産などに加え、復興景気に沸いたバンダアチェ市には、アチェ州内外から仕事を求めて移住する人々が大量にみられた。これらの中にはスクオッターのような人々も多く、統計上必ずしも明瞭ではないが、こうした人々が、先の節で指摘したように、住宅復興のプロセスで大量に発生した空き家の新たな住人に

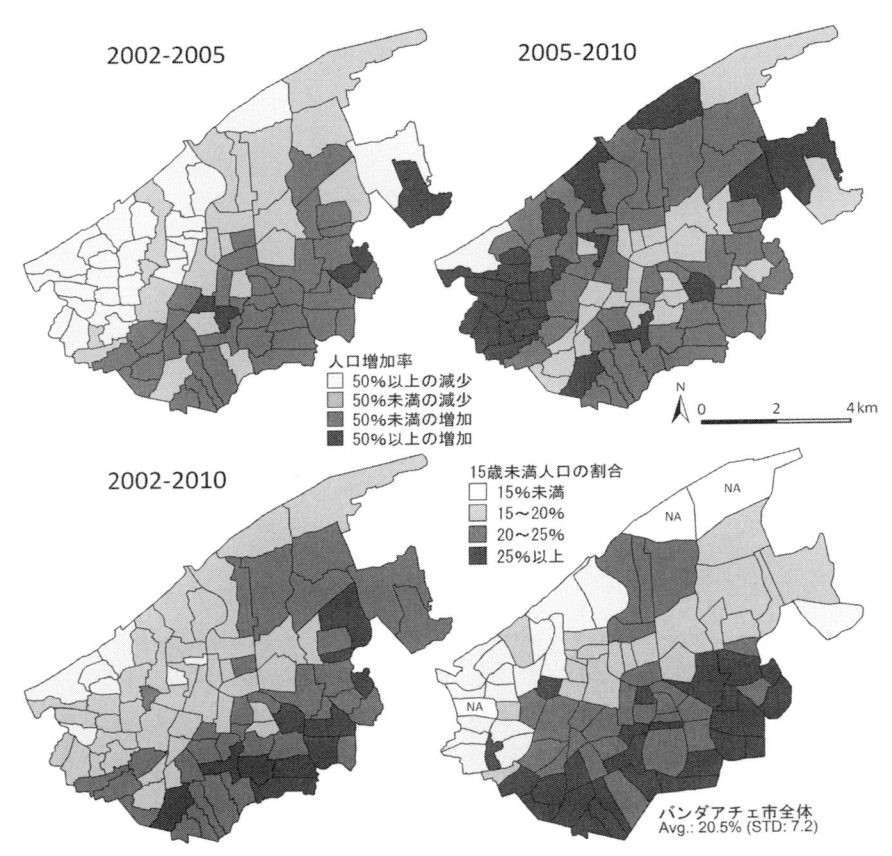

図 4.8.2　津波被災後のバンダアチェにおける人口地域構造
15歳未満人口の割合（右下）は2005年、バンダアチェ市政府統計により作成。

なったと考えられる。しかし、2002〜10年の変化をみれば、ほとんどの激甚被災地域では、津波前に比して人口減少がみられ、その中には大幅な減少を記録したところもある。ただし、人口減小地域は、市街地中心部や主要幹線道路沿線のビジネス地区や官公庁街においても広範にみられるいっぽうで、市域南部の郊外地域での人口増加は総じて著しい。それゆえ、こうした地域人口構造の再編は、都市化や郊外化といった長期的な傾向の一部として捉えることも可

能であり、それを完全に津波被害という理由に帰するには留保が必要である。

ところで、第 IV-3 節でみたように、家族の再生も重要なテーマである。例えば被災地の多くでは 2005 年でも年少人口が市全体の平均値を 5 ポイント以上下回るという状況にあるいっぽうで、すでに平均値付近まで回復したところもある（図 4.8.2 右下）。生存者の結婚や再婚が一部で進む中で、そのことは都市内におけるアンバランスな人口構造にさらに重大な影響を与える可能性がある。

ちなみに図 4.8.3 は、2006 年に運用を開始した、日本の陸域観測技術衛星 ALOS（だいち）によるバンダアチェ付近の衛星画像（AVNIR-2）のうち雲量の比較的少ない撮影日（2006 年 11 月 6 日と 2008 年 9 月 26 日）のものを選び出し、グレースケールに変換したのちに、人工構造物が白っぽく浮き上がるように、ごく簡単な画像処理を施したものである（雲と陰や白褐色に濁った河川については未処理のまま）。まず、両画像の撮影時期間の 2 年間で、ほとんど手つかずであったアチェ川河口左岸からウレレ港付近にかけての地域で、海

図 **4.8.3 津波後におけるバンダアチェの衛星画像**
撮影日は、左：2006 年 11 月 6 日、右：2008 年 9 月 26 日、
ALOS（だいち）による衛星画像（AVNIR-2）により作成。

岸堤防の修復が進められたこと、また、ムラクサやクタアラム、あるいはシアクラといった激甚被災地で集落や養殖地の復旧が進む様子が読み取れる。そのいっぽうで、津波の直接的被害を全く受けていない市街地の南東側、ウレカレンやルングバタといった新興地域において、新しい幹線道路が整備され、その周辺で市街地が拡大する傾向が顕著になっている。これらの傾向は、先にみた人口地域構造の再編と符合するものであり、津波前後の都市計画の策定と履行に関する検討も含め、今後詳細に検討される必要がある。

(3) ムラクサにおけるケーススタディ

　バンダアチェ市ムラクサ区は、市域北西部のウレレ海岸から市街地北西縁に至る広範な低湿地域に位置する。バンダアチェ市政府によれば、地区全体の死者・行方不明者比率は81.9％、被害を受けた建物に占める全壊率は96.3％と、今回の津波によって文字どおり壊滅的な被害を被った。人的被害からみれば、チョットラムクウ（Cot Lamkuweueh）やガンポンピーといった海岸に近い村々で90％前後の死亡率を示すいっぽうで、プンゲジュロン（Punge Jurong）やプンゲウジョン（Punge Ujong）といった市街地中心部に近い村々では若干低下するものの、それでも75％以上と高率であり、被害は地域全体で押し並べて発生したといえる。

　海岸付近の小規模な浜堤上に立地するウレレという集落は、1906年に出版された古い文献の付録地図にもその存在を認めることができ（Hurgronje 1984）、バンダアチェ（当時の名称はクタラジャ）の外港として古くから栄えてきたといわれている。1924年のオランダ製地形図をもとにした5万分の1外邦図によれば、このウレレの周辺にはすでに比較的大きな市街地があり、ウレレとバンダアチェ市街地とを結ぶ道路に沿ったところには、現在も同じ名前が残る複数の集落がすでに認められる。しかし浜堤背後のラグーンと湿地帯はほとんど未利用で、その中に森林植生が散在的にみられるのみである（図4.8.4）。こうした状況は、1940年代半ばのアメリカが製作した25万分の1地勢図と、1960年代初頭のソ連製20万分の1地勢図においても基本的に同じように思われるが、1977年のインドネシア政府発行の5万分の1地形図では大

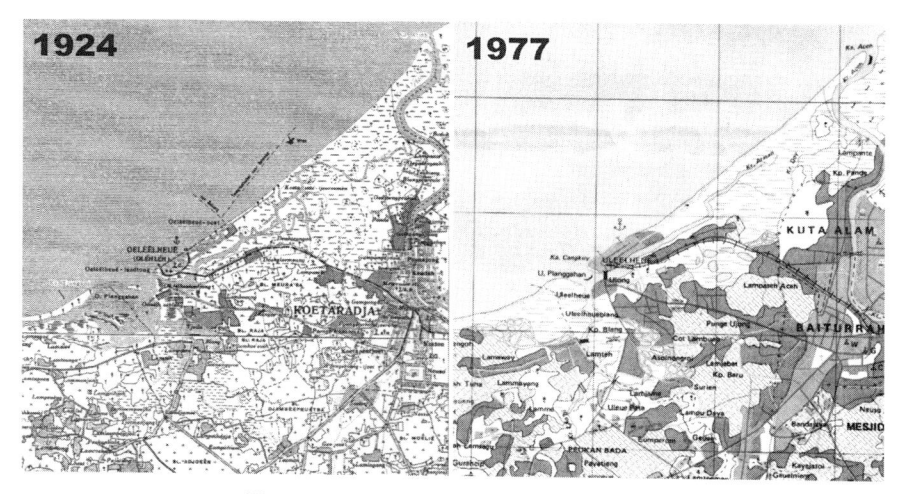

図 4.8.4　ムラクサ付近の土地利用の変化
陸地測量部・参謀本部及び Bakosurtanal Indonesia による。

きく変わっている。

　まず湿地帯の植生が切り拓かれて水田として利用されるようになったほか、一部では大規模な養殖池の仕切りがつくられ、氾濫原や干潟に向かって市街地を拡大する様子が認められる。特に幹線道路沿いでは、旧集落の周辺でスプロールが顕著になった。これらの拡大地域は今回の津波の激甚被災地に重なり、その意味で、1960〜70年代はバンダアチェが結果的に津波をはじめとした沿岸災害に弱い都市に変わっていく転機であったと考えられる。

　ここでは、ムラクサにおける2009年の現地調査などをもとに、実際に地域の復興はどのくらい進んだのか、また、その復興のプロセスは一体どのようなものであったかといった点について考えてみたい。

　なお、今回の津波被害によって、地域の人口構造は劇的に変化した。家族規模は縮小し、特に子どもや高齢者などの世代に大きな欠損が生じた。ムラクサにおいては、被災から5年が経過しつつあった2009年7月には、特にバンダアチェ市街地に近いところで、乳幼児の人口が相対的に大きいところがみられるが、海岸付近では、家族の再生が進んでいるとはいいがたい状況にある（図

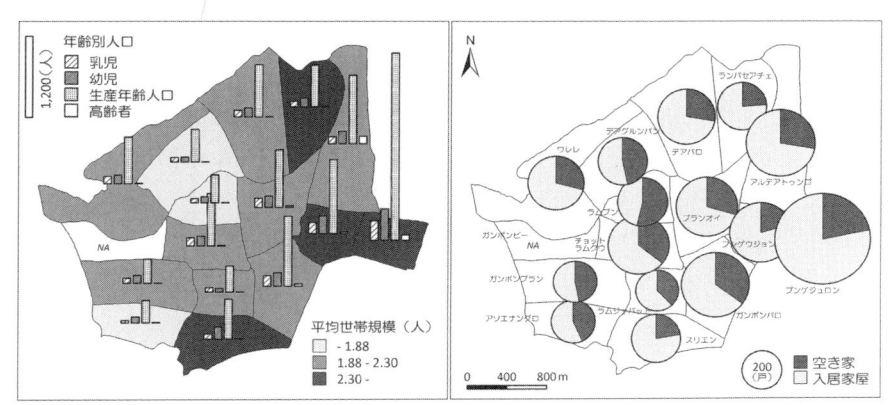

図 4.8.5　ムラクサ区における人口構造等の現況
シアクラ大学 GIS およびリモートセンシング開発センター提供の資料
（2009 年 7 月現在）により作成

4.8.5)。先に指摘したように、住宅再建の過程で大量に生み出された空き家群は 2009 年時点でも明瞭であり、3 分の 1 から半数近い家屋が未だ空き家であることがわかる。しかし市街地に近いところや幹線道路沿いでは、その比率は相対的に小さく、おそらく交通至便の村・町から生存者の帰還や新規来住者の借家入居が進んでいると思われる。

社会的インフラの回復状況

　公共施設等の社会的インフラの回復状況について、2009 年 12 月 14 日～18 日の間、主要幹線道路を徒歩で移動しながら、ハンディ GPS により施設の立地ポイントを捕捉し、各施設の再建年次や再建主体、機能変化の有無などについて地元住民らへの聞き取り調査を行った。なお、施設の立地場所や機能変化の確認には、被災前後のバンダアチェ市の衛星画像（2004 年 6 月／2005 年 8 月）も利用した。

　対象とした主な施設は、行政機関や警察、病院、学校、モスク、橋梁、道路などの社会的インフラ（全 85 施設）である。これらの施設は、ウレレ港から新設された津波博物館を結ぶ Pelabuhanlama Ulee Lheue ／ Iskandar Muda 道路、

ムラクサ西部からグランドモスク（ポイント85付近）へとつながるRama Setia／Habib Abdurrahman道路のいずれかに沿って立地している。以下、これらの施設が被災後にどのように復興してきたのかを、「再建状況（＝新築・改築・新築中・改築中）」、「再建年度」、「再建主体」、「被災前後での機能変化の有無（＝新機能・同機能・機能変化）」に着目しながらみていく。

　これらふたつの幹線道路沿いに位置する施設の大多数は、津波による被害を受けており、被災後に建て直されたものや修繕されたものがほとんどである。その中でも、被災後に新たに建築されたケース（＝新築）がもっとも多く（51か所）、次いで改築16か所、不明10か所、新築中5か所などとなっている（図4.8.6）。とりわけムラクサでは、ほとんどの施設が新築または新築中であり、市街地では改築が多くなっている。ムラクサ区の東縁に当たるドイ川（Kreung Doy）を堺として街区の景観が大きく変わり、それは、この付近で浸水深が減衰し、建物被害の状況が大きく変化したためであると考えられる。

　再建された施設を再建年次別に検討すると、もっとも多いのは2006年（26か所）、次いで2008年（8か所）、2009年（6か所）となっている。2006年に再建された施設の中では、健康保健機関（地域保健所、健康局など）や教育機

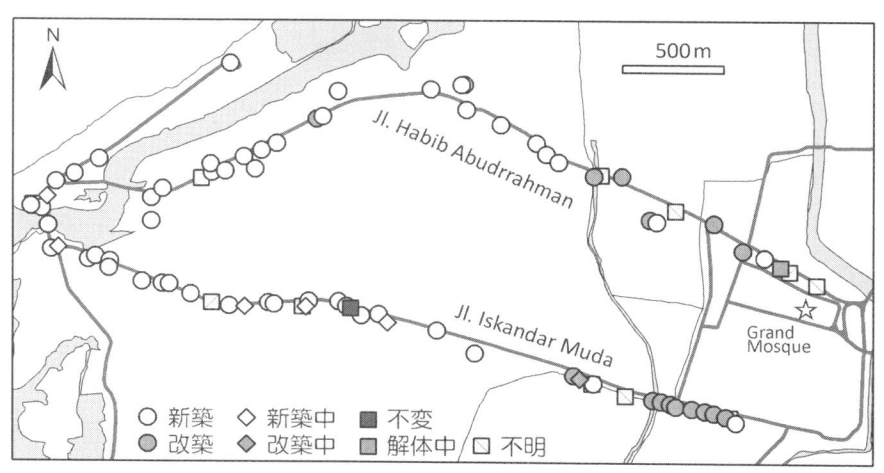

図4.8.6　施設の再建状況（2009年12月現在）
現地調査により作成

関（小学校、中学校）、公的機関（警察、海上保安局、村・町役場など）が多く、また道路や橋梁、船着場などのハードなインフラの整備もこの時期に進んだ。2007年以降は、これらの施設に加え、津波避難ビル、津波警報タワー、津波博物館といった津波・防災関連の施設が目立つようになる。このようなことから、道路や病院といった住民の生活に直結する、公共性の高い機能を有した施設の再建が比較的早くに行われるいっぽうで、防災機能やメモリアル機能を有する施設は、復興プロセスが比較的安定した段階に整備されていったことが読み取れる。

　また、施設の再建主体でもっとも多いのはインドネシア政府（BRRを含む）であり、次に多いのはOxfamなどの国際NGOである。それらの中には、デアバロ（Deah Baro）のモスク（BRR, Oxfam, UN, World Vision）やランパセアチェ（Lampaseh Aceh）付近のマングローブ林（KOICA、KFS、Ministry of Forestry）のように、複数機関が提携して再建支援に乗り出している場合もいくつかみられる。民間資本が再建の主体となっている例は、わずか2か所にすぎない。

社会的インフラの機能変化

　最後に、施設の機能変化に係る三つのパターン（＝「新機能」、「機能変化」、「同機能」）[1]に着目し、それぞれがどのような場所に多くみられ、また、どのような機能を有する施設に多いのかについて簡単にみておく（図4.8.7）。

　調査対象とした施設の中では、「同機能」のケースがもっとも多く（39か所）、次いで多いのが「新機能」（19か所）である。被災前後で施設機能が転換した「機能変化」のケースはもっとも少なく、13か所である。これら3つのパターンのうち「新機能」と「機能変化」はムラクサに多く、いっぽう、「同機能」に関しては、調査対象地域の西部から南東部にかけてのほぼ全域に分布し、津波被害の大小にかかわらず被災前と同じ場所に同じ機能の施設が再建されているといえる。

　「新機能」の施設で多いのは、津波避難ビルや津波警報装置、メモリアルパークなどの防災・津波関連施設（5か所）である。「機能変化」については、「新築」に伴い施設の機能が「変化」したケース（「機能変化－新築」）は7か所であり、

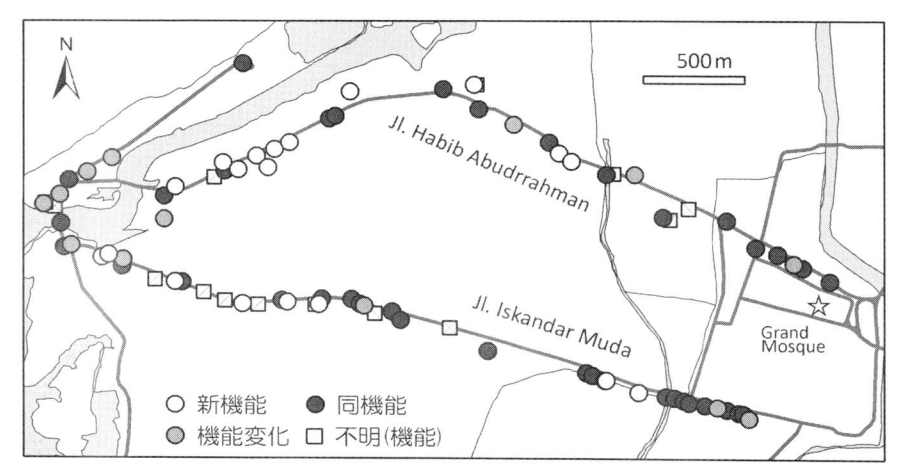

図 4.8.7 施設の機能変化（2009 年 12 月現在）
現地調査により作成。

ほとんどがムラクサに立地し、以前は宅地や養殖池であった場所に新たに建設されたケースが多い（海上保安局、バンダアチェ市文化観光局、健康局、公園、倉庫、魚の集荷場）。いっぽう、「改築」に伴い施設の機能が「変化」したケース（「機能変化－改築」）は、南東部に位置する 2 か所のみである（一般的な公園が津波のメモリアルパークに変化したものと、小中学校が子ども向け公園へと機能縮小したもの）。最後に、「同機能」のケースについては、「新築」は 19 か所であり、ムラクサを中心に「モスク」（6 か所）と「道路・橋梁」（5 か所）の再建数が多い。いっぽう、「改築」は 14 か所であり、南東部の市街地に多い。つまり、施設への津波被害が比較的小さく、「修繕」のみで被災前の施設の機能を維持することができたと考えられる。

以上のことをまとめると、ムラクサにおいては、施設再建の際に被災前と同一の場所に同じ機能を有する施設が再建される割合が高い。このことは、津波被害の地域的差異にかかわらず、対象地域全体にいえる。いっぽう、施設の機能が転換する場合は、そのほとんどが「新築」を契機としたものである。

おわりに

　以上の議論を整理し、バンダアチェにおける津波被害の地域差と地形的条件との対応関係（海津・高橋 2007）に、都市空間構造との関連を重ね合わせると、図 4.8.8 のような模式図を描くことができる。今回の津波は数百年から千年に1度というきわめて低頻度な超巨大規模のハザードであり、その物理的破壊状況は基本的には自然的メカニズムによって把握される。

　しかし結果的にせよ、激甚被災地はもともと干潟ないしデルタ性の低湿地がいわばスプロール的に開発されたところであり、そこはやや低い階層の人々が暮らす地域を含んでいた。いっぽうで、都心商業地区から都心周辺部にかけての中高階層住民の居住地は、部分的には津波による破壊を被っているし、深刻な洪水被害もみられたが、8割以上の住民が死亡するような壊滅的な被害はまれであった。また津波が到達しなかった地域は避難場所となっただけでなく、被災地に対する食料などの消費財や復興資源の供給地として期待され、いわゆ

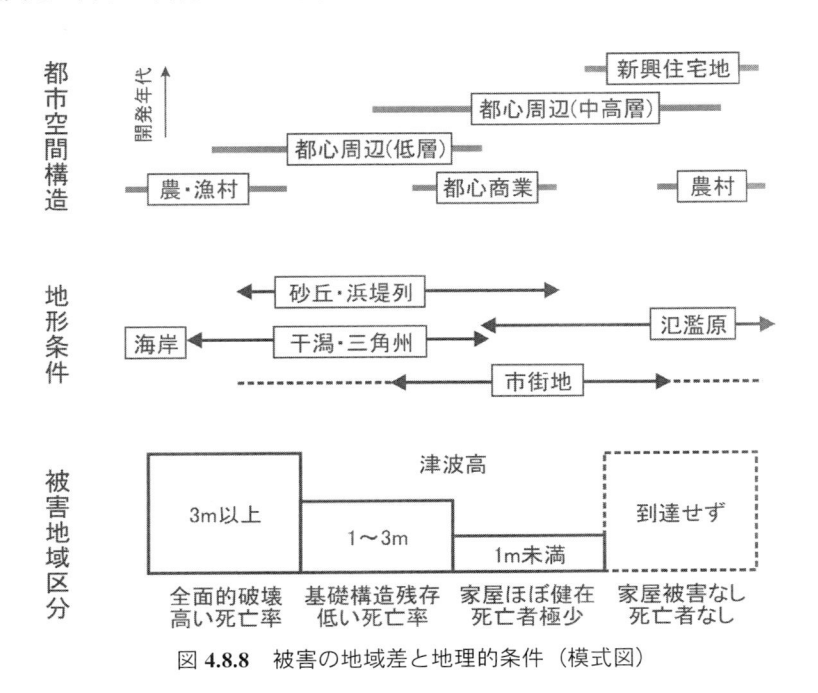

図 4.8.8　被害の地域差と地理的条件（模式図）

る復興景気によって経済的にはむしろ活況を呈した。

　この点に関連して、被災後の時期において、バンダアチェ市域の南東部郊外では、新しい幹線道路が建設され、新しい住宅建設が行われるようになった。これらの開発が既存の都市計画に則ったものかどうかは検討される必要があるものの、津波を契機にバンダアチェの都市空間構造が変化しつつあり、人口分布や都市機能の郊外化がおこっていることは間違いない。いっぽう、ムラクサといった激甚被災地では、社会的インフラの機能変化は比較的少なく、住民の生活再建に直結する公共施設を中心に再建が図られている。しかし、少なくとも地域人口の回復や家族の再生という点からみれば、被災後5年が経過してもなお道半ばといわざるをえない。

（高橋　誠・伊賀聖屋）

注
1)「新機能」は「被災前は草むらや池であった場所に新たな施設が建設されたケース」、「機能変化」は「被災前後で施設の機能が転換したケース」、「同機能」は「被災前後で施設の機能に変化が見られないケース」をそれぞれ指すものとする。

第 V 章

現 在
―8 年あまりが経って―

　アチェでは、津波が発生してから 8 年半の時が経過した。本書では、これまでほとんど触れなかったが、世紀の大災害を経験したアチェにとって、この間の唯一かつ最大の朗報はいわゆるアチェ紛争の終結であろう。津波災害からの復興過程は、アチェ紛争からの復興過程と重なり、相互に影響し合ってきたように思われる。第 V 章を始めるにあたって、第 V-3 節で説明する質問紙調査に基づいて、紛争がアチェの地域におよぼした影響について素描する。
　なお、この質問紙調査は、津波の直接的被害を受けなかった地域も含むバンダアチェ市及び大アチェ県内バンダアチェ市周辺郡において、2010 年 12 月に、コミュニティ（ガンポン）を調査単位に、リーダー（グチ）を回答者にして行われた。ここでいう紛争とは、いわゆるアチェ紛争に関連して、具体的に軍事作戦や暴力、建造物等の物理的破壊などを指す。
　紛争の発生頻度については、全体の 4 割のコミュニティが非常に多く発生と回答しており、頻度の大小を問わなければ、紛争の発生したコミュニティは全体の 4 分の 3 に上る（表 5.0.1 左）[1]。紛争が沈静化した時期については、過半数のコミュニティが 2005 年 8 月のヘルシンキ和平合意時と答え、津波発生時も 3 分の 1 ほどを占めている。つまり、津波による壊滅的被害が、紛争の鎮静化から終結に向かうきっかけになったことが確認できる（表 5.0.1 右）。
　紛争が終結した後に、旧紛争地域に対しては様々な紛争後復興支援が入るが、それらのコミュニティへの関わりは、前章まででみてきた津波災害復興支援に

表 5.0.1　紛争の発生頻度と沈静化時期

紛争の発生頻度（％）		紛争が沈静化した時期（％）	
非常に多く発生	41.5	津波前	3.0
多く発生	13.5	津波発生時	32.0
少ないが発生	29.5	和平合意時	59.8
全くない	15.5	津波1年後	5.3
回答数	200	回答数	169

表 5.0.2　紛争後復興支援の支援者と支援内容

支援者（％）		支援内容（％）	
企業	4.7	住宅再建	17.2
地方政府	45.6	生活再建	8.9
中央政府	9.5	職業訓練	11.2
海外 NGO	1.8	マイクロファイナンス	22.5
国内 NGO	3.0	健康・精神衛生ケア	7.1
国際機関等	3.0	エンパワーメント	10.7
その他	0.6	公共施設建設	7.1
		その他	21.3

ともに複数回答。全回答数は 169。

比べて、明らかに小さくなっている。具体的な支援者としては、実際 Oxfam や Save the Children など、災害支援が一段落した後で紛争後復興に焦点を移す海外 NGO もあったが、紛争後復興支援の多くが圧倒的に地方政府によって担われたことがわかる（表 5.0.2 左）。また支援内容としては、住宅再建のほかは職業訓練やマイクロファイナンス、エンパワーメントといった経済的な側面に特徴がある（表 5.0.2 右）。

　紛争や津波災害による影響を明確に同定することは容易ではない。ここでは、津波被害の程度に注目して、コミュニティ活動と相互信頼感の変化について簡単にみておこう。なお、津波被害は、地域の建物全壊率に基づいて 10％未満を「小」、10〜70％を「中」、70％以上を「大」とした（表 5.0.3）。

　コミュニティ活動に関しては、ほぼ同じと回答したものは約 4 割であり、活発になったとしたのは 3 分の 1 ほどだが、津波の大被害地域では過半数が不活発になったと答えている。おそらく、激甚被災地では津波災害によって多くの住民が入れ替わり、そのことによってコミュニティ活動が停滞したと感じられ

表 5.0.3　コミュニティの活動と相互信頼感の変化

津波被害	回答数	コミュニティ活動（％）			相互信頼感（％）		
		活発化	ほぼ同じ	不活発化	相互信頼が強まった	ほぼ同じ	相互不信が残る
小	152	39.5	47.4	13.2	50.0	42.8	7.2
中	23	30.4	30.4	39.1	30.4	56.5	13.0
大	25	24.0	24.0	52.0	24.0	48.0	28.0
全体	200	36.5	42.5	21.0	44.5	45.0	10.5

ともに10年前との比較。

ているのではないかと思われる。このことは相互信頼感の変化にも反映されており、どちらかといえば内陸に位置する低被害地域では相互信頼が強まったと答えたコミュニティが半数を占めるに対して、津波大被害地域では4分の1ほどのコミュニティでは相互不信が残っている。もう少し時間が経ち、激甚被災地のコミュニティで新来者の定着性が高まるにつれて相互信頼感に改善がみられるようになるのか、あるいは、これらの差異が構造的に固定化されていくのかという問題は、今後も注意深く観察され続ける必要がある。

　最後に、もっと一般的なアチェの社会と文化の10年間の変化に関して触れておこう（表省略）。アチェの文化に関しては、「少し変化」と「ほぼ同じ」という回答がそれぞれ全体の約4割を占めており、アチェ文化への影響という観点からは、この間の出来事による変化を大きなものと感じているコミュニティリーダーはそれほど多くはなく、その数値に津波被害の程度による差異は認められない。しかし、アチェの社会については、「変化」という回答が全体の3分の1を占め、「ほぼ同じ」という回答を大きく上回っている。さらに、津波被害が大きかったところでは、アチェ社会が変化したと感じているリーダーが相対的に多い傾向を指摘しておきたい。

(高橋　誠)

注
1) 紛争の発生頻度とスマトラ地震津波による被害との関連性は明瞭ではない。紛争発生頻度についての回答を地域別に検討すると（地図省略）、バンダアチェ市内の市街地中心部と、メダンといった他の大都市に至る幹線道路沿いの地域に、発生頻度の比較的少ないコミュニティが分布するようにみえる。

シアクラ大学理学部での安藤雅孝によるセミナー
2005 年 2 月 11 日、木股文昭撮影。

スマトラ島の悪路（上）と野外 GPS 観測（下）
2005 年 11 月、上：伊藤武男撮影、下：木股文昭撮影。

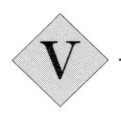

V-1　2004年スマトラ地震後の破壊過程とスマトラ断層

　大きな破壊が一旦地震として発生すると、その破壊過程はすぐには止まらず、何年間もときには数10年にわたり継続する。それだけでなく、破壊域の周辺では、巨大地震の影響で大地震や火山の噴火が誘発されることがある。また、次の巨大地震の発生準備過程にどのように移行するかについても、実際のところ、きちんとした観測も調査も未だにない。いろいろな地震の事例を集めたパッチワーク的研究の段階である。

　地震後にゆっくりと進行する、余効滑りと呼ばれる破壊過程や、それに伴う誘発地震の調査は、巨大地震の全体像を明らかにする上で、重要な意義を持つ。しかも、2004年スマトラ地震で大きく破壊した地域の背後には、スマトラ断層という全長 1,000 km を超える巨大な活断層の存在が知られ、そこではスマトラ地震の発生前から被害をもたらす大地震が頻繁に発生していた（Sieh et al. 1994）。

　このような観点から、私たちも、アチェ州でのGPS観測を2005年2月から開始した。そして、地震発生から少なくとも10年以上は観測を続けたいと考えている。幸いにも、2014年までは研究費の見通しは立っている。もちろん、次の巨大地震の発生準備過程への移行を見届けるのは、次の世代の研究者に期待することになろう。しかし、少なくとも、巨大地震の破壊過程がいかに終焉していくかは見届けたいと考えている。

　スマトラ島の内陸西部を走るスマトラ断層は巨大な活断層と指摘されながらも、そこでの歪みの蓄積過程と地震発生過程は少なくとも2004年スマトラ地震までは詳細には研究されていなかった。アチェでの紛争、アクセスの困難など、現地調査のできない社会状況が研究を大きく妨げていた。

私たちは 2005 年 2 月以降スマトラ島のアチェに毎年出かけ、年 1 回から数回行う GPS 観測も既に 9 年目を迎えた。超巨大地震に遭遇した地震研究者として、そのときのデータを可能な限り残すことが責務と考えたからだ。その結果、スマトラ地震の余効変動が現在でも年間 10 cm ほどの速度で進行しており、アチェ州を縦断するスマトラ断層でも大きな地殻歪みが蓄積していることを指摘できるようになった。

　その 6 年後の 2011 年 3 月、今度は自分たちの国で超巨大地震が発生した。またしても、地震学研究の歴史の浅さを痛感した。数 10 年に 1 度の頻度で発生を繰り返す大地震だけでなく、そこに数百年から千年に 1 度の頻度となる超巨大地震発生のスーパーサイクルがまさに織り込まれているとは思わなかった。思い出せば、1960 年代前後も、環太平洋のプレート沈み込み帯では、超巨大地震が次々と発生していたのだ。

(1) 地震、地殻の破壊過程は直ちに止まらない

　地震という地殻の破壊過程は、いわゆる地震波動が終焉しても直ちに停止するわけでない。しかし、これまでは巨大地震でも、観測が主に地震波動、いわゆる地震現象に限られていた。そのため、波動が終焉した後の破壊過程、いわゆる余効変動は、観測例も断片的で、当然ながら、ほとんど議論もされていなかった。

　逆に、地震後の地殻変動を観測しても、大地震で地殻変動観測のセンサーがおかしくなったと指摘されることすら多々あった。まさに、本末転倒だった。地震を地殻の破壊現象と考えるならば、地震波動だけで破壊過程を議論するのは不十分で、地震波動を発しない破壊過程まで含めて議論するのが本質のはずだ。

　20 年前に、東北沖合の日本海溝で発生した 1994 年三陸はるか沖地震（M7.5）のときに、初めて顕著な余効変動が詳細に、しかも複数の観測センサーで観測された（Heki et al. 1997）。この地震により、地殻の破壊過程を地震波動だけで考察してはいけないことが知られるようになった。この地震学における大きなブレークスルーは、この年から国土地理院が日本全国 100 点において開始した

GPS の連続観測のデータから明らかになった。その東北地方の観測点で、三陸はるか沖地震時に 1 m を超す海溝側への変動が観測された。しかも、地殻変動は地震後も収まらず、ゆっくりながら 1 年ほど継続し、最大で 50 cm に達する余効変動が国土地理院の GPS 観測網でもって検出された。

　観測された余効変動から余効滑りの規模を推定したところ、その規模は M7.6 に達した。地震波動を生じさせた破壊過程の規模 M7.5 よりも大きくなってしまった。地震の規模は余効変動も含めると M7.8 となった（Heki et al. 1997）。1 〜 2 分という瞬時に地震波動などで解放されるより大きな規模のエネルギーが、1 年間にわたり、ゆっくりと解放されたことになる。

　地殻の破壊現象である地震を考える上で、余効変動のようなゆっくり滑りも含めた議論が、破壊過程の研究に求められるようになった。もっとも地球上で発生するすべての地震が、このような大きな余効変動を伴うとは限らない。しかし、海溝のプレート境界で発生する大地震や巨大地震には数多く見られる。

　さらに、複数の GPS 観測点で観測された余効変動から、余効変動の滑り分布が推定された。その領域は、地震時に大きな滑りが推定された領域と比較し、より陸側、より深部のプレート境界と考えられる。プレート境界の深部は、浅部の地震発生域と比較し、高温な状態になるなどの理由から、プレート間固着が浅部よりも弱いと考えられている。1994 年三陸はるか沖地震では、その固着の弱いところで、地震後も地震波動を発生しない形で、余効滑りと呼ばれるゆっくりとした滑りが継続していたのである。

　余効滑りが発生したプレート境界の深部では、人体に感じる地震に比べ、ゆっくりと破壊する地震が発生していることも、その後に明らかになった。いわゆる 2000 年東海スロースリップである (Ozawa et al. 2002；Ohta et al. 2004)。切迫すると指摘されている東海地震、その想定震源域として注目された東海地域では稠密な GPS 観測が実施されていた。その観測の結果、沈み込むフィリピン海プレートの影響で、1999 年以前は陸側では北西－南東方向に縮みの歪みが蓄積していた。ところが、2000 年夏季頃から、東海地域、とりわけ浜名湖周辺域で、地殻変動は北西－南東方向で縮みから逆に伸びに転じてしまった。まさに、指摘されていた東海地震と同様な滑りが静かに始まった。

多くの研究者が見つめる中で、この南東方向へのゆっくりした滑りは、2004年頃まで継続し、東海地震を発生させることなく収束した。このときも、プレート境界の深部、ちょうど浜名湖の真下あたりで陸側のプレートがゆっくりと海側にせり出したと考えられる。予想されている東海地震の震源域よりもより深部に当たるプレート境界がスロースリップの震源となった。

アチェで観測された地震後7年間で1mに達する余効変動

余効変動として続くゆっくり滑りも、地震と同様に地域性があり、しかも地震時の滑り分布と異なるかもしれない。また、超巨大地震による地殻変動で内陸に位置するスマトラ断層においても歪み変化が生じ、大地震が誘発されるかもしれない。それだけに、地震後の地殻変動を明らかにするには、数多くのGPS観測点が必要となる。

日本ならば、GPS受信機を観測点に置いていても、盗難などで紛失することはなかった。しかし、アチェでは、私たちが余効変動の観測のために設置した真鍮の金属標識すら掘りおこされ、津波残骸物として回収されてしまった。さらに、スマトラ島の中でもスマトラ断層周辺は急峻な山岳地域であり、その横断道路もアチェ州北部には3本あるのみ、しかも集落は点在するだけだ。いかにして観測を実施し、その後も繰り返すのか、見通しも立たないながら、まずは観測を始めた。

バンダアチェのシアクラ大学数理学部、その物理学講座に地球物理学教室も含まれていた。しかし、研究者は浅部の地下水を求めた物理探査しかフィールドワークの経験がなく、地震計もGPSも備わっていなかった。地震学の講義は開講されていなかった。まずは、同行した安藤雅孝に巨大地震の講義を行ってもらってから、GPS連続観測を依頼した。その成果もあり、シアクラ大学では、2005年2月に地球物理学研究室の平屋の屋上にアンテナを設置しGPS観測を開始し、3月末から連続観測に移行した。当初は研究室の学生が、週番で観測記録を収録してくれた。そして、この観測は現在まで継続している。

シアクラ大学におけるGPS観測から得た水平変動を図5.1.1に示す。バンダアチェはスンダ海溝から200 km以上も離れているにもかかわらず、2004年12

月のスマトラ地震以降、2012年までの8年間も余効変動が継続し、南西方向、ちょうどスンダ海溝側へ1mも変動した。その余効変動も、確実に、また規則的に減衰し、現在も年間数cmの速度で南西方向、海溝側に変動している。このことは、2004年スマトラ地震を発生させたプレート境界での破壊過程がいまだに終焉せずに破壊過程が続いていることを示す。次の巨大地震発生の準備過程には、まだ移行していない様子だ。その変動は、確実に減衰を示しながらも、10年程度では収拾しないことも明らかである。

　この余効変動は、シアクラ大学のみで観測される特殊な事例ではなく、変動量は多少異なりながらも、まさにスマトラ島北部の西海岸を中心に観測されている。余効変動は南西方向、海溝側への変動となる。しかし、その変動ベクトルは場所によって異なる。アチェ州の中でも、北部のバンダアチェでは大きく、

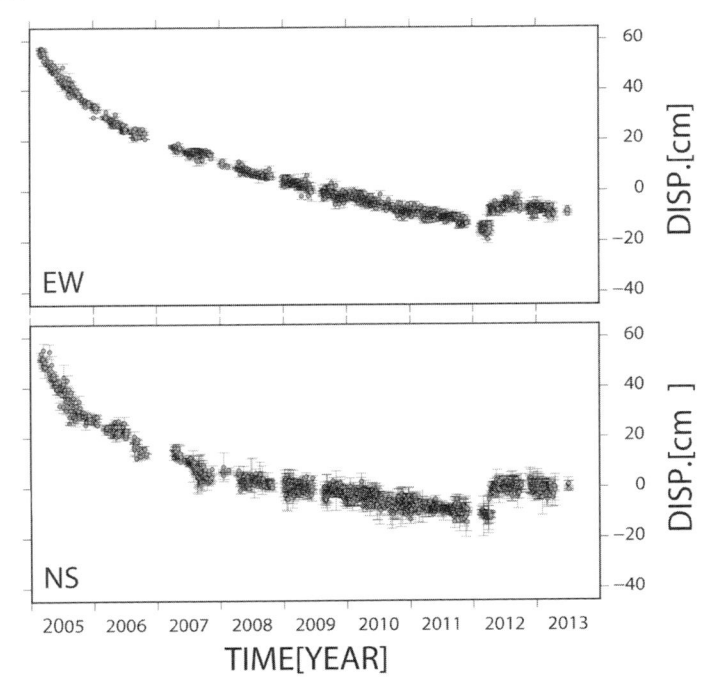

図 5.1.1　バンダアチェのシアクラ大学においてGPSで観測された地震後の地殻変動
上は東西、下は南北成分。プラス方向がそれぞれ東と北方向の変動である。

南部のムラボ辺りでは小さな変動が観測され、概して地震時に観測された地殻変動と対応した分布になっている。すなわち、余効滑りは地震時の変動と同様にアチェ州の北部で大きく、南部では小さいと考えられる。

次に、1994年三陸はるか沖地震のように、地震時に滑ったプレート境界のより深部で余効滑りが発生しているだろうか。しかし、この段階で難題が待ち構えている。三陸はるか沖地震は余効変動も含めた地震の規模がM7.8、いっぽう、スマトラ地震は地震波動を生じさせた破壊過程だけでもM9.2と、三陸はるか沖地震と比較し、規模が格段に大きい。これほどの大規模になると、地震の破壊過程をいわゆる弾性論だけで考えられなくなる。

私たちの生活する地球では、主に地震が発生する浅部は地殻と呼ばれ、普段は弾性体として振る舞っている。それに対し、地殻の下に存在するマントルは粘性的な性質も持ち合わせている。粘性とは水飴のような性質で、力を加えても、瞬間的には変形せず、後からじわじわと変形する。そのマントルにも超巨大地震は大きな影響をおよぼし、地表で観測される余効変動にマントル起因となる粘弾性的な性質も含まれてくる。ゆえに、粘弾性も考慮に入れて、余効変動のメカニズムを考えなくてはならない。粘弾性による変動はゆっくりと長期間に進行し、より長い観測期間が求められ、解析も簡単でなくなる。

もちろん、既に2004年スマトラ地震の余効変動も多くの研究者により議論されている。しかし、その多くは、マレーシアやタイといった遠く離れた地点での観測データに基づいている。なぜなら震源近くのデータがほとんどなかったからである。その点、私たちが行っている震源近く、といえども実際は200kmも離れるが、アチェでの余効変動の観測はきわめて重要なデータとなる[1]。

背後に全長1,000 kmを超える巨大な活断層スマトラ断層

スンダ海溝の背弧に位置するスマトラの内陸西側には活断層が発達する。これは、プレート沈み込み帯で共通した特徴のひとつである。例えば、プレートが斜めに沈み込むアラスカ沖のアラスカ海溝、及びプレートが双方向から沈み込むフィリピンや台湾には長さが数100 kmの活断層が存在する。その中でもスマトラ島を縦断するスマトラ断層とミンダナオ島、レイテ島、ルソン島と

フィリピンを縦断するフィリピン断層は巨大で全長 1,000 km を超える。そして、活断層沿いに大地震が頻繁に発生し、地震被害が生じている。

そして、これらの活断層では大地震が繰り返し発生することから、堆積盆（pull-apart-basin）や河川の水系略奪などの変形地形が顕著に残る。また、活断層の一部では、大地震が発生することなく、クリープ運動として地殻の歪みが解放されている地域も見つかっている。例えば、レイテ島中部のフィリピン断層では、大地震が発生しなくても、年間 3 cm のズルズルした滑りが GPS 観測から報告されている。

これまで述べてきたように、プレートの沈み込みのようなプレート境界での歪みを解放する様式は、地震や地震後の余効変動、さらには、もっとゆっくりとしたスロースリップなど多様である。巨大な活断層での地殻の歪みの蓄積と解放過程も複雑に違いない。

たしかに、日本列島でも、とりわけ中部地方にも多くの活断層が集中する。1891 年濃尾地震の震源となった根尾谷断層系、1576 年天正地震を引きおこしたと考えられる御母衣断層系と阿寺断層系、養老断層系などである。これらの日本の活断層は地質調査や地形調査から、活断層の変位速度が推定されている。この研究によれば、日本国内では最も活発な活断層でも平均した年間変位速度は数 mm と推定される。この変位速度と地震時の変位から、地震の発生頻度は千年から数千年と推定されている。例えば、地震時の変位が数 m の活断層で年間数 mm の変位が蓄積していると、大地震の発生頻度は（数 m）÷（数 mm）で 1,000 年に 1 回程度と推定される。

ところが、スマトラ断層やフィリピン断層は、主に地形調査などから明らかにされてきた断層変位速度は年間数 cm と、日本国内の活断層と比較して一桁速い。この速い断層変位速度は頻繁な地震発生が想定されるだけに、地元の人々にとって厄介な災害となる。しかし、観測期間が短くても、確かな研究成果が期待できると、私たち研究者にとって魅力的なフィールドとなる。

(2) 巨大なスマトラ断層とこれまでに発生した大地震

スマトラ断層は、米国人の Kerry Sieh らにより本格的な調査が始まった。彼

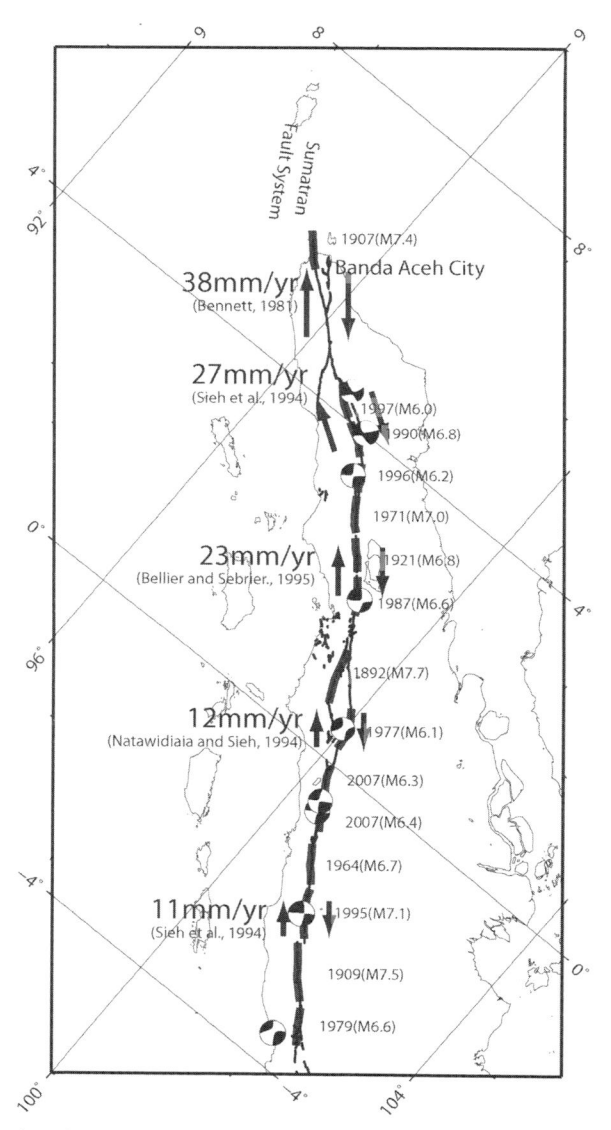

図 5.1.2　スマトラ断層沿いに発生した M6～7 クラスの震源分布と発生メカニズム、及びスマトラ断層で地形学的な手法などで推定されている断層の変位速度
地震の情報は米国地質調査所による。Ito et al.（2012）より引用。

は学生時代に、テントを背負い、アメリカで活断層の模式となったサンアンドレアス断層を調査した。そんな調査研究実績を持つ彼でも、スマトラ断層を全踏破することはできなかった[2]。何しろ 1,000 km を超える大断層である。彼は、航空写真を用いてスマトラ断層沿いの河川の屈曲などの地形学的調査を行い、スマトラ断層での変位を調べた（Sieh and Natawidjaja 2000）。

そのスマトラ断層の位置と、これまでに記録に残る大地震の震源を図 5.1.2 に示す。スマトラ断層はアンダマン海の背弧海盆から南東に伸び、アチェ州のバンダアチェでスマトラ島に上陸し、スマトラ島の西海岸から 50 〜 100 km ほどの内陸部を海岸沿いに走り、ジャワ島とスマトラ島の間のスンダ海峡で再び海に戻る。全長は 1,500 km を超える。断層は、プレート沈み込み運動と関連し、概して右方向の横ずれを示す。断層を横切る河川もたしかに右ずれの屈曲を示し、断層沿いには、横ずれの断層運動から生じた長さ 50 km に達する広大な堆積盆が数多くの場所で広がる。

断層の変位速度も、主に地形学的の調査から検討されている。その一例として、スマトラ北部のスマトラ断層で推定される変位速度を図 5.1.2 に示す。図から明らかなように、断層の変位速度は北部で 38 mm/yr、南部で 11 mm/yr と、北部ほど速いと推定されている。私たちが今回調査した地域においては、地形学的な先行研究は断層変位速度を 27 〜 38 mm/yr と推定する（Bennett 1981；Sieh et al. 1994）。明らかに、日本列島で推定される活断層の変位速度よりも一桁大きい。

このスマトラ断層上では、これまでに数多くの大地震が発生している（図 5.1.3）。この図には 18 世紀以降に発生した大地震の震源を示す。最近の 100 年間では、およそ 100 km ごとに M6 〜 7 クラスの地震が発生する。しかし、アチェ州北部では 19 世紀以降に大地震発生の記録がなく、いわゆる活断層の地震発生の空白域になっている。

断層の変位速度が大きく、しかも地震発生の空白域となれば、超巨大地震発生後の調査研究の意義は高くなる。また、数年間の観測でも断層周辺域での歪み蓄積過程の議論も可能と期待される。例えば、断層が固着せずに、ズルズルとクリープ性の変位が起きていれば歪みは蓄積せず、大地震が発生しなくても

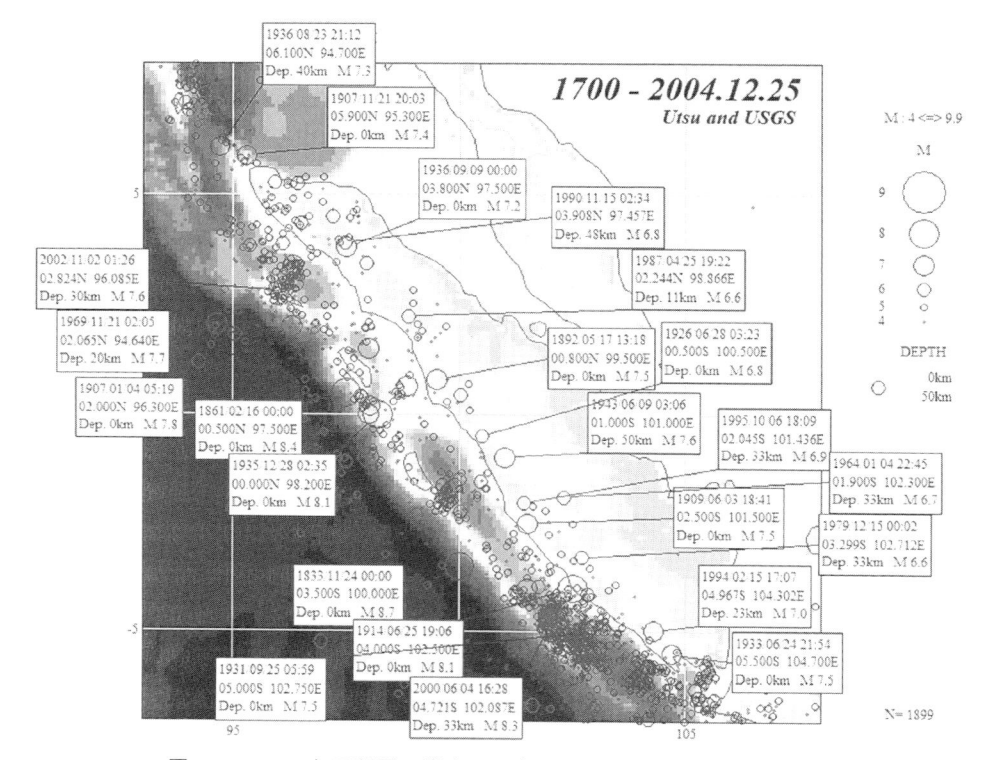

図 **5.1.3** スマトラ断層に発生した大地震の震央分布（1700 〜 2004 年）
地震の震源情報は宇津（2004）と米国地質調査所による。

不思議でない。逆に固着状態であれば、歪みの蓄積は進み、大地震発生の可能性は高くなる。まして巨大地震の発生後は、周辺域で地震活動の活発化が報告されており、なおさら関心が高まる。

AGNeSS（Aceh GPS Network for Sumatra Fault System）

このような背景から、私たちは、20 点ほどの観測点からなる AGNeSS（Aceh GPS Network for Sumatra Fault System）と称する GPS 観測網を地震後のアチェに構築した。この地域でバンダアチェを除くとスマトラ断層を横断する道路

は3本、そのうち峠越えの2本の道路沿いにGPSの観測点を設けた。その後、残りの1本、バンダアチェの海岸線沿いの道路に、名古屋大学で博士学位取得後にバンドン工科大学に戻ったMeilano IrwanがGPS観測網を設置し、私たちと協力して観測を行っている。ちなみに、シアクラ大学の研究協力者IrwandiもAGNeSSを補完する形でAGOGOと称するGPS観測網をアチェ州に構築し、観測を始めている。このように、2004年スマトラ地震を経験する中で、ようやくスマトラ北部、アチェ周辺におけるGPS観測が整備されてきた。

2011年までの観測結果の一部を図5.1.4に示す。この図から南西方向に年間数cmを超える変位、いわゆる2004年スマトラ地震の余効変動が現在も続くことがわかる。例えばPIDI基点はマラッカ海峡に面するスマトラ島の東海岸にあるが、そこでも10cm/yr弱の南西方向への変位が観測されている。

問題は、この大きな余効変動に隠された、スマトラ断層周辺での地形的調査

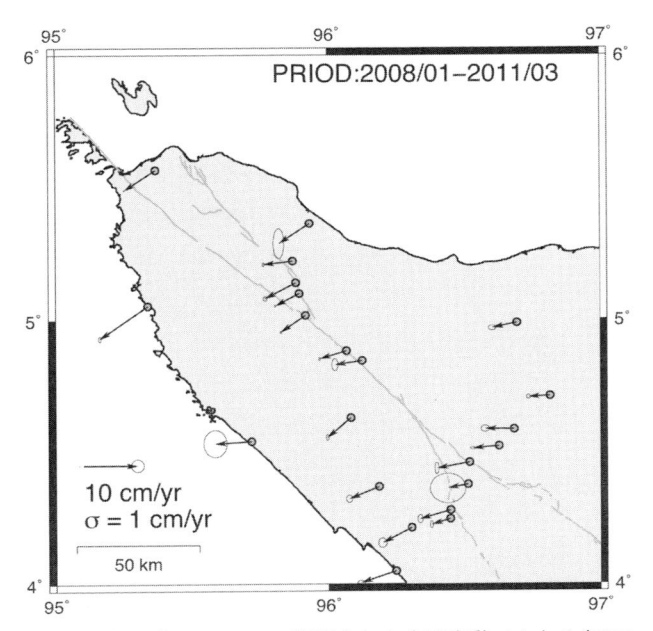

図5.1.4 アチェ周辺においてGPSで観測された水平変動ベクトル(2008～2011年)
AGNeSS観測網で検出された3年間の変動量を年間速度で、スマトラ断層を実線で示す。南西方向に年間数cmの変動が現在も続く。ベクトル先の楕円は測量誤差を意味する。

から推定されている断層変位速度 3 ～ 4 cm/yr 変位をいかに抽出するかである。

(3) 大きな余効変動が続く中でのスマトラ断層周辺の変動

　スマトラ断層周辺における歪み蓄積過程を議論するためには、まず GPS 観測網で検出した変位速度から、2004 年スマトラ地震の余効変動によるものと、スマトラ断層によるものとを分離しなくてはならない。しかも余効変動は、年間数 cm を超える大きな変動である。もちろん、余効変動が簡単にモデル化できるならば、そのモデルから計算される各観測点の変位を観測値から引き算すれば、断層運動に伴う地殻変動が議論できる。しかし、前述したように余効変動をモデル化すること自体、現在では大きな研究課題である。

　そこで、観測された変位の中に、余効変動による共通な変位パターンがあるものと仮定し、それを時間の関数としてモデル化し、余効変動を取り除いた。

　このように抽出した水平変動から、スマトラ断層に平行と垂直の 2 成分に分離し、平行成分の変位速度からスマトラ断層での歪み蓄積を検討してみた（Ito et al. 2012）。そのとき、断層運動の地域性を考慮し、断層を横切るように西側と東側の 2 グループに分けた（図 5.1.4）。

場所により異なる歪みの蓄積過程

　ふたつのグループで、断層に平行する成分の変位速度を断層からの距離の関数として図 5.1.5 に示す。北西側のグループ A では断層付近を境に断層の南西側と北東側で変位速度に 2 cm/yr ほどのジャンプがみられ、南東側のグループ B ではグループ A ほど顕著ではないが 1 cm/yr ほど変化する。両者とも明らかな右ずれを示す。

　スマトラ断層を挟んで異なる変位速度パターンを示すことから、断層運動を考察してみる。図 5.1.5 には、様々な断層運動のモデルから観測を説明する最適な解を得たふたつについて、モデルから計算される変位速度を実線と破線で加えた。実線は、断層の深部では固着し、浅部でクリープ運動するモデル、破線は固着だけの断層のモデルから求まる変位速度である。

　断層の浅部でクリープ運動をしていると仮定すると、クリープ運動は、グルー

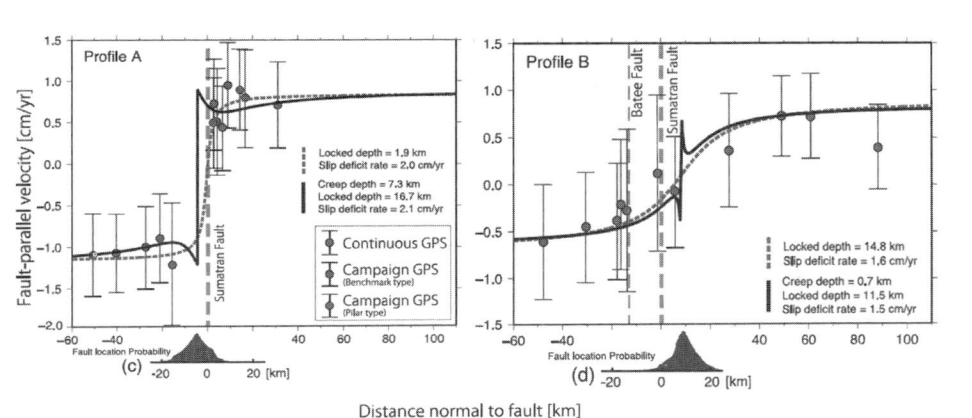

図 5.1.5 GPS観測網のふたつのブロックで観測された断層に対する水平変動とふたつの断層固着モデルから計算する水平変動
A：北西側のブロック、B：南東側のブロック、Ito et al.（2012）による。

プ A では 2.1 cm/yr の速度で深さ 7.3 km までおよび、グループ B では 1.5 cm/yr の速度で深さ 0.7 km までおよぶ。グループ A と B は深さ 16.7 km と 11.5 km でともに固着する。クリープ運動がないとすれば、断層はグループ A で深さ 1.9 km、グループ B で 14.8 km を中心に固着していると考えられる。

　まずは、変形地形から、この地域のスマトラ断層の変位速度は 27 〜 38 mm/yr（Bennett 1981；Bennett et al. 1981；Sieh et al. 1994）と推定されている。しかし、私たちが GPS 観測から推定した変位速度は 15 〜 21 mm/yr であり、先行研究よりも 50 〜 60％ も小さくなった。変形地形による調査が、年代決定の誤差などに起因し、断層の変位速度を過大評価しているとも考えられる[3]。断層が固着し、一度の断層運動による変位を数mと仮定して、単純に地震発生頻度を考察すれば 100 〜 200 年となる。日本の活断層で推定される千年から数千年の地震発生頻度と比較して一桁も短い。スマトラ断層では地震が、日本列島と比較して 10 倍も頻繁に発生するということになる。もっとも、発生が予測される地震の規模は地震時に動く断層の長さが必要で、ここでは検討できない。

　2004 年スマトラ地震の余効変動が卓越する領域の中で、スマトラ断層がクリープ運動をしているかどうかを決めるには、非常に微妙な結果である。私た

ちは、とりあえず、北西側のグループAでは深いところまでクリープ運動をしており、この場所では何らかの理由で断層の強度が低下しており、大きな歪みを蓄積するのが難しく、大きな地震は発生しにくいと考えた。また、グループAとBでは変位速度のパターンが異なることから、異なる断層運動が進行していることは明らかで、このことは断層の強度の違いを反映している可能性がある。

　得られた結果を確証するには、より断層近傍の観測点が必要になる。さらには断層地形の確認と断層トレースも必要となる。

　現実に、私たちのGPS観測網の中では、2013年に入ってから、1月にピディ県内陸部に位置するグンパン（Geumpang）付近でM6.1の地震が、7月に中アチェ県ガヨ地方でM6.1クラスの地震がそれぞれ発生した。これらの地震では、死者24名などという被害が起きている。これらの地震による変位もGPSによって観測された。特に、2013年1月に発生した地震を解析した結果、地震による応力の解放が通常の地震よりも小さい可能性があり、われわれが指摘したことと矛盾がない。つまり、この場所ではM6ぐらいの地震しか発生しないのかもしれない。

電磁気探査による断層構造の推定と地形調査

　スマトラ断層の活動を理解するためには、現在の断層周辺での歪み蓄積過程だけではけっして十分でない。小川康夫（東京工業大学）が中心になり、彼のインドネシア人留学生であり、現在バンドン工科大学に勤める研究者と協力し、断層深部の地殻構造を明らかにするための電磁気探査を行った。

　バンダアチェ市周辺では、スマトラ断層が分岐し、町の東端と西端を走る。その東と西の断層に挟まれる地域が陥没し水田となる。電気探査の結果から、その断層に挟まれる地域で、非常に低い比抵抗を示すことが明らかになった。度重なる断層運動で地殻の破壊が進行し、そのため低い比抵抗域を示すとも考えられる。

　断層周辺の地形調査も2012年から堤博之（京都大学）により始まった。鮮明な航空写真から断層地形を見つけると同時に、現地で断層露頭を確認し、断

層の位置を詳細に確認することに取り組んでいる。スマトラ断層は、巨大な活断層として多くの研究者に知られながらも、その正確な位置の情報などもまだ十分でない。もちろん、GPS観測から見えたものでは、まだまだ解像度が不十分である。何度も断層の現地調査をした結果、かなり正確に断層の位置を特定することができた。その調査結果をもとに、断層を挟んだ100m程度の距離で、mm精度の測角測量を開始した。スマトラ断層がクリープ運動をしているかどうかに決着を付けるには、あと数年は観測を続ける必要がある。

(4) 断層沿いの地震活動

インドネシアでは、2004年スマトラ地震が契機になり、日本やドイツ、中国の援助のもとに国内の地震観測網が飛躍的に充実された。また、準リアルタイムの地震波処理体制も確立されてきた。しかしながら、インドネシアは、国内だけでも3時間の時差を必要とする広い国土を持つ。そのため、地震観測網が充実したといえど、まだ有感地震でも震源が決定できない地震も数多い。BMKG（Badan Meteorologi Klimatologi dan Geofisika：インドネシア気象気候地球物理学調査所）によって観測され、震源とマグニチュードが決められる地震は、ほぼM4以上、地域によってはM5以上に限られる。

この程度の地震観測網では、断層での地震活動などほとんど議論できない。比較検討のために、日本の東海地方で気象庁によって震源決定された地震について、最近の5年間においてM3以上と検知されたすべての地震について、その震源分布図を図5.1.6に2枚で示す。この地域における気象庁の現在の地震検知能力はM1前後と考えられる。活断層の位置も図に示す。

処理されたすべての地震の震源を示すと、活断層でも、地震活動が活発なものと不活発なものが明らかになる。例えば、名古屋市の西側に位置する養老断層や岐阜市の北側に位置する根尾谷断層では地震が数多く発生し、それと対照的に岐阜県と長野県の県境にある阿寺断層ではほとんど地震が発生していない。いっぽう、図5.1.6の2枚の震源分布図を比較すれば、M3程度の検知能力では、この特徴も指摘しがたいことが理解されよう。

図5.1.6の下には、フィリピン海プレートの沈み込み方向の北西－南東方向

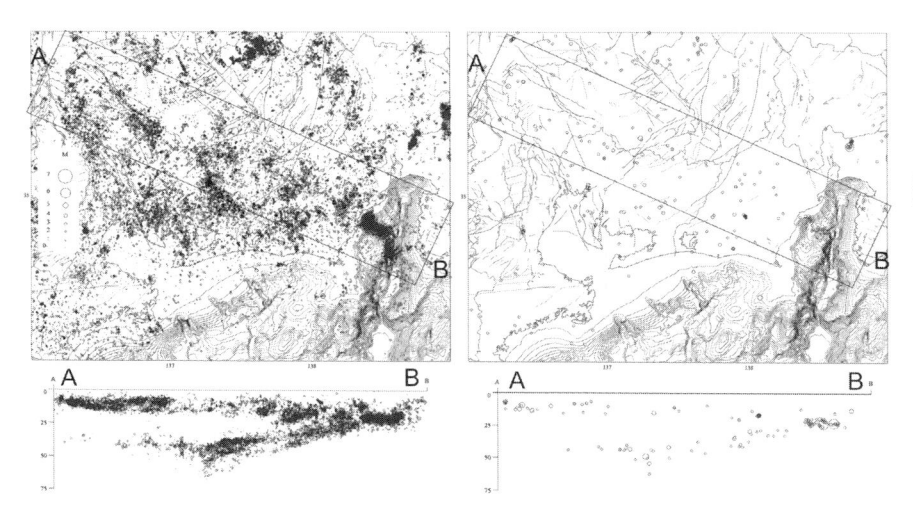

図 5.1.6　東海地域で観測される地震の震央分布図とフィリピン海プレートの沈み込み方向への震源断面図
M3 以上（左）、M1 以上（右）、ともに気象庁の統一解析データを利用。

の震源分布を断面図として示す。検知されたすべての震源分布の断面図では、プレートの沈み込みが東海地域では非常に浅く、地表と沈み込むプレートがなす角は 10 度以下となることが明らかになる。地殻の下に沈み込むというよりは、陸のプレートの下に無理やり潜り込む状況にあるように見えるなど、沈み込むプレートのいろいろなイメージが鮮明になってくる。

すなわち、M3 ですら十分な検知能力のないインドネシアの地震観測網では、沈み込むインド・オーストラリアプレートの沈み込み角度もまだ不明瞭と考えられる。さらに、スマトラ断層の大部分は、都市部でなく山岳地帯を走っている。このようなことから、スマトラ断層沿いには地震計も設置されず、地震活動が確実には把握されていないと考えられる。スマトラ断層でいかなる地震活動が進んでいるか、少なくともインドネシア政府の現状の地震観測網では明らかになっていない。

しかしながら、政府の地震観測網を補充し、スマトラ断層沿いでの地震活

動が議論できるような地震観測網の構築は、臨時といえどもインドネシアのBMKGにも大学にもそのような余裕はない。そして、前述したように、私たちのGPS観測網の中でM5やM6の地震が実際に発生している。

　このような背景から、私たちの研究グループに久保篤紀・山品匡史（高知大学）が加わり、臨時ながらも、2012年から地震観測に取り組み始めた。BMKGなどの既存の地震観測網を可能な限り有効に利用しながら、スマトラ断層沿いの地震活動を明らかにしたいものである。

　2004年スマトラ地震は、たしかに甚大な被害をもたらしたが、生き残った人々の努力で和平が実現し、それによって、これまで困難だったスマトラ断層の調査研究がようやく開始されるようになった。スマトラ断層が活断層としていかに振る舞っているかということを明らかにして、津波で犠牲となった人々に対する科学者からの鎮魂としたい。

（木股文昭・伊藤武男）

注
1) この問題に関しては、インドネシアからの留学生G. Endraが名古屋大学の博士論文として取り組んできた。彼の最新の研究によれば、余効変動は100kmよりも深いプレート境界で発生している。しかもバンダアチェの下では大きな変動となることから、現在も図5.1.1に示すような年間数cmの変動が継続する。
2) 筆者の一人、木股は、初めてスマトラに入った1989年に、巨大なスマトラ断層の断層崖が見学できると期待していた。そして、4週間ほどの訪問期間中に少なくとも2回ほどスマトラ断層を横断した。それなのに、断層地形を目に触れることができず、断層に立つ記念写真も撮れなかった。
3) 2012年にスンダ海溝の外側で横ずれ断層となるマグニチュード8.6の地震が発生した。これを根拠にスンダ海溝でのプレート沈み込み運動の一部が、海溝外側でも解消され、スマトラ断層の変位速度が20mm/yrでもつじつまが合うという考えが提案されている。

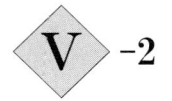

Ⅴ-2　災害リスク管理の法制度

　通常、巨大災害が発生した場合、広範な地域及び様々な社会的要素において大きな被害が生じる。そのような被害を最小化するために災害リスク管理が必要となり、また異なった段階ごとに、それに対応した物的な、または非物的（法的・制度的）な措置が必要となる。災害リスク管理の目的は、被害者を救助し、被害を受けた社会生活を迅速に回復し、また、被害及び救助のコストを少なくすることである。そのための法的枠組みが災害リスク管理法制である。インドネシアの場合、2004年12月に発生したスマトラ地震によるアチェ州での津波災害、及び2006年5月におきた中部ジャワ地震が、同国における災害リスク管理法制の転換点となった。

　ここでは、Wisner et al.（2004:49）が指摘するように、災害とは、地震・台風・洪水・火山噴火・土砂崩れなどの破壊的な自然ハザードと、人的及び社会的な脆弱性との組み合わせによって規定されるものと考える。脆弱性は災害の社会的影響を大きく規定するが、自然現象とは別個に存在するものであり、Wisner et al.（2004：50）によれば、「脆弱性は、究極的には、災害現象それ自体とはかけ離れているかもしれない社会プロセスや基礎的要因に由来する」ものである。

　Wisner et al.（2004：50）は、災害に対する重要な脆弱性の要因のひとつとして「安全でない諸条件」（unsafe conditions）をあげている。「安全でない諸条件」とは、物理的環境だけでなく、公的活動や公的制度、予防手段の欠如や、地域的な社会制度の欠如といった社会関係の欠陥を含むものである。したがって、災害リスク管理を支援するためのしっかりとした法制度が、これらの脆弱性要因を和らげるために重要な要素であることは明らかである。

脆弱性が災害発生前から存在することを考慮すれば、脆弱性を減少させるための災害リスク管理法制度は、災害発生前（予防）、災害発生時（緊急対応）及び災害発生後（復興）までの一連の活動を含む十分に包括的なものでなくてはならない。これが災害リスク管理の「包括性」である。

　さらに、脆弱性は技術的・社会的・経済的・文化的要因と多岐にわたる分野に起因するものであるから、脆弱性を減少させるための災害リスク管理は分野横断的な取り組みとなる。したがって、災害リスク管理機関は、様々な政府諸機関の活動をコントロールしたり調整したりするために、それらの組織から一定の財政的・行政的な独立性を保つ必要がある。これが、災害リスク管理の「独立性」である。

　脆弱性縮減のためには、社会資本や政治参加などを拡大する、地域の諸制度を強化することも必要である。このことは、復興過程における人々の「エンパワーメント」の重要性を意味している。

　上述のような災害リスク管理法制の諸要素を考慮して、三つのキーワード、すなわち、災害管理メカニズムにおける「包括性」、災害リスク管理機関の財政的・行政的な「独立性」、そして、復興過程における人々の「エンパワーメント」に着目して、インドネシアにおける災害リスク管理法制の発展を概観する。

(1) 災害リスク管理法制の発展 − 2007 年以前の法制度の発展

　現在のインドネシアにおける災害基本法は 2007 年法律第 24 号であり、同法に基づき、現在の国家災害対策庁が設置されている。この法律の施行以前は国家災害対策調整庁（Badan Kordinasi Penanggulangan Bencana：Bakornas）が災害リスク管理を担当する機関であった。国家災害対策調整庁は、法律ではなく大統領決定によって設置され、その組織及び機能はたびたび変更されている。

1979 年大統領決定第 28 号

　国家災害対策調整庁の設置を定めた最初の大統領決定は、1979 年大統領決定第 28 号であり、その後、2005 年までに数次の改正が行われた。

　1979 年大統領決定第 28 号によると、国家災害対策調整庁の正式名称は、国

家自然災害対策調整庁（Badan Koordinasi Nasional Penanggulan Bencana Alam）であり、名称の示すとおりこの大統領決定は自然災害のみをカバーするものであった。また、同決定は、災害発生時の救援活動と、災害後の被災者支援のみを定めていた。そのため、1979 年大統領決定第 28 号は、災害リスク管理における包括性を欠くものであった。

1990 年大統領決定第 43 号

1990 年大統領決定第 43 号は、まず、災害の定義を人間活動に由来するものも含めるように規定した。そして第二に、この決定は、災害管理計画の策定には、災害発生後だけでなく、災害発生前の災害リスク管理も含めるべきであると規定している。このことから、同決定により少なくとも法令の上では、インドネシアは災害リスク管理法制における包括性の必要を認めたことになる。ただし、国家災害対策調整庁は常設機関ではなく、大規模災害が発生しないと招集されないため、実際上、国家災害対策調整庁が災害発生前に包括的な災害リスク管理活動を行うことはできなかった。

独立性は、同決定においてもまだ実現されていない。国家災害対策調整庁は福祉調整大臣が長官を兼任し、関係省庁の大臣などが委員となる[1]。国家災害対策調整庁事務局長は、社会問題省事務次官が兼任する。したがって、長官、委員及び事務局長のすべてが他の機関のポストからの兼任である。さらに、対策調整庁の運営予算も福祉調整大臣官房から支出される。このことは、1990 年大統領決定第 43 号に基づく国家災害対策調整庁は、財政的・行政的な独立性を依然として有していなかったことを意味する。

1999 年大統領決定第 106 号

この決定では、災害の定義に「社会的争乱の結果生じた災害」が追加され、災害リスク管理法制の包括性が拡大した[2]。

このような災害定義の拡張に伴って、国家災害対策調整庁の構成員も増えたが[3]、依然として事務局長を含むすべての委員は兼任であった。したがって、同決定においても独立性は実現されていない。

2001年大統領決定第3号

　2001年大統領決定第3号では、国家災害対策調整庁の正式名称が「国家災害対策避難者対応調整庁」（Badan Koordinasi Nasional Penanggulangan Bencana dan Penanganan Pengungsi）に変更された。この変更は、上述の1999年大統領決定第106号による災害の定義の拡張に適合させるためのものである。2001年大統領決定第3号は、避難者対応について「社会的または政治的紛争によって生じた特定地域の避難者に対する人道的サービス及び保護であり、予防活動、緊急対応、避難者の受入、避難者の移送、ならびに避難者の帰還及び移住を含む」と規定した。

　同決定におけるそのほかの重要な変更は、長官ポストと予算財源についてである。まず、副大統領が長官を兼任し、また、副大統領官房長が事務局長を兼任することとなった。国家災害対策調整庁長官ポストの変更は、行政改革により社会問題省と福祉調整大臣が廃止されたからである。

　副大統領が長官を兼任するように変更したため、予算財源も特定省庁に依存しなくなり、結果的に国家災害対策調整庁の財政的独立性も強化した。以前は、災害対策調整庁の予算は福祉調整大臣官房予算から配分されていたが、改正後は、災害対策調整庁は国家予算に独自の財源を持つこととなった。

　財政に関する規定の変更以外にも、2001年大統領決定第3号は国家災害対策調整庁事務局の体制をより体系化した。すなわち、新たに災害管理部、避難者対応部、市民協力参加部、そして総務部の4部局体制にすることを定めた。新たな組織編成は、政府が災害リスク管理における実質的な包括性の重要性により関心を持っていることを示唆する。

　特に市民協力参加部の設置は、政府の災害対策におけるエンパワーメントへの関心を表していると考えられるが、エンパワーメントの要件が明示的に規定されるのは、現行法である2007年災害対策法（2007年法律第24号）と、その実施法令が制定されるまで待たなければならない。

2005年大統領規則第83号

　2005年大統領規則第83号では、内務大臣と福祉調整大臣がそれぞれ災害対

策調整庁の副事務局長を兼任することを定める。

　同規則によると、福祉調整大臣は「災害及び緊急事態対応において、分野横断的及び国際的活動の調整」を担当する。福祉調整大臣の管掌する省庁には、社会問題省、保健相、環境省及び住宅省が含まれている。これらは災害対応のロジスティックに関連する省庁である。他方、内務大臣の管轄は、地方自治と、地方政府間の調整を含むものである。そのため、内務大臣は「災害及び緊急事態対応において、州、県及び市の間での調整」を担当する。

　以上のことから、2005年大統領規則第83号は、関連する政府諸機関に対する国家災害対策調整庁の行政的独立性と指令能力を強化するものである。

(2) 2007年法律第24号による災害リスク管理の分権化
　　－中部ジャワの事例との比較から

　2004年のアチェにおける甚大な津波被害を受けて、インドネシア政府は災害リスク管理の見直しを開始した。もっとも、アチェの状況は非常に例外的であったために、アチェにおける復興政策と、2007年に新たに制定された災害対策法の定める内容は大きく異なっていた。むしろ、新法の内容に重要な影響を与え、その復興政策のモデルとなったのは2006年に中部ジャワで発生した地震災害である。そこで、中部ジャワ地震後の復興政策について詳しくみていきたい。

　2006年に中部ジャワを大地震が襲ったとき、新たな災害対策法は、なお起草段階であったため、この地震後の復興には従来の災害対策法制が適用された。しかし、アチェにおける復興プロセスの問題点を認識していた地方及び中央の機関は、アチェとは異なる復興政策を行うために様々な規則、条例及び公文書を作成した[4]。

　アチェの災害復興では、行政的・財政的権限は、大統領直轄のひとつの機関、すなわちBRRへ高度に集中していた。この中央集権型の手法は、当時のアチェにおける政治・社会状況を鑑みると合理的な選択であった。なぜなら、津波による地域社会の大規模な破壊に加えて、長期間続いていた武力紛争によって地方行政が機能不全に陥っていたため、アチェ地方政府が復興の主導権をとるこ

とはきわめて困難だったからである。

　しかしながら、アチェの中央集権型復興手法については、次のような問題点があった。第一に、この手法では、人々が復興へ参加することができず、ほとんどの復興事業は国内外の第三者に独占されていたこと。第二に、多くの復興事業は綿密に計画されたものではなく、また持続性に欠けていて、短期的かつ単発的な事業であったこと[5]。第三に、これらの理由により、地元の人々はその社会における復興から疎外され、援助に依存するようになったこと。そして、第四に、十分にコントロールされない大量の援助の流入と、人々が積極的に復興へ関与できなかったことにより、援助資金の非効率な使用及び復興事業における大規模な汚職を招いたことである（Asian Development Bank et al. 2005）。

　アチェ津波から1年半後におきた中部ジャワ地震被災地の地方政府（ジョグジャカルタ特別州及び中ジャワ州）は、中央集権型の復興計画と外部資金に依存することの否定的側面を学ぶことができた。たしかに、復旧復興庁は政府の諸機関に対して強い権限を有していたが、地域の人々のエンパワーメントは不十分であった。アチェの復興は、地域住民の疎外、援助への依存、復興計画におけるアカウンタビリティの欠如という点から批判されていた。

　この課題を教訓として、中部ジャワにおける復興はアチェの場合と異なり、次のように分権化と草の根型アプローチを原則としたものであった。まず第一に、復興にかかる財政権限を中央政府から地方に移すことを地方政府が試みた。第二に、被災者のエンパワーメントを実現するために草の根型のアプローチがとられた。そして、第三に、地方政府は、その場その場の交渉と多様な実施規則の制定を通じて、新しいモデルを実現したのである。以下に、新たに制定された災害対策法（2007年法律第24号、以下「2007年災害対策法」）と比較しながら具体的に述べていきたい。

財政的分権化－誰が復興予算を管理するのか

　2007年災害対策法の施行以前、災害リスク管理における地方政府の権限は非常に限られていたものであった。1999年大統領決定第106号によると、州レベルでは、各州が災害対策の実施調整ユニット（Satuan Koordinasi Pelaksana：Satkorlak）

を、そして、各県・市[6)]では災害対策のための実施ユニット（Satuan Pelaksana：Satlak）を設置することとなっていた。各地方政府首長は、実施調整ユニット及び実施ユニットを指揮するが、これらのユニットは国家災害対策調整庁の策定する災害リスク管理指針の枠内で運用されるにすぎず、また、地方政府に災害リスク管理予算を移管することを認めるいかなる明示規定もなかった。

中部ジャワにおける事実上の分権化

中部ジャワ地震の復興過程で、ジョグジャカルタ特別州政府は中央政府に対して、復興予算を地方政府に移管するように求めた。

地震発生直後の2006年大統領決定第9号により、福祉調整大臣の指揮する調整チームが直ちに設置された。しかし、復興目的の国家予算を支出する実際の権限は、知事の指揮する実施チームに付与された（2006年7月8日付、2006年知事決定第20号）。この権限は、予算監査手続きによってもさらに強化された。すなわち、2006年8月30日付の公式書簡（第361/3262号）では、知事は、地方機関は復興のための予算提案を知事に提出すること、そして、すべての予算執行は地方会計検査局（Badan Pengawasan Keuangan Daerah）による監査に服することを宣言している。また、知事は財務大臣に対して、地方政府が独自の財政規則を策定することを認め、地方へより多くの財政的裁量を与えるように求める書簡を送った（2007年8月13日付書簡）。

さらに、知事は、会計年度末にあまった復興予算を地方政府の銀行口座にとどめておくことも決定した（2006年知事規則第38号）。知事は、県・市の首長に対してあまった予算を中央政府に返還しないようにも指示している（2007年4月19日付書簡）。

この事実上の財政的分権化について、公共事業大臣は「2006年大統領決定第9号では、州の実施チームが、その地域の必要性と状況に応じた住宅再建に権限を有している」としてそれを容認している。

2007年災害対策法及び関係法令に基づく財政分権化

2007年災害対策法は、包括的な災害リスク管理を行うために、中央レベル

で国家災害対策庁（Badan Nasional Penanggulangan Bencana：BNPB）を、また州及び県・市レベルで地方災害対策庁（Badan Penanggulangan Bencana Daerah：BPBD）の設置を定めた。とりわけ、従来の法令とは対照的に、同法は地方災害対策庁に、その管轄地域での災害リスク管理の広範な責任を付与した[7]。

復興補助金については、2010年財務総局長規則第26号が、住民に対する直接補助金の詳細な手続きについて定めている（第5章第1部）。この規則によると、住民に対する直接補助金の実質的な執行権限は、県市レベルにある。

同法は、中央及び地方におけるコミットメント形成オフィサー（Pejabat Pembuat Komitmen：PPK）という役職を設置し、その任命は国家災害対策庁が行う。この役職は、災害リスク管理の予算執行に責任を有する（第1条第11節）。特に、地方のコミットメント形成オフィサーは、地方首長の推薦を受けて国家災害対策庁が任命するが、この役職は、後述する住民グループへの補助金支出を承認し、また、国家災害対策庁に対して必要な予算を要求する権限を有している（第9条）。他方、中央のコミットメント形成オフィサーは、国庫に対して関係書類を送付するだけの形式的な権限しか有していない（第10条及び第11条）。

ただし、地方政府が予算残額を保持するとした中部ジャワでの実務とは対照的に、2010年規則第26号第21条は、会計年度末に復興予算の残額がある場合、これを国家災害対策庁に返納し、中央の災害リスク管理口座に保管すると定めている。その意味では、国家災害対策庁と地方災害対策庁は、財政的には上下関係にある。

復興における草の根アプローチ

［中部ジャワにおける住民グループと地域の知恵の利用］

中部ジャワ地震で倒壊した住宅を再建するために、中ジャワ州政府とジョグジャカルタ特別州政府は、およそ15戸から構成される住民グループ（Kelompok Masyarakat：Pokmas）ごとに補助金を配分する方法を採用した。住民グループを使う手法は、震災前にも、村落開発プログラムの実施において採用されてきた。例えば、貧困村に関する大統領指令（Inpres Desa Tertinggal：IDT）という

農村開発プログラムでは、住民グループの手法が用いられている。そして、住民グループは中部ジャワ地震でも重要な復興手段となった。アチェの場合、被災者は中央政府や援助機関から完成した住宅を受け取ったのに対して、中部ジャワでは住民グループが住宅再建の計画及び実施でイニシアティブをとることが期待された。

中部ジャワ地震直後、福祉調整大臣は、ゴトンロヨンとして知られるジャワの農村共同体における相互扶助の伝統を利用することを県政府に指示した。緊急対応期間が過ぎたころ、被災地の県政府は住民グループの設置に着手した。住民グループの活動を支援するために、各政府はファシリテーターを雇用した。政府はまた、ファシリテーターに助言・監督を行うための役職（マネージメント・オフィサー、コミットメント形成オフィサー、及びプログラム・オフィサー）も任命した。

［**2007年災害対策法に基づく災害復興における住民グループの法制化**］

2007年災害対策法が、災害リスク管理原則のひとつとして住民のエンパワーメントを定めたことにより[8]、下位の法令は住民グループ制度を復興におけるエンパワーメントのメカニズムとして位置づけた。ここでは、住民グループは、「住民への直接補助金」（Bantuan Langsung Masyarakat：BLM）の受け取り手となる。

災害リスク管理実施に関する2008年政府規則第21号は、政府は被災者へ住宅再建に向けた刺激（stimulant）として補助金を配布すること（第67条第1項）、また、政府は人々の文化に関する地域的特性にしたがって人々のエンパワーメントを進めるように住宅再建補助を行うこと（第67条第3項）と定める。

国家災害対策庁の災害リスク管理指針（災害後の復旧復興指針に関する2008年国家災害対策庁規則第11号の付属文書）も、地域住民[9]のイニシアティブを強調し、住民グループがこのイニシアティブを発揮する手段であると定める（第4章セクションC）。

（3）災害対策実施の課題－西スマトラ地震の事例

2009年の西スマトラ地震の後、西スマトラ州政府は、「2009年9月30日西

スマトラ地震後の住宅復旧復興に関する技術指針」（Petunjuk Teknis Rehabilitasi dan Rekonstruksi Pasca Gempa Bumi Sumatera Barat 30 September 2009 Bidang Perumahan Tahap II：以下「技術指針」）を策定し、そこで住宅再建に住民グループの利用を決定した。

　2007年災害対策法によれば、住民グループに関しては、地方災害対策庁が復興の指導的役割をとることになっている。しかし、地震発生時、西スマトラ州地方災害対策庁は設置されたばかりで、十分に機能することができなかったため、国家災害対策庁が中心的役割を担うこととなった。国家災害対策庁は、現地で住民グループを活動させるために、活動オペレーション担当オフィサー（Pejabat Penanggung Jawab Operasional Kegiatan：PJOK）を州レベル及び県レベルで任命した。活動オペレーション担当オフィサーは住宅再建で戦略的役割を負うため、国家災害対策庁は、県知事及び市長の推薦した者をその役職に任命した。県レベルの活動オペレーション担当オフィサーの役割は、活動計画の作成と住宅再建及び補助金に関する業務規則の制定、補助金支出の承認、そしてファシリテーターの補助を受けて住民グループが実施する住宅再建プロジェクトの監督である。

　国家災害対策庁とは別に、地方政府は、住宅再建を公式または非公式に補助するための共同体補助チーム（Tim Pendamping Masyarakat：TPM）を任命した。共同体補助チームは、行政（区または町）の代表、住民の代表、住宅建設の知識を持つ住民、及び治安担当官から構成された。ひとつの共同体補助チームは約200世帯を担当した。共同体補助チームはファシリテーターに同行し、ファシリテーターが村民とのトラブルにあった場合に助言を行う役割を担った。

住宅被害評価に関する問題

　住宅被害状況の評価とそれに基づく分類は、被災者の受け取る補助金額に直結するため、復興補助金行政に関するトラブルのほとんどは被害評価に起因していた。補助金を受け取るためには、まず地方政府の収集した初期被害調査データについて、ファシリテーターの確認（validiasi）を受けなければならない。しかし、確認を受けたデータと初期調査データが異なることがしばしばであり、

多くの場合、確認されたデータの被害レベルの分類は初期調査データの分類のそれよりも軽度のものとなった。

各家屋についての被害レベルに関する初期調査は、地方政府に任命された共同体のリーダーが行った。しかし、被害レベルの決定について定義する基準が存在していなかったため、ファシリテーターが被害レベルを確認したときに、非常に多くの家屋の被害レベルが初期データより軽く評価し直されることとなった。当然、被災者はこの被害評価の変更に不満を持ち、ファシリテーターに抗議した[10]。表 5.2.1 は、アガム（Agam）県のある村における初期データと確認されたデータを比較したものである[11]。

このように、初期調査による被害レベルを再確認調査で軽度の被害へと引き下げた事例が多くあった。さらに、いくつかの事例では、初期調査での被害レベルは水増しされたものであった。例えば、ひとつの住宅に住んでいた家族4人が、別々の家に住んでいて、それらの住宅が「倒壊」レベルの被害を受けたことにして、4戸分の補助金を受けたケースがある。他方、逆のケースもある。家の所有者が自己資金で家を修復した場合、その所有者は補助金を受ける資格があるにもかかわらず、住宅の被害は初期調査では軽く評価される傾向にあったことである。

この問題を悪化させた要因にはもちろんファシリテーターの個人的資質もあったであろうが、住民がファシリテーターにデータを操作するように脅迫する場合もあった。共同体補助チームはこのような問題を調停する役割を担っていたはずであるが、チームのメンバーは地元の事情を十分に知らなかったため問題に直面したファシリテーターの役にはあまり立たなかった[12]。

表 5.2.1 初期調査と再確認調査における被害評価の比較

被害レベル	初期調査	再確認調査
倒壊または重損害	約 300 戸	128 戸
中程度損害	少数	303 戸
軽損害	0	86 戸

初期調査の元データが入手できなかったため、インタビューを受けたファシリテーターの記憶に基づいている

ファシリテーターの問題

　政府部門（公共事業担当官）へのインタビューでも、被災者へのインタビューでも、ファシリテーターの能力不足、汚職あるいは法令違反を指摘する意見があった。

　都市部のある住民グループでは、ファシリテーターがグループの物資調達計画を代わりに作成するために1戸あたり3万ルピアの費用を請求し、そのグループは実際に支払った[13]。それ以上の支払い要求はなかったが、ファシリテーターが住民グループに金銭を要求することは明らかに法令違反である。

　そのほかにも、配分された補助金から違法に一定額を差し引いてグループ構成員に渡すことは、よくおきていた。むしろ、ある住民グループが会合で補助金から一切差し引かないことを決めたところ、同じ地区の別グループがこの決定について苦情を出してきた。また別のグループでは、ファシリテーター、隣組及び公共事業担当官に支払うために、1戸あたり30万から50万ルピアを補助金から差し引いた。このような支払いには何の法的根拠もなく、またその金額が実際に支払われたかどうかも明らかではない[14]。

　都市から離れた農村部では、ある村民が、ファシリテーターは実際には調査をせず、村長を訪問しただけで、その村長の作成した架空の初期データを確認したことにしていたと不満を述べた[15]。

　あるコミットメント形成オフィサーは、ファシリテーターの業務効率が悪いことについて、復興プログラムの時間が非常に限られていたことをあげる。中央政府は、2010年7月に予算の第二次配分を開始したが、財政規則によれば、地方政府はこの予算を会計年度末までに執行しなければならなかった。そのため地方政府は、3か月ほどで3兆ルピアに相当するプロジェクトを準備し、執行しければならなかった。このスケジュールにはファシリテーターの雇用と訓練の期間も含まれていたが、時間的制約のために多くのファシリテーターは不十分な訓練しか受けず、それが多数の問題を引き起こした[16]。

　他方、ファシリテーター自身も問題のあったことを認めているが、あるファシリテーターは問題の原因は住民にあったり、制度設計のまずさにあったりすると主張した。ほとんどの村民は行政文書を作成することに慣れておらず、そ

のためファシリテーターが作成を依頼された。しかし、ファシリテーターの業務は、住民の文書作成に助言するだけであり、彼らの代わりに実際に書類を作成することではない。そのため、ファシリテーターは、この業務外の作業に住民が料金を払うことは正当なことであると考えている。インタビューに答えたファシリテーターは、たしかに問題は個々のファシリテーターの人格に依存しているが、これらの問題は、農村地域より早く復興プログラムの始まっていたパダン市でのプログラム実施の段階ですでにわかっていたことであるにもかかわらず、政府はこのような逸脱行為を是正することを怠っていたと述べた[17]。

おわりに

2007年に現行の災害対策法が制定されるまで、インドネシアの災害リスク管理法制度は、個別災害ごとの1回限りの対応であり、そして災害発生後のみをカバーするものであり、また、2001年に若干の修正はあったものの災害対策機関は独立性を欠くものであった。2004年の津波災害は災害リスク管理の大きな転換であった。しかし、内戦という特殊な状況において、極端に大きな被害が生じたアチェ津波災害での復旧復興庁による中央集権的対応は例外的なものであった。むしろ、2006年中部ジャワ地震での実務が、新たな2007年災害対策法の方向性を決定し、独立機関による包括的災害リスク管理及び復興における分権的・参加型アプローチが制度化された。

しかしながら、西部スマトラ地震の事例にみられるように、十分な監視システムが機能しない場合、分権的アプローチは法令違反や汚職の原因となりうる。したがって、災害対策法の実施において、政府は草の根レベルでの復興を監視するよう市民社会を関与させるべきである。

(島田　弦)

注
1) 社会問題大臣、内務大臣、保健大臣、公共事業大臣、交通大臣、国軍司令官、及び被災地の知事。
2) この改正の背景には、過剰な開発が災害の原因になっているという認識と、1998年5月にスハルト権威主義体制が終わって以降、頻発する部族間紛争も災害の一類型とされるべ

きとする考え方があった。1997年から1998年にかけてスマトラ島及びカリマンタン島で大規模な森林火災があり、またイリアン・ジャヤ州（ニューギニア島西半分）で長期の干ばつがおきていた。これらの自然災害は、焼き畑農耕や、木材または鉱山開発のための過剰な森林伐採といった自然環境の回復力を超える過剰利用に起因している。そのため1999年大統領決定第106号の規定では、それまで人道支援関係と物流管理関係の閣僚だけであった国家災害対策調整庁に、このような過剰開発問題に対応するため、環境及び開発関係の閣僚が加えられた。1999年には東ティモールで大規模な難民発生を伴う紛争が、また、マルク諸島とスラウェシ島でも部族間及び宗教間の敵対が大規模な殺人と避難民の発生につながった。このような社会騒乱を受け、1999年大統領決定第106号は、災害リスク管理として難民・国内避難民問題も取り扱えるように災害の定義を拡張した。

3) 国家災害対策調整庁のメンバーに新たに追加されたのは、工業エネルギー大臣、農業大臣、森林・プランテーション大臣、環境大臣、科学技術大臣、国家開発大臣。

4) 法令及び公文書は、ジョグジャカルタ特別州政府の報告書（Pemerintah Provinsi Daerah Istimewa Yogyakarta 2008）を典拠とした。

5) ジョグジャカルタでのワークショップ "Kegiatan Apresiasi Manajemen Bencana Melalui Pelatihan Penanganan Rahabilitasi dan Rekonstruksi Rumah Paska Bencana Berbasis Pemberdayaan Masyarakat di Propinsi DIY dan Jawa Tengah"（2008年11月18～19日）における Bakri Beck の発表による。

6) インドネシアの地方行政制度では、都市部に「市」が、またそれ以外の地域に「県」を設置される。したがって、市と県は同一レベル（インドネシア行政法では「第二級地方自治体」と呼ばれる）である。

7) 2007年災害対策法は、中央政府と地方政府の権限を明確に分離し、災害レベルの決定及び対外関係を除き分権化している。例えば、地方の災害リスク管理政策は、地方政府の策定する地域開発計画に基づき決定する。中央政府は、外国政府、外国機関及び国際機関との災害リスク管理の調整だけを行い、州政府はその管轄する県・市の活動を調整する。

8) このほかに災害対策法の定める原則は、迅速性、優先順位に基づく措置、調整と包括性、効果と効率の重視、透明性と説明責任、パートナーシップ、差別の禁止、宗教的活動の禁止、である。

9) 同指針第2章セクションBは、復旧活動の戦略を次のように定める。①復旧活動における住民の関与及びエンパワーメント、②災害、地域性及び文化の特性への配慮、③被災地の実情に即した活動、④住民を単なる被災者ではなく、自発的活動のメンバーとして積極的に関与させることにより、市民運動としての復旧活動をデザインすること、⑤いっそうの復旧及び災害リスク管理を進めるために、適切なタイミング、適切な方法と量の支援を配分すること。

10) 活動オペレーション担当オフィサー及びパダン市公共事業事務所でのインタビュー（2011年2月22日）による。

11) アガム県ジョロン・スラバユ村のファシリテーターでのインタビューに基づくデータ（2011年2月24日）。

12）アガム県ジョロン・スラバユ村のファシリテーターへのインタビュー（2011 年 2 月 24 日）による。
13）パダン（Padang）市アンダラス（Andalas）地区の住民グループメンバーへのインタビュー（2011 年 2 月 23 日）による。
14）パダン市アンダラス地区の住民グループメンバーへのインタビュー（2011 年 2 月 23 日）による。
15）パダン・パリアマン（Pariaman）県グヌン・パダン・アライ村の村民へのインタビュー（2011 年 2 月 20 日）による。
16）活動オペレーション担当オフィサー及びパダン市公共事業事務所でのインタビュー（2011 年 2 月 22 日）による。
17）アガム県ジョロン・スラバユ村のファシリテーターへのインタビュー（2011 年 2 月 24 日）による。

V-3 超巨大地震・スマトラ地震と津波災害の特徴

　近年、インドネシアでは大規模な自然災害が頻発している。その中でも、2004年スマトラ地震と2006年中部ジャワ地震は、規模もタイプも全く異なるが、インドネシアの国家レベルにおける災害対応の制度的整備にとって転機となった災害であり、とりわけ、その基本である災害対策法（2007年）の方向性に重大な影響を与えた。本節では、特に住宅復興や生活再建の問題を中心に、私たちが行った質問紙調査結果をもとに両地震の被災地の状況を比較し、改めて、超巨大地震としての2004年スマトラ地震と津波災害の特徴を考えたい。

　スマトラ地震と中部ジャワ地震に関して、私たちは発生直後から現地に入り、被害や復興状況に関する現地調査を行ってきた。それぞれ6年目と4年目の復興状況等に関して、被災地とその周辺地域という比較的広範囲のエリアにわたって統一的かつ定量的データを収集することを目的に質問紙調査を行った。調査対象地域は、それぞれ両地震の主な被災地域であるアチェ州バンダアチェ市及び大アチェ県と、ジョグジャカルタ特別州バントゥル（Bantul）県であり（以下、それぞれ便宜的に「アチェ」ないし「バントゥル」と呼ぶ）、それぞれローカルレベルのコミュニティとして実質的に重要であると考えられる地域組織、ガンポンとドゥスンを調査対象に、それぞれのリーダーであるグチとカドゥス（kadus：kepala dusun）を回答者とした[1]。

　比較検討のポイントは、海溝型地震・津波と内陸直下型地震といった異なる規模やタイプのハザードによって被害や復興の状況に違いがみられるか、また、それぞれの地域における被害の空間的差異が復興プロセスとどのように関連するかといった、災害復興についての基本的な社会学的・地理学的問題と関わる。

　実際、例えば住宅復興にあたっては、被災者と、政府組織を含む地域内外の

支援者との関係がアチェとバントゥルとで異なっていた。また両地域では、とりわけ農村部において、地域共同体の成り立ちに大きな差異が指摘されている（スマルジャン・ブリージール 2000）。それゆえ、地理的・社会的特性の異なる地域間において、社会生活の回復に際してコミュニティ組織の機能がどのように関わり、それがハザードの違いとどう関連するかということにも言及する。

(1) 被害の状況と社会的影響

　スマトラ地震は、2004年12月26日午前7時58分50秒（ジャカルタ時間）に、スマトラ島北西沖のシムル（Simeulue）島付近の海底断層が北に約1,000〜1,200km破壊されたことによって発生し、アメリカ地質調査所によればM9.1と推計された。この地震によって津波が発生し、インド洋沿岸のほぼ全域に被害をおよぼした。最大被災地はスマトラ島北部で、BRR（2009）によれば、バンダアチェ市と大アチェ県だけでインドネシアの総犠牲者の約8割におよんだ。

　いっぽう、中部ジャワ地震は、2006年5月27日午前5時53分58秒（ジャカルタ時間）に、ジャワ島中部で発生したM6.3の地震である。最初の地震は、ジョグジャカルタ市の南東に位置する、長さ数十kmのオパック（Opak）断層の南端でおこり、断層に沿って揺れが続いたといわれている。家屋倒壊などによって、ジョグジャカルタ特別州と中ジャワ州とで6,500人以上の死者を数えたが、その5分の4以上は前者のバントゥル県で記録された。

　これらふたつの被害状況について、質問紙調査をもとに再現してみよう。図5.3.1は、それぞれアチェとバントゥルにおける建物全壊率を地図化したものである[2]。両地域を比較すると、津波と地震というハザードの違いが建物被害の空間的分布に現れている。すなわち、アチェでは、全壊率の高い地点が海岸から数キロ程度内陸にかけて帯状に分布し、その内陸側には被害のほとんどない地点が広範にみられる。こうした被害分布は、被害が面的におこり、被災地と非被災地との差異が明瞭であるという津波の特徴をよく捉えている。いっぽう、バントゥルにおける建物被害の空間的分布はもっと複雑であり、基本的には活断層（図中の破線）付近に全壊率の高い地点がまとまって分布する傾向があるが、もっと細かくみると、微細な地形・地質条件による影響が強く示唆される。その意味では、地震による地盤災害として典型的な特徴がこの地図から

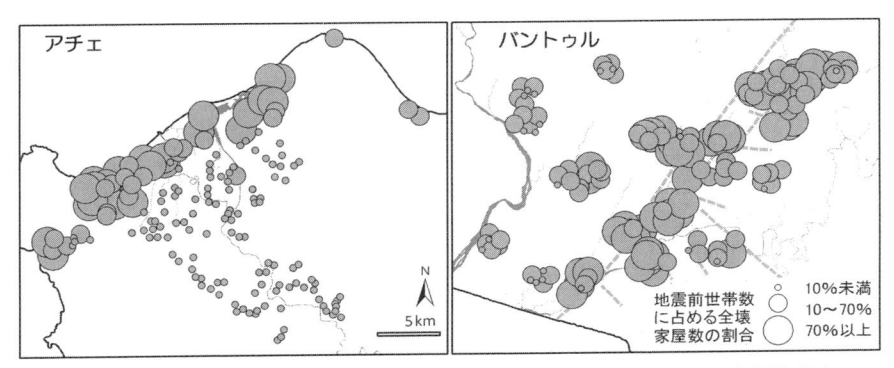

図 5.3.1　アチェ（左）とバントゥル（右）における建物全壊率の空間的分布

読み取れる。

　以上を踏まえ、コミュニティ（ガンポンまたはドゥスン）の被害程度を建物全壊率から算出し、それぞれのヒストグラムに基づいて、それぞれ、アチェについては10％未満を「小」、10～70％を「中」、70％以上を「大」と、バントゥルについては25％未満を「小」、25～70％を「中」、70％以上を「大」とする被害類型を作成した。なお以下のクロス表の各セルは観測値ではなく、特に断らない限り、これら各被害類型における構成比（％）を表示した。

　それらの3類型と人的被害との関連をみると（表 5.3.1）、まず両地域間には、

表 5.3.1　建物被害程度による人的被害

被害程度		アチェ			バントゥル		
		死亡	負傷	不明	死亡	負傷	不明
小	回答数	150	151	150	43	44	41
	平均値（％）	0.49	0.22	0.50	0.16	0.73	─
	標準偏差（％）	0.86	0.57	0.89	0.52	2.17	─
中	回答数	23	23	18	50	49	37
	平均値（％）	29.09	2.83	4.06	0.41	1.59	0.00
	標準偏差（％）	34.38	6.13	7.07	0.42	2.05	0.01
大	回答数	25	25	22	62	62	47
	平均値（％）	45.69	4.50	29.09	1.13	5.92	0.01
	標準偏差（％）	39.22	6.21	27.15	0.92	9.60	0.05
全体	回答数	198	199	190	155	155	125
	平均値（％）	9.52	1.06	4.15	0.63	3.07	0.01
	標準偏差（％）	24.35	3.39	13.04	0.80	6.68	0.03

全体として人的被害に大きな差異がある。実際、両地震は規模もタイプも全く異なり、統計上の死者数も本質問紙調査の対象地域だけでみても20倍の開きがある。単純な比較は難しいが、基本的には、津波と地震というハザードの違いが看取され、アチェでは特に死亡率に関して小被害地域と中被害地域との間の地域差が大きいが、バントゥルでは人的被害が全体として小さく、物的な被害程度と人的なそれとがおおむね対応し、各類型内での標準偏差も小さい[3]。

　アチェとバントゥルでは、被災からそれぞれ6年と4年が経過し、住宅再建や経済復興がある程度進められる中で、それぞれに地域社会の変化が指摘されるようになった。例えば、地震発生時と調査時と間の人口や世帯数の増加率、世帯の流出入数をみると、アチェの激甚被災地においては、人口と世帯とがともに大きく減少し、多くの世帯流入があったにもかかわらず、被災前の状態に戻っていない（表5.3.2）。このことは、家族成員の欠損と家族それ自体の消滅とが同時におこり、その不足分を埋める人口流入によって、コミュニティの成員にかなりの入れ替わりがあったことを示唆している。いっぽう、バントゥルでは、全体として人口は安定しており、緩やかな人口変化に被害程度による有意な地域差は見出しがたい。つまり、アチェのコミュニティがいわば社会的ターンオーバーというべき現象を経験したのに対して、バントゥルでは一部に家族

表5.3.2　被害類型ごとの被災後の人口変化

被害程度		アチェ		バントゥル	
		人口増加率	世帯増加率	人口増加率	世帯増加率
小	回答数	150	150	46	45
	平均値（％）	20.92	22.73	2.60	6.81
	標準偏差（％）	41.44	36.93	15.94	27.48
中	回答数	23	23	52	52
	平均値（％）	-7.86	-9.81	10.61	11.48
	標準偏差（％）	51.45	55.17	23.50	27.78
大	回答数	25	25	63	62
	平均値（％）	-54.54	-21.31	4.74	10.43
	標準偏差（％）	31.03	66.68	13.49	10.42
全体	回答数	198	198	161	159
	平均値（％）	8.05	13.39	6.02	9.75
	標準偏差（％）	48.63	46.85	18.14	22.47

成員の欠損が生じたものの家族の消滅はまれであり、それがコミュニティの動揺にはつながらなかった。こうした両者の差異の背景には、おそらく都市部と農村部という調査対象地域の立地による差異も関わるとは思われるが、そのこと以上に被害規模の圧倒的な相違が存在する。こうして、もともとのコミュニティの性格が異なる上に、被災によって地域社会の成り立ちに大きな分岐線が生じた。この問題は、後で再び言及する。

(2) 住宅再建に対する支援とコミュニティ
緊急対応期における居住場所

　被災直後の数日間、実際に人々はどのように対応したのであろうか。例えば、被災直後から数日間の被災者の滞在場所に関しては（表 5.3.3）、アチェでは、地域の被害程度によって主な滞在場所が異なっており、小被害地域では自宅、大被害地域ではテント、モスクや避難所とそれぞれ回答したコミュニティリーダーが相対的に多かった。いっぽう、バントゥルでは、地域の被害程度による差異はそれほど明瞭ではなく、戸外やテントといった回答がどの被害類型においても多数を占めた。ちなみに、緊急対応期から復旧期に避難所が村内に設置されたと回答したコミュニティは、アチェでは全体の30％ほど（大被害地域では8％）だったのに対して、バントゥルでは60％を超えている。

　つまり、アチェでは、激甚被災地の多くの場所で、津波によってほとんどすべてのものが流出し、場合によっては浸食や洗掘によって土地自体が消失してしまった。生存者の多くは、一時的にせよ被災地からの退却を余儀なくされた。いっぽう、バントゥルでは、家屋が倒壊したものの、レンガや瓦を片づけ、跡地でテント生活をした家族を多く見かけた。多くのコミュニティにおいて被災した村内で避難所が設置されえたのは、そういう事情によるものであろう。

住宅の復興の支援者

　緊急対応にみられた両地域間や各地域の被害類型間での差異は、その後の復興にどのように影響したのであろうか。住宅復興に関しては、全体として、アチェでは立ち上がりが非常に遅く、時間もかかったのに対して、バントゥルで

表 5.3.3 被災後数日間の滞在場所

滞在場所	アチェ 小	アチェ 中	アチェ 大	アチェ 全体	バントゥル 小	バントゥル 中	バントゥル 大	バントゥル 全体
戸外	25.0	34.8	24.0	26.0	43.5	50.0	46.0	46.6
テント	3.9	21.7	20.0	8.0	26.1	46.2	44.4	39.8
自宅	53.3	4.3	—	41.0	13.0	—	—	3.7
親戚宅等	4.6	4.3	4.0	4.5	2.2	1.9	1.6	1.9
モスク	7.9	8.7	16.0	9.0	4.3	—	—	1.2
避難所	0.7	17.4	20.0	5.0	—	1.9	3.2	1.9
その他	2.0	—	4.0	2.0	10.9	—	4.8	5.0

数値は被害類型（列）ごとの割合（％）。

は速やかに住宅再建が完了したといわれている。これは、被害規模における大きな差異とともに、政府のとった基本方針の違いが関わっている。すなわち、基本的に、アチェでは土地所有者の家族に対して復興住宅を供与するやり方がとられ、中央政府直轄のBRRや国際機関、国内外のNGOなど多様な援助団体がそのプロセスに関わったが、それら団体間の適切な調整がとられないままに結果として地域によっては住宅の過不足が生じた。それに対して、前節でみたように、バントゥルでは住宅復興支援の窓口を地方政府に一元化する努力がなされ、住宅の現物支給ではなく、地方政府からの住宅再建資金が家屋の被災程度によって計算され、ドゥスン・コミュニティの中で10〜15世帯によって組織化された住民グループに地方政府を通じて支給された。そして、実際の再建の進め方は各住民グループによって決められた。

それゆえ、コミュニティリーダーが住宅再建に関してもっとも重要だったと考える支援者の構成は、アチェとバントゥルとで明瞭に異なっている（表5.3.4）。前者では、海外NGOと回答したコミュニティリーダーがもっとも多く、次いでコミュニティ、中央政府、地方政府の順となり、被害類型間の差異も見出せる[4]。いっぽう、バントゥルでは、ほとんどのコミュニティで言及されたのは圧倒的に地方政府であり、次いで中央政府が続き、NGOの役割はきわめて限定的である。

このことを詳しく検討するために、具体的に、比較的多くのコミュニティで言及された支援内容を取りあげ、それらの支援者別の一覧表を作成した（表

表 5.3.4 もっとも重要な住宅再建の支援者

支援者	アチェ 小	アチェ 中	アチェ 大	アチェ 全体	バントゥル 小	バントゥル 中	バントゥル 大	バントゥル 全体
コミュニティ	31.8	—	—	20.6	2.2	—	1.6	1.2
地方政府	21.6	—	4.0	14.7	89.1	80.8	81.0	83.2
中央政府	18.2	8.7	20.0	16.9	4.3	17.3	15.9	13.0
国内 NGO	4.5	4.3	—	3.7	4.3	1.9	—	1.9
海外 NGO	15.9	65.2	56.0	31.6	—	—	—	—
その他	8.0	21.7	20.0	12.5	—	—	1.6	0.6

数値は被害類型(列)ごとの割合(%)。

5.3.5)。まずアチェに関しては、すべての支援内容について重要な支援者の構成がよく似ており、その中心は専ら海外 NGO、中央政府 (BRR)、国際機関等によって担われたことがわかる。ただし小被害地域では、ほとんどの内容について特別重要な支援者は見出しがたく、支援それ自体の規模の小ささが示唆される。いっぽう、バントゥルでは、支援内容によって重要な支援者の構成が異なり、例えば、住宅そのものは国内 NGO、資金は中央政府、労働力はコミュニティによってそれぞれ支援され、住宅設備や建築資材は全体的に支援者の言及数が少なく、全体として被害程度による地域差はほとんどなかった。

コミュニティの役割

こういう状況の中で、コミュニティはどのような役割を果たしたのであろうか。実際、上述したように、支援内容に関しては、労働力の調達のほかにはほとんど具体的かつ重要な支援は行っていない。むしろ、コミュニティが調整者としての役割に腐心している様子がみて取れる(表 5.3.6)。例えばバントゥルでは、住宅再建過程で重要であった住民グループの組織化や政府への報告、また実際の住宅建設時における労働力の組織化といった仕事は、多くのコミュニティで行われている。またアチェでも、特に中・大被害地域において、被災者と、政府や援助団体といった外部支援者とを結ぶ仕事、例えば NGO など援助団体との交渉に特徴が見出せる。

住宅復興に関わることに限らず、被災後の復興過程の中でコミュニティが具体的にどのような活動を行ったのかということに触れておこう。

表 5.3.5 住宅再建に関わる支援者と支援内容

内容	支援者	アチェ 小	アチェ 中	アチェ 大	アチェ 全体	バントゥル 小	バントゥル 中	バントゥル 大	バントゥル 全体
住宅	コミュニティ	−	−	−	−	−	−	−	−
	地方政府	7.9	13.0	16.0	9.5	2.2	−	−	0.6
	中央政府	7.2	65.2	80.0	23.0	2.2	1.9	4.8	3.1
	国内NGO	0.7	21.7	16.0	5.0	37.0	50.0	42.9	43.5
	海外NGO	4.6	87.0	80.0	23.5	13.0	11.5	9.5	11.2
	国際機関等	3.9	39.1	52.0	14.0	4.3	21.2	31.7	20.5
住宅設備	コミュニティ	3.9	−	4.0	3.5	−	3.8	1.6	1.9
	地方政府	7.9	4.3	4.0	7.0	−	−	−	−
	中央政府	5.3	13.0	8.0	6.5	2.2	1.9	−	1.2
	国内NGO	1.3	8.7	8.0	3.0	4.3	9.6	9.5	8.1
	海外NGO	11.8	43.5	36.0	18.5	4.3	1.9	−	1.9
	国際機関等	6.6	4.3	20.0	8.0	−	3.8	3.2	2.5
建築材料	コミュニティ	0.7	−	12.0	2.0	−	5.8	4.8	3.7
	地方政府	1.3	−	8.0	2.0	−	−	−	−
	中央政府	2.0	34.8	40.0	10.5	4.3	3.8	3.2	3.7
	国内NGO	−	4.3	12.0	2.0	10.9	9.6	12.7	11.2
	海外NGO	2.0	34.8	40.0	10.5	2.2	−	−	0.6
	国際機関等	0.7	17.4	36.0	7.0	2.2	1.9	7.9	4.3
資金	コミュニティ	1.3	−	4.0	1.5	4.3	−	1.6	1.9
	地方政府	6.6	4.3	8.0	6.5	4.3	1.9	−	1.9
	中央政府	12.5	13	36.0	15.5	95.7	96.2	98.4	96.9
	国内NGO	−	4.3	4.0	1.0	10.9	9.6	6.3	8.7
	海外NGO	0.7	4.3	32.0	5.0	2.2	−	3.2	1.9
	国際機関等	3.9	8.7	12.0	5.5	2.2	3.8	1.6	2.5
労働力	コミュニティ	5.3	8.7	12.0	6.5	76.1	51.9	69.8	65.8
	地方政府	0.7	−	−	0.5	−	−	−	−
	中央政府	0.7	34.8	36.0	9.0	−	−	1.6	0.6
	国内NGO	−	8.7	8.0	2.0	−	−	1.6	0.6
	海外NGO	−	34.8	44.0	9.5	−	−	1.6	0.6
	国際機関等	1.3	8.7	24.0	5.0	−	−	1.6	0.6

数値は各内容につき被害類型（列）ごとの割合（％）、ただし複数回答。

アチェにおいてもバントゥルにおいても、復興過程の中で、コミュニティは実に様々な活動を行った（表5.3.7）。その中で、両地域間で異なるもの、あるいは被害程度に応じて差異があるものを拾い出してみると、まず瓦礫の片づけがあげられる。この作業は、アチェでは様々な援助団体の直轄事業か、あるいはキャッシュフォーワークのプログラムによって実施されることが多かったの

表 5.3.6　住宅再建に関するコミュニティの機能

活動内容	アチェ 小	アチェ 中	アチェ 大	アチェ 全体	バントゥル 小	バントゥル 中	バントゥル 大	バントゥル 全体
政府への報告	61.2	87.0	76.0	66.0	82.6	78.8	71.4	77.0
政府への支援要求	50.7	60.9	56.0	52.5	6.5	32.7	23.8	21.7
援助団体への支援要求	24.3	60.9	68.0	34.0	6.5	5.8	11.1	8.1
住民グループの組織化	10.5	13.0	20.0	12.0	34.8	28.8	57.1	41.6
支援の調達と配分	8.6	39.1	28.0	14.5	―	1.9	17.5	7.5
ゴトンロヨンの組織化	7.2	4.3	8.0	7.0	71.7	75.0	73.0	73.3
その他	2.0	4.3	―	2.0	6.5	9.6	3.2	6.2

数値は被害類型（列）ごとの割合（％）、ただし複数回答。

表 5.3.7　コミュニティが復興過程で行った活動

活動内容	アチェ 小	アチェ 中	アチェ 大	アチェ 全体	バントゥル 小	バントゥル 中	バントゥル 大	バントゥル 全体
瓦礫の片付け	14.5	69.6	56.0	26.0	78.3	80.8	92.1	84.5
水路の浚渫	96.1	100.0	96.0	96.5	47.8	55.8	44.4	49.1
道路の清掃	86.8	100.0	96.0	89.5	82.6	92.3	87.3	87.6
モスクの管理	99.3	100.0	100.0	99.5	82.6	73.1	71.4	75.2
公共施設の建設	52.0	21.7	28.0	45.5	32.6	51.9	52.4	46.6
高齢者／障害者ケア	5.3	8.7	8.0	6.0	2.2	9.6	19.0	11.2
治安のための見回り	24.3	47.8	48.0	30.0	67.4	80.8	76.2	75.2
その他	3.3	13.0	4.0	4.5	21.7	13.5	1.6	11.2

数値は被害類型（列）ごとの割合（％）、ただし複数回答。

に対して、バントゥルでは専らコミュニティによって担われたと推察される。また治安のための見回りという活動も、バントゥルでは伝統的に普段からよく行われてきたという事情がある。逆に、アチェの方が明らかに活発だったという活動は、あまり多くはないが、モスクの管理と水路の浚渫があげられる[5]。

　こうしたコミュニティ全体に関わる活動に比して、コミュニティが成員個人のために行う活動の範囲は非常に狭いように思われる（表5.3.8）。ただしバントゥルでは、住宅復興に関してみたように、ほとんどのコミュニティで個人の住宅建設に際して労働力の手配が行われた。また、アチェの小被害地域における精神衛生ケアも特徴的であるように思われる。アチェの激甚被災地では、様々な援助団体によって物心両面にわたる様々な支援が行われた。ところが、内陸に位置する被害の小さな地域は、どちらかといえば、そういう支援の活動地域

表 5.3.8　コミュニティが個人のために行った活動

活動内容	アチェ 小	中	大	全体	バントゥル 小	中	大	全体
労働力の手配	14.5	13.0	16.0	14.5	91.3	92.3	87.3	90.1
復興資金の提供	10.5	8.7	8.0	10.0	10.9	7.7	6.3	8.1
操業資本の提供	4.6	4.3	—	4.0	—	1.9	1.6	1.2
精神衛生ケア	23.7	17.4	12.0	21.5	10.9	3.8	1.6	5.0
その他	15.8	17.4	20.0	16.5	4.3	7.7	1.6	4.3

数値は被害類型（列）ごとの割合（％）、ただし複数回答。

としてはいわば忘れられた形跡があり、それに代わってコミュニティが一定の役割を果たしたのではないかと推察される。いずれにしても、個人に対する復興物資の供給主体としての役割は、コミュニティにはほとんど見出せない。

(3) 生活再建とコミュニティの変化

　今回の災害では、アチェもバントゥルも一時的に大きな経済不振に陥った。例えばコミュニティにおける主要職業構成の変化を指標にすれば（表5.3.9）、バントゥルでは変化なしとしたコミュニティが4分の3以上にのぼるのに対して、アチェにおける同じ数値は5割程度にすぎない。アチェで言及された主な職業は多岐にわたるが、全体としては農業や漁業、建設業、商業・販売が特徴的である。つまり、いっぽうで農地や漁港といった生産基盤の被害によって第一次産業の不振が生じ、他方で復興経済の中で商業や建設業などの仕事が生み出されたと考えられる。

　この間、アチェに関しては、キャッシュフォーワークからマイクロファイナンス、職業訓練に至るまでのあらゆる種類の経済支援が行われた。とりわけキャッシュフォーワークは、アチェの復興援助の中で注目された手法で、集落や道路の瓦礫の片づけなどに実効性を発揮するとともに、被災者の生活費の確保に一定の役割を果たした。しかしいっぽうで、住民の外部依存性を高め、一部で弊害も指摘された。それゆえバントゥルでは、マイクロファイナンスや職業訓練といった自立支援に焦点が移されたといわれているが、ただ全体としては、経済支援に言及するコミュニティの比率は相対的に低い。

表 5.3.9　被災後の職業の変化

被害程度		大きく変化	少し変化	ほぼ同じ
アチェ	小	6.6	48.0	45.4
	中	39.1	26.1	34.8
	大	28.0	16.0	56.0
	全体	13.0	41.5	45.5
バントゥル	小	—	15.2	84.8
	中	5.8	21.2	73.1
	大	3.2	6.3	90.5
	全体	3.1	13.7	83.2

数値は被害類型（行）ごとの割合（％）。

表 5.3.10　経済支援の支援者

支援者	アチェ				バントゥル			
	小	中	大	全体	小	中	大	全体
企業	7.2	4.3	8.0	7.0	—	1.9	6.3	3.1
地方政府	38.8	43.5	28.0	38.0	65.2	61.5	57.1	60.9
中央政府	17.8	39.1	36.0	22.5	28.3	32.7	38.1	33.5
国内NGO	5.3	21.7	8.0	7.5	6.5	5.8	4.8	5.6
海外NGO	15.8	87.0	96.0	34.0	2.2	1.9	3.2	2.5
国際機関等	15.8	47.8	40.0	22.5	—	—	4.8	1.9
その他	5.3	4.3	—	4.5	—	1.9	7.9	3.7

数値は被害類型（列）ごとの割合（％）、ただし複数回答。

　こうした事情は、経済支援の支援者における違いと関係する（表 5.3.10）。住宅再建支援と同じように、アチェでは、特に大被害地域で海外 NGO や国際機関等による経済支援が突出している。それに対して、バントゥルではそれらのアクターの役割は顕著ではない。その代わりに地方政府や中央政府に言及するコミュニティリーダーが、絶対的にも相対的にも多い。政府による経済支援に関しては、アチェの小被害地域に対する中央政府の支援を別とすれば、地域の被害程度の大小にかかわらず、ある程度一定の役割を果たしていたといえる。

　最後に、こうした経済支援が結果的にコミュニティにもたらした影響についてみておこう。すでに述べたように、被災地では、一時的にせよ地域経済の状況が悪化し、とりわけアチェの大被害地域では、多くの人が失業や無業の状態に陥った。いっぽうで、外部からの大量の経済支援があった地域や、激甚被災地に接しつつも深刻な被害を免れた地域では、いわゆる復興景気によって、そ

表 5.3.11　コミュニティの生活水準の変化

経済水準	アチェ 小	アチェ 中	アチェ 大	アチェ 全体	バントゥル 小	バントゥル 中	バントゥル 大	バントゥル 全体
全体的に向上	31.6	21.7	8.0	27.5	50.0	50.0	60.3	54.0
全体的に悪化	3.9	34.8	44.0	12.5	2.2	5.8	3.2	3.7
変化なし	59.9	30.4	32.0	45.7	45.7	44.2	36.5	41.6
格差が拡大	4.6	13.0	16.0	7.0	2.2	－	－	0.6

数値は被害類型（列）ごとの割合（％）。

の後、全体として所得の上昇がみられた。また、破壊された住宅や生活インフラが外部からの支援によって刷新され、生活環境も改善された。その結果、コミュニティの生活水準が全体的に向上したと考えるリーダーは少なくない（表5.3.11）。

ただし、アチェの大被害地域では、生活水準の向上よりも、格差の拡大という回答が相対的に多い。おそらく、これには三つの要因が考えられる。まず、アチェの激甚被災地の多くが都市部に位置し、その後背地にあたる内陸の農村部に比べてもともと地域経済の水準が高かった可能性がある。また本書でみてきたように、住宅や生活インフラといった生活環境のハードの側面において、被災後6年が経過したとはいえ、まだ復興は道半ばである。さらに、上述したように、そうした地域には、津波によって欠損した人口を埋めるように、アチェ州内から多くの移住者が仕事を求めて流入した。これらの人たちが、実際にどのような社会経済的地位にあるかということは、詳細に検討される必要がある。

まとめ

超巨大地震の後に何がおこるのかということは、少なくとも2004年スマトラ地震の前まではよくわかっていなかった。これまでみてきたように、それは、内陸直下型地震とは規模も性格も全く異なるものであった。アチェの津波災害では、被害が面的におこり、ほとんど壊滅的な被害を受けた海岸地域と、ほんの軽微な被害しかなかった内陸地域との間の境界が明瞭だった。いっぽう、バントゥルにおける地震被害は、典型的な地盤災害として、基本的には活断層からの距離に従いながらも、部分的に微細な地形・地質条件の影響によって、よ

り複雑であった。

　アチェの激甚被災地域では、家族成員の欠損のほかに家族自体の消滅が生じ、被災直後の人口激減を埋めるようにその後の復興過程における新来者の大量流入が示唆された。つまり、コミュニティはターンオーバーというべき大きな社会変動を経験した。このことが、被災後のコミュニティの社会経済影響を与えたと思われる。いっぽう、バントゥルでは、人口減少が部分的であり、地域の社会構造の再編をもたらすような大きな変動を伴うことはなく、その意味でコミュニティはより安定的であった。このように両災害には、規模の大きな相違のほか、被害タイプに大きな差異が指摘できる。そして、超巨大災害の際には、ハザードによる直接的影響が、災害後の人口変動のような間接的影響と重なり合うことによって、増幅したり縮小したりすることがある。

　復興プロセスにおいては、両地域とも外部から様々な支援がもたらされたが、アチェで主役を演じたのは海外 NGO や国際機関等と中央政府であったが、バントゥルでは専ら政府、とりわけ地方政府が重要であった。アチェでは、広域レベルでの調整者が不在のまま、被害規模の大きな地域に手当たりしだいに支援が入り、軽微な被害地域がいわば忘れられた形跡がある。いずれの場合でも、コミュニティは復興物資の供給主体にはなりえず、被災者と支援者とを結ぶ調整者としての役割を強く持つものであった。概略的にいえば、アチェでは、被災者と外部の非政府セクターとの間にコミュニティが介在する、いわば援助の（下位の）三角形（田中 2007）が形作られ、いっぽう、バントゥルでは、コミュニティが垂直的な政治的構造の中に組み込まれ、政府組織と被災者とを結ぶ直線的な連携関係が形作られた（図 5.3.2）。

　インドネシアをはじめとする開発途上国では一般に政府の機能が弱く、しかも超巨大規模災害では広範な地域が巻き込まれ、膨大な数量の被害が発生するために、公的制度による災害対応の限界と、非公的な社会制度も活用した分権的アプローチの必要性が指摘される。地域全体がほとんど流され、復興がいわば「無」の状態から始まったアチェの激甚被災地と、物的・人的資源が残存し、それらに外部からの資源を結びつけることで効率的に復興できたバントゥルとでは、アプローチの方法も復興の道筋も大きく異なる。そして、こういったこ

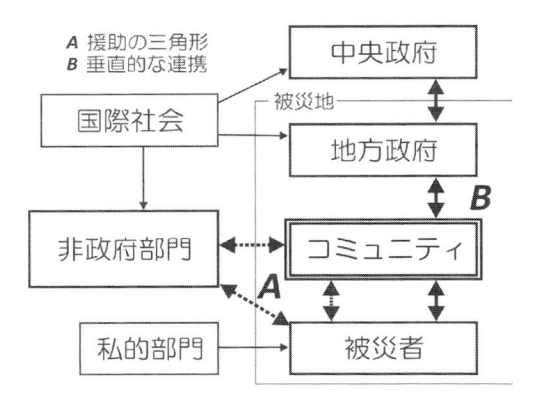

図 5.3.2　援助の構造とコミュニティの関わり

とが、両地域間にみられた支援構造の差異に反映している。

(高橋　誠)

注
1) この質問紙調査は、名古屋大学、インドネシア科学院、ガジャマダ大学、シアクラ大学の共同で行われたもので、サンプル数は、それぞれアチェが200、バントゥルが161であった。実際の調査は、アチェにおいては2010年12月に、バントゥルにおいては2010年8月に、それぞれ地元の大学生を調査員として、共同で設計された質問紙に基づいて面接法にて行われた。調査と結果の詳細については、高橋ほか (2011) を参照されたい。
2) 被災前の家屋数がわからないために、それぞれ被災時の世帯数に対する、被害を受けた建物の比率 (%) で計算したために、実際100%を超える数値の場合がある。また両地域間で比較しやすいように、地図の縮尺、地図中の階級区分と記号は便宜的に同じものとした。
3) これには、調査対象地域の主な被災地が、アチェでは人口30万人規模の都市であるのに対して、バントゥルは広範な田園地域であり、また、同じ農村部でも両地域間にはもともとの人口密度に違いがあったことも関係しよう。
4) ただし、この地域差については、少し留保が必要である。というのは、質問紙調査のサンプルでは、低被害地域のほとんどが大アチェ県の農村部に位置するものであり、バンダアチェ市内の都市部や海岸部に位置する激甚被災地とは行政区域も地域特性も異なっているからである。
5) 前者は、アチェにおけるイスラム教の重要性を反映しているが、後者の理由は不明である。バントゥルのような農村部では、後者は、ドゥスン組織ではなく、灌漑組合といった別組織の分掌として位置づけられているのかもしれない。

V-4 コミュニティ防災と災害文化

　2004年のスマトラ地震は大きな人的な被害をもたらした。こうした被害を出さないためにも、津波対策が緊急の課題である。インドネシアでは、2004年スマトラ地震津波を経験し、津波警報システムの構築が国際的な支援のもとに進められてきた。津波警報システムが避難に有効に働くためには、警報の送り手からの考察だけではなく、警報の受け手の側からの考察も重要である。ここでは、社会や人間、すなわち警報の受け手の側から、今後の津波警報システムが有効に働くための基本的な条件を、「警報リテラシー」という概念を用いて提案する。

　警報の送り手－受け手、警報のハードシステム－ソフトシステムに関しては、図5.4.1のように理念的に整理できる。この概念図に即していえば、ここでは

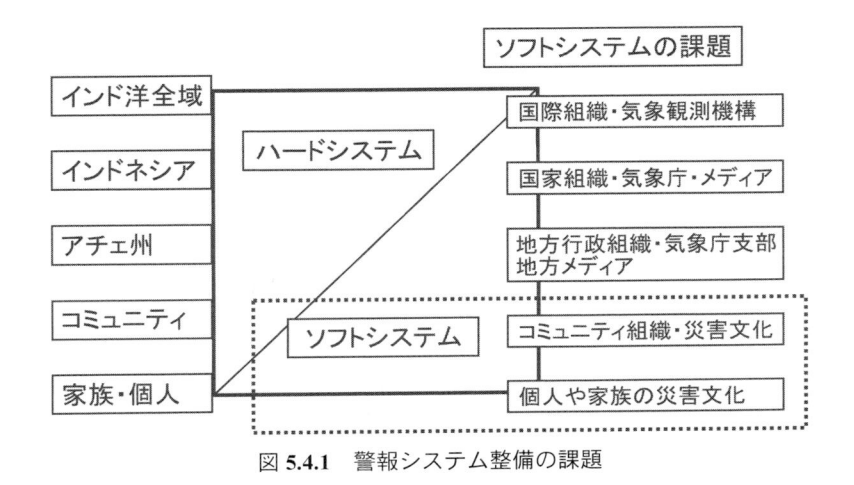

図 5.4.1　警報システム整備の課題

点線に囲まれた領域を検討しようとするものである。

(1) これまでの調査から

　これまでのインタビュー調査やアンケート調査から、バンダアチェの住民について、次の点が明らかとなった（木股ほか 2006；Takahashi et al. 2007, 2008；林ほか 2008）。

　①津波の現地語である「イブーナ」という言葉を知っている人が少なかったことからわかるように、アチェの人たちは、津波に関する一般的知識はもちろん、自分の居住地の津波の被災体験についても、ほとんど知らなかった。

　②スマトラ地震当日、津波がくるとは考えもしなかった。その意味では、「地震＝津波連想」（田中・小倉 1994；田中ほか 2006）がなかったといえる。直接的に、津波を目視するか、目視した他者からの情報によって避難するしかなかった。そのため、避難開始のタイミングが完全に遅れた。

　③その結果、津波による人的な被害が大きくなった。物的被害に関しては避難行動以外の要因を考慮しなければならないので、別の議論を組み立てる必要があるが、ここでは、人的な被害にだけ着目しておく。

　以上の具体的な体験談を、林ほか（2008）が報告している、ジョエルさんとウィルマンさんの事例から紹介しておこう。

> ［地震後］幹線道路沿いのコーヒーショップにいった。そのとき、ヘリコプターのような音が聞こえた。続いて、西海岸に面したロックガ［ロンガ］の方から「海があがってきた」と叫びながらたくさんの人が走ってきた。しかし、おじさんが「ありえないことだ」といったので、［その話を信じないで］引き続き朝ごはんを食べていた。
>
> 　　　　　　　　（ジョエルさんの事例、林ほか 2008：77、［　］内は引用者）

　ウレリー［ウレレ］近くの養殖池にいた。地震で揺れている間は立っていられず、座りこんだ。揺れは 10 分くらい続いたと思う。揺れのあとは仕事に戻った。揺れがおさまってから 10 〜 20 分後、黒くて 2 階建の家より

表 5.4.1　被災以前における津波の名称の認知

被害程度	両方	イブーナ	津波	知らない	合計
重度の被災地	3　(1.3)	30　(12.9)	18　(7.7)	182　(78.1)	233
中位の被災地	7　(2.6)	62　(23.0)	20　(7.4)	181　(67.0)	270
軽度の被災地	5　(2.7)	23　(12.4)	17　(9.1)	141　(75.8)	186
合　計	15　(2.2)	115　(16.7)	55　(8.0)	504　(73.1)	689

（　）内は被害程度（行）ごとの比率（％）。地域の死亡率 70％以上を重度の被災地、15〜70％を中度の被災地、15％未満を軽度の被災地にした。

も高い水が迫ってくるのが見えた。「水が来た」と叫びながら 1km 程度離れた自宅集落まで走って戻り小学校へ逃げ込んだ。

(ウィルマンさんの事例、林ほか 2008：77)。

　ここで共通しているのは、地震の大きな揺れが収まった後は「すべて災害は終わった」と考えていることである。そのため、地震の揺れが収まった後、朝食をとったり、仕事を再開したりしている。さらに、「海があがってきた」、「水がきた」という形で津波という言葉が使われていない。このように、スマトラ地震は長い大きな揺れをもたらしたが、地震後に津波がくるかもしれないという連想を抱いた人はごくまれであった。

　以上の既知の報告事項に関して、本書の第 IV 章で触れた、被災 3 年後でのアンケート調査結果（Takahashi et al. 2008 も参照）で確認しておこう。

　表 5.4.1 にみるように、「イブーナ」あるいは「津波」という言葉に関して、スマトラ地震以前に知っていたかどうかをみてみると、「イブーナ」と「津波」両方の言葉を知っていた人はわずか 2.2％、「イブーナ」という言葉だけを知っていた人が 16.7％、「津波」という言葉だけを知っていた人が 8.0％と、ほぼ 5 分の 1 の人しか津波という現象を表す言葉を知らなかった。さらに別の聞き方では、「それ以前に津波のことを知っていたか」という質問に関して、「はい」と回答しているのは 11〜12％にとどまっている（表 5.4.2）。表 5.4.1 において、「イブーナ」という言葉の認知度が被害程度によって異なっているのは、重度・中位・軽度の被災地ごとに住民の社会的属性が違うために生じた偽相関であると推測される。そう推測するのは、表 5.4.2 で「被災以前に津波のことを知っ

表 5.4.2　地震や津波の知識

知識に関する質問	被害程度 重度	被害程度 中位	被害程度 軽度	全体	実数
被災以前に津波のことを知っていた	11.0	12.9	12.6	12.2	559
地震のときに津波を連想した	3.9	3.6	2.9	3.5	624
2007年の津波警報の誤報時に避難しなかった	64.9	49.4	44.7	53.4	674
将来アチェで地震が発生する可能性があると思う	59.7	58.5	71.8	62.5	691
将来、地震があったら津波がおこると思う	47.0	52.8	50.5	50.2	687
津波の避難場所を知っている	76.8	88.8	89.3	84.9	689
次の地震に備えている	35.4	32.2	44.3	36.5	684
地方政府の災害の備えに期待する	59.9	61.0	63.2	61.2	662

数値は、それぞれの質問に「はい」と回答した者の割合（％）。

ていた」という質問に「はい」と回答した割合には、被害程度による差異は見られないからである。

同じ表において、「地震＝津波連想」に関する質問（「揺れているときに津波のことを考えた」）に関しては、被害程度に関係なく、わずか3％の人しか「はい」と回答していない。津波来襲以前に、事前に避難した人はきわめて少なかったことが、ここからわかる。

災害文化の形成状況

次に、こうした津波の被災体験をした人々が、現在、どういった災害文化をつくりあげているのかを、同じ表でみてみよう（表 5.4.2）。

アンケート調査では、津波への災害文化に関して、将来の地震発生、そのときの津波発生に関わる認識、地震が発生したときの避難場所の確認と、そのための普段からの備えに関して尋ねている。

将来、アチェで大きな地震がおきる可能性があるという認識に関しては、全体で 62.5％の人が「ある」と認識している。この認識に関しては、重度の被害を受けた地域で高いわけではなく、むしろ軽度な地域で高い。しかし、この理由は不明である。

将来地震が発生したときに津波が発生すると思うかどうかに関しては、全体で 50.2％の人がそう予想している。この点では、2004 年のスマトラ地震発生

表 5.4.3　住民自身の災害への備え

準備しているもの	重度	中位	軽度	合計
回答者数	86	102	92	280
貯蓄	32.6	42.2	33.7	36.4
食料と水の備蓄	2.3	2.9	7.6	4.3
医薬品の準備	4.7	9.8	8.7	7.9
家屋の補強	2.3	8.8	15.2	8.9
避難訓練	59.3	25.5	26.1	36.1
集合場所の決定	17.4	19.6	20.7	19.3
その他	25.6	28.4	35.9	30.0

数値は被害程度（列）ごとの回答者数に占める割合（％）、ただし複数回答。

の際にはゼロに近かったことを考えれば、大きく変化していることがわかる。このように、地震や津波に関する認識、あるいは予測に関しては、スマトラ地震以降、大きく進歩したといってよい。

では、こうした認識に基づいて実際に津波への対応が準備されているのであろうか。津波からの避難場所を知っているという回答が84.9％と高い値を示している。しかし、それは、避難行動の前提条件をなしているにすぎない。さらに、次におこるかもしれない地震に対して、具体的に何か備えをしているかどうかの質問に関しては、36.5％しか「備えている」と回答していない。その備えの具体的な内容について尋ねたのが、表5.4.3である。

全体でみると、住民自身の備えとしては、貯蓄と避難訓練がほぼ同じ値で36％、次いで、落ち合う場所を予め決定していることが19.3％となっている。日本における災害への備えとしてよく指摘される「水や食料の備蓄」、「医薬品の用意」、「建物の補強」などは、いずれも10％未満の値しか示さない。これまでみてきたように、災害文化に関連するほとんどの項目は先の津波での被災程度と無相関であるが、避難訓練だけは重度の被災地で59.3％と、中位・軽度の被災地のそれぞれ25.5、26.1％と比較してきわめて高い。

住民が地方政府による災害への備えとしてもっとも強く望むものは、早期警報システムの整備であり、全体で約90％の回答者が警報システムの整備を望んでいる（表5.4.4）。それ以外では、防災訓練や防災教育（16.4％）、救助活動の組織化（13.3％）などがあげられる。政府による食料や水の備蓄、防災計画

表 5.4.4　地方政府へ期待する災害への備え

期待するもの	重度	中位	軽度	合計
回答者数	144	169	114	427
避難場所の管理	3.5	4.1	4.4	4.0
早期警報システム	86.8	91.7	93.9	90.6
食料と水の備蓄	0.0	4.7	0.9	2.1
避難訓練や防災教育	18.1	11.2	21.9	16.4
防災計画や復興計画	3.5	5.3	7.9	5.4
救援体制の整備	14.6	14.2	10.5	13.3
地域住民の組織化	5.6	4.7	6.1	5.4
他の政府との連携	0.0	1.2	4.4	1.6

数値は被害程度（列）ごとの回答者数に占める割合（％）、ただし複数回答。

や復興計画の策定、自主防災のための住民の組織化、避難場所の維持・管理、他の地方政府との連携など、日本の防災体制の中では必ず指摘される項目に関しては、ほぼ 5％以下の値しか示していない。

　これらの数値の低さは、住民が政府に多くを期待していないというだけではなく、そもそも、政府がそうした防災施策をとってこなかったし、現在でも取り組んでいないことの反映である。日本での類似のアンケート調査結果と比較すると、全般的に、防災対策に関する政府への期待は薄い。つまり、政府への要望や期待は、防災の客観的、あるいは科学的な「必要性」で決まるのではなく、それまでの政府の対応「実績」を基準にして、そのときどきで、住民が判断している結果であることがわかる。そのため、国際比較の観点からみると、これらは国ごとに大きな差があり、内容的にも大きな差が生ずることになる。

　以上からみえてくる、バンダアチェの被災者の間で形成されつつある津波の災害文化の内容は、①「地震が発生したら津波がやってくる」という「地震＝津波連想」の形成、②避難訓練の重要性の認識、③避難場所の確認に集中している。ただし、①に関する値は約 50％とそれほど高くない。さらに、避難訓練の重要性が認識されているとはいえ、インタビュー調査によれば、1 年に 1 回程度であり、それも地域独自で自主的に実施されたものではない。こうした点からみて、現在までのところバンダアチェでは、実際に防災に役立つ災害文化が育っているとはいいがたい。

(2) 警報システムの整備とその限界

　スマトラ地震津波の経験とその反省から、現在、対策がもっとも急がれているのは、太平洋の場合と同様、インド洋においても津波監視システムと警報システムを整備することである。この監視・警報システム整備をめぐっては、国際的な協力が進められている。すでに 2008 年 11 月に、インドネシアでは国内の警報伝達システムが整備された。しかし、津波監視・警報システムが完備されれば、津波の被害は防げるであろうか。
　このことが有効性を発揮するためには、以下のような条件が必要となる。

①地震発生後、直ちに、津波の発生の可能性と想定される津波規模、影響範囲が確定されること
②この情報を、被害発生が予想される地域の住民に、直ちに伝達されること
③この情報を受け取った住民が、直ちに避難行動を選択すること
④避難行動を有効なものとするためには、津波到達予想時間より前に、原則として徒歩で到達可能な範囲内に、予想される津波高よりも高い、安全な避難所が存在すること。それが地形的な制約から存在しない場合には、人工的な避難場所が用意されていること

　ここでは、「警報発令→警報の迅速な伝達→避難行動→避難ルートの設定と避難所の確保」があれば、津波の危険性は回避できるという前提がある。現代日本においては、①〜④の条件が確保されているが、それにもかかわらず、津波警報発令時の避難率が低い。そのため、実際の大津波が発生したときには、うまく対応できないのではないかという危惧は、数多く指摘されている（片田 2003；吉井 2005；田中ほか 2006）。
　しかし、こうした日本での津波警報に関する研究は、すでに警報システムが整備されて一定の社会的成熟を達成した事例であり、インドネシアのように、これから警報システムを導入しようとするケースとは異なる。例えば、日本では「警報慣れ」が問題となるが、インドネシアでは「警報に慣れていないこと」が問題となる。そのため、ここでは、日本における津波警報と避難行動との問

題とは別の角度から、警報導入期の避難行動の問題として何が必要となるのかを検討する[1]。

バンダアチェにおける状況

ここでは、①と②という情報システム（ハードな条件）が整備されていると仮定して、③と④のソフトの条件について検討してみよう。

③について、スマトラ地震発生から約2年半後、2007年6月に、誤報で津波避難警報が発令された際の住民の行動から検証してみよう。完全にネットワーク化されたとはいいがたいが、スマトラ地震以後、バンダアチェの海岸近くでは屋外に緊急放送を受信できる施設が設置されている。その無線施設をとおして、2007年6月に突然（当然、地震の揺れもなく）、津波避難警報が放送された。その際、どのくらいの人が避難したかを、アンケート調査で尋ねた（表5.4.5）。その結果、全体では、33.6％の人が直ちに避難している。しばらくして避難したという人を加えると、46.5％の人が避難行動をとった。いっぽう、スマトラ地震の大被害を経験したにもかかわらず、53.5％の人は避難していない[2]。しかも、地震の揺れが全くなかったため、2004年のときの（大きな地震の後に、大きな津波が来襲するという）経験と反しており、そのことが避難率を低下させたとも推測される。こうした留保条件を勘案しても、警報システムを整備し、いち早く避難警報を伝達すれば、津波による死者は防げると考えることはできない。

④の避難場所に関連して、現在のバンダアチェの状況をみてみる。海岸近くの地域は地形的に平坦で、もともとラグーンが広がっていた。被災直後に立案された復興計画では、この地域は津波の緩衝地帯に指定し、住宅の建設を禁止

表 5.4.5　被害率による誤報の際の避難率

被害程度	直ちに避難	しばらくして避難	避難せず	全体
重　度	60　(26.3)	20　(8.8)	148　(64.9)	228
中　位	101　(37.7)	34　(12.7)	133　(49.6)	268
軽　度	66　(36.9)	33　(18.4)	80　(44.7)	179
合　計	227　(33.6)	87　(12.9)	361　(53.5)	675

（　）内は被害程度（行）ごとの割合（％）。

しようという方針であったが、現在では、この地域に、津波前にあった集落が再建されている。この地域では、小高い丘など、スマトラ地震と同規模の津波が来襲したときに有効な避難場所はない。そのため、日本の援助によって建設された4か所の津波避難ビルを除くと、徒歩30分以内に安全に避難できる場所はほとんどない。

(3) 警報リテラシーとそれを向上させる要因

　一般に、警報が避難行動を導くためには、警報を発令・伝達する側のシステムが整備されることと同時に、警報を受け取り、実際に避難行動を迅速に行う側の防災能力が向上することが必要である。そして、ここで考えておきたいのは、警報を受け取る側の能力のうちもっとも基礎的な能力、つまり「警報リテラシー」についてである。

　警報システム導入期において、防災戦略上もっとも重要だと考えられるのは、「警報を正しく認識して、避難行動に移る」ことの基礎にある「警報リテラシー」を向上させることである。ハードな警報システムを整備しても、住民自身の警報リテラシーを育てないと、警報は住民の避難行動に結びつかない。一般に、リテラシーとは「読み書きの能力、識字。転じて、ある分野に関する知識・能力」（広辞苑）と説明される。そうだとすれば、警報リテラシーとは、自分がそのときにいる場所の状況を加味して、警報が発令されたときに、どう行動すべきかを判断する能力という意味になる。

　では、その警報リテラシーは、どのように育てられるのであろうか。その基礎にあるものこそ、人々が今回の被災経験をどう定位するかである。警報リテラシーと被災経験の定位という両者の関連性に関して、現時点では、十分な検討資料を持ってはいない。そのため、このふたつの概念の間に密接な関連がある、あるいは、被災経験の定位の基礎の上に警報リテラシーが成立するというのは、現在のところ仮説にすぎない。

　では、被災経験を定位するとは、いかなる意味であろうか。被災経験の個人やコミュニティに対する効果について、広瀬（1984：116）は、「被災経験は個人やコミュニティに新たなる災害への耐性、あるいは免疫性をもたらす」と説

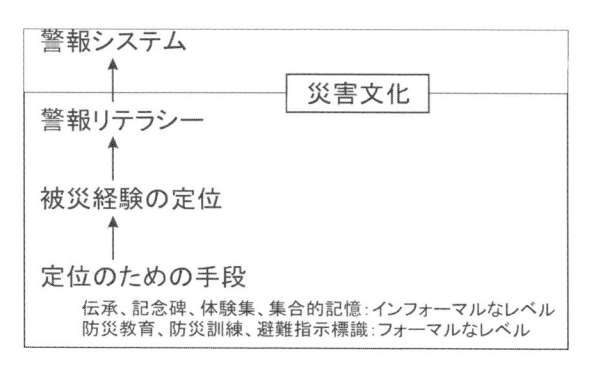

```
┌─────────────────────────────────────────────┐
│    警報システム                              │
│      ↑              ┌──────────┐            │
│                     │ 災害文化 │            │
│    警報リテラシー    └──────────┘            │
│      ↑                                      │
│    被災経験の定位                            │
│      ↑                                      │
│    定位のための手段                          │
│      伝承、記念碑、体験集、集合的記憶：インフォーマルなレベル │
│      防災教育、防災訓練、避難指示標識：フォーマルなレベル     │
└─────────────────────────────────────────────┘
```

図 5.4.2　警報システムを有効にする警報リテラシー

明している。別の言い方をすれば、被災経験をとおして、その地域の人々の間に、災害文化を育ててゆく。そして、その災害文化は「個人や組織の災害経験を定位し、防災、減災のための心的対応と適切な行動の生起をはかり、組織の機能維持と適応能力の向上を可能にする」（広瀬 1984：119）。

　以上の議論を図式化すると、図 5.4.2 のようになる。

日本とインドネシアの「被災経験の定位」を支えるもの

　日本の社会は、実に多くの被災経験を記録してきた。そのことが、現在の災害文化を支えている。歴史的にみれば、こうした記録は日本では近世期に急増する。「災害記録は、近世後期、とくに 18 世紀ごろ以降がぜん増える。……信頼すべき地震記録として有名な……推古 7 年（599）の地震から江戸時代の終わり（1868 年）までの有感地震記録は 4 万 5061 件、このうち 13 世紀までの総計は 1908 件（0.4％）、続いて 17 世紀までは 3014 件（0.7％）、江戸時代に属する残りの記録は 4 万 139 件（89％）である」（北原 2006：161）。このように、日本では、近世期以降、「災害を記録する文化」が確立する。

　このことを伊勢地方の津波災害を例にみておこう。津波災害の記録としてもっともよく見られるのは、寺社などに見られる記念碑や石碑である。それらは、単に津波災害の記録という意味を持つだけではなく、津波犠牲者への「鎮

図 5.4.3　1944年東南海地震の際の津波碑
三重県大紀町錦地区金蔵寺、2008年2月、田中重好撮影。

図 5.4.4　避難路・海抜を表示し、津波用心を呼びかける看板
三重県大紀町錦地区、2008年2月、田中重好撮影。

魂」や「供養」という意味を持っている（図5.4.3）。さらに現代では、津波到達の高さを示したり、津波への注意を促したり、あるいは、避難場所を示したりする標識が建てられている（図5.4.4）。これらは、古くは津波到達場所を示した「津波石」の現代版とも考えられる。

これ以外には、伝統的には「口説き」が、現代的には津波を物語る一種の民謡が残っている。さらに、市町村、教育委員会、学校、郷土史研究会、あるいは、特定の個人が編集した津波体験記や津波伝承記がある。これらは、ときには、小説や絵本、アニメーションになっている場合もある。これに関連して、現在では、災害発生から一定期間を経過したときに組まれる新聞の特集記事やテレビの特集番組などもある。

以上のように、日本では、災害に関連する記録が様々な形で残っており、そのことが災害経験の定位を可能にし、さらに警報リテラシーを高めていると考えられる。それに対して、インドネシアでは「災害を記録する文化的伝統」が弱い。そのため、2004年以前の地震や津波の経験が伝承されておらず、さらに、津波の現地語（イブーナ）も人々の記憶から消えかけていたのである。

たしかに、現在まで、スマトラ地震津波に関しても、豊田（2005）、藤谷（2006）、

林（2007）、広瀬（2007）などが刊行されている。だが、これらの大半は日本語で書かれた、日本人向けの書籍である。これらの書物は日本人にアチェの経験を伝えるのに役立つが、インドネシアの人々に役立つ形にはなっていない。その点、ジャパン・アチェ・ネット（2005）の試みは画期的である。事実、われわれも現地での調査中に、アチェの本屋で、この小冊子を無料で入手した。しかし内容的に不十分であり、さらに継続的に現地の人々や、今回被害を受けなかった地域の人々などにとって入手可能なものになるかどうかなど、現状では、いくつかの点で、ここで目指している警報リテラシー向上の基礎となる被災経験の定位にとって不十分である。

スマトラ地震津波の「被災経験の定位」のための作業

そのための、被災経験を「集合的な記憶」に変換してゆく必要がある。ここでいう「集合的」とは、日本人を含めた意味である。

そのための努力として、われわれ名古屋大学の研究チームは、被災経験の聞き取り調査とその編集作業を、シアクラ大学など現地の研究者と一緒に進め、最初に報告書として田中・高橋（2010）を刊行した。また、それに準拠してインドネシア語バージョンを出版し（Tanaka et al. 2011）、さらに日本語でも出版した（田中ほか 2012）。さらに、語りと絵画とを組み合わせることによって、津波来襲の瞬間に何がおこったのかということを再現するとともに、地震学的な解説を加えた小冊子を刊行した（Munasri and Hayashi 2011）。これらについては、再び、本書の第VI章において言及する。

（田中重好）

注
1) 日本における津波警報と避難行動との問題に関しては、田中ほか（2006）、田中・高橋（2008b）、田中ほか（2008）などを参照されたい。
2) 今回のアンケート調査では、避難行動をとったか否かについてのみ質問したもので、避難警報が聞こえたのかどうかに関する質問はしていない。それゆえ、警報が聞こえても避難しなかったのか、警報が聞こえなかったから避難しなかったのかは判断できない。

第VI章

インドネシアへの
メッセージ

　私たちは、アチェやアチェの人たちに対して、当初から、単に研究対象としての「被災地」や「被災者」という考え方は持っていなかった。
　まず、私たちは、とりわけ地元の国立大学であるシアクラ大学、あるいは、ときにインドネシアの基幹大学であるバンドン工科大学やガジャマダ大学、インドネシア科学院などとの国際共同研究という形で現地調査を行ってきた。これは、インドネシア、特にアチェでは、外国の研究者や調査団が単独で調査を行うのが難しいという事情もある。それ以上に、たとえ純粋に学術目的であったとしても、災害研究が常に地元社会とのつながりの中でしか成立しないと考えていたからである。
　私たちが最初アチェに入ったとき、シアクラ大学には地震学や地球物理学に関する講座も災害や防災に関する教育プログラムもなかった。カウンターパートを探すのに苦労したが、名古屋大学の地震学研究者が地道に築いてきた20年来の研究交流の蓄積と、名古屋地域におけるインドネシア人留学生のネットワークを辿ることができた。2005年8月には、シアクラ大学理学部と名古屋大学大学院環境学研究科との間で学術交流協定を結び、共同研究に対する制度的基盤を整えるとともに（黒田2007）、バンドン工科大学やガジャマダ大学との間では、既存の大学間の学術交流協定を拡充した。
　とはいえ、シアクラ大学における専門知識のレベルを底あげすることは急務であり、その努力を支援するために、私たちの地震学のチームは、アチェに渡

航するたびに、シアクラ大学で教員や学生に対する地震学の集中講義を行ってきた。また人文社会科学のチームは、本書でも言及した質問紙調査を実施するのにあたり、スマトラ地震に関する研究成果とともに社会調査法に関するセミナーを行った。2005 年 11 月と 2006 年 12 月には、共同研究の中間成果を議論するワークショップを、シアクラ大学にて、一般公開で行った。これらは、国際学術交流の成果が少しでも地元に還元され、アチェに災害文化が育つ土壌の蓄積を考えてのことであった（木村 2007；海津 2008；木股 2008 なども参照）。このあたりの事情については、地震学の事情にフォーカスしながら、本章の第 VI-2 節で述べる。

　2008 ～ 2011 年度においては、私たちの研究チームは、学術研究やその国際交流にとどまらず、インドネシアにおける防災体制の整備に関する国際協力に、よりフォーカスした JST-JICA 地球規模課題対応国際科学技術協力事業「インドネシアにおける地震火山の総合防災策」（代表者：佐竹健治）に参加することができた。第 V-4 節で述べたように、アチェに限らず、インドネシアにおいて災害の被災経験を書き残す文化が一般の人々のレベルでほとんど見られない。私たちのような研究者ができることは、少なくとも講習会やワークショップなどの一過性のものではなく、書かれたものによって記録を残すこと、そして、そこに科学的な知識によって解釈を加えるという、ごく当たり前な知的生産活動であろう。そうしたいわば集合的記憶の記録集を一般の人々にも読める形にすることは、人々の被災体験の定位と、フォーマル及びインフォーマルな防災体制の整備に対する一助になるのではないか。このような考えで、私たちは、そのプロジェクトの成果として、いくつかの一般向けテクストを刊行してきた（Tanaka et al. 2011；Munasri and Hayashi 2011）。本章の第 VI-1 節では、これらの試みのうち津波災害体験談の絵画化について詳細に紹介する。第 VI-3 節では、それらを踏まえつつ、脆弱性と回復力を鍵概念としながら、インドネシアの防災力の向上のために必要なことを議論する。

　災害の発生と影響はいつもローカルな場面でおこる。それに対処する災害文化の蓄積も、常にグラスルーツの試みである。津波は典型的な低頻度・大災害であり、ほとんどの人は一生に一度も体験しないかもしれない。そうだとす

れば、世界のどこかで実際におこる、あるいは過去におこった災害について、人々が時間や空間を超えて追体験する必要がある。日本の人々は、アチェの出来事から果たして学ぶことができたのであろうか（木股ほか 2006；田中ほか 2012）。実際の被災地や被災者からの目線に立ってボトムアップの研究を進めることはいうまでもないが、そうしたローカルな経験をグローバルに共有するグローバルなプラットフォームをつくり、それらを横につなぐ作業は、アチェの経験を、異なる地域的文脈の間での翻訳を通してグローバルに共有することであり、それは、おそらく私たちのような研究者にしかできないのではないか。アチェに通い始めて 8 年あまり、最近私たちが思い至った着地点のひとつである。

（高橋　誠）

2009 年 12 月に開館した津波博物館
2014 年 1 月 10 日、高橋誠撮影。

整備された PLTD アプン船と津波教育公園
2012 年 7 月 15 日、高橋誠撮影。

VI-1 津波災害体験談の収集と活用

　2004年12月26日に発生したスマトラ地震津波では、死者・行方不明者22万人以上という大災害が発生した。この犠牲者のほとんどは津波によるものであり、改めて津波災害の恐ろしさを世界中に知らしめることとなった。特に街に浸入してくる津波を記録したビデオ映像が多数残されたことは、この災害の持つインパクトを一段と高めた。これらの映像は貴重な防災教材として、世界中の防災教育の現場において活用されている。しかしビデオに残された映像は大災害のほんの一部であり、その全貌が記録されているわけではない。

　津波災害からしばらく経っても、津波に遭遇して生き延びた人がいかにして命を守ったかについての記録は、日本語ではほとんど読むことができなかった。多民族国家であるインドネシアにおいても、辺境の地であるアチェの体験談や避難プロセスの収集は進まず、全国的な共有に向けた動きもにぶかった。

　津波に遭遇した人の体験談は、市民が津波防災を考える際の基本的な知識を提供し、防災教育のきっかけとなる重要な情報である。さらに、その体験談を、幅広い世代や、言語・文化が異なる人々の間で共有するためには、文章の記録として残すだけでなく、わかりやすく伝える何らかの道具も必要になってくる。

　本節では、津波遭遇時の体験談を聞き取るとともに、その体験談を画家と協力して絵におこし、紙芝居的に体験談を提示する手法で円滑な津波避難のための防災教育を展開することを試みた。

(1) 被災体験の絵画化

　被災体験の聞き取りと絵画を使った記録手法の開発については、1944年東南海地震と1945年三河地震というふたつの地震を対象にした研究を進めてお

り、多くの成果が得られている（木村・林 2004）。このふたつの地震は第二次世界大戦中に発生したため、被害写真などの映像資料がほとんど残されていない。そのために被災体験の絵画化という手法を開発した。

　ここで作成した絵画は地域の防災教育の現場で活用されて、高い教育効果があると評価されている（木村 2013）。特に死者 X 人という数字だけでは伝わりにくい災害の実態をわかりやすく伝えることに優れており、小学生などにも理解しやすく、活用しやすいものとなっている。

　本研究ではまず、この手法をインドネシアにおいて展開することを第一の目標とした。まず、2004 年インド洋大津波で最大の被災地となったバンダアチェ市において、現地の大学の学生や教員と協力してインタビューを行い、日本で作画経験が豊富な日本人画家の藤田哲也氏が作画を試みた。つまり日本で展開していた手法を日本人研究者と日本人画家が現地に適用して、記録を収集するという段階である。

　日本国内におけるインタビューと異なり、外国におけるインタビューではその国の言葉による意思疎通が欠かせない。今回の場合、現地ではアチェ語あるいはインドネシア語が使われており、これらの言語を通じなければ被災者の生の声を聞くことはできない。本調査ではシアクラ大学理学部で地球物理学を担当する Didik 講師に通訳を依頼した。初め Didik 講師に三河地震調査で作成した絵を見せて、この調査の趣旨を説明し理解を求めた。Didik 講師は本調査の意義を理解し、彼自身が予備的なインタビューに同行し通訳をしてくれた。

　予備的なインタビューは 2006 年 11 月 23 日に行い、地震学を専門とする 2 名の日本人研究者がインタビューアーとなり調査を進めた。日本人研究者が英語で質問をし、その内容を Didik 講師がインドネシア語に訳して被災体験者に聞き、インドネシア語で回答を得た。そしてそれを英語に訳してもらい、われわれが日本語で記録した。予備調査は海岸に近いウレレ周辺で 2 件行い、車をとめてその付近の家の人に話しかけてインタビューに応じてくれる人を探した。皆、家族に犠牲者が出ているような状況であるが、この面倒なインタビューに応じてくれた。そして、地震の瞬間から津波襲来、救出、避難生活といった内容を、1 時間近くかけて詳しく聞くことができた。言葉の問題のみならず、非

常に悲しい思い出であり、被災からまだ2年間しか経っていない時期に聞くことには困難があるかもしれないと予想していたが、この予備調査によりインタビューに応じてもらえるという感触が得られた。また、実施前は、英語を介したインタビューになることから、あまり細かい内容は聞けないことを危惧していた。しかし実際に実施してみると、津波が襲い、そこから生き延びるところまでは、時刻、距離、高さといった数値的な内容が多いこともあり、十分に意味のあるデータを取得できる目処が立った。

　Didik講師にもインタビューの手応えを感じてもらえたが、彼はたいへん多忙であり長期にわたって拘束することは難しい。そこで彼の周囲にいる学生の中から英語を話せるPutriさん、Naniさん、Aboy君という3名の学生（当時、シアクラ大学理学部物理学科4年生）に通訳を依頼することになった。彼らにも三河地震の被災体験に基づいて作成した絵とインタビュー調査の概要について説明し、今回の調査意図を理解してもらった。そして引き続き、彼女たち自身の津波被災体験を聞いて、調査の要領を体得してもらった。Putriさんはバンダアチェ市中心部、Naniさんはバンダアチェ市郊外、Aboy君はウレレの海岸で地震を経験し、それぞれ津波から逃げ延びたという体験を披露してくれた。体験談には地震発生から避難開始までの足取り、避難のきっかけ、さらには津波襲来時の様子などについて非常に豊富な情報が含まれており、われわれの質問に対して、わかりやすい英語で回答してくれた。特に、それぞれの事象がおきた場所と時間を特定して話をできたことは、この後の調査を遂行する上で重要であった。

　自分自身の被災体験を語るというプロセスを経ることで、彼女たちにはわれわれが何を知りたいのかを理解してもらうことができた。そして彼女たち自身の体験談にも、報道で伝えられる津波被災体験にはない重要な情報が含まれていることもわかった。

　以後、彼女ら3人を通訳として、被災者へのインタビューを進めた。まずはシアクラ大学から近い大アチェ県ランプダヤ（Lampeudaya）の仮設住宅でインタビューを行った。ここでのインタビューは日本人研究者が英語で彼女たちに質問し、彼女たちはアチェ語でインタビュー対象者に聞くという手順を経た。

図 6.1.1　バンダアチェにおけるインタビューの様子

このインタビューでは、津波がくるのを目撃し、車で山に向かって逃げて家族全員が無事であった女性の話、家の外で「水がくる」という声がするのを聞き戸外に出て、妻と幼児を連れながらも走って逃げ切った 21 歳の男性漁師の話などが得られた。この過程で、彼女たちがインタビュー対象者を探し出し、英語でわれわれとコミュニケーションをとり、アチェ語でインタビュー対象者から情報を引き出せることが確認できた（図 6.1.1）。

(2) バンダアチェ近郊における津波被災体験談の例

　S 氏は、当時 24 歳。バンダアチェ郊外のインド洋に面した大アチェ県ロンガ郡ランプーク（Lampuuk）村に住んでいた。仕事はプサントレン（イスラム寄宿学校）の教師をしており、この寮にいるときに地震が発生した。地震の揺れは 5 分以上も揺れが継続したように感じたが、校舎建物に大きな被害はなく、揺れが収まるころには生徒・教師全員が自主的に校庭に避難した（図 6.1.2）。

　しかし地震の後に津波がおこるという知識はなく、余震が続くので広い校庭で様子を見ているだけだった。地震から 15 分くらい経ったころ、海の方からドーン、ドーンという爆破音のような音が聞こえてきた。しかし海の方向には校舎があり、またその背後には大きな木もあったので、何の音かはわからなかっ

図 6.1.2　地震直後、校庭へ避難

た。その直後、非常に速い高さ 1 〜 2 m の第一波が学校の校舎などありとあらゆるものを破壊し、それらを水の中に呑み込んで迫ってきた（図 6.1.3）。その背後には校舎よりも高い 10 m 以上の「黒い水の壁」が迫っていた。皆、立ちすくんで逃げる間もなく、津波に呑み込まれ、彼は水の中を上へ下へと激しく流され、気を失ってしまった。助かってから気が付いたことだが、津波の中に入っていた瓦礫で手や足に大きなけがも負ってしまった。

図 6.1.3　津波襲来は完全に想定外、生徒も教師も立ち尽くすのみ

図 **6.1.4** 運よく木につかまって助かった

2 km くらい流されたところで意識が戻り、運よく木につかまることができた（図 6.1.4）。10 分ほどつかまって水位が下がり流れの勢いも弱まったところで、少し高いところへ自力で移動して休んだ。その後、通りがかりの人に助けられ、臨時の救護所に運ばれた。

寄宿学校には全部で 300 名くらいの人がいたが、生き残ったのは教師 2 名、生徒 13 名の 15 名だけ。村は中心にあったモスクだけを残して、すべてが津波

図 **6.1.5** モスクの屋上を超える津波に村は呑み込まれた

しようという方針であったが、現在では、この地域に、津波前にあった集落が再建されている。この地域では、小高い丘など、スマトラ地震と同規模の津波が来襲したときに有効な避難場所はない。そのため、日本の援助によって建設された4か所の津波避難ビルを除くと、徒歩30分以内に安全に避難できる場所はほとんどない。

(3) 警報リテラシーとそれを向上させる要因

　一般に、警報が避難行動を導くためには、警報を発令・伝達する側のシステムが整備されることと同時に、警報を受け取り、実際に避難行動を迅速に行う側の防災能力が向上することが必要である。そして、ここで考えておきたいのは、警報を受け取る側の能力のうちもっとも基礎的な能力、つまり「警報リテラシー」についてである。

　警報システム導入期において、防災戦略上もっとも重要だと考えられるのは、「警報を正しく認識して、避難行動に移る」ことの基礎にある「警報リテラシー」を向上させることである。ハードな警報システムを整備しても、住民自身の警報リテラシーを育てないと、警報は住民の避難行動に結びつかない。一般に、リテラシーとは「読み書きの能力、識字。転じて、ある分野に関する知識・能力」（広辞苑）と説明される。そうだとすれば、警報リテラシーとは、自分がそのときにいる場所の状況を加味して、警報が発令されたときに、どう行動すべきかを判断する能力という意味になる。

　では、その警報リテラシーは、どのように育てられるのであろうか。その基礎にあるものこそ、人々が今回の被災経験をどう定位するかである。警報リテラシーと被災経験の定位という両者の関連性に関して、現時点では、十分な検討資料を持ってはいない。そのため、このふたつの概念の間に密接な関連がある、あるいは、被災経験の定位の基礎の上に警報リテラシーが成立するというのは、現在のところ仮説にすぎない。

　では、被災経験を定位するとは、いかなる意味であろうか。被災経験の個人やコミュニティに対する効果について、広瀬（1984：116）は、「被災経験は個人やコミュニティに新たなる災害への耐性、あるいは免疫性をもたらす」と説

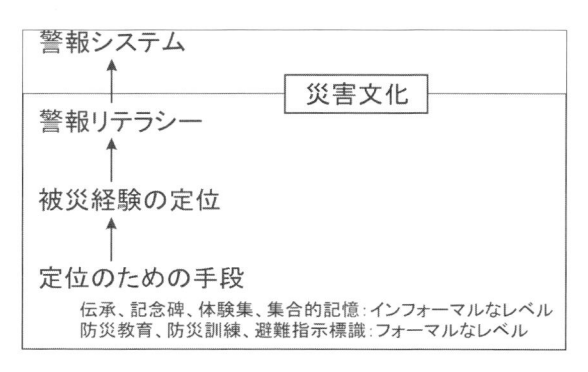

```
┌─────────────────────────────────────────────┐
│  警報システム                               │
│    ↑          ┌──────────┐                  │
│               │ 災害文化 │                  │
│  警報リテラシー└──────────┘                 │
│    ↑                                        │
│  被災経験の定位                             │
│    ↑                                        │
│  定位のための手段                           │
│    伝承、記念碑、体験集、集合的記憶：インフォーマルなレベル │
│    防災教育、防災訓練、避難指示標識：フォーマルなレベル    │
└─────────────────────────────────────────────┘
```

図 5.4.2　警報システムを有効にする警報リテラシー

明している。別の言い方をすれば、被災経験をとおして、その地域の人々の間に、災害文化を育ててゆく。そして、その災害文化は「個人や組織の災害経験を定位し、防災、減災のための心的対応と適切な行動の生起をはかり、組織の機能維持と適応能力の向上を可能にする」(広瀬 1984：119)。

　以上の議論を図式化すると、図 5.4.2 のようになる。

日本とインドネシアの「被災経験の定位」を支えるもの

　日本の社会は、実に多くの被災経験を記録してきた。そのことが、現在の災害文化を支えている。歴史的にみれば、こうした記録は日本では近世期に急増する。「災害記録は、近世後期、とくに 18 世紀ごろ以降がぜん増える。……信頼すべき地震記録として有名な……推古 7 年 (599) の地震から江戸時代の終わり (1868 年) までの有感地震記録は 4 万 5061 件、このうち 13 世紀までの総計は 1908 件 (0.4％)、続いて 17 世紀までは 3014 件 (0.7％)、江戸時代に属する残りの記録は 4 万 139 件 (89％) である」(北原 2006：161)。このように、日本では、近世期以降、「災害を記録する文化」が確立する。

　このことを伊勢地方の津波災害を例にみておこう。津波災害の記録としてもっともよく見られるのは、寺社などに見られる記念碑や石碑である。それらは、単に津波災害の記録という意味を持つだけではなく、津波犠牲者への「鎮

に流されてしまった（図 6.1.5）。津波前には約 7,000 人の人が村で暮らしていたが、津波後は 700 人になってしまった。このうち 400 人は津波のときに村の外にいて助かった人で、村にいて生き残れた人は 300 人しかいない。S 氏の家も、津波前は両親と姉 1 人、兄 1 人、妹 1 人、弟 1 人、自分の 7 人家族だったが、生き残ったのは S 氏と兄の 2 人だけ。家族の遺体は見つかっていない。

(3) 2010 年ムンタワイ地震津波調査－調査手法の移転をめざして

　日本人研究者と日本人画家による記録体制では、頻発するインドネシアの災害を記録し続けることは難しい。また、現地における防災教育の展開もあまり多くは望めない。この手法をインドネシアで継続していくのであれば、インドネシア人の研究者と画家によって、同じような記録ができる体制にしていかねばならない。そこで絵画作成を伴うインタビューの技術移転を視野に入れて、2010 年ムンタワイ地震津波の合同調査を行った。

　この地震は、2010 年 10 月 25 日の現地時間午後 9 時 30 分頃に発生した。地震規模は M7.8 と巨大とはいえない大きさであるが、特別な性質を持った地震である（Lay et al. 2011）。地震の揺れはあまり大きくない（最大でも日本の震度で 3 程度）のに、大きな津波が発生するものであった。このようなタイプの地震は「津波地震」とか「ヌルヌル地震」と呼ばれ、日本近海においても 1896 年明治三陸津波や 1605 年慶長東海地震など、いくつかの発生例が知られている。津波避難のきっかけとなる「強い揺れ」がないばかりでなく、地震波形解析に基づく「津波警報」も精度の高い情報取得は難しく、防災対応が非常に困難な地震である。さらに、このムンタワイ諸島の地震が発生したのは夜間である。津波に襲われた村々には電力設備がなく発電機による自家発電に頼っている地域であるため、「目視」による海況の異常を検知することも難しい。

　このような特徴を持つ津波地震は、将来日本で発生する可能性がある。この地震・津波における避難事例を記録しておくことは、日本の津波防災力を高めるためにも重要である。調査は地震から 4 か月あまりが経過した 2011 年 2 月に、日本人研究者 2 名、インドネシア人研究者 2 名、インドネシア人画家 1 名の体制で実施した（図 6.1.6）。

図 6.1.6　ムンタワイ諸島における聞き取り調査の様子

（4）ムンタワイ諸島における津波被災体験談の例

　Mさん（女性43歳）は、南パガイ（Pagai）島のプロロガット（Purorogat）集落に住み、椰子果肉とバチョリという香料を扱う農業に従事していた。地震がおきたとき、Mさんは、近所の人たちと一緒に地元で建築資材の店を経営する人の家でテレビを見ていた。これは、普段と変わらない、日常的なことだったという。以下、Mさんの証言である。

　　テレビを見ながら、自分も、ほかの人も、地震の揺れを感じました。地震の揺れは強くなかったものの、ゆっくりと長く揺れたと感じていました（図6.1.7）。そのとき、壁の時計は夜9時半を指していました。
　　時間も遅くなったので、テレビを消し、発電機も止めることにしました。それで、ほかの人たちと一緒にそれぞれの家に帰ることにしました。
　　家では、何も変わったことを感じませんでした。海岸にもっと近い家の発電機の音が聞こえていました。そのすぐ後です。姪がやってきて、何かおきるんじゃないかと不安を訴えました。そのとき「パタ……パタ……パタ……」という音が海の方から聞こえ、お互いに、あれは何の音かと尋ねました（図6.1.8）。
　　そのとき、「もしかしたら津波じゃない？！逃げましょう！」と、姪に声をかけました。そして、姪と一緒に集落の北にあるムンタイ（Muntai）

図 6.1.7　ゆっくりとした地震のゆれがおきたが、
それほど気にしなった

集落の方に向かって走りました。避難場所に指定されている高台があったのですが、そちらに行くには藪の中を通るので、時間がかかると考えました。そちらを選ばずに別の方へ向かって走りました。

避難しながら、2004年のアチェ津波を思い出しました。あの後、地震

図 6.1.8　海の方から聞こえる奇妙な音で津波の
危険を察知して避難を開始した

がおきたら高い場所に逃げる用意をしなければならないと聞いていたので、それを思い出したのです。2007年におきた大きな地震のときには、高い場所へ避難しました。ただ、この地震では揺れは激しかったけれど、津波はありませんでした。でも、これを機会に、このときに避難した高い場所が、地域の避難所になりました。

避難に使った道は修理されたばかりで、コンクリートで舗装されていて、素早く走ることができました。地震の揺れがゆっくりしていたので、壊れている場所がなかったのも、よかったかもしれません。無事に、津波から逃げ切ることができました。

その2日後に、自宅の様子を見るためにプロロガット集落に戻ってみました。すべての建物、家は消えていました。そして、多くの犠牲者が出たこともわかりました。高台を目指した人たちの多くは、逃げ切れなかったのです。

今でも不思議に思います。2007年の地震は強い揺れだったけど、津波はなかった。しかし、2010年の地震は、揺れは強くなかったけれど、津波はおこったのよね。

まとめ

これらの絵画や体験談を使って、効果的な災害教訓の伝承による防災教育プログラムの開発にも着手した。2012年2月に、津波災害の危険性があるジャワ島南岸の西ジャワ州チラチャップ（Ciracap）市ウジュンゲンテン（Ujung Genteng）にて、地域一体のワークショップを開催した（図6.1.9）。このワークショップでは、典型的な巨大地震である2004年スマトラ地震、2011年東日本大震災の例とともに、2010年ムンタワイ地震の事例も紹介し、地震・津波の多様性と、その備えについての話題を提供した。収集した津波被災体験を津波遭遇条件などの観点から整理して、実践的な津波避難教材の作成を引き続き進めている。

津波災害を軽減する一番確実な対策は、津波の影響を受ける低地には居住しないことである。だが日々の生業との関係もあって、「高地移転」は必ずしも

図 6.1.9　ウジュンゲンテンで行われたワークショップ

容易に受け入れられるものではない。そうすると、津波の危険性があるときには、危害がおよばない高所へできる限り早く避難することが必要となる。これには避難という能動的なアクションが伴うため、避難場所の事前の整備とともに、避難についての防災教育がきわめて重要な位置を占めることになる。

　インドネシアでは、近年、急速な経済成長が続いており国民一人あたりのGDPは1960年前後の日本と匹敵する状態になってきた。日本において「防災」が国家的課題として取りあげられるようになったのは1959年の伊勢湾台風が最初であり、それ以前は多くの災害が続発しても当座しのぎの対応に終始していた。伊勢湾台風を契機に1960年に災害対策基本法が制定され、計画的かつ継続的な防災対策が進められるようになった。

　防災への投資や国民的意識の高まりは、ある程度の経済的余裕がなければ難しい。現在のインドネシアは、まさに、そのような経済状態にある。2004年インド洋大津波が、日本における伊勢湾台風のような役割を果たすことになると予想される。

　ここで重要なのは、日本が進めてきた防災対策は必ずしも成功事例ばかりでなく、反省・改善すべき点があったことである。日本では防潮堤といったハー

ドウェア整備の先行で防災対策を進めてきた。1968年十勝沖地震の津波災害などでは被害を完全に防ぐことができ、大きな防災効果があった。だが、地震や津波の発生メカニズムは、完全には解明されていない。地震と津波の災害では、おきる前にすべてを予想して対策を済ませ、「完全に」被害をなくすことは難しい。頑丈な防潮堤などの整備促進と、それが被害を防いできた実績の積み重ねは、予想を超える大津波となった東日本大震災においてはマイナスに働いた面がある。ハードウェアの整備に偏ることなく、それでは防ぎ切れない巨大災害があることを忘れないことが重要である。そして自らの判断で避難する訓練の積み重ねが必要である。

　このような日本の反省も踏まえて、インドネシアでは防災教育も併用した防災対策を推進して、真に災害に強い国になることを期待する。その過程で得られる様々なノウハウは国際的展開が可能であり、世界の国々の防災対策にも活かすことができる。日本やインドネシアに限らず、多くの国の災害教訓を並行して学ぶことができれば、短い時間で多くの経験を蓄積できる可能性がある。防災分野における国際協力は、相互学習の視点で進めていくことができると考えている。

（林　能成）

VI-2 途上国における地震津波防災と学術交流

　私たちの地震学のチームは、世紀に数回という超巨大地震に遭遇した研究者として、巨大地震発生に関するデータを可能な限り残すことが使命のひとつと考え、足かけ9年、バンダアチェ、さらにはアチェ州山中のガヨ地方まで訪れてきた。私たちは、最大の被災地となったバンダアチェが、巨大地震発生に関する情報発信地の役割を果たすべきだと考えている。その意味で、私たちは、地震発生直後の調査観測から、インドネシアの研究者と常に共同で調査を行ってきた。被災地バンダアチェの中心大学、シアクラ大学の研究者や学生との交流を追求し、調査でバンダアチェを訪れるたびに、限られた時間のもとで講義を行った。これは、私たちの取り組む地震学が常に災害という形で社会と関わる以上、災害軽減も忘れてならない課題と考えるからだ。

　しかし、発展途上国では、地震学といった学問分野は、国や個人の財力に必ずしも資するものではなく、国や社会からけっして重視されていない。シアクラ大学の首脳陣と最初に会合を持ったとき、「大学に地震津波研究の情報発信地を」と私たちは訴えた。シアクラ大学からは地震学研究では食っていけないから漁業の復活などのプロジェクトを重視したいという返事しかなかった。

　その後、名古屋大学ではシアクラ大学と部局間協定を結び、大学間交流が始まり、留学生も迎えることになった。また各種の基金を利用し、シアクラ大学から研究者だけでなく学生も含めて招聘し、ワークショップや津波被災地での交流を行った。いっぽう、シアクラ大学にも津波減災研究センター（Tsunami and Disaster Mitigation Research Center：TDMRC）が開設された。

　ここでは、地震学に焦点を置いて、この間における国際交流の経緯と成果、そして課題について考えてみる。

(1) バンダアチェを巨大地震調査研究の情報発信地に
アチェにはシアクラ大学からの留学生が案内

　私が最初に指導した留学生は、インドネシアのバンドン工科大学からきた若手講師、Meilano Irwanだった。彼は積極性に富み、インドネシアの話題をいつも私に提供していた。彼は、2000年三宅島火山噴火におけるGPS観測データから、マグマの貫入過程をアニメーションで表現して、まさにマグマの上昇過程を時々刻々と推定するなど、研究成果も着実にあげていた。

　その彼が、2004年12月27日に私の部屋に飛び込んできた。スマトラ島のアチェで大きな被害となる巨大地震が発生したのでGPS観測を実施し、地震の破壊過程を明らかにしたいという提案だった。たしかに巨大地震である。しかし、私は1988年のGPS観測で抱いた印象、アチェは内紛で外国人の立入が禁止されていたことを思い出した。彼も、アチェは訪問した経験がない。幸い、豊橋技術科学大学で化学工学を学ぶアチェ出身の留学生、Farid Mulana氏が、彼と同期の留学生だった。さっそく、その留学生から情報を集め始めた。

　渡航費のめどは全くなかった。しかし、環境学研究科附属地震火山研究センター長（当時）の安藤雅孝が研究科執行部に相談し、文理連携の調査チームならば費用をサポートするという情報を得てきた。そして、文系部門の研究者からも参加者が見つかり、2005年2月上旬、私たちはバンダアチェに入った。津波被災から1か月ほどしか経過していなかった。

シアクラ大学理学部物理学教室地球物理学研究室

　バンダアチェ市内では、行方不明者の捜索がまだ続いていた。当然ながらホテルなど宿泊施設は確保できない。Farid氏の自宅に世話になった。さっそく、彼が根回しし、地元のシアクラ大学理学部と今後の調査について意見を交わすことになった。シアクラ大学は膝までの津波洪水に襲われたが、テントの並ぶ避難所になっていた。

　シアクラ大学理学部には物理学講座があり、その中に地球物理学研究室が開かれていた（現在は独立して講座）。地震学分野はなく、もっとも近い分野として、飲料水用の地下水の物理探査を課題とする研究者がいた。人文社会系に

については、カウンターパートとなる研究者を見つけられなかった。

　まずは、今回の地震が世界規模でみても世紀に数回という超巨大地震であり、超巨大地震がいかに発生し、次の巨大地震の発生準備過程にどう移行するか、それが議論できるデータをきちんと捉えることが大切なこと、そして、このバンダアチェからそのような情報発信をしたいとシアクラ大学の研究者に訴えた。そして、被害調査などからシアクラ大学との共同研究を始めた。同時に、アチェでGPS観測ができるかどうかも調査した。

　1日の調査を終えた後、調査団のメンバー間で、毎日の調査内容について、理系や文系の枠を超え、ときにシアクラ大学の研究者も加わって議論することが日課になった。こうして、文理連携と国際協力の基盤が形成されていった。その中で、徐々に、被災時のアチェの状況も明らかになっていった。例えば、人々は、地震を感じて戸外に避難しても、津波襲来を連想することがないまま津波に呑み込まれていた。

　私たちの地震学のチームは、翌3月にもアチェを訪れた。このときは、シアクラ大学の研究者や学生の案内のもとで、バンドン工科大学（ITB）やインドネシア技術評価応用庁（BPPT）の研究者とともに、津波に洗われ寸断された道路に苦戦しながら、南部沿岸のムラボや内陸部のタケゴンまで既存の三角点を探し出し、GPS観測を行った[1]。フィリピンから日本にきていた研究員もアチェに同行するなど、インドネシアだけにとどまらず、より広い国際交流になっていった。また、調査や観測のためにアチェに渡航するたびに、シアクラ大学地学部地球物理学研究室の学生を対象に、集中講義の機会を設けるようにした。よく考えれば、地球物理学研究室の学生といえども、地震や津波の講義はこれまでに受けていなかった[2]。

(2) 部局間協定と留学生受入などの学生交流

　アチェの津波被災から1年も経たない2005年8月、津波災害と巨大地震の発生過程という研究課題を国際共同研究として進展させるために、名古屋大学大学院環境学研究科は、シアクラ大学理学部と部局間協定をバンダアチェで締結した。この協定により、研究者のみならず、学生も含めた学術交流がよりス

ムースに展開できるようになった。そして、単に個々の研究者の滞在でなく、インドネシアを中心とする複数国との交流、しかも学生など若手研究者に重点をおいた交流に特徴が現れている。

　まず 2005 年 9 月には、日本学術振興会の支援のもとで、アジア学術セミナー「プレート沈み込み域における巨大地震」を名古屋大学で開催した。外国から講師 7 名、学生 23 名が参加したが、インドネシアからの参加者がもっとも多かった。そして、『稲むらの火』の現地、和歌山県広川町や、地域に根づいた津波防災を推進する三重県大紀町錦地区などを訪れた。

　2006 年からは、JICA 研修コース「地震津波火山観測システムの運用・管理」が始まった。アジアなどの地震災害国から毎年 6 〜 7 名を招き、自国での地震災害や火山噴火災害の取り組みをいかに前進させるかを、講義や見学から学ぶことが主旨である。研修生は 8 年目の今年までに 50 名ほど、インドネシアからは毎年参加している。研修生が 6 〜 7 か国から参加することもあり、半年間の研修中に、ささやかながらも研修生の間で国際性が養われていることは予想外の成果だった。

　2007 年には、名古屋大学全学同窓会支援事業として「2004 年アチェ地震津波と 2006 年中部ジャワ地震における学生ボランティア活動の交流」、翌 2008 年には、ユネスコ青年交流信託基金事業「津波被災文化の継承による津波防災意識の向上」をそれぞれ実施した。前者はインドネシアのみ、後者はインドネシアとフィリピンから学生と引率者を招き、上述した JICA 研修プログラムと一緒に津波に関する集中講義を行ったり、紀伊半島の津波被災地を訪れたりして、日本に残る津波災害文化に触れた。もっとも、「学生よりも私たちを招聘しろ」という教員の意見に、発展途上国の寂しさを感じた。

　2008 年 3 月、それぞれの目的で名古屋大学を訪問していたインドネシア、フィリピン、マレーシア、台湾の研究者と、これらの国からの在日留学生を名古屋に招き、JICA 研修生も含めて「東南アジアのジオダイナミクス」と称するワークショップを開いた。議論を通して、アジアからも興味ある観測事実が世界に発信できる状況が切り開かれつつあることを体感した。

　2010 年から 3 年間、日本学術振興会の二国間交流事業が採択され、シアク

ラ大学を中心とするインドネシアの若手研究者との交流が強化された。その一環として、インドネシアのバンダアチェ（2011 年）とバンドン（2012 年）とで、スマトラ断層やプレート沈み込み帯のジオダイナミクスをテーマに、少人数ながらもじっくりと議論できるワークショップを開催した。このワークショップにも、日本とインドネシアに限ることなく、フィリピンやベトナムの研究者も招き、それぞれの国における研究の成果について議論した。

　2011 年には、若手研究者招聘事業「アジアにおける激甚地震津波災害の多国間文理連携研究基盤の形成」として、インドネシア、マレーシア、ベトナムの若手研究者と大学院生の計 20 名と JICA 研修生 7 名が、東日本太平洋沖地震からまだ半年の東北地方の被災地を訪れた。ここでは、防災には、自然科学のみならず社会科学との連携がきわめて重要なことを学んだ。

　これらの活動を通して私たちが学んだことは、国際交流は、けっして二国間で閉じるのではなく、多国間として、相互に国際性を養うことが大切だということである。その国際性は、自国での成果の押しつけであってはならない。それぞれの国々の状況を、相互に理解した上での協力が求められている。

　ところで、シアクラ大学との交流は他の学部等とのものへと拡大し、部局間協定では分野が狭すぎて不十分な状況になってきた。そこで、名古屋大学国際交流担当に、既存の部局間協定の大学間協定への拡充を申し出た。名古屋大学は国際社会に貢献する「勇気ある知識人」の養成をスローガンにしており、交流実績からも大学間協定にしても問題ないと考えた。しかし、国際交流担当からの返事は意外だった。名古屋大学とシアクラ大学とはレベルが違いすぎ、大学間協定は名古屋大学にとって何のメリットもないとのことだった。部局間協定については、どうぞお好きに、というのが当時の名古屋大学当局の見解だった。こうした対応には、怒りというよりも、むしろ頭を抱えてしまった。

　たしかに、シアクラ大学は、日本の ODA によって建てられた中央図書館に満足な学術書もなく、日本の感覚でいえば、高校の延長のような実験施設しかなかった。しかし、このような大学との全学協定は無意味だという大学当局の考え方は、明らかに間違っている。そこには、日本の大学が常に教える側で、レベルが違う途上国の大学からは学ぶものはないという、現在の日本における

国際防災協力が抱える最大の問題点と共通する考え方があり、学術交流を通して相互に学び合うという観点が完全に欠落している。

　激甚災害を被った地域で、大学が、教職員や学生といった重要なメンバーを失った後、地域社会とともにいかに再建され、それのみならず、地域再建に対し大学としての役割をどのように果たしていけるか。そして、そこに、名古屋大学が外国の大学としていかに貢献できるか。このような問いは、次に南海トラフで発生が予測される巨大地震に対して、名古屋大学がいかに対応するかを考察する上できわめて貴重な経験になるはずだ。このようなエピソードから私たちが感じることは、この大学の国際交流の担当者が、おそらく、グローバル貢献を果たすべき大学人としての気概ばかりか、国際交流をめぐる基本的な理解も持ち合わせていないということである。

（3） 発展途上国における地震津波防災
地震災害に全く関心を示さないインドネシアの地震学者

　インドネシアには、数少ないものの地震学者がいて、例えばバンドン工科大学には地震学講座も存在する。しかし、アチェで一度もインドネシアの地震学者に遭遇することはなかった。バンドン工科大学でスマトラ地震に関する情報交換のワークショップを開いても、地震学者は顔を見せなかった。

　スマトラ地震から2年後、2006年5月27日、ジャワ島中部のジョグジャカルタ近郊でM6.4の地震が発生し、6千人を超える犠牲者を出した。このときも私たちは現地に出向き、バンドン工科大学の研究者と日本から持ち込んだ地震計で余震観測を行った（安藤ほか 2007）。余震分布から、この地震がひとつの既存の活断層で発生したことが明らかになった。このときもバンドン工科大学から参加したのは測地学の研究者で、地震学講座のメンバーではなかった。バンドン工科大学は現地でボランティア活動を行っていたが、その引率者は地質学の研究者だった。

　日本で地震学は地震災害とともに育ってきた。1891年濃尾地震、1923年関東地震などが日本の地震学の発展に与えた影響は大きい。なぜ、インドネシアの地震学者は地震災害に無関心でいられるのであろうか。その回答の一部を、

シアクラ大学の研究者から聞くことができた。

地震学では食っていけない

　シアクラ大学で今後の国際協力について意見を交わす機会があった。私たちは、世紀の超巨大地震と大災害ゆえに、バンダアチェに超巨大地震の研究拠点となるような組織をぜひ創設してほしいと訴えた。少なくとも基礎的なデータをきちんと残せるような組織が必要だと説いた。

　それに対して、シアクラ大学の幹部からの発言は、「地震学では研究者は食べていけません」という意外なものだった。

　バンドン工科大学の地震学者が被災地に出かけて余震観測すらしないのも、それと同様な背景がある。インドネシアの地震学者にとってもっとも重要なことは、石油探査につながる地震学である。それが地震学の最大の社会貢献と考えている様子だ。地震に襲われる他の東南アジア諸国でも、似たような状況にある。例えばフィリピンでは、火山地震調査所はありながらも、国内の大学には地震学講座はひとつもない。その調査所では、入所後に外国で地震学を学ぶという。

　2004年スマトラ地震のように、発展途上国で地震や津波の災害が生じると、日本も災害援助の支援に加わる。しかし、そうした国で災害に備える基礎となるような人材の育成、しかも自国内での自律的教育への支援については、大学に建物を寄付することはあっても、現実的にはほとんどなされていない。

基礎データがないのに地域の地震被災危険度地図の意味

　たしかに、2004年スマトラ地震や2006年中部ジャワ地震の現地調査を通して、私たちとインドネシアの研究者の間での共同研究は進んだ。しかし、少しばかり気になる傾向も現れている。

　というのは、インドネシアでは、例えば地震の震源地や規模といった基礎的なデータの蓄積が不十分なのに、日本で行っている研究手法をただ単に適用する傾向が見られるようになっている[3]。このような研究の一例として、インドネシアにおける地震危険度分布地図作成がある。こうした地震危険度を推定できる背景には、もちろん現時点の認識内という限界は残るが、海溝や活断層で

の地震発生の頻度やメカニズムの研究成果が存在するからこそ可能となる。しかしインドネシアでは、海溝でも内陸の活断層でも地震発生の頻度やメカニズムに関する研究は、観測網が不十分だったことから皆無に等しい。それにもかかわらず、危険度が地図として表現されている。そのような危険度評価の前に、歴史地震の調査など、行われるべき研究課題は多い。

またインドネシアでもフィリピンでも、日本の気象庁が開発した緊急地震速報の技術移転が期待されている。日本政府も、ODA事業として、このような防災技術を「開発援助」しようとしている。しかし、地震学の研究者を育てる環境がないところで、このシステムを支えられることができるだろうか。

社会人を優先したインドネシアの国内留学制度

アジアの地震被災国でも地震学がなかなか育たないことを指摘した。しかし、そのような環境のもとでも、私たちが注目する動きもおきている。

シアクラ大学では、スマトラ地震以降、津波減災研究センターが創設され、津波で被災したムラクサ病院の津波記念公園の一角に研究センターが建設された。4階建ての建物で、屋上は地域の津波避難所として利用される。いわゆる津波タワーである。また、その研究センターの主導によって、減災に関する大学院プログラムが2011年に開設され（The Jakarta Post：2011年4月13日）、主として自治体の職員が社会人学生として入学している。

バンドン工科大学にも、オーストラリアの援助で地震津波防災コースが創設された。そこでは、自治体や、いわゆる日本でいう気象庁職員や高校教員などが社会人学生として学んでいる。機会があり、私も彼らの研究成果を聞いた。学生はパプアの気象台職員とバンドンの高校教師だったが、二人とも目的意識が強かった。過去に大学に在籍しても適当な教師がいなかったなどの理由で勉強できなかった社会人にとって、再教育として大学が有効な役目を果たしていると痛感した[4]。

(4) 地震学における植民地主義的潮流

2004年スマトラ地震に関しては、日本のほかにも多くの国々によって、地

震後に国際援助や国際協力が始められた。地震学の分野でも、日本、ドイツ、オーストラリア、中国などによって、インドネシアにおける地震観測網構築の支援が行われた。またインドは、地震発生直後にインド洋津波監視センターの設立を謳い、国際会議でプロモーションビデオによる大宣伝を行った。しかし、津波警戒システムからドイツは撤退し、インド洋津波監視センターも実際には運用されていない。国際支援という名目によって、国力の大宣伝が災害を利用して行われたにすぎない。

　もうひとつ注意したいのは、観測網構築の取り組みにも、植民地主義的な振る舞いが至る所で目立つことである。例えば、ドイツは、スマトラ島とジャワ島との間、スンダ海峡に浮かぶクラカトア（Krakatoa）火山で地震やGPSの観測を行っているが、その観測データは衛星通信でドイツに直接送られ、インドネシアではデータすら目に触れることができないという。また、2004年スマトラ地震後に、アチェのインド洋沿岸に設置されたGPS観測点も衛星通信でシンガポールとアメリカに送られ、インドネシアでは一切利用できない。私たちが国際共同研究を進める上で、少なくとも地震学においても、その地域の人々の生活を忘れてはならず、研究成果のみを追求する姿勢は許されるべきではない。

（木股文昭）

注
1) このときは、ホテルのある町まで辿り着けず、被災者の仮設住宅に世話になったり、インドネシア国軍に銃を突きつけられたりするなど、いくつかのハプニングもあった。
2) 2012年11月にも、初期のGPS観測に当時名古屋大学大学院生として参加していた太田雄策（現在東北大学）が、東日本太平洋沖地震の発生過程について講義を行った。
3) もっとも日本においても、政府による南海トラフで発生する巨大地震の災害予測など、襲われる地域にいかなる社会の脆弱性が存在するかを検討せず、ただ単に地震の予測規模だけを巨大に想定することが一世を風靡している。
4) この点では、日本は、公務員の位置づけが微妙に異なることもあり、明らかに遅れている。例えば、気象庁は、大学から火山の研究者が消える中で、日本国内において火山に関するもっとも多くのスタッフを抱えている。しかし、日本の火山活動を監視するために、気象庁職員をいかに再教育するかについては、少なくとも政府の施策としては全く検討されていない。

VI-3 インドネシアの防災力の向上のために

　これまでのインドネシアでの災害調査を通して考えてきた、今後のインドネシアにおける防災力の向上の方向性について考えてみたい。アチェでみてきたものは、インドネシア社会の災害に対する脆弱性（vulnerability）の高さであり、一旦災害に見舞われた後の回復力（resilience）の低さである。

(1) 脆弱性の高さと回復力の低さ

　第一の、災害への脆弱性の高さについて考えてみよう。脆弱性の高さは津波による犠牲者の莫大さに現われている。

　アチェでは、津波に対して全く無防備であった。具体的には、海岸部に防潮堤がなかったし、津波警報システムもなかった。こうした防災のためのハード施設の未整備という以前に、人々には津波についての基本的な知識がなく、大地震の後には津波が来襲する危険性が大きいという認識すらなかった。100年以前におこった地震による津波災害の記憶は伝承されることなくほとんど消えており、さらに、本来はそれを補うべき、科学的な災害に関する知識も定着していなかった。

　津波による引き波を観察して海岸近くに取り残された魚を捕りに海に行く人が見られ、多くの人は津波が最初ゆっくり陸上に押し寄せてきたときにもそれを津波とは思わず、ただ「水があがった」としか認識していなかった。そのため津波来襲より前に避難していた人はほとんどなく、地震後に押し寄せた10m近い（「ヤシの木よりも高い津波」と現地の人々はたびたびいう）津波に対して、それを実際に見てから避難を始めた人が多かった。この結果、海岸部では80％以上の死亡率を記録した。

このように津波に対する無防備さが、生命の危機に直結してしまった。ここからわかるように、津波災害に対してインドネシア社会は非常に脆弱であった。

第二に、災害からの回復力についても低い水準にあった。

われわれはアチェで復興過程を調査するために毎年、定点観測調査を行ってきた。アチェに通っていて感じていたのは、回復の遅さであった。もし日本でこうした大災害がおきても、もっと素早く回復するだろうと考えていた。

東日本大震災の復興過程と比べてみよう。全体的には、アチェも三陸地方も同じように復興が遅い。ただし、回復が遅い理由は、インドネシアと日本とでは全く異なっている。日本は「千年に一度」といわれる津波に対しても「安全な」街をつくろうとして、そのために復興が遅れている。インドネシアでは、現地復興であり、ライフラインや堤防建設も基本的には新規のものはないにもかかわらず、その復興が遅れていた。

なぜアチェではかくも回復が遅いのか、回復力が乏しいのか。その現地の抱える条件に注目すると、住民個人個人の貧しさ（自立的な回復力の低さ）と、地方行政の行政能力の低さと、長期間続いてきたアチェ紛争、トップダウン型の復興手法の欠陥などが、その原因としてあげられる。

被災地、あるいは被災地を取り巻く現地（アチェ州や北スマトラ地域）以外からの支援はどうだろう。では、被災地の自律的な回復力の低さを、国内の支援、国際的な支援が補えなかったのであろうか。インドネシア国内では、中央政府直轄でBRRがバンダアチェに設置され、政府の復興資金や海外からインドネシア政府への支援資金を活用して、復興が進められてきた。

国際的な支援も、これまでの世界の災害史上ないほどの潤沢な支援金が寄せられた。スマトラ地震津波そのものの規模が巨大であったことだけではなく、それが発生直後から全世界に映像を通して伝えられたこと、さらに、欧米諸国の人々がクリスマス休暇中でリゾート地（タイのプーケットなど）に滞在中に多数犠牲になったことにより、災害そのものも一挙にグローバルな関心の的となった。そのため、全世界から、これまでにはない規模の海外からの援助がよせられた。それは、政府間の援助だけではなく、国際NGOを中心とした非政府的な援助であった。このように「グローバル化した」スマトラ地震に対して

国内外から支援が行われ、潤沢な復興の原資が提供されていた。

バンダアチェを中心に海外の政府・非政府援助機関が多数駐在し、潤沢な復興のための資源があったにもかかわらず、いったいなぜ回復は遅々としていたのであろうか。その根本的な原因は、先にあげた被災地での条件に加えて、行政全体の非効率性であり、援助団体間相互の調整メカニズムの欠如であった。

こうした災害への脆弱性の高さ、災害からの回復力の低さは、残念ながら、発展途上国に共通した特徴である。

(2) 脆弱性と回復力との組み合わせ

では、今後、インドネシアのような発展途上国の防災をどう整備していったらいいのだろうか。

以上のことからわかるように、発展途上国の防災の現状は、脆弱性が高く回復力が低い状態にある。理想的に考えれば、今後、脆弱性を低下させ回復力を向上させることにより、防災力を高めることが必要である。

しかし、現実的に（実現可能性として）、発展途上国において短期間のうちにそうした状態を実現することはできるであろうか。Wisnerほか(2004)がいう、社会的脆弱性を決定する根本的原因ともいえる諸要因（例えば、貧困）を短期間のうちに除去することはできない。ここからもわかるように、そうした理想的状況を短期間のうちに実現することは不可能である。

こうしたことが短期間のうちには実現できないことを認めるとすれば、では、発展途上国の防災力を向上させるためには、まず何から始めるべきなのであろうか。どういう方向に脆弱性と回復力を変えてゆくべきなのであろうか。

脆弱性を一気に低下させることは難しい。特に国家の財政的な理由により、短期間のうちに莫大な費用を投下して、防災のハード施設を整備することは不可能である。そのため、明日発生するかもしれない大災害に対しては、ソフトな対策を急いで拡充することが必要となる。ソフト対策は、ハード対策と異なり防災対策効果は限られている。しかし、「命を守る」、「災害で死者を出さないようにする」目的でのソフト対策は可能である。

では、回復力についてはどうすべきであろうか。どの社会でも破局的な変化

（災害、疫病、経済的な変化など）に対して、何らかの伝統的な社会維持装置を備えている。もちろん、その回復力は、現代の水準からみると十分な力を備えていないかもしれない。しかし、長い歴史的な時間の中で、その社会が持続してきたことは、そのような力が備わっていたことの証左である。そうした伝統的な回復力の仕組みを活用することが必要である。現代の社会科学者は、それぞれの社会が「暗黙のうちに」有してきた社会維持メカニズムを明らかにしなければならない。その存在を無視して、近代的な防災対策を導入しようとすることは、木に竹を継ぐようなものになりかねない。

　その社会に伝統的に備わっている内的な回復力を最大限生かしながら、同時に、「コミュニティの外からの」（国家行政から、あるいは、国際支援として）回復力を活用することである。しかし、コミュニティ外からの回復力を活用することが、コミュニティ自身の内的回復力を殺ぐようなことがあってはならない。逆に、外的な回復力がコミュニティ内の回復力を増大させる作用を果たすことが求められる。

　以上の点を踏まえると、発展途上国の防災対策の目指すべき方向は、ソフト対策を中心として脆弱性の低減であり、しかも、一旦災害の被害があっても、短期間のうちに立ち直ることを可能にする、内的な回復力を維持・強化することであるといえよう。

　災害対応能力の向上は、単に脆弱性を克服するだけを目指して進められるものではない。脆弱性を克服する社会的努力と回復力を高めるための努力の総和、さらに、そのふたつの分野へ投下する努力量の最適な（それぞれの社会にとって最適な）組み合わせを考えることこそ、災害対応力の向上にとっては重要なのである。その点では、建物や堤防は壊れやすいかもしれないが「人が死なない」ための防災対策を行い、被災後の回復力が高い社会を目指すことが、インドネシア社会にとっては「より現実的な」（実行可能な）選択である。

(3) 発展途上国の近代化と防災力

　発展途上国で進行する近代化は、その社会の防災力に対していかなる意味をも持っているのであろうか。一見すると、近代化は社会の「発展」、「豊かさの

実現」を通して、防災力の強化につながっているように見えるが、本当にそうであろうか。

たしかに、そうした面があるいっぽうで、表面的に強靭化が進んでいるように見えるが、実際にはむしろ災害に対して脆弱となっている局面、さらに、社会の格差の拡大によって、大都市のスクオッターの拡大に象徴されるように、災害に対して脆弱な地域や階層の拡大が進行してゆく局面が、近代化の副産物として生み出されている。また、ベック（1998）が指摘するように、社会が発展するにしたがって、潜在的な危険性も深化するという「目に見えないリスクの拡大」も忘れてはならない。

ひとつの具体例を出そう。2006年ジョグジャカルタ付近で発生した中部ジャワ地震は、直下型地震であったために、地震のマグニチュードの大きさに比して、倒壊家屋数やそれによって下敷きとなって死亡した犠牲者数は莫大な規模にのぼった。とりわけ、家屋倒壊には一定の特徴が見られた。近年の経済発展に伴って急激に増加したレンガづくりの住宅は甚大な被害を受けた。近代化に伴う木材資源の減少と木材価格の上昇、レンガ供給の拡大とレンガ価格の相対的な低下、さらに、レンガづくりが象徴する近代的な住宅イメージなどにより、レンガづくりの住宅が農村地域にも急速に増加した。しかし、そのレンガづくり住宅は耐震性の低い（耐震工法が採用されていない）ものであった。そのため、大きな揺れに襲われて、住宅が瞬間倒壊するような被害が広範囲に発生した。皮肉なことに、村中のレンガづくりの住居が崩壊しているすぐ横で、竹と藁でつくられた鳥小屋は無傷のまま残っていた。このように、近代化によって「立派」に見え、地震にも強いと考えられていた新規の住宅（レンガづくりの住宅）様式は、気づかぬままに、むしろ地震に対する脆弱性を大きくしていたのである。

あらゆる発展途上国の近代化が、このような皮肉な結果をもたらしているとはいえないまでも、こうした傾向が様々な社会的局面で見られることを看過してはならない。実際に、先進国型の災害と途上国型の災害とを対比してみると、経済的な被害額は先進国型災害の方が大きいものの、途上国の災害では死者数は先進国と比較にならないほど大きい。

災害からの回復力についても、近代化と無関係ではない。発展途上国の「発展」は、西欧的な生活様式や都市的な生活様式を全国各地に浸透させている。

アチェにおいても、スマトラ地震以前のアチェでは軍事紛争が長期間続き、国際社会からアチェ地域は孤立させられていた。そのため意図せずに、多くの点で伝統的な生活様式が存続してきた。しかし、地震以降、急速に国際社会への開放化が進み、さらに地震の翌年、和平条約が締結され紛争が終結したために、生活様式の西欧化、あるいは都市化が急激に進んだ。そのひとつの典型的な事例は、人々がローンを組んで車やバイクを購入することが一般化したことである。しかし、こうしたやり方が一般化するとともに、ローンが途中で支払えずに、財産を没収される事例も急激に増加した。

こうした生活様式を伝統的な生活様式と比較すると、どちらが、一旦災害に遭遇した後の回復力が大きいであろうか。いうまでもなく、伝統的な生活様式である。現在のように、収入の上限までローンを使って成り立つ生活は、万一大災害が発生し、家屋や仕事を喪失することになったときには、今までの生活が維持できないばかりか、ローンだけが残ることとなる。

これらの点に関しても詳細な研究が今後必要となるが、近代化が災害への脆弱性を拡大し、災害からの回復力を低下させている可能性が大きい。特に、特定の地域や階層にそうした傾向が強く見られると予想される。このように、災害の脆弱性も回復力も、発展途上国の社会全体の変動（近代化）に密接に関連している。

(4) 防災の主体と主体間の分担

こうした問題をはらんでいる発展途上国で、今後、どういった社会的主体が防災への取り組みにおいて、どういった役割を果たすべきであろうか。阪神・淡路大震災以降、日本において盛んになった公助・共助・自助論を念頭に置きながら、この問題を考えてみよう。

まず、われわれがアチェで見たことから確認しておこう。

日本と比べて、インドネシアの行政の防災対策や復興対策は「遅れていた」。防災のためのハードな施設、警報システムの整備、情報伝達手段、行政による

防災の啓発活動などはほとんど見られなかった。中央政府による防災対策ですら未整備であるが、地方政府はさらに未整備な状況にあった。先進国と比べて、福祉政策を含めた国民への行政サービスの提供水準も低いが、このことと同様に、行政による住民の安全性の保障が不十分であった。また、防災に関する大学での研究教育、義務教育過程での防災教育も未整備であった。

　こうした状況の中では、人々は「自助的に」生きざるをえない。それは、松田（1999：63）がアフリカの大都市で描いた都市生活者の生活様式そのものであった。自助的に生きるとは、第一に、家族・親族・友人という私的な人間関係を活用して自分の生活を守ることであり、第二に、コミュニティに頼りながら（コミュニティを自分の外皮・甲羅として）自分の生活を成り立たせてゆくことである。

　しかし、近代化によって、「自助的に生きる」ための社会的基盤は根底的な変化にさらされている。発展途上国の伝統的なコミュニティは大きな変化の途上にある。住民の生活様式が根本から変化している。さらに、都市との交流や出稼ぎといった人口移動、農業の比重の低下、伝統的な生活慣習の変化に伴う住民の異質性の拡大などによって、コミュニティの結束力が低下している。このことは、コミュニティの防災力の低下につながっている。自助的な生活世界も同様である。伝統的な家族観の変化（家族の縮小化や核家族化など）、親戚の社会的なネットワークの縮小、相互扶助規範の低下等が進行している。こうした根本的な変化のただ中にあっても、自助的に対応せざるをえないのが、途上国の全般的な状況なのである。

　このような低水準の行政サービスと自助的な生活防衛努力だけでは、災害への対応、災害からの復興は進まない。その不足分を補うことを期待されるのが、ボランティア活動であり、国際的な支援活動である。スマトラ地震においても、こうしたセクターの活動が被害地での人々の生活回復にとって重要な役割を果たしたことは、見てきたとおりである。

　こうした経験を踏まえて、今後、どうすべきなのであろうか。

　行政による防災対策を整備することが重要であることはいうまでもない。自助的な生活世界の力、コミュニティの力、ボランティアの力、行政の力、国際

的な支援の力、それぞれの力の相互連携関係がもっと重要である、これらの力の総和として社会の防災力があり、その諸力をうまく組み合わせてゆく（社会的に設計してゆく）ことが必要である。その際、行政的な対策を拡充することによってコミュニティの防災力を低下させることがあってはならないし、また、国際的な災害支援が国内の行政力やコミュニティの防災力を低下させ、依存性を増大するようなことがあってはならない。国際的にしろ、国内的にしろ、「地域の外からの支援」が被災地住民の長期的なエンパワーメントにつながるような工夫が必要である。こうした点に留意して、これらの相互の力が、他の力を高めてゆくような配慮をしつつ、社会全体の防災力を強化してゆかなければならない。

（田中重好）

第VII章

スマトラ地震から東日本大震災へ

第Ⅶ章　スマトラ地震から東日本大震災へ

VII-1 スマトラと東北の津波避難

安藤雅孝

津波を知っていた

　スマトラ津波の2か月後、数人の研究者とともに、バンダアチェで避難状況の聞き取り調査を行った。スマトラ津波では、浸水域の死亡率は高かった。中には、5,000人の村で生存者が50人のみの例もあった。津波に襲われる前、津波を知っていた人はほとんどいなかった。聞き取り調査をした50人中、津波について知っていたのは3人だけだった。そのうち2人は、津波を知っていたおかげで命が救われた。

　一人の女性は、インドネシアの観光局から、夫とともに、日本へ17年間派遣されていた。彼女は、夫が亡くなった後、インド洋に面した海辺で瀟洒なリゾートホテルを経営していた。地震がおきて、部屋の窓から海を眺めて驚いた。海水が沖まで引き、見えるはずのない海底が見えた。とっさに津波だと確信した。彼女は、日本でテレビやラジオを通して、津波について何度も見聞きしていた。すぐ従業員に逃げるよう説得したが、誰も信用しなかった。そこで、孫を車に乗せ逃げた。最初のやや低い津波で、木がなぎ倒され、道路が塞がれた。すぐに車を捨て、孫の手を引き、目の前の山に駆けのぼった。しばらく登って後ろを見たら、今までいたところは、まるでプールのように、海水でいっぱいだった。

　もう一人は、スポーツジムの経営者で、日本で3年働いた経験があった。就業前に、3か月間の研修があった。その中に、津波についての講義があった。研修の場所は、東北地方の沿岸で、大きな観音像があったとの記憶から、そこが釜石市であることがわかった。スマトラ地震の大きな揺れの後、離れて暮していた母親が心配で、車に子どもを乗せ、安否確認に向かった。しかし、すぐに道路は渋滞で動けなくなった。しばらくすると、遠くに水が見えた。とっさ

に、これは日本で習った津波だと思った。高価な四駆のワンボックスカーを捨て、近くの警察の2階に駆けあがった。そこにも水はしだいにせりあがってきた。周囲には道具がなく、拳で木製の天井を破り、子どもを押しあげ、自分も這いあがって助かった。道路で車を運転していた人は、何がおきたかわからず、多くが溺れ死んだ。

　もう一人は、われわれの聞き取り調査の通訳をしてくれた、シアクラ大学の物理学科の女子学生だった。津波について講義で聴いたことがあった。地震後、遠くの道路上を水が溢れているのを見て、とっさにこれは津波だと思った。自宅の2階に駆けあがり、家の前を流れる津波を見た。幸い、彼女のいた場所は、津波はそれほど高くなかったので2階に逃げて無事だった。

最新の科学技術

　東北地方太平洋沖地震1か月後にも、私は数人の研究者とともに三陸地方を中心に、津波被災者の聞き取り調査を行った（Ando et al. 2013）。東北地方では、スマトラとは違い、過去150年に3回も大きな津波に襲われていた。このため、ハードとソフトの面から種々対策がとられていた。にもかかわらず、なぜ1万8千人の人が亡くなったのか、それが大きな疑問だった。われわれは、被災者に会い、揺れてから避難するまでの行動、地震前の心構えなどについて聞いた。

　インタビューの中で、最新の地震学や技術が、死者を減らすのにほとんど役

図7.1　避難所でのインタビューの様子
注：2011年4月20日、安藤雅孝撮影。

立たなかったことが明らかになった。津波警報を聞いた人は、各地域やコミュニティに配置されていた防災無線から、家族や隣人から伝えられていた人を含め、全体の半分にすぎなかった。その中で、メディアを通して警報を聞いた人は13％だった。防災無線やNHKを通して、警報が流れるはずだったシステムが、停電のためほとんど機能しなかった。

　地震直後に辛うじて伝えられた津波警報の高さは、あまりにも低すぎた。近くの堤防の高さと比較して、それなら大丈夫と自宅に残った人も多かった。直ちに求められた地震のマグニチュードが小さすぎたためだ。釜石から沖合70kmに敷設されていた海底津波計が、巨大津波が到達する20～30分前に沖合で捉えていたにもかかわらず、津波警報に生かされなかった。

　東北沖地震前、この地域で予想される地震のマグニチュードは8.0以下と見積もられていた。しかし、実際におきた地震の規模は、桁違いに大きかった。この種の見積は大きな幅があるにもかかわらず、能力を超えて"正確な"予測をしたためだ。この予測が影響して、大槌町や陸前高田市などの避難所は海抜数mに置かれた。このため、避難所に逃げ込み亡くなった人が多かった。わざわざ高台から、低い場所の避難所に逃げて亡くなった人もいた。

浸水域死亡率

　岩手・宮城・福島県の市町村ごとの死者数を人口で割った死亡率は、1.3％と低い（2011年12月現在）。これは津波の影響を受けない高台の人口も入れたためだ。国土地理院により、浸水域の人口が推定されている。この浸水域推定人口で死者数を割ると、平均4.4％である。この推定には、津波の低い浸水域すべてを含むため、死亡率は低くなる。そこで、われわれはもう少し限定した浸水人口を推定した。津波により全壊になった家には、人がとどまっていたら、死ぬ可能性が高い。そこで、全壊家屋に各地域の平均家族構成員数を掛けて、"極めて危険な浸水人口"とした。この場合の死亡率は6％である。もちろん、地域によりこの死亡率は異なり、大槌町や陸前高田市高田町では20％に達する。いずれにしても、スマトラ津波より死亡率は断然低い。全コミュニティが犠牲になることはなかった。

逃げ遅れた原因は数多い。地震後直ちに避難した人は、われわれのアンケートでは30％にすぎなかった。地震直後は、道路も比較的空いていて、避難所には誰もいなかったと聞いた。多くの住民は、家族の安否確認のため自宅に戻った。これが犠牲者を増やした。1万8千人の年齢別死者の割合をみると、高齢者の割合が多いことがわかる。64歳以上の死者は全体の60％に達した。いっぽう、人口に占める高齢者の割合は30％であるから、死亡率は64歳未満に比べ、2倍である。高齢者は年齢があがると死亡率は急激に上昇する。われわれの調査では、津波に追いかけられながら逃げるような危険な状態にあったのは、高齢者に多かった。津波から逃げ切るのは高齢者には難しい。これが、死者1万8千人に達した大きな原因である。何よりも早く逃げることが大切である。

将来の津波に向けて

科学技術に頼りすぎては命を守れないことを、東北の津波は教えてくれた。災害が大きくなればなるほど、最新の科学や技術は役に立たなくなる。われわれのインタビュー結果では、28％の人が揺れを感じて自分自身で判断して逃げた。33％は家族や隣人からいわれて逃げた。いかに個人や家族の判断が大切かわかる。報道や防災無線の警報を聞いて避難を決断した人は、10％にすぎなかった。さらに、18％は津波が押し寄せるのを見て逃げた。もちろん、これはあくまでも三陸でのわれわれの調査結果である。

地震津波観測システムを増やし津波警報を流すだけでは、人々は逃げる決断をしない。決断させるのは、揺れの大きさや家族隣人の叫び声や行動だった。そして、それを助けたのは、過去の経験や津波に対する知識であった。最近は避難訓練に参加する人は少なくなったとのことだが、それでもかつて避難訓練に参加した人は多かった。過去の経験が助けとなって避難行動に移させたものと思う。これからも必要なことは、津波防災への地道な努力である。

南海トラフや琉球海溝の津波は、東北沖と異なり、10〜15分で海岸に到達する。どんなに津波警報を早く発令しても限界がある。3〜6％の死者を限りなくゼロにするのは、最先端の科学技術ではない。自分自身、家族、隣人で自分たちの命を守ることだ。スマトラと東北の津波はそう教えてくれた。

VII-2 インドネシアへ、そしてインドネシアから

木股文昭

「死の商人」と化す？　防災ビジネス

　学生のとき、古本で岩波新書『死の商人』(岡本 1951) を読んだ。武器を売る商人は商売のためなら、敵国の関係にあっても武器を売るという。その武器で隣国同士は殺し合い、戦争という殺し合いで死の商人は潤うのである。鮮烈なショックを受けた。

　でも、同じような旋律が、私には 2013 年に鳴り響いた。朝日新聞の 4 月 30 日朝刊によると、日本の新藤義孝総務相とインドネシアのティファトゥル通信情報相は、日本の防災情報技術システムに関する協力文書に署名した。日本の「緊急地震速報」や「津波警報」などのいわゆる「進んだ」技術や仕組みが、「政府開発援助」(ODA) などのもとでインドネシアに導入されるという。しかも、政府は東南アジア諸国連合 (ASEAN) の加盟国にも同システムの導入を呼びかけるという。

外国人立入禁止域に飛び込む

　私は、その前後に、『巨大地震津波－その時ひとはどう動いたか』(NHK スペシャル取材班 2013) を読んでいた。名取市閖上をまさに足で取材したものだった。その中で、名取市は防災行政無線でも避難を市民に必死に叫んだものの、行政無線は揺れで送信アンテナで電源が落ち、一言も市民に伝えなかった。このトラブルに対して、請けていた業者は故障報告書 1 枚で対処したという。いっぽう、民生委員を受けていた人は、避難しない老人をわが身に危険が迫りながらも必死に説得していた。

　本書の第 VI-2 節に記したように、2004 年スマトラ地震が発生した翌日の月

曜日、インドネシアの留学生イルワンさんが私の部屋に飛び込んできた。何も観測網がないスマトラで巨大地震の発生、あとは頼るものを頼って、データを残すしかない。それが、超巨大地震に遭遇した地震現象の解明に取り組む研究者の責務と考えた。

　スマトラでも、アチェとなると、私も未踏の地だった。しかも内紛地、公には外国人の立ち入り禁止が続いていた。イルワンさんもスンダ人ゆえ、アチェ語が話せず、土地勘は全くない。そんなことから、アチェ出身の留学生に協力を願う。豊橋科学技術大学にアチェ人の知り合いがいた。社会分野のインドネシアの研究者も未知の分野である。これもバンドン工科大学の研究者にお願い倒した。

　日本でいう一等や二等といった三角点はない。見つかったのは土地利用を目的とする基準点だった。地殻変動を議論するに、少なくとも日本では活用しないような精度の基準点が存在した。渡航調査費などの研究費も年度末でない。難題が山積された。普段なら諦めてしまう。でも、まさに火事場の馬鹿力と周りの支援のもとで解決していった。そして、津波から1月ほどで最大の被災地バンダアチェに入り、GPSによる地殻変動観測と災害の社会的側面に取り組む文理連携の学際研究が名古屋大学としてスタートした。

発展途上国と日本の地震学研究

　スマトラ地震は甚大な災害をもたらしただけに、インドネシアとの共同研究が続々と立ち上がっていった。大歓迎だった。しかし、実際に共同研究が始まれば、日本の研究者も多忙なのか、ジャカルタまではきても、巨大地震と甚大な被害の現場、アチェまで足を伸ばすことはなかった。「スマトラには日本の地震学者の課題はない」と発言をする「権威者」もいた。

　共同研究が進むほど、私は気が重くなっていった。インドネシアでは、「大地震後、あまりにもスマトラに援助が集中しすぎ、今度はジャワ島にも恵んでほしい」と愚痴を漏らす研究者もいた。現に、いくつかの共同研究はスマトラでなく、ジャワがフィールドだった。

　2006年、共同研究が進む中で、ジャワ島ジョグジャカルタの南東で内陸直

下型地震が発生した。M6クラスながらも犠牲者は 6,000 人を超えた。私たちはインドネシアの研究者と打ち合わせ、今度は GPS 受信機でなく地震計を持参し余震観測に飛び込んだ。バンドンからジョグジャカルタまで車で半日の距離、しかし、バンドン工科大学の地震学研究者はこの地震でもとうとう現地にこなかった。地震学者がここまで地震災害に無関心な国で地震学など発展するわけがないし、地震防災も進まないと確信した。

　2011 年 3 月 11 日、日本でも超巨大地震が発生した。超巨大地震の発生も他人事でなかったことが日本でもやっと自覚された。そんなとき、日本に招聘したインドネシアの研究者は、基礎データが貧しいことも気にせず、「先進国」から入手した簡単な津波シミュレーションに戯れた結果を得意げに発表した。日本でも、「社会の要請」に応える形で地震規模や想定災害規模のインフレーションが始まった。

　そして、東日本大震災で亡くなった 2 万人の視線を感じることなく、「先進的な防災技術」の ODA 支援が始まろうとしている。

　スマトラ地震発生から 8 年目、私は 41 年間働いた職場から去ることになった。私たちが掲げた課題はとても一人では収束せず、きちんと次の世代に引き継がれればよいと考える。しかし、私たちが 2004 年スマトラ巨大地震から学んだことを実践するに、8 年はあまりにも短すぎたようだ。残念ながら、2 万人の視線にきちんと向き合えるようになるには、まだまだ時間が必要のようだ。一人の人生では解決するような課題でないこともたしかである。

VII-3 過去・将来の巨大地震・津波被害を考える

川崎浩司

　2004年12月26日に発生したスマトラ地震は巨大な津波を引きおこし、激甚な災害をもたらした。同地震による津波被害および被災地の復旧・復興状況を把握するため、2005年5月4日～10日にスリランカ南部地域、2006年2月21日～23日にタイ・プーケットで現地調査を行った。さらに、2007年12月1日～5日、2008年12月23日～28日、2009年12月9日～16日、2010年12月5日～11日の4年間、壊滅的な被害となったインドネシア・バンダアチェの現地調査を継続的に実施した。

　スリランカ、タイ、インドネシア3か国での津波災害・復旧調査をとおして、スマトラ地震津波後の津波防災・減災対策について感じたことを述べる。

　各国に訪問した時期が異なるものの、地震発生約半年から1年後、スリランカ、タイでは、津波ハザードマップ・津波避難方向標識・津波警報タワー等の設置、椰子の木による植林など津波防災のハード・ソフト対策が積極的に実施されていた。いっぽう、災害後3年経過した時点でのバンダアチェでは、目に見える積極的な津波防災対策はあまり進んでいないと思った。その理由として、中央政府への不信感などの社会・政治的問題、平坦地域のため高台避難場所の確保が困難などの地理的問題、交通網・水道・港湾の社会基盤施設整備の遅れなどの経済的・技術的問題など、多くの問題が複雑に絡み合い、解決していないためと思われる。

　しかし、4年目以降になると、復旧・復興に時間はかかっているものの、確実にその作業は進んでいることを実感した。いっぽうで、このころから、スマトラ地震津波災害の記憶・教訓が少しずつ風化しつつあるのではないかとも感じられた。例えば、津波災害関連標識から標識の内容が消えて読むことができ

ない、津波避難標識が選挙用の看板になっている、避難すべき方向の標識が折り曲げられているなどがあった。

　2011年3月11日14時46分に、東北地方太平洋沖地震がM9.0の規模で発生した。「まさかスマトラ地震と同様な規模で、地震・津波災害がわが国でおきるとは……」と思った研究者は多いと思う。私もその一人であった。

　2011年4月4日〜4月9日の期間、宮城県（気仙沼市）、岩手県（陸前高田市、大船渡市、釜石市唐丹町・両石町、上閉伊郡大槌町）の沿岸部において、津波被害調査を実施した。「百聞は一見にしかず」。まさに、この諺どおりだった。現地入り前、何度も何度も被災映像・写真を見ていたが、実際に被災現場を目の前に、その悲惨さと津波の破壊力の凄さに改めて驚いた。スマトラ地震・津波災害の再来とも思えた。

　いっぽうで、スマトラ地震との大きな違いのひとつは、以前から地震・津波へのハード・ソフト対策を行ってきた日本で甚大な人的・物的被害が発生した点である。文化・宗教・地理・社会・経済など国を取り巻く背景・情勢は異なるものの、東日本大震災後の復旧・復興を考える上で、スマトラ地震・津波災害の教訓は大いに役立つものと思う。

　現在、東海地震、東南海地震、南海地震を含む南海トラフ巨大地震の発生が懸念されている。南海トラフ巨大地震は、既往最大の1707年宝永地震を超える理論上最大級の地震として検討されている。既述した2004年スマトラ地震だけでなく、ここ100年間の日本においても、火災で被害が拡大した1923年関東大震災、深刻な建物被害を伴った1995年阪神・淡路大震災、激甚な津波災害となった2011年東日本大震災など、甚大な地震・津波災害は繰り返し発生している。将来おこりうる巨大地震・津波災害に備えるためには、過去の大規模災害の記憶・記録を風化させず、その教訓をしっかり学び、活かすことが必要不可欠であるといえる。

VII-4　自然災害への対峙
―オオカミ少年と科学者との間

黒田達朗

　経済学の第一歩は、「資源は有限である」という命題の本質を理解することである。近年重要性を増している環境や天然資源に限らず、個人的な寿命や使用可能な日々の時間、肉体的な活動上限なども考慮に入れると、無限の経済的富や物質的適応可能性を前提とした議論は意味を持たない。例えば、自分自身の死期も含めてわれわれは多くの不確実性に直面しているが、当面の年月を視野に入れて、自らが利用可能な時間や物質的な資源をいかにバランスよく配分するかに心を配りながら日々の生活を送るしかない。換言すれば、様々な消費にはトレードオフが必ず存在するので、ある目的を追求すれば、他の目的はおろそかになる。したがって、政府が特定の目的に資源のほとんどを費やすことは合理的ではないし、社会を構成する多くの人間の厚生を無視した愚かな行動であるともいえよう。

　人間が直面する不確実性のひとつが自然災害であり、自らが生活する国や地域の特質に応じて、そのリスクにいかに対応するかが、常に問われる課題となっている。その多くは確率的事象と考えざるをえないことを前提とすれば、その分布の把握が当該分野の科学者にとってもっとも重要な課題であることは論を俟たない。もちろん、多くの自然災害では過去の観察期間が十分ではなく、それを補うために古文書や地層を調べたとしても、災害の発生分布を統計学的に十分な精度で把握することは困難であろう。降雨や強風のように、地球全体の気象条件の変化によって、分布自体が変化していると予想される分野もある。とはいえ、その背後にある自然現象のメカニズムも含めて「真の」分布を希求する意義自体はけっして否定されるべきではないだろう。

　しかしながら、不完全とはいえ、その分布を人間社会の改善に役立てるため

には、「科学」とは一線を画した政策的判断が必須となるであろう。なぜならば、上記のような資源の有限性が、現実的制約としてわれわれの前に立ちはだかるからである。例えば河川の洪水対策は、国家的に承認される予算規模を勘案しながら当初は「50年」確率としていたものを、経済成長に合わせてしだいに「100年」、「200年」と強化してきた。あるいは自分の住居を設計するときにも、他の消費とのバランスを検討した上で、その耐震性能を決めるのは当然の行動であり、この場合、耐震性能の向上に所得のすべてを費やすことは愚であることは自明であろう。

以上のような観点から、2012年8月に内閣府から発表された「南海トラフの巨大地震による津波高・浸水域等（第二次報告）及び被害想定（第一次報告）について」及び2013年3月発表の「南海トラフ巨大地震の被害想定（第二次報告）について」の資料には違和感を覚えざるをえない。つまり、「想定外をなくすという観点」から「最新の科学的知見に基づいた、発生しうる最大クラスの地震・津波の推計」を「その発生頻度はきわめて低い」といいつつ大々的に公表し、同様に「命を守ることを最優先として、この最大クラスの津波への対応を目指す必要がある」といいつつ「発生頻度はきわめて低いものであり、過度に心配することも問題である」と併記する感覚に、政策的な判断力の欠落が如実に現れている。この報告の作成に多くの「科学者」が関与していることを考慮すれば、その問題はより深刻である。このような中央政府が発する警告への「対応」が「早めの避難」を促すだけに済まないのは当然であり、関係する政府・自治体や住民への影響に対する配慮も事前に検討されたと信じたいところではある。

しかし、マスコミでは、発生確率を無視し被害の規模だけに焦点を当てた報道が主流となり、早くも2012年10月には会計検査院もそれを前提とした事業是正の勧告を出しているのが実情である。「ハード対策に過度に依存することなく、日ごろからの避難訓練や防災教育、災害教訓の後世への伝承などのソフト対策を充実すること」と明記しても、すでに公共事業の計画がそれによって影響を受けていることは自明である。

上記の河川の洪水対策を例にとれば、以前から（精度はともかく）「1,000年」確率の洪水も計算は可能であったろうが、なぜそれをわざわざ公表したり、具

図 7.2　避難所を兼ねた津波減災研究センター（背後の建物）
と保存される被災建築物
2008 年 12 月 26 日、バンダアチェにて黒田達朗撮影。

体的な政策に反映してこなかったのかを考えれば、今回の「南海トラフ」報告の異常さは明らかである。もし「1,000 年」確率の洪水が起こったとしても、「想定外」という非難を堂々と受けて立つ覚悟が、政策担当者だけでなく関係する科学者にも（少なくとも過去には）あったからである。

　以前、スマトラ地震・津波の調査でご一緒した地震学の大家が、悲惨な災害の現状をつぶさに調査した後で「しかし、千年に一回の津波だからな……」と嘆息気味につぶやいたのは今でも印象深い。被害がもっとも大きかったバンダアチェでも、被災直後は土地利用の規制や堤防のかさあげが議論されたが、落ち着いてみると数棟建設された避難ビル以外はおおむね原状に戻っている。国民性の違いもあろうが、それもひとつのバランス感覚に富んだ政策的判断なのである。

VII-5　法学者の観点から
——アチェ、中部ジャワ、西スマトラ、東北

島田　弦

　アチェ州での津波発生のニュースは、自宅のテレビに映ったニュース速報で知った。インドネシアを研究する者として、インドネシアでおきた甚大災害について関心を持つのは当然であるが、通常のニュースに対する視聴者としての一般的関心を超えるものではなかった。そもそも、この時点では法学と災害の接点についてほとんど関心がなかった。しかし、人口密集地域におけるあまりに甚大な災害規模は、社会科学全体からの考察も迫るものでもあり、すぐに名古屋大学で研究プロジェクトが組織され、法学分野についても私に声がかかった。

　といっても、何をどうしてよいかわからなかったので、研究を始めるにあたり、関東大震災と阪神淡路震災についていくつかの文献を手に取った。そこでは、借地借家権、集合住宅における建て直し問題などが、都市での震災後の法的問題として多数生じていたことがわかった。そこで、アチェについても土地問題を中心に観察する方針を立てた。

　被災後の州都バンダアチェに初めて降り立ったのは2005年であった。それまで、アチェ州の南端の町へ訪れた経験があったにすぎなかった。広大な地域に多くの島が散らばるインドネシアということもあって、同じ国とはいえ、食べ物にしろ、交通機関にしろ勝手がわからず、初めての外国にきたようなものであった。津波被害は想像を超えており、まさに「何もない」という形容が当てはまった。この風景を数年後に日本で見るとは想像もしていなかった。市北部のウレレ港から市中心部まで徒歩で被災状況を観察したが、建物も立木もほとんど残っていないため、強い日差しで火傷のような日焼けになってしまった。その中で、法学研究者として目を惹かれたのは、あちらこちらで建物が流され

た土地の所有権や相続権を主張する立て札や杭が立てられていたことであった。予想どおり、土地問題はたしかに被災者にとって重要問題であった。しかし、調査を進めていくと、それは日本の事情とはかなり異なることがわかった。公的な土地登記制度が浸透していないインドネシアでは、土地問題に公的法制度が立ち入る場面は非常に限られているのである。アチェの司法機関は、震災後の土地問題で主たる窓口にはなっていなかった。このことは、他の援助機関でも同じだったようで、聞いて回ってみると、どこも当初は土地問題に取りかかったが、その後は、むしろ復興作業における弱い政府能力への支援、あるいは災害弱者の保護へと活動をシフトしていた。

私の調査対象も変化していくことになる。スマトラ地震後、インドネシアは立て続けに人口密集地での地震被害に見舞われた。本書（第 V-2 節）でも扱った 2006 年中部ジャワ地震、2009 年西部スマトラ地震である。アチェ震災が記憶に新しい中央政府・地方政府は、復興政策に工夫を凝らしていく。

中でも注目したのは、中部ジャワ地震で地方政府が住民グループを単位とする草の根型の住宅再建モデルを採用したことである。伝統的共同体の存在感が強いインドネシアには、限定的な政府の能力を補完するための適切な方法と考えられた。詳細は本文の記述に譲るが、アチェでは、国内外の NGO 援助機関が競って過剰な復興住宅建設をするいっぽう、地元住民が受動的な立場に置かれ不満を募らせていた状況が指摘されていたため、中部ジャワでの動きは注目すべきものであったし、相応の成果を収めた。そして、この試みはその後の災害対策法に採用されることになる。ただし、細かいインタビューをしていくと、中部ジャワでも夫が出稼ぎに出ていて不在であると女性世帯などのように災害弱者と思われるグループはやはり復興事業から取り残されていたことは無視できないし、西スマトラでは行政の監督能力不足から、住民グループが伝統的縁故関係や癒着に飲み込まれていく事実も見聞きした。

土地問題から災害弱者、復興行政へと研究関心は移っていったが、実はあくまでインドネシアという文脈の中だけで考えていたというのが正直なところである。つまり、「先進国日本ではこうはならない」と考えていた。

しかし、東日本震災後の東北沿岸の風景は、アチェのものと同じであり、復

旧復興における混乱も同じであった。中央政府と地方政府のうまくいかない調整、被災者が疎外され、莫大な予算だけが漫然と盛り込まれる復興計画、そして規律のとれない予算執行。それは、いずれもすでにインドネシアで見聞していたことであった。このことから直ちに、日本の中央・地方政府が無能であるとすることはできない。ただ、少なくとも、膨大な法的問題がきわめて短期間に発生し、かつ行政能力が通常よりも弱体化せざるえないという巨大災害では、インドネシアでも日本でも通常とは大きく異なる対応をしなくてはならないが、それは依然として試行錯誤の段階であり、日本がけっしてこの分野で先進国の立場にいるわけではないということはたしかであると考えている。

VII-6 「わがこと意識」を向上させるための災害事例の活用

木村玲欧

「外国の出来事」なので日本ではおきない

「高さ14mの津波に襲われたとき、人は何を考え、どのように行動し、どのような被害・影響を受けたのか」。これを知るために、名古屋大スマトラ地震調査団の一員として、津波発生から40日ほど経過した2005年2月7日からバンダアチェで被災状況を調査した。海岸部一帯はまるで以前から更地であったかのように建物がほとんどなく、海岸から約4km内陸にあるモスクや官庁街の辺りも、2mの浸水で多くの死者が出ていた。300年ほどの歴史がある町には防波堤もなく、人々は津波に対する知識もなかった。ただし津波の知識がない地域でも避難行動をとった人は生き延びていた。ちょっと異変を感じても「まあ大丈夫だろう」とタカをくくって行動をおこさないのが人間の心理であるが（正常性バイアス）、命を守るためには地震の揺れから津波の来襲を連想し（地震＝津波連想）、より高く、より遠くへと行動に結びつけるようにしなければならないことを痛切に感じた。

帰国し、南海トラフ地震で津波が想定される地域で津波の講演をする機会を得た。「この知見と教訓を伝えなければ」という思いで、スマトラ津波の実態と恐ろしさについて講演をした。しかし一般聴衆の反応はイマイチで、感想には「外国の話ではなく日本の災害についてもっと話してほしかった」、「あれは発展途上国の出来事であって、日本では防波堤もあり、そのような被害はおきない」とあった。そして感想で評価が高かったのは、約22万人の死者が出たスマトラ沖地震津波の話ではなく、1944年（昭和19年）に発生した東南海地震での被災者体験談であった。

「わがこと意識」がないと人は動かない

人々が災害・防災に対して「気づき」を持ち、自分自身や家族の防災力（自助）、地域の防災力（共助）を高めるためには「わがこと意識」を醸成することが必要である。

「わがこと意識」とは、「自分たちに身近なこととして、自分たちに引きつけて考えること」、もしくは「あることがらについて、それが自分たちに直接関係することでなくても、それが自分たちそのもののことのように意識すること」である。この「わがこと意識」を高めるためには、実際に何がおきたのか、何が教訓なのか（現実性）、自分が住む地域で過去に何がおこったのか、おこるのか（地域性）、人間・社会に具体的にどんな被害・影響を与えたのか（人間性）を知ることが重要である（図7.3）。つまり、地震・津波発生の原理、被害発生のメカニズム、シミュレーションによる結果を紹介するだけ、自分たちが居住する地域との関係がわからない場所での地震・津波被害を紹介するだけではどうしても「絵空事」になってしまい、人々の「わがこと意識」は高まらないのである。災害という非日常の中で、自分たちの地域がどのような被害・影響を受ける可能性があり、人間がどのように乗り越えていったのかを具体的に知ることによって、初めて、災害・防災に対する「わがこと意識」を高めるとともに「具体的に何をすべきかのイメージ」を持つことができる。

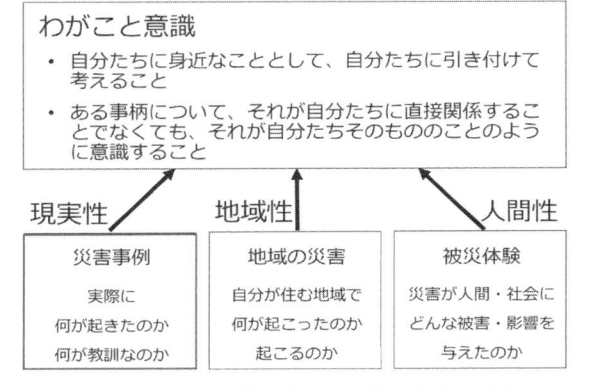

図7.3 災害に対する「わがこと意識」を高めるためには

「東日本大震災」の悲劇をもってしても，人間の防災意識は低下する

　2011年（平成23年）3月11日に発生した東日本大震災は，2万人弱の死者・行方不明者を出した広域巨大災害である。3年目を迎えた本稿の執筆時点(2013年7月)においても，連日にわたって，どこかの放送局では東日本大震災関連のニュースが流れている。しかしながら地震・津波発生から時間経過とともに，特に被災地以外において「東日本大震災が報道として取りあげられる量」は減少していき，それとともに「人々の災害・防災に対する意識」も下降気味である。このような現象は，単に「人々の災害・防災に対する理解や意識が低い」だけではない，人間自身が本来持っている特性が影響している。

　人間は，毎日を生きていく中で，危機事態（リスク）の大きさを，「その事態（リスク）が発生する可能性」と，「その事態（リスク）が発生したときの被害・影響の大きさ」との積（かけ算）で認識する傾向がある。一例をあげると，自分の頭の上に隕石が落ちてきたら死んでしまうかもしれない。2階から植木鉢が落ちてきたどころではない，致命傷となるような被害をもたらす事態だが，発生する可能性はほぼゼロである。そのため，危機事態（リスク）としては大きく認識されずに，結果的に「落ちてくる隕石」を恐れて，ヘルメットを被りながら毎日を過ごす人はいない（図7.4）。実は，地震や津波などの自然災害もこれと同じような状況にある。東日本大震災の復旧・復興が途上である時点だからこそ，東日本大震災が生々しく日常生活で話題として取りあげられるために，「恐ろしい」，「何かしなければ」と思う人もまだ多いが，あと数年もすると「そうはいってもめったにおきないことだから」となって何もしなくなる。つまり，そもそも発生する可能性が低い事態は，日常的に発生する事態，例えば，自分や家族の健康・医療問題，盗難や空き巣といった防犯問題，リストラや倒産，年金，住宅ローンの支払い，子どもの教育問題などと比べて，危機事態（リスク）に対する高い意識を持ち続けて「何か行動につなげる」，「予防する」という人々の行動につながりにくいのである。

　自然災害は，発生する可能性こそ小さいものの，ひとたび発生すれば，命を奪われる可能性がある「ワンアウトで即退場」の危機事態である。そのため，災害の危険性とその対策について，地域の自主防災組織や防災リーダーのよう

$$R = P \times C$$

リスク　発生確率　被害・影響の大きさ
Risk　Probability　Consequence

発生する可能性が低い危機は、日常的に発生する危機と比べて、「何か行動につなげる」「予防する」という人々の動機づけになりにくい

「頭の上に隕石が落ちてくる」　VS　健康問題、盗難、空き巣、リストラ、倒産、年金、住宅ローンの支払い、子どもの教育・・・

図 7.4　なぜ災害という危機事態（リスク）に対する意識が低いのか

な災害・防災課題を中核的・積極的に取りあげる人たちが、日常生活の中で継続的に訴え続け、事前の予防・事後の対応につなげることが必要である。

それではどのようにして自然災害の危険性を訴えていけばよいのだろうか。それには人々が「わがこと意識」を持つように訴えていくことが有効だと考えられる。そのためには、なるべく多くの津波事例が必要である（現実性）。そしてよその土地の災害ではない、自分たちが住む土地で過去に何がおこったのか、どのような災害がおこる可能性があるのか（地域性）、その災害が人間・社会に対してどのような被害・影響をおよぼしたのか、およぼす可能性があるのか（人間性）を知ることが必要である。一般市民の「わがこと意識」向上の側面からいうと、スマトラ津波と東日本大震災は両方とも貴重な事例であるが、スマトラ津波はその発生原理よりは大津波事例としての人間心理・対応行動を中心に紐解き、東日本大震災は人間心理・対応行動を紹介するだけではなく、この日本で発生した地域災害事例として被害・影響を詳細に紹介し、地域の被害想定・被害イメージについては、地域の歴史災害もあればあわせて提示することが効果的である。東日本大震災の被害・影響が残り、復旧・復興途上である今だからこそ、私たちは「対岸の火事」にしないように様々な地震・津波事例を見つめ直し、事実・教訓を検証することが必要である。

VII-7 グローバル化する災害を どう「共有財産」にするか

田中重好

　日本においては、海外の大災害に関する長期的な調査研究は少ない。

　日本は世界の中でも災害多発国である。そのため、災害研究は盛んであり、自然科学を中心として、海外の災害についての研究成果も蓄積されてきた。こうした現状とは対照的に、人文社会からの災害研究は国内での研究もまだ十分とはいえないばかりか、海外の災害研究については端緒についたばかりである。そうした意味では、本書はその数少ない研究成果である。

　20世紀後半から、世界全体が急速にグローバル化してきた。それは、人・もの・金がグローバルに急激に動き始めたばかりではなく、それらを先導するかのように情報がグローバルに飛び交うようになった。スマトラ地震の津波来襲の瞬間の光景も、発災とほぼ同時に世界中を駆けめぐった。こうしたグローバル化した世界において、人々は、自分の国で発生する大災害を直接体験することは限られているとしても、情報を介して、あるいは人的ネットワークを介して間接的に体験することになる。このような間接的な体験が、被災地からみると、国際的な災害支援の増加となって現れてきている。さらに、自分とはかけ離れた場所で発生した大災害であっても、サプライ・チェーンを介して影響を受けることも、観光先変更を余儀なくされることがある。グローバル化によって一般の人々にとっても、海外の大災害が従来の「無関係の」ものから「関係のある」ものに変化してきた。

　このように、災害（自然現象としてのハザード）そのものの変化ではなく、社会の変化によって、海外で発生する大災害の持つ意味が大きく変化してきた。

　こうした中で、もうひとつ忘れてはならない点は、グローバル化によって海外の大災害から様々なものを学べるようになったことである。大災害は、どん

な種類をとっても、発生頻度はきわめて低い。世界の大災害と「関係を持つ」ようになってゆくことによって、そこから学ぶ機会が増加してきた。こうした意味で、海外で発生した大災害を調査研究し、日本の防災対策に生かすことが必要となる。

同時に、災害研究が発達した日本としては、全世界に対して、日本の事例ばかりではなく、海外の事例を含めた研究成果を世界に向けて発信し、世界の「共通財産」にしてゆくことが求められる。

では、いったい東日本大震災を経験した日本にとって、「本当にスマトラ地震は共有財産」になりえていたのであろうか。残念ながら、答えは否である。われわれ日本人は、スマトラ地震から十分学びえなかったから、かくも多数の犠牲者を出してしまったのである。スマトラ地震から東日本大震災への社会的距離があまりにも遠いからこそ、われわれは、そこから何も学ばずに、被害を大きくしてしまったのである。このことを真剣に反省しながら、今後どう海外の災害研究を「共有財産」にしてゆけるのかを考えなければならない。

そのために第一に必要なことは、現状では速報としてマスコミによって伝えられる海外の大災害に関する情報だけではなく、被災地の一般の人々の暮らしを長期的に観察した情報を伝える努力が必要である。日本の研究機関がいわゆる文理連携した「じっくり腰を落ち着けた」継続的な研究をする必要がある。

このように考えたとき、今後の海外の災害研究において、様々な課題が見えてくる。文理連携型の長期的な災害研究をどう進めてゆくかという課題である。ここには、第一に、従来から必要性だけは繰り返し叫ばれてきたが実現が難しい「文理融合」型、「文理連携」型の研究をどう進めるのかという問題、第二に、海外において「長期的な調査」をどう進めるのかという問題、第三に、自然科学とは異なり人文社会科学においては、自然現象としての災害（hazard）は同一であるが、社会現象としての災害（disaster）は異なるために、異なる国・社会において発生する災害をどう比較研究し、総括・一般化しうるのかという問題がある。以上の問題は、研究費の確保、研究体制や研究機関という制度などの側面と、異分野の言葉の違いから分析枠組みの違い等の純粋に学問的な側面との両面がある。

こうした提案に対して、底流として、根強い「暗黙のうちの」反対がある。それは、ほかの国の災害は実情があまりにも違いすぎるため、日本にとって「役に立たない」というものである。

　例えば、2006年に発生したインドネシアの中部ジャワ地震では直下型地震であったこともあり、家屋の倒壊が広範囲におよんだ。しかしながら、日本の研究者にとっては、もともと耐震性を考慮せずに建てたレンガ造りの建物は当然、崩壊するのは当たり前であって、日本で同じ規模の地震が発生してもあれほどの被害にはならないし、そうした実情を調査しても日本の参考にはならないと考えられている。そのため、建築指導には赴くが、建物被害調査や被害の原因調査には、日本の研究者は関心を持たなかった。たしかに、建築だけを見ればそうかもしれない。しかし、そもそも、地震が多発するインドネシアで、なぜ近年地震に弱い建物がたてられるようになったのかを考えなければならない。さらに、人々が「家屋が全壊するほどの揺れに襲われたとき」の行動、家屋が全壊した状態からの復旧・復興に関しては、われわれの参考になることが多いはずである。その点では、地震により建物が崩壊したという過程だけが災害ではないにもかかわらず、その過程だけを取りあげて、「日本とは無関係」とすることはできないはずである。大災害時の人々の避難行動や復旧復興においては、多くの共通項が存在している。

　とはいえ、行動の仕方を規定する歴史文化的要因は大きく異なり、さらに、復旧復興を支える社会制度も財政支援の仕組みも、社会ごとに異なっている。だから、あまりにも異なる制度的基盤にある災害の事例は、やはり参考にならないと、再び反論されるかもしれない。しかし、海外での災害やそこからの復興過程を研究することによって、日本で「当たり前」とされてきた考え方、さらにときには「日本のやり方が最善」という発想法を、もう一度見直す機会となる。日本の災害に関わる制度が最良のものであるとはいえず、さらに、そうした制度は時代によって大きな変化を遂げてゆくのは当然である。そのことを考えると、海外での制度や仕組みを学ぶことは有意義なことである。

　このようにみてくると、大災害を「全世界の共有財産」にしてゆくには、各国政府や国連をはじめとする国際機関はもちろん、マスコミ、大学などの研究

機関、NPOなどの海外への災害支援の関係団体など様々な機関や組織が連繋しながら、単に「自然現象としての災害」の側面だけではなく災害を総合的に捉える視点に立ってゆくことが必要であることがわかる。そして、そうした意味で「全世界の共有財産」にしえたときに、どこで大災害が発生しようとも、人々は「大災害との知恵比べ」に勝ち、災害から生き延び、災害からいち早く立ちあがることができるようになるのである。

図 7.5　再建が進むアチェ市場
2010年12月9日、高橋誠撮影。カバー裏のカラー写真も参照。

あとがき

　本書は、2004年スマトラ地震と津波によって壊滅的被害を受けたインドネシアのアチェにおける、自然と社会の破壊と再生の物語である。
　超という接頭語が付くほどの巨大災害を経験することは、ひとつの場所でみれば、多くの人にとって一生に一度あるかどうかの出来事である。しかし、それは一旦おこると、地域社会それ自体が消滅してしまうほどのきわめて深刻な被害をおよぼす。いっぽう、世界全体でみれば、地震や津波に限らず、ほぼ毎年のようにどこかで大災害が発生している。私たち研究者がそうした場面に立ち会えることは、ある種の縁のようなものである。災害研究は基本的に経験科学であり、私たちは現実の出来事からしか学べない。圧倒的な自然の力に人々がどのように対峙し、そのときに何を考え、どのようにして立ち直ってきたかということを書き残す仕事は、私たちに課された責務であると思う。とはいえ、少なくとも総合的かつ長期的な観点から編まれた超巨大災害のモノグラフは、これまでほとんど類例がなかった。いくつかの点で、私たちは熟考と議論を重ねた。
　まず、自然災害は、それぞれに異なる表情を持つ。自然ハザードの特性をみても、それはマグニチュードやメートルという物理量に単純に還元できるものではない。まして、被害や復興といった社会の側面に関しては、ローカリティの文脈によって大きく異なる。たしかに、アチェは5千kmも離れた遠い世界である。自然環境も人々の暮らしも、日本とは全く異なる。しかし、このことをもって、そこの出来事から私たちが学ぶことはないと断じてしまうのは間違いである。アチェの地理的・歴史的特性を素描してわかることは、アチェが実は日本と深いつながりを持つという事実である。アンソニー・ギデンズの言葉

をあげるまでもなく、グローバル化の時代において、相互につながりを持たない国や地域など世界中に存在しない。

　自然災害の問題に立ち戻れば、私たちは、そうしたローカリティの違いに起因する災害の様々な表情を整理する論理、換言すれば、大津波のような典型的な低頻度・大災害の経験を、空間を超えて共有するための枠組みを必要としている。本書の最初の章では、広い意味で「災害」を意味するふたつの言葉の違いに着目し、ハザードが地域の社会的文脈との相互作用によって災害に変換される自然－社会のメカニズムについて、私たちの考え方を提示した。これについては、過去100年間に世界有数の人口稠密地域でおこった、もうひとつの超巨大地震による東日本大震災との比較研究をとおして、今後さらに理論化を図ることが必要である。

　いうまでもなく、災害は、被災から復興に至る時間的なプロセスとして捉えることができる。これまでの災害研究から理論的に蓄積された考え方をある程度踏まえ、本書では、それに続く四つの章で、発災直後からの時間軸に沿って、復旧・復興のフェーズが変わる時期をターニングポイントとし、それぞれの時期において鍵となったトピックスを議論することにした。「アチェにはアチェの時間が流れている」というのは木股文昭の言葉だが、災害復興の時間的プロセスも、ローカル社会の文脈に照らして考えられるべきである。本書の構成がアチェに流れる時間を表現できたかどうか、いささか心許ないが、この問題も様々な大災害との比較研究をとおして理論的に詰められる必要がある。

　災害のプロセスでは、建造物が破壊され、人命が奪われるのみならず、そこの経済や社会や文化が劇的に改変され、また間接的な影響が非被災地の様々な側面におよぶために、災害研究は本質的に総合的なものであるべきだ。それにもかかわらず、少なくとも現在の日本では、様々な研究分野の災害研究を相互にまとめあげる論理は、ほとんど等閑視されてきた。この問題に対して本書の中で十分に答えられたわけではないが、黒田達朗が振り返るように、たしかにフィールドでの異種混交によって「シナジー効果」は生み出された。つまり、本書は、様々なバックグラウンドを持った研究者が、アチェという場所で同じ壊れたものを見て、それぞれが想像するものを擦り寄せながら、どのようなこ

とがおこったのかというイメージを共有することによって生まれた、いわばボトムアップの災害研究の試みである。

最後に、現在のバンダアチェには、少なくとも街の景観からみる限り、モニュメントとして残されたもののほかに津波災害を感じさせるものはほとんどない。その意味で、アチェは、次の大災害に向けて長く辛い準備期、あるいは「災間期」というべき時期に再び入ったとみなされるべきであろう。アチェの人たちが世紀の大災害と呼ばれるスマトラ地震を生き抜いてきたことに関する記録は、自然科学的にも社会科学的にも、あるいは防災上も、過去や将来の様々な災害を学問的に評価する際のひとつの物差しになりうる。こうした研究者のフィールド実践と地域防災との相互作用に関わって、本書の最後に、私たちの研究活動が地元の災害対応にどのように活かされるかということを展望し、私たちのそれぞれが自らの調査経験を自省するふたつの章を付け加えた。

緊急調査として始まった名古屋大学の 2004 年スマトラ地震調査は、本書の刊行を持ってひとまず第一幕を下ろすことになる。しかし、すでに述べたように、残された課題も多い。大方のご批判やご叱正をいただければありがたい。

本書の刊行にあたっては、独立行政法人日本学術振興会の平成 25 年度科学研究費補助金（研究成果公開促進費・学術図書）の交付を受けた。また、本書の出版を引き受けていただいた株式会社古今書院の橋本寿資社長、編集部の原 光一氏と、編集にご尽力をいただいた関 秀明氏に、ここに記して謝意を表する。

本書のもとになった現地調査に対しては、実に多くの金銭的支援を得ることができた。まず、なけなしの研究科長裁量経費から最初の渡航資金を捻出し、その後、「スマトラ地震後の生活・都市復旧過程の研究」（2005 年度、代表者：田中重好）、「インドネシアジョグジャカルタ地震後の復興過程にかんする文理融合型研究」（2006 年度、代表者：田渕六郎）、「コミュニティに立脚した津波対策の海外への移転可能性」（2007 年度、代表者：田中重好）といった教育研究等推進経費などを通じて支援を続けてくれた、本書執筆者の黒田達朗を含む歴代の名古屋大学大学院環境学研究科長、林良嗣教授、山口靖教授にお礼を申しあげる。また、「東南アジアにおける巨大津波災害復興システム」（2005 年度、

代表者：海津正倫)、「スマトラ地震からの経済・生活復興と国際援助」(2006年度、代表者：黒田達朗)、「スマトラ災害復興過程の文理融合型定点観測調査」(2007年度、代表者：高橋誠)、「スマトラ災害復興後の災害に強い地域づくりの支援」(2008年度、代表者：高橋誠)、「被災体験をもとにしたインドネシアの災害文化形成の支援」(2009年度、代表者：田中重好) といった名古屋大学総長裁量経費（教育研究改革・改善プロジェクト経費）を通じた支援に対して、名古屋大学総長と事務当局に感謝する。

　私たちの調査団が軌道に乗ってからは、日本学術振興会から次の補助金を得ることができた。科学研究費補助金（基盤研究A）「スマトラ北部におけるスマトラ地震の歪み回復過程とスマトラ断層の歪み蓄積過程の研究」(2007～2010年度、課題番号：19253003、代表者：木股文昭)、科学研究費補助金（基盤研究A)「インド洋大津波の被災・緊急対応・復興過程と社会的メカニズム」(2008～2010年度、課題番号：20242025、代表者：高橋誠)、科学研究費補助金（基盤研究B)「途上国におけるコミュニティベースの災害復興戦略とリスク管理」(2011～2014年度、課題番号：23320181、代表者：高橋誠)、二国間交流事業・共同研究「沿岸低地におけるコミュニティーの防災計画と津波被災地域における検証」(2007～2008年度、代表者：海津正倫)、二国間交流事業・共同研究「スマトラ北部におけるスマトラ地震余効すべり過程とスマトラ断層歪み蓄積過程の解明」(2010～2013年度、代表者：木股文昭・伊藤武男)。また、学術交流に関しては、日本学術振興会アジア学術セミナー「プレート沈み込み域における巨大地震」(2005年度、代表者：木股文昭)、アジア・アフリカ学術基盤形成事業「地域特性にもとづく熱帯アジア臨海域の自然災害軽減に関わる研究連携」(2006～2008年度、代表者：海津正倫)、若手研究者招聘事業「アジアにおける激甚地震津波災害の多国間文理連携研究基盤の形成」(2011年度、代表者：木股文昭) のほか、名古屋大学全学同窓会支援事業「2004年アチェ地震津波と2006年中部ジャワ地震における学生ボランティア活動の交流」(2007年度、代表者：木股文昭)、ユネスコ青年交流信託基金事業大学生交流プログラム「津波被災文化の継承による津波防災意識の向上」(2008年度、代表者：木股文昭) の助成金を得ることができた。ここに記して謝意を表する。

本文でも触れたように、災害に関わる研究が地元社会との関係でのみ成立する以上、私たちの調査団のメンバーが、独立行政法人科学技術振興機構と独立行政法人国際協力機構の地球規模課題対応「インドネシアにおける地震火山の総合防災策」（2009〜2011年度、代表者：佐竹健治）に参加できたのは有意義であった。この点に関して、東京大学地震研究所の佐竹健治教授と加藤照之教授、そして現地駐在業務調整員であった遠藤清美氏と久保木勇氏に厚くお礼を申しあげる。

アチェにおける現地調査では、アチェ州やバンダアチェ市などの地方政府やBRRをはじめとする関係機関、慈善基金会をはじめとするアチェ及びメダン在住華人組織、UNORCHA、IDLO、IFRC、Oxfam、Save the Children、World Vision、USAID、JICAなどの多くの支援団体、グチやトゥハプット、イマムなどの多くのコミュニティ・リーダーに、インタビュー調査や資料収集に際し便宜を図っていただいた。アチェ、ジョグジャカルタ、パダン、ムンタワイにおける多くの被災者の方々には、インタビューや質問紙調査において不躾な質問にも親切に答えていただいた。すべての人のお名前をあげることはできないが、心よりお礼を申しあげる。

名古屋大学の調査団結成の経緯は、すでに別のところで触れた。本書の執筆者に関していえば、2005年2月5日にバンダアチェ入りした第一次調査団には、安藤雅孝が団長として、木股文昭、田中重好、木村玲欧がメンバーとしてそれぞれ加わった。その後すぐに伊藤武男が地震学チームに参加し、ヘルシンキにおけるアチェ和平合意から10日ほど後の2005年8月27日にバンダアチェ入りした第二次調査団には、海津正倫、黒田達朗、島田弦、高橋誠がメンバーとして参加した。その後、田渕六郎、伍国春、林能成、川崎浩司、伊賀聖屋が調査団に順次加わっていった。調査団に参加しながらも、本書構成の都合で執筆者にならなかった西村美彦、和崎春日、上村泰裕、佐々木太郎、辻村大生、太田雄策、Glenda Besana、Irwan Meilano、Agustan、Endra Gunuwanの各氏、また、名古屋大学外から参加した日本画家の藤田哲也氏、高知大学の田部井隆雄教授、琉球大学の中村衛准教授には、アチェやインドネシア各地でともに過ごした日々に対してお礼を申しあげる。

私たちの調査は、もちろん、インドネシアにおけるカウンターパートの協力なしには成り立たなかった。誰よりもまず、本書に写真を提供していただくとともに、最初のアチェ渡航の際に同行し、自宅を宿舎として提供していただいた Farid Mulana 氏（シアクラ大学工学部）とご家族に深謝の言葉を述べたい。また、フィールド調査に同行して様々なご教示をいただいた Suhirman、Mipi Kusumah（以上、バンドン工科大学）、Didik Sugiyanto、Irwandi、Nazil、Muksin（以上、シアクラ大学理学部）、Fajri Jakfar、Helmi、Agussabti、Sabaruddin Zakaria、Irfan Zikri、Agus Nugroho（以上、シアクラ大学農学部）、調査に際してご協力をいただいた Muhammad Dirhamsyah、Ridha、Syamsidik（以上、シアクラ大学津波減災研究センター）、Muzailin Affan（シアクラ大学リモートセンシング及び GIS 開発センター）、様々な観点からご助言をいただいた Yunus Sabi（イスラム大学）、Saiful Madhi（国際アチェ及びインド洋研究センター）、Sofyan 及び故 Evi Lisna 夫妻（シアクラ大学農学部）、故 Agussalim（シアクラ大学工学部）、Hasanuddin、Ketut Wikantika（以上、バンドン工科大学）、Junun Sartohadi、Djati Mardiatno、Syarifah（以上、ガジャマダ大学）、Deny Hidayati、Haryadi Permana、Jan Sopaheluwakan、Munasri（以上、インドネシア科学院）の各氏、そして、現地調査や観測にご協力をいただいた Putri、Nani、Aboy、Rahmad、Zaki の各君をはじめとするシアクラ大学理学部及び農学部の学生諸君に厚くお礼を申しあげる。

　最後に、何よりも、名前を知らない多くのアチェの人々に対して、バンダアチェのダウンタウン、レックス・プナヨンの Rex Jaya、Arah Maju、Wisata、Hotel Medan、Country Steak House の面々、そして、バンダアチェの地理にこの上なく精通し、私たちの現地調査にいつも車を走らせてくれた Karimuddin 氏を思い浮かべながら深甚なる謝意を表する。

2013 年 8 月

執筆者を代表して　　髙橋　誠

参 考 文 献

阿部泰隆 1995.『大震災の法と政策―阪神・淡路大震災に学ぶ政策法学』日本評論社
アンダーソン・B 著，白石さや・白石　隆訳 1997.『増補　想像の共同体』NTT 出版（Anderson, B. 1991. *Imagined communities: reflections on the origin and spread of nationalism*. London: Verso）
アンダーソン・B 著，糟谷啓介・イヨンスク・増田久美子・高地　薫・鈴木俊弘訳 2005.『比較の亡霊―ナショナリズム・東南アジア・世界』作品社（Anderson, B. 1998. *The spectre of comparisons: nationalism, Southeast Asia and the world*, London: Verso）
安藤雅孝・Irwan Meilano・木股文昭・奥田　隆・田所敬一・中道治久・武藤大介 2007. 2006 年インドネシア・ジョクジャカルタ地震のメカニズムと被害. 歴史地震学 22, 187-193
飯島伸子 1993. 環境問題と被害のメカニズム．飯島伸子編『環境社会学』有斐閣，81-100
家島彦一 2006.『海域から見た歴史―インド洋と地中海を結ぶ交流史』名古屋大学出版会
鵜飼康子 2008.『津波―ASIAN TSUNAMI』早稲田出版
宇津徳治 2004.　世界の被害地震の表（古代から 2002 年まで）．宇津徳治先生を偲ぶ会，東京，電子ファイル最終版
海津正倫 2008. 2007 年度におけるインドネシアとの津波災害に関する共同研究事業．名古屋大学大学院環境学研究科編『2004 年北部スマトラ地震調査報告 IV』名古屋大学大学院環境学研究科，158-160
海津正倫・高橋　誠 2007. バンダアチェにおけるインド洋大津波の被害の地域的特徴．*E-journal GEO* 2(3), 142-152
NHK スペシャル取材班 2013.『巨大地震津波―その時ひとはどう動いたか』岩波書店
大家隆行・越村俊一・柳澤英明・今村文彦 2006. 2004 年インド洋大津波によるバンダ・アチェ市街地の津波氾濫解析と被害評価．海岸工学論文集 53, 221-225
岡本古志郎 1951.　『死の商人』岩波書店
甲斐道太郎編 2000.『大震災と法』同文舘出版
片田敏孝編 2003.『平成 15 年 3 月 26 日三陸南部地震における気仙沼市民の避難に関する調査報告書』群馬大学工学部片田研究室
鎌滝孝信・西村裕一 2005. 2004 年スマトラ島沖地震津波調査報告．地学雑誌 114(1), 78-82
北原糸子編 2006.『日本災害史』吉川弘文館
木股文昭 2008. インドネシアとフィリピンから 10 名の学生を迎え―2008 年ユネスコ青年交流信託基金事業　大学生交流プログラム「津波被災文化の継承による津波防災意識の向上」の取り組み．名古屋大学大学院環境学研究科編『2004 年北部スマトラ地震調査報告 IV』名古屋大学大学院環境学研究科，97-100
木股文昭・林　能成・木村玲欧 2005.『三河地震 60 年目の真実』中日新聞社
木股文昭・田中重好・木村玲欧編 2006.『超巨大地震がやってきた―スマトラ沖地震津波に学べ』時事通信社
木村玲欧 2006. 現地調査からわかった人びとの復興．木股文昭・田中重好・木村玲欧編『超巨大地震がやってきた―スマトラ沖地震津波に学べ』時事通信社，133-145

木村玲欧 2007. スマトラ災害文化育成プロジェクト―『超巨大地震がやってきた』出版とその後の展望．名古屋大学大学院環境学研究科編『2004年北部スマトラ地震調査報告III』名古屋大学大学院環境学研究科，101-104
木村玲欧 2013.『歴史災害を防災教育に生かす―1945三河地震』古今書院
木村玲欧・田村圭子・井ノ口宗成・林　春男・浦田康幸 2010. 災害からの被災者行動・生活再建過程の一般化の試み―阪神・淡路大震災，中越地震，中越沖地震復興調査結果討究．地域安全学会論文集 13, 175-185
木村玲欧・林　春男・立木茂雄・田村圭子 2004. 被災者の主観的時間評価からみた生活再建過程―復興カレンダーの構築．地域安全学会論文集 6, 241-250
木村玲欧・林　春男・田村圭子・立木茂雄・野田　隆・矢守克也・黒宮亜季子・浦田康幸 2006. 社会調査による生活再建過程モニタリング指標の開発―阪神・淡路大震災から10年間の復興のようす．地域安全学会論文集 8, 415-424
木村玲欧・林　能成 2004. 地域の被災体験を収集し共有するための手法開発―東南海地震と三河地震を例とした愛知県三河地域での取り組み．東京大学地震研究所技術研究報告 10, 12-20
黒田達朗 2007. 国際学術交流の成果と今後の課題．名古屋大学大学院環境学研究科編『2004年北部スマトラ地震調査報告III』名古屋大学大学院環境学研究科，105-107
伍　国春 2008. 津波災害と華人復興．名古屋大学大学院環境学研究科編『2004年北部スマトラ地震調査報告IV』名古屋大学大学院環境学研究科，29-32
後藤新八郎 1982. 関東大震災における対私権応急措置について．法制史研究 32, 167-191
小柳春一郎 1995. 関東大震災と借地借家臨時処理法（大正13年法律第16号）―上．独協法学 41, 235-283
小柳春一郎 1996a. 関東大震災と借地借家臨時処理法（大正13年法律第16号）―中．独協法学 42, 217-296
小柳春一郎 1996b. 関東大震災と借地借家臨時処理法（大正13年法律第16号）―下．独協法学 43, 231-300
小柳春一郎 1996c. 大規模災害と借地借家についての立法史．不動産研究 38(2), 1-9
佐伯奈津子 2005.『アチェの声―戦争・日常・津波』コモンズ
酒井由美子 2001. インドネシア―あいまいな国家規制としたたかなNGO．重冨真一編『アジアの国家とNGO―15か国の比較研究』明石書店，204-225
潮海一雄編 1997.『阪神・淡路大震災と法』甲南大学阪神大震災調査委員会
地引泰人 2009. 災害時の国際緊急人道支援における情報共有制度の歴史的変遷の分析．災害情報 7, 124-133
ジャパン・アチェ・ネット 2005.『Nyawöung（いのち）』Japan Aceh Net (JAN) & Serambi Indonesia
白石　昇 2009.『津波―アンダマンの涙』めこん
ジラルデ・E 2005. 世界から忘れられた被災者たち―インドネシア、イラン、アフガニスタン、ウガンダで国際救援活動のその後を追う．National Geographic（日本版）11-12, 82-111
杉本めぐみ 2009. 国際援助協調による防災教育の現状と発展可能性に関するシステム論的考察：インド洋沖津波被災後のインドネシアのケース．京都大学学位論文・博士（地球環境学）
スマルジャン・S，ブリージール・K著，中村光男監訳 2000.『インドネシア農村社会の変容―スハルト村落開発政策の光と影』明石書店（Soemardjan, S. and Breazeale, K. 1993. *Cultural change in rural Indonesia: impact of village development*. Surakarta: Sebelas Maret University Press）
瀬野徹三 2012. 南海トラフ巨大地震―その破壊の様態とシリーズについての新たな考え．地震 64, 97-116
高橋晋一 2002. 媽祖．可児弘明・斯波義信・游　仲勲編『華人・華僑辞典』弘文堂，739-734

高橋　誠 2006. 地域ごとに異なる復興状況．木股文昭・田中重好・木村玲欧編『超巨大地震がやってきた―スマトラ沖地震津波に学べ』時事通信社，125-133
高橋　誠 2007. アチェの住宅復興とローカルコミュニティをめぐる調整メカニズム．名古屋大学大学院環境学研究科『2004年北部スマトラ地震調査報告III』名古屋大学大学院環境学研究科，58-63
高橋　誠・田中重好・Deny Hidayati・Djati Mardiatno・Irfan Zikri 2011. 2010年の質問紙調査の結果―インドネシアのアチェとジョグジャカルタとの比較．名古屋大学大学院環境学研究科編『2004年北部スマトラ地震調査報告（別冊）』名古屋大学大学院環境学研究科，6-23
高橋　誠・堀　和明・松多信尚・田中重好 2012. 東日本大震災において死亡率の地域差がなぜ生じたのか．日本地理学会発表要旨集 No.82, 50-50
田中重好 2005. 街と人から見たバンダ・アチェの津波被害―2004年スマトラ沖地震環境学研究科調査から．名古屋大学大学院環境学研究科『2004年北部スマトラ地震調査報告』名古屋大学大学院環境学研究科，37-42
田中重好 2006. スマトラ地震からの生活復興．名古屋大学大学院環境学研究科『2004年北部スマトラ地震調査報告II』名古屋大学大学院環境学研究科，157-171
田中重好 2007. スマトラ地震とコミュニティ．浦野正樹・大矢根淳・吉川忠寛編『復興コミュニティ論入門』弘文堂，235-244
田中重好・小倉賢治 1994. 災害情報と災害文化―北海道南西沖地震時における青森県沿岸住民の津波対応行動．地域安全学会報告集 4, 117-123
田中重好・高橋　誠 2008a. コミュニティの消滅から再生へ．名古屋大学大学院環境学研究科『2004年北部スマトラ地震調査報告IV』名古屋大学大学院環境学研究科，60-72
田中重好・高橋　誠 2008b. 地域社会に根ざした津波対策を考える―三重県大紀町錦地区の津波対策から．名古屋大学大学院環境学研究科『2004年北部スマトラ地震調査報告IV』名古屋大学大学院環境学研究科，127-151
田中重好・高橋　誠 2010. 語りに見るスマトラ島沖地震の被災体験．名古屋大学大学院環境学研究科『2004年北部スマトラ地震調査報告VI』名古屋大学大学院環境学研究科，25-79
田中重好・高橋　誠・イルファンジックリ 2012.『大津波を生き抜く―スマトラ地震津波の体験に学ぶ』明石書店
田中重好・高橋　誠・辻村大生・木村玲欧 2008. 三重県大紀町錦地区での津波の避難に関するアンケート調査結果．名古屋大学大学院環境学研究科『2004年北部スマトラ地震調査報告IV』名古屋大学大学院環境学研究科，11-126
田中重好・田渕六郎・木村玲欧・伍　国春 2006. 津波からの避難行動の問題点と警報伝達システムの限界．自然災害科学 25(2), 183-195
田渕六郎 2006. 調査票調査の実施・家族に生じた被害．名古屋大学大学院環境学研究科編『2004年北部スマトラ地震調査報告II』名古屋大学大学院環境学研究科，137-142
Tapol 著，南風島渉訳 2001.『暗黒のアチェ―インドネシア軍による人権侵害』インドネシア民主化支援ネットワーク
堤　寛 2010.『父たちの大東亜戦争―戦地シンガポール・スマトラの意外な日々』幻冬舎ルネッサンス
豊田直巳 2005.『写真集・大津波アチェの子供たち』第三書館
永松伸吾 2011.『キャッシュ・フォー・ワーク―震災復興の新しいしくみ』岩波書店
名古屋大学大学院環境学研究科 2005.『2004年北部スマトラ地震調査報告』名古屋大学大学院環境学研究科
名古屋大学大学院環境学研究科 2006.『2004年北部スマトラ地震調査報告II』名古屋大学大学院環境学研究科

名古屋大学大学院環境学研究科 2007.『2004 年北部スマトラ地震調査報告 III』名古屋大学大学院環境学研究科
名古屋大学大学院環境学研究科 2008.『2004 年北部スマトラ地震調査報告 IV』名古屋大学大学院環境学研究科
名古屋大学大学院環境学研究科 2009.『2004 年北部スマトラ地震調査報告 V』名古屋大学大学院環境学研究科
名古屋大学大学院環境学研究科 2010.『2004 年北部スマトラ地震調査報告 VI』名古屋大学大学院環境学研究科
名古屋大学大学院環境学研究科 2011.『2004 年北部スマトラ地震調査報告（別冊）』名古屋大学大学院環境学研究科
西　芳実 2003. マラッカ海峡を越えて―第三の場を模索するアチェの人々．JAMS News No.27, 34-37
林　能成 2007.『バンダアチェの大津波を生きのびた人びと』名古屋大学大学院環境学研究科
林　能成 2009. 津波発生プロセスを解明するための新データの取得―系統的な津波目撃証言の収集からわかること．名古屋大学大学院環境学研究科『2004 年北部スマトラ地震調査報告 V』名古屋大学大学院環境学研究科, 124-133
林　能成・安藤政孝・石田瑞穂・Didik Sugiyanto 2008. 津波遭遇条件が避難に与える影響．名古屋大学大学院環境学研究科『2004 年北部スマトラ地震調査報告 IV』名古屋大学大学院環境学研究科
原不二夫 2002. ペナン．可児弘明・斯波義信・游仲勲編『華人・華僑辞典』弘文堂，708-709
弘末雅士 2004. インド洋におけるムスリムが形成した港市国家―北スマトラの港市と後背地．『自然と文化そしてことば 04 特集＝インド洋海域世界―人とモノの移動』葫蘆舎, 14-21
広瀬公巳 2007.『海神襲来―インド洋大津波・生存者たちの証言』草思社
広瀬弘忠 1984.『生存のための災害学―自然・人間・文明』新曜社
深見純正 1995. 歴史的背景．綾部恒雄・石井米雄編『もっと知りたいインドネシア（第2版）』弘文堂，1-45
藤谷　健 2006.『TSUNAMI をこえて―スマトラ沖地震とアチェの人びと』ポプラ社
ベック・U 著，東　廉・伊藤美登里訳 1998.『危険社会―新しい近代への道』法政大学出版局（Beck, Ulrich,1986, *Riskogesellshaft: auf dem Weg in eine andere Moderne.* Frankfurt am Main: Suhrkamp Verlag）
松田素二 1999.『抵抗する都市―ナイロビ移民の世界から（現代人類学の射程）』岩波書店
松本武彦 2002. メダン．可児弘明・斯波義信・游仲勲編『華人・華僑辞典』弘文堂，763-764
水本達也 2006.『インドネシア―多民族国家という宿命』中央公論新社
村松郁栄 2006.『濃尾震災―明治 24 年内陸最大の地震』古今書院
メリカリオ・K 著，脇坂紀行訳 2007.『平和構築の仕事―フィンランド大統領アハティサーリとアチェ和平交渉』明石書店（Merikallio, K. 2006. Making peach: Ahtisaari and Aceh. Helsinki: WSOY）
山本博之 2007. 津波後のアチェに見る外部社会と被災社会の交わりの形．林勲男編『国立民族博物館調査報告 73：2004 年インド洋地震津波災害―被災地の現状と復興への課題』国立民族学博物館，71-82
吉井博明 2005.『4 県（三重県・和歌山県・徳島県・高知県）共同地震・津波県民意識調査報告書』東京経済大学
吉原和男 2002. 大伯公．可児弘明・斯波義信・游　仲勲編『華人・華僑辞典』弘文堂，441-441
Ananta, A. and Lee, P. O. eds. 2007. *Aceh: a new dawn.* Singapore: ISEAS Publishing
Ando, M., Ishida, M., Hayashi, Y., Mizuki, C., Nishikawa, Y., Tu, Y. 2013. Interviewing insights regarding the fatalities inflicted by the 2011 Great East Japan Earthquake. *Natural Hazards and Earth System Sciences* 13, 2173-2187.
Asian Development Bank, Organisation for Economic Co-operation and Development, Transparency Inter-

national eds. 2005. *Curbing corruption in tsunami relief operations*. Manila: Asian Development Bank

Bennett J. D. 1981. Tectonics and metamorphism of Sumatra north of latitude 3˚ N. *Symposium Report of the Directorate of Mineral Resources*, No.3

Bennett, J. D., Bridge, D. M., Cameron, N. R., Djunuddin, A., Ghazali, S. A., Jeffery, D. H., Keats, W., Rock, N. M. S., Thompson, S. J., Whandoyo, R. 1981. *Geologic map of the Banda Aceh Quadrangle, North Sumatra, 1:250000*. Bandung: Geological Research and Developing Centre

BRR 2005. *Aceh and Nias one year after the tsunami: the recovery effort and way forward*. Jakarta: A Joint Report of BRR and International Partners

BRR 2006. *Aceh and Nias two years after the tsunami: 2006 progress report*. Jakarta: A Joint Report of BRR and International Partners

BRR 2009. *Tsunami from disaster to the emergence of light*. Banda Aceh: BRR, Multi Donor Fund and UNDP

Carayannis, G. P. 1967. A study of the source mechanism of the Alaska earthquake and tsunami of march 27, 1964: Part 1. water waves. *Pacific Science* 21, 301-310

Cisternas, M., Atwater, B. F., Torrejón, F., Sawai, Y., Machuca, G., Lagos, M., Eipert, A., Youlton, C., Salgado, I., Kamataki, T., Shishikura, M., Rajendran, C. P., Malik, J. K., Rizal, Y., Husni, M. 2005. Predecessors of the giant 1960 Chile earthquake. *Nature* 437, 404-407

Danielsen, F., Sørensen, M., Olwig, M. F., Selvam, V., Parish, F., Burgess, N. D., Hiraishi, T., Karunagaran, V. M., Rasmussen, M. S., Hansen, L. B., Quarto, A., Suryadiputra, N. 2005. The Asian tsunami: a protective role for coastal vegetation. *Science* 310(5748), 643-643

Favor, L. J. 2011. *Natural disasters*. New York: Facts On File

Harper, E. ed. 2006. *Hukum perwalian, kewarisan dan tanah di Aceh pasca-tsunami*. Banda Aceh: IDLO

Heki, K., Miyazaki, S., Tsuji, H. 1997. Silent fault slip following an interplate thrust earthquake at the Japan Trench. *Nature* 386, 595-598

Houston, H., Kanamori, H. 1986. Source spectra of great earthquakes: teleseismic constraints on rupture process and strong motion. *Bulletin of the Seismological Society of America* 76, 19-42.

Hurgronje, C. S. (Translated by A.W.S.O'Sullivan) 1984. *The Achehnese*. English Version. New York: AMS Press

Ide, S., Baltay, A., Beroza, G. C. 2011. Shallow dynamic overshoot and energetic deep rupture in the 2011 Mw 9.0 Tohoku-oki earthquake. *Science* 332, 1426-1429

Irwan, M., Ohta, Y., Darmawan, D., Andreas, H., Hasannudin, Z. A., Kusuma, M. A., Sugiyanto, D., Agustan, Ito, T., Kimata, F. 2006. GPS measurement of coseismic displacement in Aceh province after the 2004 Aceh-Andaman earthquake. Graduate School of Environmental Studies, Nagoya University ed.: *2nd Investigation Report of 2004 Northern Sumatra Earthquake*. Nagoya: Graduate School of Environmental Studies, Nagoya University, 103-108

Ito, T., Agustan, Meilano, I., Tabei, T., Kimata, F. 2008. The Construction of New Dense GPS Observation Network: AGNeSS (Aceh GPS Network for Sumatran Fault System). Graduate School of Environmental Studies, Nagoya University ed.: *The 4th Investigation Report of 2004 Northern Sumatra Earthquake*. Nagoya: Graduate School of Environmental Studies, Nagoya University, 83-88

Ito, T., Gunawan, E., Kimata, F., Tabei, T., Simons, M., Meilano, I., Agustan, Ohta, Y., Nurdin, I., Sugiyanto, D. 2012. Isolating along-strike variations in the depth extent of shallow creep and fault locking on the northern Great Sumatran Fault. *Journal of Geophysical Research*, doi:10.1029/2011JB008940.

Johnson, J. M., Satake, K. 1999. Asperity distribution of the 1952 great Kamchatka earthquake and its relation to future earthquake potential in Kamchatka. *Pure and Applied Geophysics* 154, 541-553

Johnson, J. M., Tanioka, Y., Ruff, L. J., Satake, K., Kanamori, H., Sykes, L. R. 1994. The 1957 great Aleutian earthquake. *Pure and Applied Geophysics* 142, 3-28

Jordan, J. N., Lander, J. F., Black, R. A. 1965. Aftershocks of 4 February 1965 Ratisland earthquake. *Science* 148, 1323-1325

Kanamori, H. 1977. The energy release in great earthquakes. *Journal of Geophysical Research* 82, 2981-2987

Kimura, R. 2007. Recovery and reconstruction calendar. *Journal of Disaster Research* 2(6), 465-474

Kimura, R., Hayashi, H., Tatsuki, S., Tamura, K. 2006. Behavioral and psychological reconstruction process of victims in the 2004 Mid-Niigata Prefecture earthquake. *Proceedings of the Eighth U.S. National Conference on Earthquake Engineering* 606, CD-ROM (9p.)

Lay, T., Ammon, C. J., Kanamori, H., Yamazaki, Y., Cheung, K. F., Hutko, A. 2011. The 25 October 2010 Mentawai tsunami earthquake (Mw 7.8) and the tsunami hazard presented by shallow megathrust reptures. *Geophysical Research Letters*, L13301, doi: 10.1029/2010GL046552

Lomnitz, C. 2004. Major earthquakes of Chile: a historical survey, 1535-1960. *Seismological Research Letters* 75, 368-378

Mahdi, S. 2009. Finding gampöng: space, place and resilience in post-tsunami Aceh. de Alwis, M., Hedman, E. eds.: *Tsunami in a time of war: aid, activism and reconstruction in Sri Lanka and Aceh*. Colombo: International Centre for Ethnic Studies, 83-119

Musnari, Hayashi, Y. 2011. *Selamat dari teryangan tsunami: pengalaman dari Aceh & Mentawai*. Jakarta: SATREPS/"Multi- disciplinary Hazard Reduction from Earthquake and Volcanoes in Indonesia" Project

Ohta Y., Kimata, F., Sagiya, T. 2004. Reexamination of the interplate coupling in the Tokai region, Central Japan, based on the GPS data in 1997-2002. *Geophysical Research Letters* 31, L24604, doi:10.1029/2004GL021404.

Ohta, Y., Kobayashi, T., Tsushima, H., Miura, S., Hino, R., Takasu, T., Fujimoto, H., Iinuma, T., Tachibana, K., Demachi, T., Sato, T., Ohzono, M., Umino, N. 2012. Quasi real-time fault model estimation for near-field tsunami forecasting based on RTK-GPS analysis: application to the 2011 Tohoku-Oki Earthquake (Mw 9.0). *Journal of Geophysical Research*, DOI: 10.1029/2011JB008750

Ohta, Y., Meilano, I., Sagiya, T., Kimata, F., Hirahara, K. 2006. Large surface wave of the 2004 Sumatra-Andaman Earthquake captured by the very long baseline kinematic analysis of 1-Hz GPS data. *Earth Planets and Space* 58, 1-5

Okubo, M., Asai, Y., Ishii, H., Aoki, H. 2005. Thousand kilometers breaking of the 2004 Sumatra earthquake proved by dynamic strain analysis, *Report of Research Committee for Crustal Activity* 16, 81-83

Ozawa, S., Murakami, M., Kaidzu, M., Tada, T., Sagiya, T., Hatanaka, Y., Yarai, H., Nishimura, T. 2002. Detection and monitoring of ongoing aseismic slip in the Tokai region, central Japan, *Science* 298, 1009-1012

Pemerintah Provinsi Daerah Istimewa Yogyakarta 2008. *Rangkuman kebijakan: pelaksanaan rehabilitasi rekonstruksi pasca gempa bumi di Daerah Istimewa Yogyakarta*. (Unpublished report)

Rastogi, B. K. 2007. A historical account of the earthquakes and tsunamis in Indian Ocean. Murty, T. S., Aswathanarayana, U., Nirupama, N. eds. *The Indian Ocean Tsunami*. London: Taylor & Francis, 3-18

Rofi, A., Doocy, S. and Robinson, C. 2006. Tsunami mortality and displacement in Aceh province, Indonesia. *Disasters* 30(3), 340-350

Saby, Y. 2005. I*slam and social change: the role of ulamas in Acehnese society.* Kuala Lumpur: Penerbit Universiti Kebangsaan Malaysia

Satake, K., Shimazaki, K., Tsuji, Y., Ueda, K. 1996. Time and size of a giant earthquake in Cascadia inferred from Japanese tsunami records of January 1700. *Nature* 379(6562), 246-249

Schulze, K. E. 2005. Between conflict and peace: tsunami aid and reconstruction in Aceh. Working Paper at the Centre for the Study of Global Governance, London School of Economy, http://www.lse.ac.uk/Depts/global/humansectsunami.htm（最終アクセス：2009/5/12）

Sibuet, J.-C., Rangin, C., Le Pichon, X., Singh, S., Cattaneo, A., Graindorge, D., Klingelhoefer, F., Lin, J.-Y., Malod, J.-A., Maury, T., Schneider, J., Sultan, N., Umber, M., Yamaguchi, H. 2007. 26th December 2004 great Sumatra-Andaman earthquake: Co-seismic and post-seismic motions in northern Sumatra. *Earth and Planetary Science Letters* 263, 88–103

Sieh, K., Natawidjaja, D. 2000. Neotectonics of the Sumatran fault, Indonesia. *Journal of Geophysical Research* 105(B12), 28295-28326

Sieh, K., Zachariasen, J., Bock, Y., Edwards, L., Taylor, F., Gans, P., 1994. Active tectonics of Sumatra. *Geological Society of America Abstracts* 26, A-382

Suhirman 2006. Achenese socio-cultural response during earthquake and tsunami disaster. Graduate School of Environmental Studies, Nagoya University ed.: *Investigation Report of 2004 Northern Sumatra Earthquake II.* Nagoya: Graduate School of Environmental Studies, Nagoya University, 149-155

Suhirman 2007. Mapping keys actors in community housing and infrastructure development after earthquake and tsunami in Banda Aceh December 2004 – December 2006. Graduate School of Environmental Studies, Nagoya University ed.: I*nvestigation Report of 2004 Northern Sumatra Earthquake III.* Nagoya: Graduate School of Environmental Studies, Nagoya University, 64-68

Suryadinata, L. 1997. *Political thinking of the Indonesian Chinese, 1900-1995.* Singapore: Singapore University Press

Suryadinata, L. 2004. *Chinese and nation-building in Southeast Asia.* Singapore: Marshall Cavendish

Suryadinata, L. 2007. *Understanding the ethnic Chinese in Southeast Asia.* Singapore: ISEAS Publishing

Takahashi, M. 2012. Conditions for the community-based disaster management: social geographies of the housing reconstruction in Aceh. Mardiatno, D. and Takahashi, M. eds.: *Community approach to disaster.* Yogyakarta: Gadjah Mada University Press, 131-149

Takahashi, M., Tanaka, S., Kimura, R., Umitsu, M., Tabuchi, R., Kuroda, T., Ando, M., Kimata, F. 2007. Restoration after the Sumatra earthquake tsunami in Banda Aceh: based on the results of interdisciplinary researches by Nagoya University. *Journal of Natural Disaster Science,* 29(2), 53-61

Takahashi, M., Tanaka, S., Kuroda, T., Kimura, R., Suhirman 2008. The questionnaire survey of December 2007: preliminary descriptions. Graduate School of Environmental Studies, Nagoya University ed. *The 4th investigation report of 2004 Northern Sumatra Earthquake.* Nagoya: Graduate School of Environmental Studies, Nagoya University, 33-44

Tanaka, S., Takahashi, M., Irfan, Z. 2011. *Orang orang yang bertahan dari tsunami.* Jakarta: JICA-JST/ Nagoya University

Umitsu, M., Tanavud, C. and Patanakanog, B. 2007. Effects of landforms on tsunami flow in the plains of Banda Aceh, Indonesia, and Nam Khem, Thailand. *Marine Geology* 242, 141-153

United Nations, World Bank, Asian Development Bank 2006. *Tsunami: India – two years After.* New Delhi: A Joint Report of the United Nations, the World Bank and the Asian Development Bank

West, M. D., Morris, E. M. 2003. The tragedy of the condominiums: legal responses to collective action problems after the Kobe earthquake. *American Journal of Comparative Law* 51, 903-940

Wisner, B., Blaikie, P., Cannon, T., Davis I. 2004. *At risk: natural hazards, people's vulnerability and disasters* (*Second edition*). New York: Routledge（岡田憲夫監訳 2010.『防災学原論』築地書館）

World Bank, International Donor Community for the People of Aceh & Nias 2005. *Rebuilding a better Aceh and Nias: preliminary stocktaking of the reconstruction effort – six months after the earthquake and tsunami.* Report of The World Bank

York, S. 2005. *Angels of Aceh: the compelling story of operation tsunami assist.* Crows Nest: Allen & Unwin

Tsunami Disaster and Reconstruction in Aceh Following the 2004 Sumatra Earthquake

Edited by
Makoto Takahashi, Shigeyoshi Tanaka, and Fumiaki Kimata

In the morning of December 26, 2004, the M 9.1 2004 Sumatra Earthquake ruptured the plate boundaries over 1,500 km from off Sumatra Island to Andaman Islands. After the earthquake, the huge tsunamis attacked coastal cities and regions not only on the Sumatra but also across Indian Ocean, killing over 220 thousand people, and eventually bringing about one of the most serious tsunami disasters in the world history.

The most severely affected areas were in the Province of Aceh located at the northern end of Sumatra Island, recording over 160 thousand dead and missing persons. In the half part of its capital city, Banda Aceh, the built environments were almost totally devastated, and over one fourth of the city's population were instantly lost. Especially, in its coastal communities, the several huge waves left nothing but building cornerstones and eroded even the land itself, the local mortality rates exceeding 80 percent.

Facing such the greatest catastrophe of the century, Nagoya University, Japan organized the research team consisted of natural, human and social sciences, such as seismology, geodesy, geography, psychology, sociology, law, economy and so on around the Graduate School of Environmental Studies. The team's first survey trip was to Banda Aceh in early February 2005, for understanding comprehensively what happened and how the local society responded. The field surveys have been continued for eight years, focusing the post-tsunami reconstruction processes in the affected areas of Aceh.

The members of Nagoya team have already published seven volumes of investigation report (http://www.seis.nagoya-u.ac.jp/INFO/sumatra/), and some books in Japanese, English and Indonesian, in addition to academic journal articles. Based on their eight-year field works, this book is about the local people's tragic but reborn experiences in the processes of damage, emergency response, rehabilitation and reconstruction in Aceh.

The book, in the Chapter I, begins with discussing the conceptual framework through differentiating the meanings of two words, hazard and disaster and focusing on the interrelationships between disaster, vulnerability and the society, before outlining the geography and society of Aceh, and especially its histories of the past 30-year armed conflicts.

The following four chapters are about the empirical studies of the social restructuring of damage and reconstruction in Aceh as well as the scientific explanations about the earthquake and tsunami itself, focusing critical four temporal phases of the immediate aftermath, one year after, three to five years after, and the present, respectively.

Concretely, the Chapter II includes five sections about the seismological and geographical features of the 2004 earthquake and tsunami, its damaging effects on the region of Banda Aceh, and the local people's emergency responses. The Chapter III describes the situations of the one-year recovery, examining critical issues for the post-tsunami reconstruction. The Chapter IV covers wide range of topics related to the longer-term processes of the post-tsunami reconstruction mainly in terms of the community perspectives, the interrelationships and coordination between aid-suppliers and receivers, the changing society and space and so on. In the Chapter V, mentioning the current situations of Aceh, discusses broad effects of the tsunami disaster on Aceh and Indonesian society in terms of the formal and informal institutions of disaster management as well as the post-seismic process of Sumatra fault.

The further two Chapters VI and VII are concerning so called social relevancy of the academic research. The team members ask themselves about meaningfulness of their research activities in Aceh, in the former mentioning the future disaster preparedness in Indonesia, and in the latter bringing their practices back to Japanese context, respectively.

From the multidisciplinary and grassroots perspectives, this book provides a significant comprehensive monograph of Acehnese peoples' experiences of the difficult processes from December 26, 2004 onward. All the members of Nagoya team argue that there are a lot of lessons to be leant from these experiences, and also hope that they should be shared in the world-wide community, even bridging the different societal contexts.

The detail contents of this book are as follows:

Preface
I. To Aceh
　1. Purpose and perspective of this book
　2. Geography, society and culture of Aceh
II. Immediate aftermath: damage and emergency response
　1. Co-seismic deformation using with GPS measurement
　2. Geographical feature of the tsunami on Banda Aceh Plain
　3. Spatial extent and concentration of affected areas
　4. Inhabitants' emergency response at the tsunami
　5. Inhabitants' response behaviors after the tsunami
III. One year after: toward the reconstruction
　1. Situations of victims and their family after one year
　2. Critical issues for the reconstruction
　3. Legal issues after the tsunami

IV. Three to five years after: how to be reconstructed?
  1. The reconstruction calendar for three years
  2. Changing problems in the post-tsunami reconstruction process
  3. Situations of victims and their family after three years
  4. Death and revival of local community
  5. Situations of the reconstruction aids
  6. Lack of the coordination mechanism
  7. Abandoned people: aids for the Chinese in Aceh
  8. Changing socio-spatial structures of the city of Banda Aceh
V. The present: eight years after or so
  1. Post-seismic deformation and fault slip in Sumatra fault
  2. Legal institutions for national disaster management in Indonesia
  3. Catastrophic characteristic of the Sumatra earthquake disaster
  4. Community-based disaster management and the disaster subculture
VI. Messages to Indonesia
  1. Describing experiences of tsunami
  2. Academic exchanges for tsunami mitigation in the developing country
  3. For improving disaster resilience in Indonesia
VII. Essays from Sumatra to Tohoku
  1. Evacuation activities at Sumatra and Tohoku tsunamis
  2. Message from and to my Indonesia
  3. Thinking giant earthquakes and tsunami disasters in the past and the future
  4. Facing the nature: between the scientist and cry-wolf syndrome
  5. From jurist perspective: Aceh, Central Java, West Sumatra and Tohoku
  6. Think of the foreign disaster as a problem of ourselves
  7. Make common property of globalized disaster experiences
Afterword
References
Index
English summary
List of contributors

索引

AGNeSS（Aceh GPS Network for Sumatra Fault System） 274
BMKG（インドネシア気象気候地球物理学調査所） 279
BRR（復旧復興庁） 64, 134, 187, 195, 200, 207, 210, 215, 286
BRR-RAN データベース 170, 200, 215, 219
CARE 210, 219
GAM（自由アチェ運動） 23-27, 31, 137-138, 232
GPS（汎地球測位システム） 38, 41, 81, 255
GPS 観測 39, 265, 267, 268, 275
IDLO（国際開発法機関） 143-146
IOM（国際移住機関） 107
JICA（国際協力機構） 143, 171, 342
KP4D（住宅建設及び村開発促進委員会） 195
NGO（非政府組織） 10, 125, 131, 167, 199-204, 207-211, 218, 257
NGO インフレ 210, 215
Oxfam 210, 219, 226, 257, 262
PLTD アプン船 89, 106
Pokmas →住民グループ
Red Cross/Crescent 219
Save the Children 25, 262
TPK（集落開発チーム） 195
UNICEF（ユニセフ） 107, 194, 220
UNOCHA（国連人道問題調整支援室） 131, 189
UNORC 219
UPLINK 222
World Vision 192, 194, 222, 226

ア行

曖昧な状況定義 15, 76
空き家 170, 192, 250
アダット法 →慣習法

アチェ市場 18, 105, 247
アチェ川 18, 56, 58
アチェ州特別自治に関する法律 140
アチェ統治法 137
アチェ特別自治法 137
アチェ土地行政制度再建（RALAS） 142
アチェ紛争 13, 23, 25, 26, 201, 221, 224, 261, 349
アラスカ地震 43, 45
アリューシャン地震 43
イスラム教 21, 89, 129, 131
イスラム教徒（ムスリム） 17, 21, 90, 137, 142, 237
イスラム法（シャリア） 128, 137-139, 145
イブーナ 100, 312, 313
イマムムナサ 220
医療機関 87, 96
インタビュー 71-73, 115, 122, 226, 329-330, 360
インド・オーストラリアプレート 34, 47
インド洋 20-22, 33, 50, 57, 63, 317, 359
インド洋大津波 55, 102, 328
インド洋津波監視センター 347
インフォーマル 127, 129, 133, 238
インフラ（インフラストラクチャー） 4, 7, 108, 171, 189, 206, 223, 255, 257, 308
ウレカレン 18, 20, 30, 57, 58, 253, 255, 312
衛星画像 55, 68, 252, 255
エージェント 8, 9, 14, 125, 129, 189
エスニックな紐帯 243
援助バブル 189, 210
エンパワーメント 170, 206, 262, 283, 285, 287
押し波 60
親なし津波 34

カ行

海域世界　20, 21
海底津波計　361
下位の三角形　135
回復力　172, 349-351, 353
海洋プレート　44, 52
家屋被害　67, 155
核家族　177, 180, 354
学術交流　341
拡大家族　176
華人コミュニティ　228, 229, 231
華人マイノリティ　227
カスケディア地震　34
仮設住宅　92, 106, 117, 134, 188, 203,
家族規模　113, 174, 254
家族構成　113
家族構造　176
家族の再生　181
家族の死　174, 181
活断層　49, 265, 266, 270, 271, 273, 278, 279, 298, 346
カムチャツカ地震　43
慣習法（アダット法）　137-139, 143, 146, 188
ガンポン　18, 185, 297
ガンポンピー　175, 191, 221
ガンポンブラン　192-195, 221
キアマット　73, 79
既存型組織　236, 238
記念日効果　155
キャッシュフォーワーク　124, 172, 219, 304, 306
共助　132, 242
緊急システム　5-7, 9
緊急対応時　5
近代化　351, 352, 353
空間移動　81, 122, 181, 183
空間計画　69, 194, 204, 221, 222
クォータサンプリング　110
区画整理　192
グチ　19, 191, 194, 196, 297
クラスター・メカニズム　219
クラスター分析　247
グランドモスク　18, 30, 57, 247

クリープ運動　276
クリープ性　273
グローバル化　199, 200, 349, 378
経済再建　153
慶長東海地震　333
警報システム　315, 317
警報慣れ　317
警報リテラシー　311, 319
血縁　118, 119, 143
公助　132, 353
高地移転　336
国際援助　10, 347
国際機関　167, 187, 190, 208, 218, 302, 381
国際支援　15, 212, 347, 351
国家災害対策庁　283, 289-291
国家災害対策調整庁　283-286
ゴトンロヨン　172, 192, 287
コミットメント形成オフィサー　289, 293
コミュニティ　8-9, 129, 133, 134, 189-191, 193, 196-198, 220-222, 263, 303
コミュニティリーダー　129, 191, 217

サ行

サービスセンター　96, 184
災害過程　161
災害記録　320
災害後ガバナンス　173
災害対策法（2007 年法律第 24 号）　283, 287, 288, 290, 291, 294, 372
災害文化　11, 14, 99, 100, 314
災害への備え　315
再婚　114, 174, 175, 179
砂丘　57, 62
三陸はるか沖地震　266
シアクラ大学　268, 323, 328-340, 346, 360
シェルター　11, 196
支援　126, 167, 199, 200, 202, 236, 238, 301
支援システム　240
支援団体　9, 93, 131, 197, 210
支援ルートの複合化　90
資源分配メカニズム　12
自助　132, 235, 242, 354
市場介入　190

市場メカニズム　190
地震=津波連想　74, 83, 100, 312, 314, 316, 374
地震規模　39, 41
地震計　37
下からの防災対策　102
質問紙調査　109, 150, 164, 297
死亡率　67, 68, 111, 112, 136, 158, 175, 193, 246, 361
シャリア　→イスラム法
シャリア裁判所　137, 142
自由アチェ運動　→ GAM
宗教的多元主義　228
集合的な記憶　322
住宅建設　92, 106, 170, 216, 291, 372
住宅再建　197, 222
住宅復興　68, 170, 185, 188, 214, 215, 301
住民グループ（Pokmas）　289, 291, 293, 303, 372
住民への直接補助金　290
上位の三角形　135
震源分布　36
人口地域構造　251
人的被害　65, 67, 111, 114, 300
スクオッター　223, 247, 352
スハルト政権　18, 221, 229
滑り　36, 50, 52, 277
スマトラ断層　17, 56, 265, 270, 271, 273, 276, 278
スンダ海溝　34, 35, 47, 268
生活再建　88, 153, 167, 306
脆弱性　172, 282, 283, 348, 350
正常性バイアス　374
政府　9, 130, 316
想像の共同体　23
相続人　134, 141, 188, 222
創発型組織　236, 238, 240-243
組織連関　207, 210

タ行
ターンオーバー　300, 309
対岸の火事　377
堆積盆　271
建物被害　61, 65, 67, 298, 367
断層運動　36
地殻変動　39, 49, 268

地方行政　18, 103, 130, 189, 286, 349
地方政府　130, 133, 169, 173, 207, 219, 220, 302, 354
沖積低地　56, 59, 60
中部ジャワ地震　286, 287, 298, 352, 372
調整メカニズム　15, 189, 211, 218, 223, 350
チリ地震　43, 44, 52
津波警報（津波警報システム）　100, 102, 183, 311
津波減災研究センター　150, 339, 346
津波地震　333
津波体験　73, 321
津波の挙動　55, 59
津波避難ビル　319
定点観測　115, 163, 349
デマ（流言）　88, 95
デルタ　56, 57, 60
唐山地震　42, 64
ドゥスン　297
東南海地震　54, 327, 374
トゥハブット　140, 194, 196, 220
東北地方太平洋沖地震　14, 15, 43, 46, 360, 367
都市空間構造　246, 247, 250, 259

ナ行
南海トラフ　34, 362, 369
新潟県中越地震　121
西スマトラ地震　290
二重の剥奪　115, 174
ネットワーク　97, 184, 193, 196, 233, 241, 242

ハ行
媒介的機能　135
バイトゥルモル　139-141, 143
破壊　34, 40, 42, 45, 47
破壊域　35, 50
ハザード　3, 4, 7, 246, 250, 282
発生確率　369
バッファーゾーン　185, 194
バラック　92, 123
阪神・淡路大震災　117, 121, 160
バントゥル県　297
バンドン工科大学　323, 344, 346

被害地域区分　68
東日本大震災　15, 61, 367, 376
干潟　60, 254
引き波　58, 60
被災経験の定位　319, 320
被災者アプローチ　14
被災体験の絵画化　327, 328
非政府組織　→NGO
避難キャンプ　89, 91
避難訓練　315, 316
避難警報　318
避難行動　71, 73, 83, 84, 101, 183, 317, 318
避難者収容施設　118
避難所　118
避難場所　84, 99, 316
避難民キャンプ　95, 97, 122, 184, 234, 235, 236, 238, 240, 250
浜堤　57, 62, 253
プサントレン　140, 330
復旧・復興カレンダー　115, 116, 119, 121, 153
復旧・復興期　5
復旧復興庁　→BRR
復興過程　161, 164, 261
復興計画　187, 189, 214, 318
復興住宅　94, 122, 134, 141, 182, 188, 196, 239, 372
プナヨン　18, 83, 105, 228
ブランビンタン　19, 97
プレート境界　47, 52, 268, 270
分岐断層　49-52
文理連携　3, 364, 379
防災教育　102, 315, 327
防災リーダー　102, 377
ポスコ　93, 220
ボトムアップ　11, 325

マ行
マイクロファイナンス　171, 306
マグニチュード　35
マタイ　88, 95, 97
マラッカ海峡　17, 21, 22
マングローブ　62, 69, 108
三河地震　327

南パガイ島　334
無作為抽出調査　117
ムナサ　97
ムスリム　→イスラム教徒
ムラクサ　253, 254, 258
ムンタワイ地震　333, 336
明治三陸地震　333
メダン　17, 97, 233, 235-238
モスク　90, 97, 118, 129, 137, 140, 169, 191, 221, 305
物言わぬ多数派　115

ヤ行
歪み計　40
養殖池　57, 69, 254
余効滑り　265, 270
余効変動　267

ラ行
ライフライン　7, 349
リーダー　27, 129, 188, 193, 196, 220, 230
リスク　101, 250, 368, 376
流言　→デマ
ロジスティックス　7, 220
ロスマウェ　17, 21, 23
ロンガ　57, 312, 330

ワ行
わがこと意識　375
和平交渉　26, 122

【編著者】

高橋 誠（たかはし まこと）

1963年新潟県生まれ。名古屋大学大学院文学研究科単位取得退学、博士（地理学）。長崎大学を経て現在名古屋大学大学院環境学研究科教授。専門は地理学、コミュニティ研究。主な著書は『大津波を生き抜く』(明石書店、2012年、共著)、『Community Approach to Disaster』(Gadjah Mada University Press、2012年、共編著)、『自然災害と復興支援』(明石書店、2010年、分担執筆)。

田中 重好（たなか しげよし）

1951年神奈川県生まれ。慶應義塾大学大学院法学研究科単位取得退学、博士（社会学）。弘前大学を経て現在名古屋大学大学院環境学研究科教授。専門は地域社会学、災害社会学。主な著書は『東日本大震災と社会学』(ミネルヴァ書房、2013年、共編著)、『大津波を生き抜く』(明石書店、2012年、共著)、『地域から生まれる公共性』(ミネルヴァ書房、2010年)。

木股 文昭（きまた ふみあき）

1948年岐阜県生まれ。岐阜大学教育学部卒業、博士（理学）。名古屋大学を経て現在地震予知総合研究振興会東濃地震科学研究所副主席主任研究員、名古屋大学減災連携研究センター特任教授。専門は測地学、火山学。主な著書は『三連動地震迫る』(中日新聞社、2011年)、『御嶽山静かなる活火山』(信濃毎日新聞社、2010年)、『超巨大地震がやってきた：スマトラ沖地震津波に学べ』(時事通信社、2006年、共編著)。

【分担執筆者】　五十音順

安藤 雅孝（あんどう まさたか）

1943年秋田県生まれ。東京大学大学院理学系研究科修了、理学博士。京都大学、名古屋大学、台湾中央研究院を経て現在静岡大学防災総合センター特任教授。専門は地震学。主な論文は、Interviewing insights regarding the fatalities inflicted by the 2011 Tohoku-Oki earthquake, *Natural Hazards and Earth System Sciences* 13, 2173-2187（2013年、共著）。

伊賀 聖屋（いが まさや）

1979年新潟県生まれ。名古屋大学大学院環境学研究科修了、博士（地理学）。現在金沢大学人間社会研究域准教授。専門は人文地理学、食の地理学。主な著書は『自然の社会地理』(海青社、2013年、分担執筆)、『食料の地理学の小さな教科書』(ナカニシヤ出版、2013年、分担執筆)。

伊藤　武男
いとう　たけお

1975年三重県生まれ。京都大学大学院理学研究科修了、博士（理学）。日本学術振興会特別研究員を経て現在名古屋大学大学院環境学研究科助教。2009年2月から2011年2月までカリフォルニア工科大学に留学。専門は地震測地学、地球物理学。主な論文はProbing asthenospheric density, temperature and elastic moduli below the Western United States, *Science* 322(6032), 947-951（2011年、共著）。2013年日本測地学会賞坪井賞（個人賞）受賞。

海津　正倫
うみつ　まさとも

1947年生まれ。東京都出身。東京大学大学院理学系研究科修了、理学博士。愛媛大学、名古屋大学を経て現在奈良大学文学部教授。専門は自然地理学。主な著書は『沖積低地の地形環境学』（古今書院、2013年、編著）、『海面上昇とアジアの海岸』（古今書院、2001年、共編著）、『The Indian Ocean Tsunami: the Global Response to a Natural Disaster』（Kentucky University Press、2010年、分担執筆）。

川崎　浩司
かわさき　こうじ

1970年愛知県生まれ。名古屋大学大学院工学研究科修了、博士（工学）。大阪大学を経て現在名古屋大学大学院工学研究科准教授。専門は海岸工学、沿岸環境工学。主な著書は『沿岸域工学』（コロナ社、2013年）、『Computational Wave Dynamics』（World Scientific Publishing、2013年、分担執筆）、『数値波動水槽－砕波波浪計算の深化と耐波設計の革新を目指して』（土木学会、2013年、分担執筆）。

木村　玲欧
きむら　れお

1975年東京都生まれ。京都大学大学院情報学研究科修了、博士（情報学）。名古屋大学等を経て現在兵庫県立大学環境人間学部／大学院環境人間学研究科准教授。専門は防災心理学、防災教育学。主な著書は『日本歴史災害事典』（吉川弘文館、2012年、共編著）、『歴史災害を防災教育に生かす－1945三河地震』（古今書院、2013年）、『超巨大地震がやってきた：スマトラ沖地震津波に学べ』（時事通信社、2006年、共編著）。

黒田　達朗
くろだ　たつあき

1955年福島県生まれ。ペンシルベニア大学大学院芸術・科学研究科修了、Ph.D.。京都大学等を経て現在名古屋大学大学院環境学研究科教授。専門は都市・地域経済学、公共経済学。主な著書・論文は『都市と地域の経済学：新版』（有斐閣、2008年、共著）、The Impact of Economic Policy on Industrial Specialization and Regional Concentration of China's High-tech Industries, *Annals of Regional Science* 50(3), 771-790（2013年、共著）。

伍　国春
ご　　こくしゅん

1970 年生まれ。名古屋大学大学院環境学研究科修了、博士（社会学）。北京第二外国語学院を経て現在中国地震局地球物理研究所副研究員。専門は災害社会学、政策研究。主な著書は『災害救助的社会学研究』（北京大学出版社、2014 年）、『地震救援重建的中日比較研究』（吉林出版集団、2013 年、分担執筆）、『全国減災救災政策理論研討優秀論文集』（中国社会出版社、2011 年、分担執筆）。

島田　弦
しまだ　ゆづる

1970 年千葉県生まれ。名古屋大学大学院国際開発研究科修了、博士（学術）。名古屋外国語大学等を経て現在名古屋大学大学院国際開発研究科准教授。専門はアジア法、開発法学。主な論文は「平和構築における法制度改革－東ティモールの司法制度構築を事例として」（国際開発研究 20(2)、65-78、2011 年）、「インドネシアにおける法の支配と民主化－移行過程における法律扶助運動」（国際開発研究フォーラム 42、105-123、2012 年）。

田渕　六郎
たぶち　ろくろう

1968 年東京都生まれ。東京大学大学院人文社会系研究科中途退学、修士（社会学）。名古屋大学を経て現在上智大学総合人間科学部教授。専門は家族社会学、福祉社会学。主な著書は『現代中国家族の多面性』（弘文堂、2013 年、共編著）、『Changing Families in Northeast Asia』（Sophia University Press、2012 年、共編著）。

林　能成
はやし　よしなり

1968 年東京都生まれ。東京大学大学院理学系研究科修了、博士（理学）。JR 東海、名古屋大学、静岡大学などを経て現在関西大学社会安全学部准教授。専門は地震学、地震防災論。主な著書は『三河地震 60 年目の真実』（中日新聞社、2006 年、共著）、『検証 東日本大震災』（ミネルヴァ書房、2012 年、共著）、『巨大地震の科学と防災』（朝日新聞出版、2013 年、共編著）。

編著者	詳細は著者紹介参照	
高橋　誠	たかはし まこと	名古屋大学大学院環境学研究科教授
田中　重好	たなか しげよし	名古屋大学大学院環境学研究科教授
木股　文昭	きまた ふみあき	地震予知総合研究振興会東濃地震科学研究所副主席主任研究員 名古屋大学減災連携研究センター特任教授

書　名	スマトラ地震による津波災害と復興
コード	ISBN978-4-7722-4171-7
発行日	2014（平成 26）年 2 月 28 日　初版第 1 刷発行
編著者	高橋　誠・田中重好・木股文昭 　　　Copyright Ⓒ2014　Makoto Takahashi, Shigeyoshi Tanaka, 　　　　　　　　　 and Fumiaki Kimata
発行者	株式会社 古今書院　橋本寿資
印刷所	株式会社 理想社
製本所	渡邊製本 株式会社
発行所	古今書院　〒101-0062 東京都千代田区神田駿河台 2-10
TEL/FAX	03-3291-2757 ／ 03-3233-0303
振　替	00100-8-35340
ホームページ	http://www.kokon.co.jp/　　　　検印省略・Printed in Japan

2013年10月刊

東日本大震災 津波詳細地図
改訂保存版

原口　強・岩松　暉著

A4判　264頁　上製・ケース入り　定価 12,600円（税込）

ISBN 978-4-7722-7119-6

★ 大津波の事実を後世に伝えるために
★ 8000kmにおよぶ現地踏査の記録

- 青森県下北半島から千葉県房総半島まで**6県の沿岸部全域を踏査**した結果をもとに，津波の浸水域と浸水高を180枚の大判地形図上に表記した**「津波の大地図帳」**！

- 地図の縮尺はすべて**2万5千分の1**で統一

- 数度にわたる現地調査や研究諸機関の資料を参考に，2011年発行の**前著**（上巻：青森・岩手・宮城，下巻：福島・茨城・千葉）**を全面改訂し一冊に合本！**

発行：㈱古今書院
http://www.kokon.co.jp/
〒101-0062　東京都千代田区神田駿河台2-10　TEL03-3291-2757　FAX 03-3233-0303